Managementwissen für Studium und Praxis

Herausgegeben von
Professor Dr. Dietmar Dorn und
Professor Dr. Rainer Fischbach

Bisher erschienene Werke:

Internationale Märkte

Von
Prof. Dr. Herbert Strunz
und
Dipl.-Kffr. Monique Dorsch

Mit Illustrationen von
Dipl.-Ing. Thomas Jandl

R. Oldenbourg Verlag München Wien

Gedruckt mit Förderung des
Bundesministeriums für Bildung,
Wissenschaft und Kultur in Wien

Die Deutsche Bibliothek - CIP-Einheitsaufnahme

Strunz, Herbert:
Internationale Märkte / von Herbert Strunz und Monique Dorsch.
Mit Ill. von Thomas Jandl. – München ; Wien : Oldenbourg, 2001
  (Management für Studium und Praxis)
  ISBN 3-486-25828-1

© 2001 Oldenbourg Wissenschaftsverlag GmbH
Rosenheimer Straße 145, D-81671 München
Telefon: (089) 45051-0
www.oldenbourg-verlag.de

Gedruckt auf säure- und chlorfreiem Papier
Gesamtherstellung: Druckhaus „Thomas Müntzer" GmbH, Bad Langensalza

ISBN 3-486-25828-1

Vorwort

Internationale Märkte haben im Zeitalter der Globalisierung – einer Erscheinung, die längst in aller Munde ist – stark an Bedeutung gewonnen. Erschließung und Bearbeitung dieser Märkte erfordern viel Know-how, das über allgemeines betriebswirtschaftliches Wissen weit hinausgeht. Eine zentrale Stellung nehmen dabei naturgemäß die Bereiche Strategie, Marketing, Finanzen sowie der Umgang mit anderen Kulturen ein. Ein wahrlich breit gefächertes Instrumentarium bietet sich diesbezüglich an. Der Behandlung dieser „Werkzeuge" widmet sich dieses Buch insbesondere, eingebettet in den Rahmen des internationalen Geschäfts. Aufgrund der Vielzahl und des Facettenreichtums der Aspekte muß ihre Auswahl schwerpunktartig erfolgen und sich die Darstellung überblicksartig gestalten. Zahlreiche Beispiele und die Dokumentation verschiedener praktischer Erfahrungen sollen die Ausführungen unterlegen.

Festzustellen bleibt, daß die Globalisierung zwar den Hintergrund der behandelten Thematik bildet, im Buch jedoch nicht explizit thematisiert wird, zumal dies den gesteckten Rahmen bei weitem sprengen würde. Dennoch sei bereits an dieser Stelle auf eine Auswahl lesenswerter Literatur am Ende des Buches verwiesen, die sich – überwiegend kritisch – mit der Globalisierung auseinandersetzt.

Nicht unerwähnt soll bleiben, daß der Text geschlechtsneutral zu lesen ist.

Wien und Zwickau   Herbert Strunz & Monique Dorsch

Inhalt

Prof.: UF : Teil A u. B / C erst ab 2. nur überblicksmäßig

Teil A – Zukunft gestalten – Strategische Orientierungen   11

Zukunft gestalten – Strategische Orientierungen

1 Der globale Supermarkt?

> „Im Welthandel sind wir heute überflüssig geworden."
>
> Pius Okibgo,
> Wirtschaftswissenschaftler aus Nigeria
> (in: Windfuhr 1995)

Die Globalisierung und Internationalisierung der Wirtschaft haben besonders im letzten Jahrzehnt zu einer starken Ausweitung des Welthandels geführt. Mehr und mehr Erzeugnisse werden exportiert und importiert, und immer mehr Unternehmen werden grenzüberschreitend aktiv. 1999 wurden weltweit Waren im Wert von über USD 5.500 Mrd. exportiert, etwa doppelt soviel wie zehn Jahre zuvor. 75 % des Welthandelsvolumens entfielen dabei auf die Industrienationen (vgl. WTO 2001b).

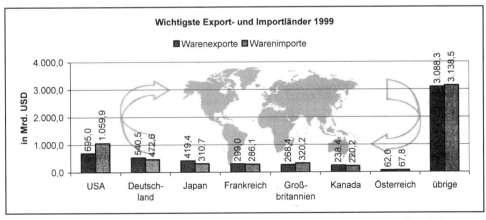

Abbildung 1-1 *Die größten Export- und Importnationen 1999 – Waren (nach Internationale Wirtschaft 2000, 19)*

Das weltweite Exportvolumen lag 1999 2,7mal so hoch wie das Bruttosozial-produkt (BSP) Deutschlands (USD 2.079 Mrd.), 27mal so hoch wie das BSP Österreichs (USD 210 Mrd.) und 562mal so hoch wie das BSP Kenias (USD 10 Mrd.) (vgl. Weltbank 2001, 326). Parallel zur Entwicklung des weltweiten Handels mit Gütern entwickelten sich auch weltweit äußerst dynamische Finanzmärkte sowie gewaltige Informationsströme. Auch globalen Dienstleistungen kommt eine stark steigende Bedeutung zu.

Internationale Wirtschaft – nichts Neues

Grenzüberschreitende Wirtschaftsaktivitäten gibt es schon seit mehreren tausend Jahren. In der **Antike** hatten die Kulturen des alten Orients, die Griechen, Phönizier und Etrusker zahlreiche Stützpunkte für den Fernhandel und ein weitreichendes Netz von der Atlantikküste bis nach Indien. Später kam der **Seidenstraße**, ein von China durch Zentralasien bis nach Syrien führender Karawanenweg wichtige Rolle zu. In bedeutendem Ausmaß wurden Seide, Porzellan und Gewürze aus China, Indien und Java nach Westen und Agrarprodukte, Edelmetalle, Glas und andere Luxusprodukte nach Osten transportiert (vgl. Marco Polo). Erst im späten Mittelalter erlangte der Fernhandel durch die Kreuzzüge, die **Kolonialisierung** der Ostsee (Hanse) und den **Aufstieg der Städte** wie etwa Venedig, Genua, Brügge, Antwerpen und Augsburg (Fugger) wieder große Bedeutung. Regelrechte Wirtschaftsimperien wurden errichtet, die auch über ein dichtes Netz von Handelswegen und Messen verfügten. Im 17. Jh. erreichte der (allerdings einseitige) Warenfluß durch die zu Kolonialmächten gewordenen **Seefahrernationen** England, Niederlande, Frankreich, Spanien und Portugal mit der „Erschließung" von Asien, Afrika und Amerika einen neuen Höhepunkt. Skrupellosigkeit, Ausbeutung und Sklaverei wiesen dabei den Weg zu oft enormen Gewinnen. Eine wichtige Rolle hatten in diesem Rahmen auch Großunternehmen wie etwa die Ostindischen Kompanien. **Multinationale Unternehmen** im heutigen Sinn entstanden – begünstigt auch vom technischen Fortschritt (Eisenbahn, Telefon) – allerdings erst gegen Ende des 19. Jh. Bis dahin wurde der internationale Handel doch meist von eigenständigen Kaufleuten betrieben. Im Zuge der **Industrialisierung** waren zunächst Rohstoffe (Öl, Bergbau) wichtig, durch die Möglichkeit zur Massenproduktion wurden zunehmend auch neue Absatzmärkte erschlossen. Damit einher ging die internationale Verflechtung der **Kapitalmärkte**, weil Anleger stets auf der Suche nach Anteilen an den aufstrebenden Unternehmen – unabhängig von ihrem Standort – waren.

(Quellen: Welge, M. K.; Holtbrügge, D.: Internationales Management, Landsberg/L. 1998, 13ff; Launer, E.: Zum Beispiel Globalisierung, Göttingen 2001, 19f)

Im Vordergrund internationaler Aktivitäten stehen seit jeher verschiedene Motive. Ursprünglich waren es hauptsächlich **beschaffungsorientierte Motive**, im Rahmen derer man versuchte, Waren aus aller Welt auf Heimatmärkten – idealerweise mit hohen Gewinnspannen – anbieten zu können. In Zeiten der Industrialisierung und extensiver Güterproduktion suchten die zu Industriestaaten gewordenen Länder Absatzmärkte jenseits der Landesgrenzen und verfolgten dieserart **absatzorientierte Motive**. In jüngerer Zeit gewinnen darüber hinaus auch **kostenorientierte Motive** zunehmend an Bedeutung, da die Unternehmen bestrebt sind, besonders Lohnkosten durch Auslagerungen in Billiglohnländer zu minimieren (vgl. Welge/Holtbrügge 1998, 34).

Erik, der Erbarmungslose ...

Welthandel – wozu?

„Warum gibt es eigentlich internationalen Handel? Schließlich sind wir durchaus in der Lage, gute Fernsehgeräte und ... Computer herzustellen. Warum importieren wir dann erstere aus Japan und letztere aus den Vereinigten Staaten? Wäre es im Hinblick auf Beschäftigung und Lebensstandard in unserem Land nicht viel besser, wir würden uns vor den Importen dieser Ausländer schützen, damit unsere heimischen

Produzenten mehr zum Zuge kommen? Und sollten wir nicht angesichts des ‚unlauteren Wettbewerbs', dem die ‚Niedriglohnländer' uns unterwerfen, die Einfuhr dieser ausländischen Produkte wenn nicht verhindern, so doch wenigstens bremsen?"

***

„Warum müssen z.T. identische Produkte weltweit getauscht werden: Auto gegen Auto, Kühlschrank gegen Kühlschrank, Druckmaschine gegen Druckmaschine, Oberhemd gegen Oberhemd, Weizen gegen Weizen? Warum soll man nicht stattdessen unter Beibehaltung der regionalen Produktions- und Qualitätscharakteristika viele Produkte marktnah herstellen und verbrauchen, unter Vermeidung ökologischer Transportkosten?"

(Quelle: Fourçan, A.: Die Welt der Wirtschaft, Frankfurt/New York 1999, 107 und Windfuhr, M.: Zum Beispiel Welthandel, Göttingen 1995, 13f)

Der Förderung des internationalen Handels und nicht zuletzt auch protektionistischen Zwecken dienen verschiedenste Wirtschaftsgemeinschaften, Bündnisse und Abkommen.

Organisation	Gründung	Mitglieder	Aufgaben
APEC – Asia-Pacific Economic Cooperation	1989	21 Staaten in Asien und im pazifischen Raum	Errichtung einer Freihandelszone in der Region
Arabische Liga	1945	21 arabische und afrikanische Staaten	Zusammenarbeit auf den Gebieten Wirtschaft, Finanzwesen, Transport, Kultur und Gesundheit, Wahrung der Unabhängigkeit der Mitglieder, Förderung der gemeinsamen Interessen
ASEAN – Association of Southeast Asian Nations	1967	Brunei, Indonesien, Kambodscha, Laos, Malaysia, Myanmar, Philippinen, Singapur, Thailand, Vietnam	Beschleunigung des Wirtschaftswachstums, Förderung des sozialen und kulturellen Fortschritts sowie Sicherung von Frieden und Stabilität in der Region
CEFTA – Central European Free Trade Association	1993	Bulgarien, Polen, Rumänien, Slowakei, Slowenien, Tschechien, Ungarn	Errichtung einer Freihandelszone der Mitglieder und Aufnahme in die Europäische Union
EFTA – European Free Trade Association	1960	Island, Liechtenstein, Norwegen, Schweiz	Förderung des Freihandels zwischen den Mitgliedsländern und Freihandelsabkommen mit 23 anderen Staaten
EU – Europäische Union	1955 (EG)	15 Staaten	politische, wirtschaftliche und Währungsunion, Binnenmarkt

Maghreb-Union	1989	Algerien, Libyen, Marokko, Maure-tanien	Zusammenarbeit in Handel, Industrie, Tourismus und Wissenschaft, Errichtung einer Freihandelszone
Mercosur – Merca-do Común del Cono Sur	1990	Argentinien, Brasi-lien, Paraguay, Uruguay; assozi-ierte Mitglieder: Bolivien, Chile	Freihandel unter den Mit-gliedsstaaten, Festlegung gemeinsamer Außenzölle
NAFTA – North American Free Tra-de Agreement	1994	Kanada, Mexico, USA	Förderung des Handels zwi-schen den Mitgliedsstaaten
OECD – Organisati-on for Economic Co-operation and Development	1961	29 Staaten	Planung, Koordinierung und Vertiefung der wirtschaftli-chen Zusammenarbeit und Entwicklung, Förderung des Wirtschaftsaufbaus bei Voll-beschäftigung und Wäh-rungsstabilität, Hilfe für Ent-wicklungsländer
WTO – World Trade Organization	1995	140 Staaten	Organisation der internatio-nalen Handelsbeziehungen innerhalb bindender Rege-lungen, Überprüfung von Handelspraktiken, Streitschlichtung bei Han-delskonflikten, Liberalisierung des Welthandels

Abbildung 1-2 *Wirtschaftsgemeinschaften, Bündnisse und Abkommen – Auswahl*

Die erwähnten **protektionistischen Absichten** sind in letzter Zeit Anlaß für ver-schärfte Kritik. Die wesentlichen Argumentationslinien der Kritiker zielen ins-besondere auf folgende Tatbestände:

- Industrienationen versuchen im Handel miteinander, die Einfuhr von Er-zeugnissen zu beschränken (vgl. „Bananenkrieg" zwischen der EU und den USA).

- Industriestaaten bemühen sich vielfach, ihre Wirtschaft durch Importrestrik-tionen vor billigeren Erzeugnissen aus Entwicklungs- und Schwellenländern zu schützen und damit einheimische Arbeitsplätze zu sichern.

- Entwicklungsländer versuchen ihrerseits, die einheimische, häufig im Aufbau befindliche Wirtschaft durch die Reglementierung von Importen zu schützen.

Über die genannten Maßnahmen hinaus werden in jüngerer Zeit zunehmend auch **Wirtschaftssanktionen** verhängt, um die betroffenen Länder einerseits für mißliebiges Verhalten zu bestrafen und gleichzeitig auch eigene wirtschaftliche Interessen zu fördern (z.B. Irak, Kuba, Libyen).

Neoliberalismus

Der in jüngster Zeit weltweit wieder häufig praktizierte Neoliberalismus kann als eine – dogmenhistorisch betrachtet – nicht neue Wirtschaftstheorie und -praxis, die das Leistungsprinzip und den unbeschränkten Wettbewerb als oberste Maxime in Wirtschaft und Gesellschaft anerkennt, betrachtet werden. Der Staat soll sich – im Gegensatz zum Sozialstaat – möglichst weitgehend aus dem Wirtschaftsgeschehen zurückziehen und die Kräfte von Konkurrenz und Wettbewerb idealerweise voll zur Entfaltung bringen. Insbesondere eine entsprechende Geldpolitik, steuerliche Erleichterungen für Unternehmen, Sozialabbau und die Schaffung einer leistungsfähigen Infrastruktur stehen in diesem Rahmen im Vordergrund. Bei aller kapitalistischen Euphorie dürfen im Zuge des Verfolgens neoliberaler Politik wesentliche Fragen allerdings nicht vernachlässigt werden. In Wirklichkeit funktioniert eine Wirtschaft nämlich nur dann reibungslos, wenn Fragen der Gerechtigkeit durch entsprechende Rahmenbedingungen nicht gänzlich vernachlässigt werden und auch die sozial Schwachen letztlich abgesichert sind, wobei dies stets offene Diskussionsfragen bleiben. Zahlreiche Beispiele von Streiks, Unruhen und Bürgerkriegen zeigen, daß dies gerade in marktwirtschaftlichen Ordnungen besonders sensible und oft nicht einmal annähernd berücksichtigte Grundtatbestände menschlichen Zusammenlebens sind.

In den letzten Jahren konnten in der Entwicklung der Weltwirtschaft folgende Tendenzen verzeichnet werden (Baratta 1999, 1086f):

- **enorme wirtschaftliche Ungleichgewichte zwischen den einzelnen Staatengruppen**, besonders zwischen den westlichen Industrieländern und den Entwicklungsländern;

- **zunehmende Internationalisierungs- und Globalisierungstendenzen** mit zunehmender weltweiter Verflechtung der Güterproduktion, der Dienstleistungs- und der Finanzmärkte und somit Beeinflussung der Wachstumsraten des Warenaustausches und des internationalen Reiseverkehrs;

- **weltweite Arbeitslosigkeit** bzw. Unterbeschäftigung;

- **relativ niedrige Rohstoffpreise**, besonders Energiepreise, auf dem Weltmarkt aufgrund des weltweiten Überangebotes mit **Kostenentlastung für Industrieländer**, aber **stagnierenden Außenhandelseinnahmen der rohstoffexportierenden Staaten**, was sich besonders wegen der steigenden Industriegüterpreise wachstumshemmend auswirkt;

- **wachsendes Ausmaß negativer ökologischer Folgen** durch intensive ökonomische Aktivitäten.

Als vielfach äußerst problematisch erwiesen hat sich die Gewinnung und der Handel mit den meisten **Welthandelsgütern**. Einerseits werden mit ihnen regelmäßig große Gewinne erzielt, andererseits profitieren die Herkunftsländer vergleichsweise wenig davon und haben gleichzeitig die Kosten vielfältiger Art – insbesondere aber soziale und ökologische Kosten – zu tragen. Güter, die im Welthandel von besonderer Bedeutung sind, sind beispielsweise Bananen,

Baumwolle, Diamanten, Erdgas, Erdöl, Holz, Kaffee, Kakao, Metalle, Tabak, Tee und Zucker (vgl. dazu auch die Schriftenreihe „Zum Beispiel ..."; http://www.lamuv.de).

Welthandelsgüter

Vielfach sind ganze Nationen vom Export eines solchen Gutes abhängig: Nigeria und Venezuela von Rohöl, Uganda, Ruanda, Burundi und El Salvador von Kaffee, Kuba von Zucker, Malawi von Tabak, Niger von Uran, der Tschad und Mali von Baumwolle, Ghana und die Elfenbeinküste von Kakao, Sambia und Zaire von Kupfer (vgl. Windfuhr 1996). Der Bezug derartiger Güter kann insofern kritisch sein, als diese mitunter aus Krisengebieten kommen und die Erlöse nicht selten zur Finanzierung kriegerischer Ereignisse verwendet werden.

TransFair

TransFair, ein 1992 ins Leben gerufener gemeinnütziger Verein, hat es sich zur Aufgabe gestellt, „benachteiligte Produzentenfamilien in Afrika, Asien und Lateinamerika zu fördern und durch den fairen Handel ihre Lebens- und Arbeitsbedingungen zu verbessern".

TransFair handelt nicht selbst mit Waren, sondern vergibt ein Gütesiegel an solche Güter, die fair gehandelt werden. Als fairer Handel gilt dabei

- ein direkter Handel mit den Produzenten, wobei Zwischenhändler ausgeschlossen werden,

- die Zahlung von festgesetzten, über dem Weltmarktpreis liegenden Mindestpreisen,

- teilweise Vorauszahlung der bezogenen Waren sowie

- die Etablierung langfristiger Lieferbeziehungen.

Das TransFair-Siegel tragen Güter wie Kaffee, Tee, Kakao, Zucker, Honig, Bananen und Orangensaft. Mittlerweile ziehen bereits 30 Länder Nutzen aus TransFair.

(Quelle: nach TransFair 2000, unter: http://www.transfair.org)

Das wichtigste Welthandelsgut und den weltweit wichtigsten Energielieferanten stellt **Erdöl** dar. Die weltweiten Ölreserven belaufen sich derzeit auf etwa 140.000 Mrd. t. Ölreichstes Land ist Saudi-Arabien. Etwa 30 % der Fördermenge entfallen auf den Nahen Osten, jeweils rund 15 % auf Nord- bzw. Südamerika. Zu den Hauptförderländern zählen Saudi-Arabien, die USA, Rußland, Iran, Mexiko, VR China, Venezuela und Norwegen. Die Weltförderung beträgt jährlich etwa 2,5 % der nachgewiesenen Ölreserven.

Nach Erdöl gilt **Kaffee** als wichtigstes Welthandelsgut. Jährlich werden etwa 5,4 bis 6 Mrd. Kilogramm produziert, etwa drei Viertel davon gelangen auf den Weltmarkt. Wichtigstes Anbauland ist Brasilien, es folgen – mit einigem Abstand – Kolumbien, Indonesien, Vietnam. Kaffee ist – wie auch Bananen – nach wie vor eine „klassische Kolonialware". Viele Kaffee anbauende Länder sind stark von den Exporterlösen abhängig (vgl. Neuberger 1999, 18ff).

Auf den Weltmeeren unterwegs[*]

David León Rodriguez ist als Offizier und Ingenieur im Auftrag der Spanischen Handelsmarine tätig. Vor einiger Zeit war er mit der „Castillo de Arevalo" (66.000 BRT, 224 m Länge, 26 m maximale Breite, 13.000 PS) unterwegs. Zur Schiffsbesatzung gehörten 28 Personen: der Kapitän, drei Deckoffiziere, der Chefingenieur, zwei Offiziere, fünf Kadetten, der Rest Matrosen.

Herr León Rodriguez schildert nachfolgend einige seiner Erlebnisse anhand von Auszügen aus seinem Tagebuch, um facettenhaft einen Einblick in die tägliche Praxis des internationalen Geschäfts zu geben:

Meine Hauptaufgabe ist es, die Betriebsbereitschaft und Sicherheit der technischen Anlagen auf dem Schiff zu gewährleisten. Die tägliche Arbeit an Bord ist hart. Bei solch einem Job sind physische und psychische Stärke gleichzeitig gefragt. Nach Monaten an Bord fühlt man sich oft am Ende seiner Kräfte.

8. Februar – Mit der „Castillo de Arevalo", einem Schüttguttransporter, sind wir auf dem Weg von San Ciprian in Nordspanien nach Conakry, Guinea. Normalerweise fahren wir jedesmal eine andere Route, doch dieses Schiff fährt nun schon zum 12. Mal nach Guinea. – Mit der Mannschaft läßt es sich aushalten, was meiner Meinung nach einer der bedeutendsten Punkte ist, wenn man drei oder vier Monate seines Lebens mit ihr teilt. Die Offiziere sind jung, der Rest der Mannschaft sind gute und ehrliche Arbeiter. – Ich habe eine sehr große Kabine mit einem Sofa, einem Schrank, einem Bett und einem eigenen Schreibtisch. Und – das ist das wichtigste – ich muß sie mit niemandem teilen.

13. Februar – Heute sind wir im Nuñez-Fluß, gegenüber der Stadt Kamsar vor Anker gegangen, wo wir auf einen freien Hafenplatz warten. Ein anderes Schiff wird gerade beladen. Von hier aus kann man auf beide Seiten des Flusses sehen. Man sieht nichts als Dschungel, – und mitten in diesem wundervollen Dschungel eine häßliche Bauxitfabrik. Der Fortschritt... Die Fabrik ist von einer rostbraunen Schicht überzogen und jeder sagt, die Stadt hätte dieselbe Farbe. – Heute, nach zehn Tagen an Bord, wissen wir noch nicht, ob es möglich sein wird, an Land zu gehen.

18. Februar – Schließlich war es heute doch möglich, die Stadt Kamsar zu besichtigen. Dieser Besuch war wie eine Reise in die Vergangenheit. Die Häuser sind aus Blech und altem Holz gebaut. Das Abwasser sammelt sich auf den Straßen. Bettelnde Kinder fragen nach Süßigkeiten und Dollars. – Nun fahren wir zurück nach Spanien, ohne zu wissen, wohin uns der nächste Auftrag führt.

***

1. März – Nachdem wir drei Tage ziellos unterwegs waren, haben wir heute eine neue Route bekommen. Wir fahren ins Rio de la Plata-Gebiet, an der Grenze zwischen Uruguay und Argentinien, wo wir eine Getreideladung aufnehmen sollen. Die Fracht soll zum Mittelmeer transportiert werden, wahrscheinlich nach Ägypten oder in die Türkei. Aber das sind nur Pläne. Die Wirklichkeit sieht sicher wieder anders aus.

9. März – Heute, um 9:06 Uhr haben wir den Äquator überquert. Es ist sehr warm hier, in den kühleren Teilen des Maschinenraums haben wir mehr als 45 °C. Zwei bis drei Mal pro Tag müssen wir unsere Kleidung wechseln. – In sechs Tagen sollen wir in Brasilien ankommen. Dort müssen wir wahrscheinlich ein oder zwei Wochen warten, bevor die Verladung der Fracht beginnen kann. Wenn wir Pech haben, gibt es nicht einmal ein Boot, um an die Küste zu gelangen.

20. März – Mittlerweile liegen wir schon sechs Tage lang etwa sieben Meilen vor der Küste von Paranaguá, in der Nähe von São Paulo und Rio de Janeiro. Mit uns warten noch 15 andere Schiffe auf einen freien Hafenplatz. Da sie vor uns angekommen sind, werden wir uns noch eine Weile gedulden müssen. Inzwischen sind uns die neuen Pläne für die Rückfahrt bekanntgegeben worden. Wir fahren jetzt nicht Richtung Mittelmeer, sondern nach Saint Nazaire und dann nach Burdeos. – Nach 22 Tagen auf See freue ich mich auf einen Landgang, denke aber, daß wir hier noch eine Weile liegen werden.

2. April – Wir warten immer noch auf einen Hafenplatz, und darauf, an Land gehen zu können. Täglich merken wir, daß die Essenportionen kleiner werden. Der Koch muß Lebensmittel sparen. Wir haben keinen Kaffee mehr, keinen Tee, keine Milch, keinen Kakao, keinen Whisky, kein Bier, kein Obst, keine Kekse... Heute kam ein

Fax vom Lotsen, daß wir morgen einen Hafenplatz bekommen könnten. Sicher ist es aber nicht. Vielleicht auch erst übermorgen.

5. April – Als wir in Brasilien ankamen, endete gerade der Karneval, und die Brasilianer arbeiteten für eine reichliche Woche nicht. – Der Hafen hatte Platz für drei Schiffe. Die Verladung des Getreides dauerte etwa drei Tage pro Schiff, abhängig vom Wetter und der Größe des Schiffs. Man konnte also damit rechnen, daß etwa ein Schiff pro Tag abgefertigt wird. 15 Schiffe bedeuteten 15 Tage. Unglücklicherweise begann es am zweiten Tag zu regnen, so daß die Verladung abgebrochen werden mußte. Letztendlich mußten wir bis zur Verladung 22 Tage lang rund sieben Meilen vor der Küste warten, ohne sie jedoch betreten zu können.

***

Da wir sehr „warme" Routen gefahren sind (Guinea, Brasilien), wurde die tägliche Arbeit durch die hohen Temperaturen (manchmal bis zu 53 °C) noch erschwert.

Viele glauben, bei der Seefahrt fremde, exotische Länder besuchen zu können und dabei noch viel Geld zu verdienen. Die Wirklichkeit sieht aber anders aus. Niemand wird ohne Leistung bezahlt.

Meiner Meinung nach erlebe ich die letzten Tage der Spanischen Handelsmarine, da Angehörige von Industriestaaten nicht mehr wirklich bereit sind, solche Jobs zu machen. In den 60er Jahren begannen „große Gangster" wie Onassis damit, die Flaggen der Schiffe zu ändern, um im Heimatland Steuern zu minimieren und unter günstigeren Gesetzen Personal anheuern und besser ausbeuten zu können. Heute machen „kleine spanische Gangster" dasselbe, um in weniger Zeit noch mehr Gewinn zu erwirtschaften.

Wieviel sollte jemand verdienen, der vier bis sechs Monate lang 24 Stunden am Tag, ohne Wochenenden, ohne Urlaub arbeitet und dabei tagtäglich sein Leben riskiert? Es kann passieren, daß ein spanischer Seemann USD 3000 verdient, während ein Seemann aus Peru oder Ecuador nur USD 1800 oder 1200 bekommt. Auf dem selben Schiff. Für dieselbe Arbeit. Zur selben Zeit.

Dies wird früher oder später das Ende der Spanischen Handelsmarine bedeuten, denn wenn es genug Peruaner gibt, die bereit sind, für einen geringeren Lohn und zu schlechteren Bedingungen als ein Spanier zu arbeiten, werden sie auch dem spanischen Seemann nicht mehr zahlen.

In etwa 50 Ländern, meist in Westafrika und Lateinamerika, wird **Kakao** angebaut. Fünf Länder liefern mehr als drei Viertel des Rohkakaos. Zu den wichtigsten Anbauländern zählen Elfenbeinküste, Brasilien, Ghana, Indonesien, Nigeria, Kamerun und Malaysia. In der Regel wird Rohkakao exportiert, lediglich in Brasilien und der Elfenbeinküste wird der Rohkakao auch weiterverarbeitet (vgl. Schmidt-Kallert 1995, 8ff).

Für zahlreiche Länder Lateinamerikas, Afrikas und Asiens bilden **Bananen** den wichtigsten Devisenbringer. Hauptanbauländer für Obstbananen sind neben fast allen Ländern Mittelamerikas auch die Philippinen, Somalia, Elfenbeinküste und Kamerun, ferner auch Kreta, Madeira und die Kanarischen Inseln. Zu den wichtigsten Exporteuren zählen Ecuador, Costa Rica, Kolumbien und die Philippinen. Bananen sind immer noch eine „klassische Kolonialware". Anbau und

Vermarktung der Bananen werden von einigen wenigen Organisationen wie Del Monte, Dole und Chiquita kontrolliert. Sie bestimmen – als klassisches Oligopol – Preis, Qualität und Quantität der Ware (vgl. Brunner/Pfeiffer 1998, 7ff).

Die wichtigsten Anbauländer für tropisches **Zuckerrohr** sind Indien, Brasilien, Thailand, China, Australien, Mexiko, Kuba und die USA. Jährlich werden etwa 120 Mio. Tonnen Zucker (davon 70 % aus Zuckerrohr und 30 % aus Zuckerrüben) produziert. 70 % davon werden in den Erzeugerländern verbraucht, knapp 25 % gehen in den freien Welthandel, der Rest wird über Quotenregelungen bzw. mit Preisgarantien verkauft. Derartige Regelungen stellen für viele Zuckerhersteller eine Überlebensgarantie dar, da der freie Zuckermarkt als einer der empfindlichsten unter den Rohstoffmärkten gelten kann. Spekulanten versuchen nicht selten, sich diese Sensibilität zunutze zu machen. So kann es vorkommen, daß eine Zuckerladung zehnmal und öfter den Besitzer wechselt (vgl. Launer 1998, 12f).

Hauptproduzenten von **Diamanten** sind Botswana, Rußland, Südafrika, Angola, Namibia, Kanada, DR Kongo, Australien und Sierra Leone. 1999 wurden in insgesamt 26 Ländern Diamanten im Wert von USD 6,8 Mio. gefördert. Einerseits gelten Diamanten als Symbol der Liebe, andererseits werden mit deren Abbau und Verkauf Bürgerkriege in Afrika finanziert (vgl. „Blutdiamanten" – Sierra Leone, Liberia, Angola). Nach Einschätzung der Menschenrechtsorganisation *amnesty international* (http://www.amnesty.org) stammen 20 % der Diamanten aus „unsauberen Quellen". Von Seiten der UN und EU wurden bereits Handelsboykotte verhängt, doch sind die Wege, auf denen die Diamanten aus Krisengebieten in die Handelszentren gelangen, eher intransparent (vgl. Kleine 2000, 222f).

Die UNO unterscheidet die Welthandelsgüter anhand verschiedener **Klassifizierungssysteme**. Verbreitet ist die *Standard Industrial Trade Classification* (SITC), die auch die Basis vieler Handelsstatistiken bildet.

SITC-Code	Beschreibung
0	**Nahrungsmittel und lebende Tiere**
00	Lebende Tiere
01	Fleisch und Fleischerzeugnisse
02	Milch und Milcherzeugnisse, Vogeleier
03	Fischereiprodukte
04	Getreide und Getreideerzeugnisse
05	Gemüse und Früchte
06	Zucker, Zuckerwaren und Honig
07	Kaffee, Tee, Kakao, Gewürze
08	Tierfutter (ausgenommen ungemahlenes Getreide)
09	Diverse genießbare Waren und Zubereitungen
1	**Getränke und Tabak**
11	Getränke
12	Tabak und Tabakerzeugnisse
2	**Rohstoffe (ausgenommen Nahrungsmittel und mineralische Brennstoffe)**
21	Häute, Felle und Pelzfelle (roh)

22	Ölsaaten und ölhaltige Früchte
23	Rohkautschuk
24	Kork und Holz
25	Papierhalbstoffe und Papierabfälle
26	Spinnstoffe
27	Düngemittel (außer SITC 56) und mineralische Rohstoffe (außer Kohle, Öl, Edelsteine)
28	Metallurgische Erze und Metallabfälle
29	Rohstoffe pflanzlichen und tierischen Ursprungs
3	**Mineralische Brennstoffe, Schmiermittel und verwandte Erzeugnisse**
32	Kohle, Koks und Briketts
33	Erdöl, Erdölerzeugnisse und verwandte Waren
34	Gas
35	Elektrischer Strom
4	**Tierische und pflanzliche Öle, Fette und Wachse**
41	Tierische Öle und Fette
42	Pflanzliche Fette und fette Öle (roh oder raffiniert)
43	Tierische oder pflanzliche Fette und Öle (verarbeitet)
5	**Chemische Erzeugnisse**
51	Organische chemische Erzeugnisse
52	Anorganische chemische Erzeugnisse
53	Farbmittel, Gerbstoffe und Farben
54	Medizinische und pharmazeutische Erzeugnisse
55	Etherische Öle; zubereitete Körperpflege-, Putz- und Reinigungsmittel
56	Düngemittel (außer SITC 27)
57	Kunststoffe in Primärformen
58	Kunststoffe in anderen Formen
59	Diverse chemische Erzeugnisse und Waren
6	**Bearbeitete Waren**
61	Leder, Lederwaren, zugerichtete Pelzfelle
62	Kautschukwaren
63	Kork- und Holzwaren (ausgenommen Möbel)
64	Papier und Pappe; Waren aus Papierhalbstoff, Papier oder Pappe
65	Garne, Gewebe, fertiggestellte Spinnstofferzeugnisse und verwandte Waren
66	Waren aus nicht-metallischen mineralischen Stoffen
67	Eisen und Stahl
68	NE-Metalle
69	Diverse Metallwaren
7	**Maschinenbauerzeugnisse, elektronische Erzeugnisse und Fahrzeuge**
71	Kraftmaschinen und Kraftmaschinenausrüstungen
72	Arbeitsmaschinen für besondere Zwecke
73	Metallbearbeitungsmaschinen
74	Maschinen, Apparate und Geräte für verschiedene Zwecke, und Teile davon
75	Büromaschinen und automatische Datenverarbeitungsmaschinen
76	Geräte für die Nachrichtentechnik; Bild- und Tonaufnahme- und -wiedergabegeräte
77	Elektrische Maschinen, Apparate, Geräte und Einrichtungen und elektrische Teile davon
78	Straßenfahrzeuge (einschließlich Luftkissenfahrzeuge)
79	Andere Beförderungsmittel
8	**Verschiedene Fertigwaren**
81	Vorgefertigte Gebäude; sanitäre Anlagen, Heizungs- und Beleuchtungseinrichtungen
82	Möbel und Teile davon; Bettausstattungen und ähnliche Waren
83	Reiseartikel, Handtaschen und ähnliche Behältnisse

84	Bekleidung und Bekleidungszubehör
85	Schuhe
87	Meß-, Prüf- und Kontrollinstrumente, -apparate und -geräte
88	Fotografische Apparate, Ausrüstungen und Zubehör; optische Waren, Uhrmacherwaren
89	Verschiedene bearbeitete Waren
9	**Waren und Warenverkehrsvorgänge, bisher nicht erfaßt**
91	Postpakete
93	Besondere Warenverkehrsvorgänge und Waren
96	Münzen (ausgenommen Goldmünzen), ausgenommen gesetzliche Zahlungsmittel
97	Gold zu nichtmonetären Zwecken

Abbildung 1-3 *SITC-Warengruppen*

Warum sich auch Verbrechersyndikate über die Globalisierung freuen

Durch die zahlreichen Deregulierungs- und Liberalisierungsbestrebungen im Zuge der Globalisierung bieten sich auch für illegale Geschäftsaktivitäten neue und aufregende Chancen. Die Beseitigung von Handelshemmnissen und die Förderung des grenzüberschreitenden Warenverkehrs ermöglicht es beispielsweise, daß gestohlene Waren an ganz anderen Orten wieder auftauchen und dort zum Verkauf angeboten werden. Genauso ebnet frei bewegliches Kapital auch illegalen Finanzströmen und Geldwäsche den Weg.

Darüber hinaus geht es darum, „illegale Einwanderer aus Bangladesch nach England zu bringen oder junge ukrainische Frauen der Prostitution in den Niederlanden zuzuführen". Parallel zur Internationalisierung von Unternehmensaktivitäten haben die organisierten Verbrechersyndikate ihre weltweiten Netze ausgebaut: „Die chinesischen Triaden haben ihre Finger in der Gastronomie in London. Die sizilianische Mafia verkauft Heroin in New York. Und das japanische Yakuza-Kartell finanziert die Pornographie in den Niederlanden."

Aufgrund vielfacher Probleme in den Schwellenländern entsteht eine breite Unterschicht, die anfällig dafür ist, von den global agierenden Verbrechersyndikaten angeworben und in der Folge ausgebeutet zu werden. So sind etwa die Arbeitslosen in den südafrikanischen Townships leichte Beute krimineller Banden, die dazu beigetragen haben, daß Südafrika zu einem der wichtigsten Umschlagplätze im weltweiten Drogenhandel geworden ist.

Auch die fortschreitende technologische Entwicklung birgt vielfältige Gefahren. Vor Jahren wäre es beispielsweise noch nicht möglich gewesen, daß Hacker in die Zentralcomputer von Unternehmen oder Banken eindringen, Einsicht in sensible Daten haben und diese zum Schaden der Unternehmen manipulieren. Das Internet bietet hierfür einen geeigneten Nährboden.

Obwohl der Bekämpfung des organisierten Verbrechens sowohl auf internationaler als auch auf nationaler Ebene eine sehr hohe Priorität eingeräumt wird, sind die Ergebnisse bescheiden. In Analogie zu einer alten Weisheit: Auch hier ist das Verbrechen den ermittelnden Behörden stets um (mehr als) eine Nasenlänge voraus.

(Quelle: nach UNDP-Bericht zur menschlichen Entwicklung 1999, 51)

2 Strategische Entscheidungen

Die **Globalisierung** der Wirtschaft hat zunehmend dazu geführt, daß nicht nur internationale Unternehmen, sondern auch mittelständische Firmen in zahlreichen Ländern und Märkten tätig sind. Die Beweggründe für eine grenzüberschreitende Tätigkeit von Unternehmen ergeben sich aus den sich jeweils bietenden einzelwirtschaftlichen Möglichkeiten. Primär sind dies die **Gewinnchancen** und die **Ausweichmöglichkeiten**, die sich durch die Tätigkeit auf fremden Märkten bieten.

Entscheidet sich ein Unternehmen, internationale Aktivitäten aufzunehmen, ist zunächst eine detaillierte Betrachtung der unternehmensexternen Umwelt und des unternehmensexternen Kontexts vorzunehmen, um eine entsprechende Strategie zu formulieren und damit den Unternehmenserfolg langfristig sicherzustellen.

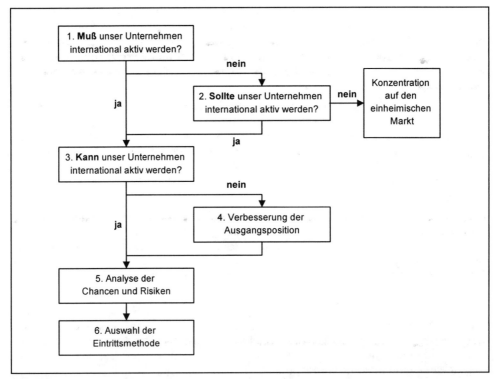

Abbildung 2-1 *Der Entscheidungsprozeß zur Internationalisierung (nach Punnett/ Ricks 1997, 249)*

Dazu gehört nicht nur, daß Unternehmen bzw. deren Manager in der Lage sind, erfolgversprechende Unternehmenskonzepte auszuarbeiten. Sie sollten auch mit den spezifischen Gegebenheiten der internationalen Märkte, in denen sie aktiv sind, vertraut sein, um letztlich entscheiden zu können,

- ob ein (bestehendes) Konzept unverändert auf einen anderen Markt übertragen werden kann,

- ob Anpassungen an lokale Marktgegebenheiten notwendig sind oder

- ob ein Konzept jenseits der Landesgrenzen überhaupt nicht eingesetzt werden kann.

Internationales strategisches Management

2.1 Gründe für eine internationale Geschäftstätigkeit

Auf dem internationalen Markt aktive Unternehmen können aus ihrer Geschäftstätigkeit vielfältige **Chancen** ziehen:

- Erhöhung des Bekanntheitsgrades von Unternehmen und Erzeugnissen,

- Absatzsteigerung,

- idealerweise eine Erhöhung der Gewinne;

- durch die Verlagerung des Produktionsschwerpunktes auf mehrere Märkte werden Risiken, wie z.B. das des plötzlichen Wegbrechens eines Marktes, gestreut.

Die Vorteile bringen aber gleichzeitig eine Reihe nicht zu unterschätzender anderweitiger **Risiken**, wie beispielsweise Währungs- und Wechselkursrisiken, mit sich. So wollen unternehmensinterne Stärken und Schwächen bzw. externe Gelegenheiten und Bedrohungen mit aller gebotenen kaufmännischen Vorsicht betrachtet und sorgfältig abgewägt werden, bevor man das Abenteuer eines internationalen Engagements wirklich wagt.

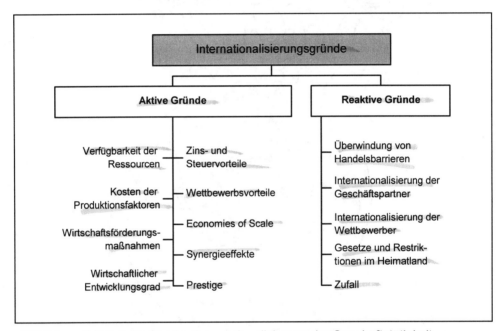

Abbildung 2-2 *Gründe für eine Internationalisierung der Geschäftstätigkeit*

2.1.1 Aktive Gründe

Hinsichtlich des marktbezogenen und politischen Umfeldes bestehen zwischen Heimat- und Gastland häufig Unterschiede, die oft günstige Gelegenheiten für ein Engagement jenseits der Landesgrenzen bieten. Eine Auswahl der möglichen Gründe wird nachfolgend kurz erläutert:

Verfügbarkeit der Ressourcen

Ressourcen – ob natürliche, personelle, finanzielle oder technologische – sind nicht an jedem Standort gleichermaßen leicht zugänglich und im notwendigen Umfang verfügbar. Es können starke Preisunterschiede auftreten. Zudem können

Ressourcen Restriktionen unterliegen. Können die erforderlichen Ressourcen auf dem Heimatmarkt nicht (mehr) bezogen werden, gilt es alternative Beschaffungswege zu finden bzw. auf andere, auch internationale Standorte, an denen die entsprechenden Bezugsquellen leichter und/oder billiger zur Verfügung stehen, auszuweichen.

Kosten der Produktionsfaktoren

Ein Großteil der Kosten ist standortabhängig. Ressourcen sind an jenen Standorten preiswert, an denen sie in ausreichenden Mengen zur Verfügung stehen. Rohstoffintensive Produkte können dort am günstigsten hergestellt werden, wo die benötigten Rohstoffe am preiswertesten und/oder am leichtesten beschaffbar sind. Arbeitsintensive Prozesse lassen sich dort am günstigsten durchführen, wo die Arbeitskraft billig ist. Zahlreiche Unternehmen haben bereits „teure" Produktionsstandorte verlassen und sich günstigeren Standorten, beispielsweise in Osteuropa, zugewandt.

Zins- und Steuerunterschiede

Von Land zu Land unterschiedliche Zins- und Steuersätze kann sich ein Unternehmen zunutze machen, indem es sich dort ansiedelt, wo die für den jeweiligen Bereich maßgeblichen Kosten am niedrigsten sind.

Wirtschaftsförderungsmaßnahmen

Um Investoren ins Land zu locken und die Wirtschaft des Landes durch den Zufluß begehrter Devisen, neue Technologien, Training der Arbeitskräfte in Schwung zu bringen, werden von Regierungen oft spezielle Förderungen geboten. Derartige Anreize können vielgestaltig sein. Denkbar wären etwa die Bereitstellung von Gewerbeflächen, die Vergabe von Fördermitteln, Steuervergünstigungen oder -befreiungen, zinsfreie Darlehen oder Hilfe bei der Anbahnung von Geschäftskontakten.

Wirtschaftlicher Entwicklungsgrad

Auf dem einheimischen Markt ausgereifte Produkte können auf anderen, weniger entwickelten Märkten auf wachsende Nachfrage stoßen. Ebenso sind Technologien und Anlagen, die auf dem Heimatmarkt als veraltet betrachtet werden, in einem Entwicklungsland vielleicht willkommen.

Wettbewerbsvorteile

Auf dem Heimatmarkt erlangte Wettbewerbsvorteile lassen sich u.U. auf dem Weltmarkt ausbauen. Ein bekannter Markenname, technologische Führerschaft und/oder besonders hohe Qualität sprechen dafür, daß ein Erzeugnis auch auf einem neuen Markt auf Nachfrage stößt.

Economies of Scale

Ist der einheimische Markt für eine effiziente Auslastung zu klein, bietet sich das Ausweichen auf andere Märkte an. Eine Ausdehnung des Absatzgebietes auf internationale Ebene kann dem Unternehmen ein großes Wachstumspotential bringen und darüber hinaus zu einer Kostensenkung beitragen.

Ford T (15.000.000 Stück)

Synergieeffekte

Ist ein Unternehmen bereits auf verschiedenen Märkten tätig, können Erfahrungen auf andere Bereiche übertragen werden. Auf diese Weise können etwa Gefahrensituationen antizipiert und Fehler vermieden werden.

Prestige

Eine starke Marktpräsenz kann eine Steigerung des Marktanteils, eine Erhöhung des Bekanntheitsgrades und Einflusses des Unternehmens erhöhen. Eine auf diese Weise ausgebaute Position kann dazu genutzt werden, um auf die Konkurrenz wirksamen Druck auszuüben.

Prestige

2.1.2 Reaktive Gründe

Nicht immer ist ein Unternehmen von sich aus an der Internationalisierung seiner Geschäftstätigkeit interessiert. Oftmals werden die damit verbundenen Chancen als zu gering und/oder die Risiken als zu hoch eingeschätzt. Hinzu kommt, daß nicht jedes Unternehmen über die entsprechenden Ressourcen verfügt. Es können aber dennoch Umstände eintreten, die solche Unternehmen zwingen, geschäftliche Kontakte mit dem Ausland aufzunehmen.

Überwindung von Handelsbarrieren

In zahlreichen Ländern existieren von seiten des Staates oder einheimischen Unternehmen etablierte Handelsbarrieren, die ausländischen Unternehmen die Markterschließung erschweren, so daß sich Lieferungen nicht mehr lohnen und letztendlich andere Märkte gesucht werden müssen.

Internationalisierung der Geschäftspartner

Wenn sich die Geschäftspartner eines Unternehmens für eine Ausdehnung ihrer Tätigkeit auf ausländische Märkte entscheiden, kann sich ein Unternehmen – um seine Geschäftspartner nicht zu verlieren – möglicherweise „gezwungen" fühlen, nachzuziehen. Aufgrund verschiedener „Vor-Ort"-Vorteile bevorzugt eine Reihe von Unternehmen im jeweiligen Land ansässige Vertragspartner.

Make it easy

Internationalisierung der Wettbewerber

Ähnliche Wirkungen kann es nach sich ziehen, wenn die Wettbewerber entsprechende Schritte tun. Will ein Unternehmen dann seine Wettbewerbsposition beibehalten, muß es häufig der allgemeinen Entwicklung folgen und ebenfalls (rechtzeitig) auf Auslandsmärkten aktiv werden.

Gesetze und Restriktionen im Heimatland

Werden die Handlungskosten in einem Land beispielsweise durch umwelt-, gesundheits- und sicherheitsbezogene Restriktionen erhöht und bietet gleichzeitig ein anderes Land einen diesbezüglich weitaus größeren Spielraum, könnte dies der Auslöser dafür sein, daß eine internationale Geschäftsausdehnung bzw. -verlagerung in Betracht gezogen wird.

Zufall

Schließlich kann auch ein zufälliges Zusammentreffen potentieller Geschäftspartner, z.B. auf einer Messe oder einem Kongreß, den Auslöser für späteres internationales Engagement bilden.

3 Konzeption strategischer Entscheidungen

3.1 Zielrahmen strategischer Entscheidungen

Nachfolgend wird der Entscheidungsprozeß beschrieben, den ein Unternehmen durchläuft, das die Aufnahme bzw. Ausdehnung internationaler Aktivitäten beabsichtigt.

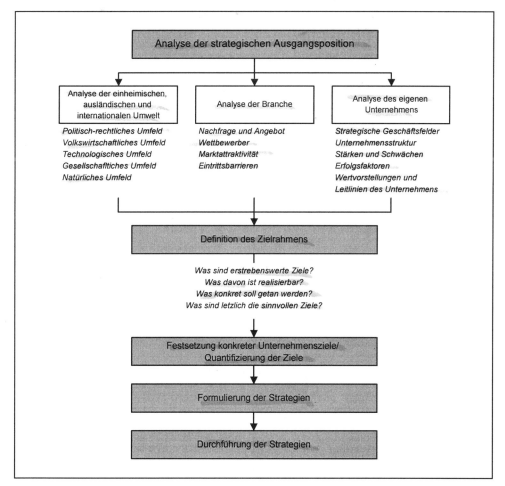

Abbildung 3-1 *Ablauf eines strategischen Entscheidungsprozesses*

3.2 Umfeldanalyse

> Das **Makroumfeld** eines Unternehmens setzt sich aus dem politisch-rechtlichen, volkswirtschaftlichen, technologischen, gesellschaftlichen und natürlichem Umfeld zusammen. In dieses komplexe Umfeld sind das Unternehmen, seine Zulieferer, Kunden und Konkurrenten gleichermaßen eingebunden und den einwirkenden Kräften und Entwicklungstrends ausgesetzt.

Das Unternehmen selbst kann diese Kräfte und Trends, die sowohl förderlich als auch bedrohend erscheinen können, nicht bzw. nur schwer beeinflussen. Auch wenn diese Variablen weitgehend unkontrollierbar sind, kann das Management dennoch auf sie einwirken – beispielsweise mit Hilfe von Lobbyisten.

Die (unternehmens-)**internen** Variablen kann das Management beeinflussen und gezielt steuern. Produktionsfaktoren (Mensch, Kapital und Rohstoffe) sowie Produktion und Marketingaktivitäten müssen dementsprechend auch so organisiert und kontrolliert werden, daß jederzeit auf Veränderungen bei den externen Variablen reagiert werden kann (vgl. auch Ball/McCulloch 1996, 16f).

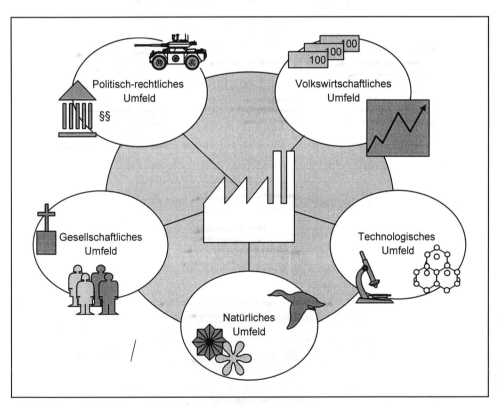

Abbildung 3-2 *Makroumfeld eines Unternehmens*

3.2.1 Politisch-rechtliches Umfeld

Die politische Situation

Die strategischen Maßnahmen eines Unternehmens müssen stets auf die politische Situation im jeweiligen Land abgestimmt sein. In den westlichen Industriestaaten stellt dies meist kein großes Problem dar. In politisch weniger gefestigten Staaten sollte die Situation allerdings einer genaueren Analyse unterzogen werden, um potentiellen **Risiken** entsprechend begegnen zu können.

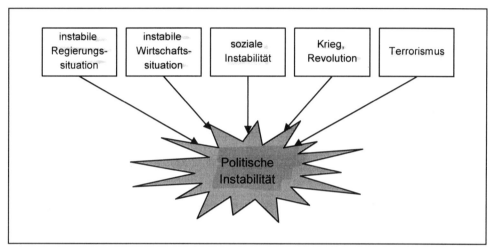

Abbildung 3-3 Politische – Instabilität verursachende bzw. fördernde – Faktoren

Die rechtliche Situation

Zu den für Unternehmen unbeeinflußbaren Faktoren gehören auch die **Rechts- und Wirtschaftsordnung** eines Staates. Der Handlungsspielraum ist diesbezüglich in einer staatlich dirigierten Planwirtschaft wesentlich kleiner als in einer Marktwirtschaft.

Für ein Unternehmen nicht minder von Bedeutung ist die **steuerliche Situation**, wobei insbesondere die – länderspezifisch äußerst unterschiedlichen – gesetzlichen Bestimmungen zu Einkommen-, Körperschaft-, Umsatz- bzw. Mehrwert-, Vermögens- sowie Verbrauchssteuern von Relevanz sind.

Als Problem können sich mitunter staatliche **Eingriffe** in die Wirtschaft sowie andere Kontrollmaßnahmen und Restriktionen erweisen. Branchen von besonderem staatlichen „Interesse" sind meist der infrastrukturelle Bereich, die Exportindustrie sowie die strategisch wichtige Grundstoffindustrie (z.B. Erdöl).

Stabilität

3.2.2 Ökonomisches Umfeld

Volkswirtschaften können sich – je nach historischem Hintergrund und gegenwärtigem Entwicklungsstand – in sehr unterschiedlicher Form darstellen.

Wirtschaftsform	Merkmale
Bedarfs-deckungs-wirtschaft	• Menschen leben unter sozial und ökonomisch schwierigen Bedingungen • Großteil der Waren (Nahrung und Kleidung) wird für den Eigenbedarf angebaut bzw. produziert, die verbleibende Überproduktion gegen einfache Waren ausgetauscht • derzeit noch in vielen Dritte-Welt-Ländern zu finden • wegen der geringen Kaufkraft kaum Marktchancen für expandierende Unternehmen
Rohstoff-exportierende Wirtschaft	• an bestimmten Rohstoffen reiche Länder (z.B. Libyen/Erdöl) • Wirtschaftseinnahmen stammen vorrangig aus Exporten dieser Rohstoffe bzw. verarbeiteten Waren • andere Industriezweige meist unterentwickelt • Entwicklung von Oberschichten in Zusammenhang mit Zugriffsmöglichkeiten auf Ressourcen

Wirtschaft in der Industrialisierungsphase	• Bruttosozialprodukt stammt zu 10 bis 20 % aus der Industrie • Fertigung von Gebrauchsgütern im Inland nimmt zu • vermehrter Bedarf an Industrie- und Gebrauchsgütern, Dienstleistungen und Kapital • Wohlstand der Bevölkerung nimmt zu • neben Oberschicht bildet sich aufstrebende Mittelschicht
Voll industrialisierte Wirtschaft	• große, entwickelte Märkte und Branchen • ausgeprägte Wirtschaftsbeziehungen • wichtigster Markt für Rohstoffexporte und Halbfertiggüter • unbedeutend kleine Oberschicht, breite Mittelschicht • dadurch sehr aufnahmefähig für Produkte aller Art • gekennzeichnet durch starke Konkurrenz • Nachfrage nach Serviceleistungen nimmt zu

Abbildung 3-4 *Wirtschaftliche Grundtypen*

Entscheidende Variablen bei der Beurteilung des volkswirtschaftlichen Umfeldes sind die Wirtschaftskraft eines Landes, damit zusammenhängend die Kaufkraft seiner Bevölkerung sowie die jeweilige Konjunktur.

Land	BNP/Kopf (in USD)	Rang	Bevölkerung (in Mio.)	Land	BNP/Kopf (in USD)	Rang	Bevölkerung (in Mio.)
Schweiz	39980	3	7,1	Südafrika	3310	83	41,4
Japan	32350	7	126,4	Türkei	3160	85	63,4
USA	29240	10	270,3	Rußland	2260	97	146,9
Österreich	26830	12	8,1	Iran	1650	110	61,9
BRD	26570	13	82	Ägypten	1290	119	61,4
Italien	20090	25	57,6	Bulgarien	1220	125	8,2
Slowenien	9780	49	2	China	750	145	1238,6
Südkorea	8600	51	46,4	Indonesien	640	149	203,7
Saudi-Arabien	6910	60	20,7	Indien	440	161	979,7
Tschechische Rep.	5150	65	10,3	Nigeria	300	181	120,8
Brasilien	4630	68	165,9	Moçambique	210	195	16,9
Polen	3910	73	38,7	Kongo	110	506	48,2
Mexiko	3840	75	95,8	Äthiopien	100	206	61,6

Abbildung 3-5 *Wirtschaftskraft und Bevölkerung ausgewählter Länder (nach Weltbank 2000, 14f u. 24f)*

Kaufkraft

Die Kaufkraft ist von maßgeblicher Bedeutung für das Wirtschaftsleben eines Landes.

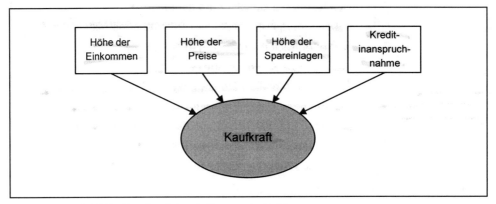

Abbildung 3-6 *Die Kaufkraft beeinflussende Faktoren*

– ohne Worte –

Die Kaufkraft eines Marktes wird in besonderem Maße von der **Einkommensverteilung** beeinflußt. Der Kauf von Gütern setzt das Vorhandensein ausreichender Geldmittel voraus. Erst wenn die Konsumenten über entsprechende finanzielle Mittel verfügen, kann sich ein reger Austausch von Waren, Dienstleistungen und Kapital entwickeln.

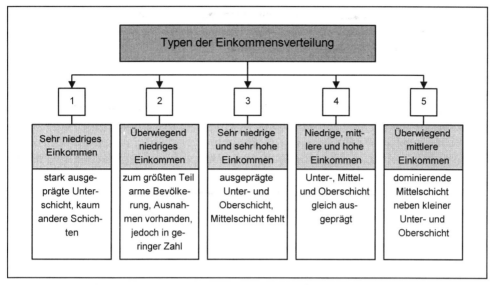

Abbildung 3-7 *Typen der Einkommensverteilung*

Preise und Lebenshaltungskosten

Die Preise von Waren und Dienstleistungen resultieren aus verschiedenen wirtschaftlichen Faktoren. Zu diesen Faktoren zählen

- die Dringlichkeit des Bedarfs, d.h., wie wichtig für den Konsumenten die Befriedigung eines bestimmten Bedürfnisses ist,

- die Konkurrenzsituation, d.h., wie viele vergleichbare Erzeugnisse auf dem Markt angeboten werden und

- die konjunkturelle Situation in der Volkswirtschaft, d.h., ob sich die Volkswirtschaft in einer wachsenden, stagnierenden oder zurückgehenden Phase befindet.

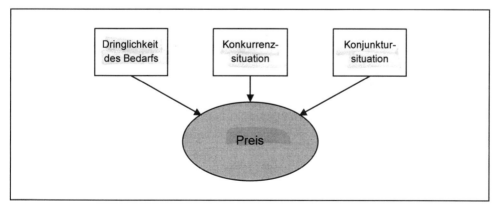

Abbildung 3-8 *Einflußfaktoren auf die Entwicklung der Preise*

Steigt das Preisniveau einer Volkswirtschaft bei gleichbleibendem Einkommensniveau, erhöhen sich die **Lebenshaltungskosten** für die Bevölkerung. Die Kaufkraft sinkt, ein Rückgang der Nachfrage wird folgen.

Sparen

Ein weiterer die Kaufkraft beeinflussender Faktor ist die **Sparneigung**. Darunter wird das Bedürfnis bzw. die Möglichkeit, ein finanzielles Polster für schlechtere Zeiten anzulegen, verstanden. Die Sparneigung ist nicht nur von der Bevölkerungsschicht abhängig, sondern auch von Land zu Land verschieden (Deutschland und Österreich im langjährigen Vergleich durchschnittlich rund 10 %). In Rezessionszeiten nimmt die Sparneigung üblicherweise zu. Folglich wird dann weniger Geld für Konsum ausgegeben, d.h., es fließt weniger Geld in die Gütermärkte.

Verschuldungsgrad

Eine Erhöhung der Kaufkraft kann auch durch die Aufnahme von Krediten erreicht werden. Auf diese Weise kann man sich Wünsche erfüllen, bevor die dafür notwendigen finanziellen Mittel angespart sind. Größere Anschaffungen werden so für eine breitere Bevölkerungsschicht möglich. Die Neigung, Konsumbedürfnisse durch die Aufnahme von Krediten zu befriedigen, ist jedoch von Land zu Land verschieden.

Hochkonjunktur

Konjunktur

Bei der Erschließung neuer Märkte ebenfalls relevant ist die konjunkturelle Situation. Sie läßt Aussagen darüber zu, wie sich die Nachfrage nach Gütern entwickelt. In Zeiten der **Rezession** stagniert die Nachfrage oder ist rückläufig, in Aufschwung- und **Boomphasen** nimmt die Nachfrage rasch (wieder) zu. Entscheidend sind dabei die Erwartungen der Verbraucher. Gehen diese z.B. von einem baldigen wirtschaftlichen Abschwung aus, so wird ihre Sparneigung zunehmen und ihre Konsumneigung folglich zurückgehen.

3.2.3 Technologisches Umfeld

Alle Bereiche – von der Elektronik über die Energiewirtschaft bis zur Medizin – unterliegen einem raschen technologischen Wandel. Die **Innovationsmöglichkeiten** scheinen unbegrenzt. Hinsichtlich der Höhe der F&E-Ausgaben liegen die USA weltweit an der Spitze, europaweit nimmt Deutschland die Spitzenposition ein. Die **Forschungsaktivitäten** konzentrieren sich dabei in den Branchen Maschinen- und Fahrzeugbau, Elektronik, Optik und Chemie (Forschungsausgaben bis 8 % des Umsatzes), am wenigsten wird in der Leder-, Textil- und Bekleidungsbranche sowie im Baugewerbe geforscht (weniger als 1 % des Umsatzes).

Trotz intensiver Versuche konnten die Gebrüder Wilbert
das Geheimnis des Gipsabdrucks nicht erkunden

Die Möglichkeiten des **technischen Fortschritts** stellen sich dem Verbraucher nicht selten auch als Gefahr dar, wie die Diskussionen über gentechnisch veränderte Lebensmittel und die Kernkraft zeigen. Auch dem gestiegenen Umweltbewußtsein der Verbraucher gilt es Rechnung zu tragen. Aus der Forderung nach Sicherheitsgarantien resultierend, wurden im Laufe der Zeit strengere Regelungen in bezug auf Sicherheit und **Verträglichkeit der Produkte** erlassen. Potentiell gefährliche Produkte, wie z.B. bestimmte Pflanzenschutzmittel, wurden aus ökologischen Gründen verboten.

3.2.4 Gesellschaftliches Umfeld

Sozio-demographische Faktoren haben einen sehr starken Einfluß darauf, wie sich Menschen am Markt verhalten und Produkte und Dienstleistungen wahrnehmen. Um das Verbraucherverhalten richtig einzuschätzen und diesbezügliche Entwicklungstrends auszumachen und interpretieren zu können, muß ein Unternehmen über die sozio-demographischen Gegebenheiten des Zielmarktes informiert sein.

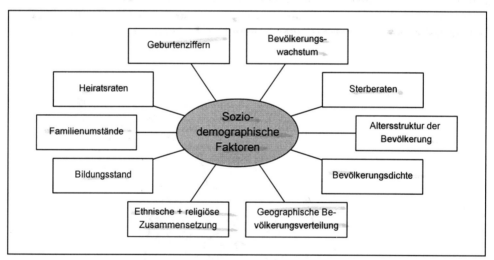

Abbildung 3-9 *Sozio-demographische Faktoren*

Bedingt durch das **Bevölkerungswachstum** steigt – etwa in den Entwicklungsländern – zwar der Bedarf, allerdings verfügen viele Länder meist nicht über die entsprechende Kaufkraft, so daß Bevölkerungswachstum nicht gleichzeitig ein Wachsen des Marktes bedeuten muß. Nur mäßiges Bevölkerungswachstum bzw. ein Rückgang ist demgegenüber in den industrialisierten Staaten zu verzeichnen.

Aus der Analyse der **Altersstruktur der Bevölkerung** kann ein Unternehmen ableiten, wie viele potentielle Abnehmer sich auf dem Markt befinden und wie sich die Zusammensetzung in Zukunft entwickeln wird. Entsprechend der Struktur und möglichen Trends müssen sich die Unternehmen dann eventuell auf neue Zielgruppen orientieren und/oder auch zielgruppenrelevante Produktinnovationen auf den Markt bringen.

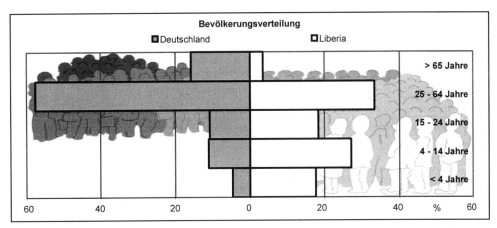

Abbildung 3-10 *Bevölkerungsverteilung Liberia – Deutschland im Vergleich (Quelle: World Populations Prospects der UNO, in: Encarta Weltatlas 1999, Microsoft Corporation, eigene Darstellung)*

Von ebenso wichtiger Bedeutung im Rahmen des gesellschaftlichen Umfeldes sind die **sozio-kulturellen Faktoren.** Komponenten wie Religion, Grund- und Sekundärwerte haben einen großen Einfluß darauf, was Menschen als wünschenswert, akzeptabel oder inakzeptabel empfinden.

Sozio-kulturelle Faktoren bestimmen die Lebensweise der Menschen. Sie haben Einfluß auf Eß-, Kleidungs- und Arbeitsgewohnheiten. Was in einem Land oder in einer bestimmten Bevölkerungsgruppe einen besonderen Wert hat, kann anderswo unbedeutend oder gänzlich unüblich sein. Wertvorstellungen sollten deshalb besonders genau analysiert werden, um gegebenenfalls Anpassungen der geschäftlichen Überlegungen vornehmen zu können.

3.2.5 Natürliches Umfeld

Zum natürlichen Umfeld zählen die Oberflächengestaltung der Lebensräume, das Klima, die natürlichen Ressourcen und die Infrastruktur. In großem Maße verantwortlich für den Stand der wirtschaftlichen Entwicklung sind Klima und Oberflächenstruktur. Für die **Rohstoffe** verarbeitende Industrie sind die Ressourcen eines Landes von besonderer Bedeutung. Nur an solchen Standorten, die die benötigten Ressourcen im erforderlichen Umfang aufweisen und ihre Förderung nicht zu kostenintensiv ist, lohnt die Ansiedlung eines rohstoffabhängigen Unternehmens. Zudem sollte ein attraktiver **Standort** über eine entsprechende **Infrastruktur** verfügen bzw. der Anschluß an bereits bestehende Transportnetze mit nicht allzu hohem Aufwand verbunden sein.

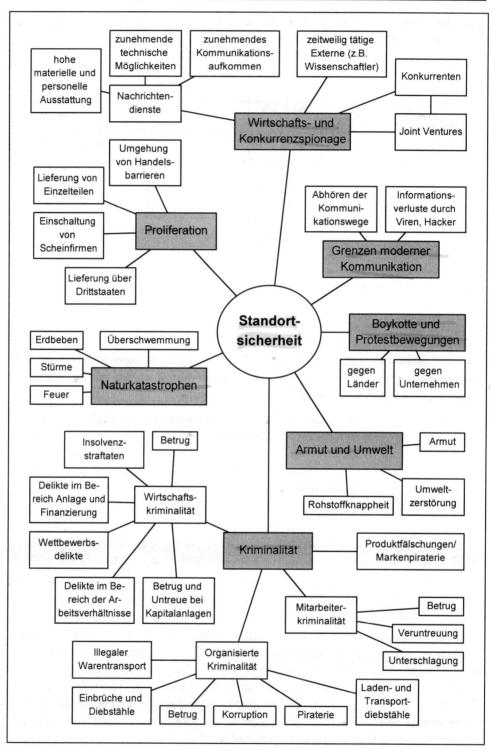

Abbildung 3-11 *Bedrohungsfaktoren der Markt- und Standortsicherheit*

Regionale Reize

3.3 Branchenanalyse

3.3.1 Nachfrage

Die **Marktgröße** bzw. die eines Marktsegments wird von der Anzahl der potentiellen Käufer bestimmt, also der Anzahl der Verbraucher, die ein echtes Interesse am Produkt haben. Auf die Menge potentieller Käufer und das **Nachfragevolumen** kann beispielsweise durch Kundenbefragungen oder eine kontinuierliche Beobachtung des Absatzes – auch von Konkurrenzprodukten – geschlossen
werden (vgl. Trends).

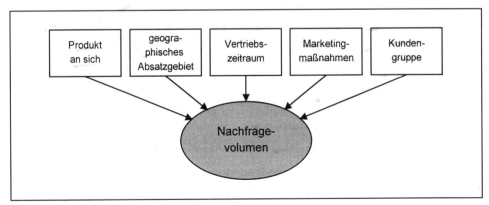

Abbildung 3-12 *Die Nachfrage beeinflussende Faktoren*

Das Nachfragevolumen ist auch von der Stellung des Produktes im **Produktlebenszyklus** abhängig. Der Produktlebenszyklus ist branchenspezifisch – wie die nachfolgende Übersicht deutlich zeigt – sehr unterschiedlich, was auch die strategischen Dispositionen von Unternehmen erheblich beeinflußt.

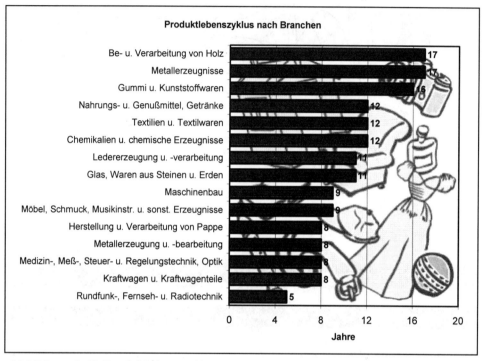

Produktlebenszyklus nach Branchen

Branche	Jahre
Be- u. Verarbeitung von Holz	17
Metallerzeugnisse	17
Gummi u. Kunststoffwaren	16
Nahrungs- u. Genußmittel, Getränke	12
Textilien u. Textilwaren	12
Chemikalien u. chemische Erzeugnisse	12
Ledererzeugung u. -verarbeitung	11
Glas, Waren aus Steinen u. Erden	11
Maschinenbau	9
Möbel, Schmuck, Musikinstr. u. sonst. Erzeugnisse	9
Herstellung u. Verarbeitung von Pappe	8
Metallerzeugung u. -bearbeitung	8
Medizin-, Meß-, Steuer- u. Regelungstechnik, Optik	8
Kraftwagen u. Kraftwagenteile	8
Rundfunk-, Fernseh- u. Radiotechnik	5

Abbildung 3-13 *Produktlebenszyklus nach Branchen in Jahren (Quelle: Die Presse v. 25.02.1999, 27)*

Die Geschäftspolitik wird nur dann ihr Ziel erreichen, wenn sie direkt auf die Zielgruppe(n) zugeschnitten wird. Ziel einer **Segmentierung der Nachfrage** ist das Erkennen homogener Gruppen und die Bereitstellung der notwendigen Informationen für eine zielgruppenorientierte Marketingpolitik. Was sind sinnvolle Kriterien für eine Einordnung der Abnehmer in homogene Gruppen?

- Interessenkreise (z.B. gleiches Hobby, gleiche Einstellung zu Familie, Mode)
- Kulturkreise (z.B. gleiche Lebensformen, gleiche Bevölkerungsschicht)
- Geographische Verteilung (z.B. Stadt, Land, Flachland, Bergland)
- Abnehmer- und Persönlichkeitstypen (z.B. Hausfrauen, Manager, Rentner)
- Welche Abnehmergruppen sind (weniger) erwünscht?

Erst nachdem für ein Produkt eine konkrete Zielgruppe definiert ist, können Strategien für die Bearbeitung der Zielgruppe entwickelt werden.

Kaufverhalten der Nachfrager

3.3.2 Angebot

Die **Verfügbarkeit von Ressourcen** steht in engem Zusammenhang mit der Standortwahl. Für fast jede produzierende Branche sind **Rohstoffe** von Bedeutung. Die Knappheit von Rohstoffen drückt sich über ihren Preis aus, der sich auch im Endprodukt niederschlägt. Ebenso gehört die menschliche **Arbeitskraft** zu den wesentlichen Ressourcen (vgl. Niedriglohnländer). Neben Rohstoffen und Arbeitskraft spielen zudem die am Standort vorhandene **Infrastruktur** sowie die **Transportkosten** eine bedeutende Rolle.

Der Erfolg eines Unternehmens ist in nicht unbedeutendem Maße auch vom **Verhalten der Lieferanten** abhängig. Von besonderer Bedeutung sind dabei die Qualität der gelieferten Rohstoffe und Fabrikate, die Liefertreue und nicht zuletzt der Preis. Starke Lieferantengruppen können sich – im Sinne der Marktmacht – für einen Abnehmer als durchaus problematisch erweisen. Wenige Anbieter, mangelnde Substituierbarkeit der Zulieferungen und ihre Bedeutung für das Endprodukt sowie etwaige Umstellkosten sind dabei die heikelsten Faktoren.

Aufbau einer Branchenanalyse (Beispiel)

Gesellschaftliche Entwicklung
- Bevölkerungsstruktur
- Bevölkerungswachstum
- Kultur/Mentalität
- Arbeitskräftequalifikation
- Arbeitskräfteverfügbarkeit
- Gesellschaftliche Trends

Politische Entwicklung
- Art des politischen Systems
- Politische Stabilität
- Rechtssicherheit
- Wirtschaftsordnung
- Wirtschaftspolitik
- Eingriffe in die Wirtschaft

Wirtschaftliche Entwicklung
- BNP
- Pro-Kopf-Einkommen
- Lohnniveau
- Einkommensverteilung
- Inflationstendenzen
- Währung (Stabilität, Wechselkurs, Devisentransfer)
- Wirtschaftsstruktur

Nachfrage (Wie stellt sich der Markt dar?)
- Welche Produkte werden verlangt?
- Wie werden die Produkte verwendet?
- Marktvolumen
- Marktwachstum
- Stabilität der Nachfrage (Dauerhaftigkeit, Substituierbarkeit)
- Marktzugang
- Preisbildung
- Vertragsbedingungen (Verträge mit den Kunden)

Angebot (Unter welchen Bedingungen kann ich anbieten?)
- Welche Produkte können angeboten werden?
- Kapazität
- Lieferfähigkeit
- Kostensituation (Rentabilität der Branche, Kapitalintensität)
- Vertragsbedingungen (Verträge mit den Lieferanten)
- Anforderungen an Distribution und Service
- Energie- und Rohstoffversorgung (Störungsanfälligkeit)

Wettbewerbssituation
- Verhalten der etablierten Wettbewerber
- Wettbewerbsklima
- Variabilität der Wettbewerbsbedingungen

- Marktzugang (Markteintrittsbarrieren)
- Stellung im Marktlebenszyklus
- Technologisches Niveau/Innovationsbedüftigkeit
- Bedrohung durch Substitutionsprodukte

– ohne Worte –

3.3.3 Konkurrenz

Porter (1999, 86ff) identifizierte im Rahmen der **Konkurrenzanalyse** drei Schwerpunkte:

1. die Ziele des Konkurrenten,

2. seine Strategien zur Erreichung dieser Ziele sowie

3. seine Stärken und Schwächen.

Oberste **Ziele** jedes unter marktwirtschaftlichen Bedingungen tätigen Unternehmens sind die langfristige Sicherung der Existenz sowie die Maximierung des Gewinns. Ausgehend davon leiten sich verschiedene, die Oberziele unterstützende Teilziele ab.

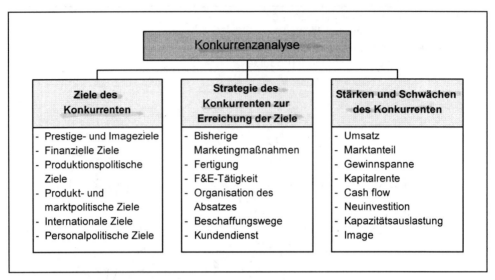

Abbildung 3-14 *Schwerpunkte der Konkurrenzanalyse*

Genauere Informationen zur **Strategie** eines Konkurrenten lassen sich durch detaillierte Daten über Marketingmaßnahmen, Fertigung, Beschaffungswege, F&E-Tätigkeit, Kundendienst und Absatzorganisation der Konkurrenz gewinnen. Diese Merkmale lassen auch erkennen, welche strategische Grundrichtung das Unternehmen verfolgt und welches Marktsegment angesprochen werden soll.

Frische Pilze

Aus den dieserart gewonnenen Informationen läßt sich ein strategisches Wettbewerbsprofil des Konkurrenten ableiten. Es gibt Aufschluß über seine aktuelle **Wettbewerbsposition** und seine potentiellen **Chancen** am Markt. Im Vergleich zum eigenen Unternehmen zeigt es aber auch die eigenen Schwachstellen auf, auf die sich in näherer Zukunft die (Gegen-)Strategie des Konkurrenten richten wird.

Eine **Stärken-Schwächen-Analyse** dient dem Vergleich der Konkurrenten untereinander bzw. eines Konkurrenten mit dem eigenen Unternehmen. Dazu bieten sich etwa – sofern vorhanden – Daten zu Umsatz, Marktanteil, Gewinnspanne, Kapitalrendite, Cash-flow, Neuinvestitionen und Kapazitätsauslastung sowie Rückschlüsse auf dessen Image besonders an.

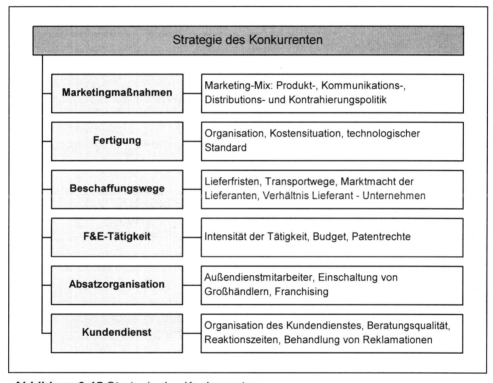

Abbildung 3-15 *Strategie des Konkurrenten*

Beispiel: Wettbewerbsposition österreichischer Unternehmen auf dem slowakischen Markt

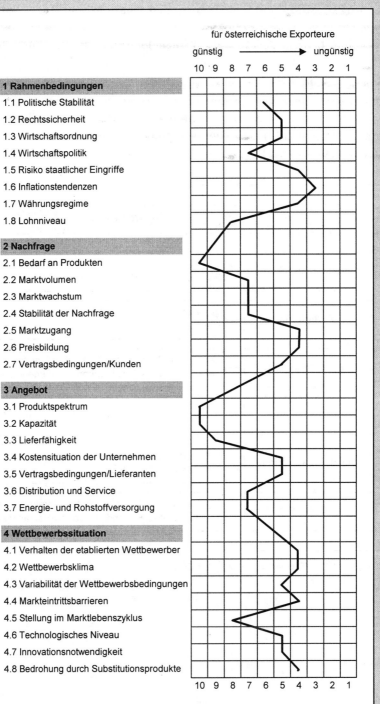

für österreichische Exporteure

günstig ——————▶ ungünstig

10 9 8 7 6 5 4 3 2 1

1 Rahmenbedingungen

1.1 Politische Stabilität

1.2 Rechtssicherheit

1.3 Wirtschaftsordnung

1.4 Wirtschaftspolitik

1.5 Risiko staatlicher Eingriffe

1.6 Inflationstendenzen

1.7 Währungsregime

1.8 Lohnniveau

2 Nachfrage

2.1 Bedarf an Produkten

2.2 Marktvolumen

2.3 Marktwachstum

2.4 Stabilität der Nachfrage

2.5 Marktzugang

2.6 Preisbildung

2.7 Vertragsbedingungen/Kunden

3 Angebot

3.1 Produktspektrum

3.2 Kapazität

3.3 Lieferfähigkeit

3.4 Kostensituation der Unternehmen

3.5 Vertragsbedingungen/Lieferanten

3.6 Distribution und Service

3.7 Energie- und Rohstoffversorgung

4 Wettbewerbssituation

4.1 Verhalten der etablierten Wettbewerber

4.2 Wettbewerbsklima

4.3 Variabilität der Wettbewerbsbedingungen

4.4 Markteintrittsbarrieren

4.5 Stellung im Marktlebenszyklus

4.6 Technologisches Niveau

4.7 Innovationsnotwendigkeit

4.8 Bedrohung durch Substitutionsprodukte

10 9 8 7 6 5 4 3 2 1

3.4 Unternehmensanalyse

Um am Markt erfolgreich zu sein, reicht es nicht aus, über das unternehmensexterne Umfeld informiert zu sein. Ein Unternehmen muß auch seine **Stärken und Schwächen** kennen und diese – insbesondere im Vergleich zu den anderen Marktteilnehmern – einschätzen können. Erst wenn auch die eigene Ausgangssituation analysiert ist, können wirkungsvolle Strategien ausgearbeitet werden. Ein Unternehmen sollte folglich vor allem in jenen Bereichen Stärken aufweisen, die für den Kunden von Bedeutung sind. **Relative Wettbewerbsvorteile** können dabei aus unterschiedlichen Quellen resultieren.

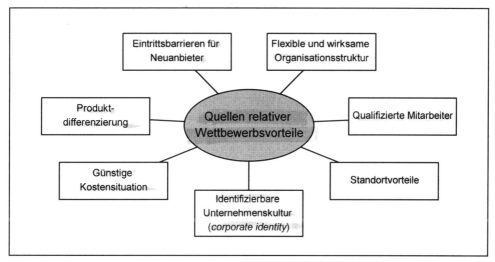

Abbildung 3-16 *Mögliche Quellen relativer Wettbewerbsvorteile*

Inwieweit die ermittelten Schwachpunkte und/oder Stärken tatsächlich relevant sind, hängt vom jeweiligen Markt ab. Als Stärke identifizierte niedrige Preise müssen nicht unbedingt einen Vorteil darstellen, wenn ein imagestarker Konkurrent den Großteil der Nachfrage bedient. Zentrale Frage bleibt also: Warum wird ein Produkt überhaupt gekauft und wie kann das Unternehmen diese Kaufgründe beeinflussen?

Aufbau einer Unternehmensanalyse (Beispiel)

Marktposition

Image, Produktspektrum, Marktanteil, Produktqualität, Vertriebsapparat, Nähe zum Kunden, Produktinnovation, Patente/Lizenzen, Kundendienst, Preisgestaltung, Reaktionsmöglichkeiten der Konkurrenz

Finanzen

Rentabilität, Kostenstruktur, Kapitalausstattung, Kapitalverfügbarkeit

Produktionspotential

Technologischer Stand, F&E-Aktivitäten, Standortvorteil, Produktionsanlagen, Energie- und Rohstoffversorgung, Logistik, Produktivität, Herstellungskosten, Rationalisierungspotentiale

Management

Unternehmensphilosophie, Unternehmenskultur, Führungskompetenz, Organisation, Mitarbeiterqualifikation, Verhältnis zu den Mitarbeitern, Risikobereitschaft

Die Bewertung der Stärken und Schwächen bzw. die Analyse der Wettbewerbsvorteile kann anhand eines Katalogs ausgewählter relevanter Kriterien beispielsweise mit Hilfe eines Evaluierungsschemas (mit Skalierungen und Gewichtungen) vorgenommen werden.

Bewertung des eigenen Unternehmens							
Kriterien	1	2	3	4	5	Gewichtung	Wert
1. F&E-Konzept				x		0,20	0,8
2. F&E-Personal				x			4
3. F&E-Aufwendungen			x				3
4. Produktionsanlagen	x						1
5. Produktionspersonal	x						1
6. Marketingstab		x				0,25	0,5
7. Vertriebsstab		x				0,20	0,4
8. Finanzierung			x				3
9. Führungskompetenz		x					2
10. Größe der Führungsgruppe		x					2
11. Produktlinie (Breite)			x			0,10	3
12. Herstellungskosten			x				3
13. Rendite			x				3
14. Marktanteil			x				3
15. Kundendienst			x				3
16. Qualität der Produkte		x				0,20	0,4
17. Ziele		x				0,10	0,2
18. Kostenstruktur			x				3
19. Organisationskultur		x					2
Summe							38,3
1 = viel stärker als Konkurrenz; 5 = viel schwächer als Konkurrenz							

Abbildung 3-17 *Analyse der Wettbewerbsvorteile*

Die Ergebnisse einer solchen Bewertung können dann im Vergleich mit der Konkurrenz, konkret etwa mit einem unmittelbaren Konkurrenten des Unternehmens, betrachtet werden. Zur Darstellung eignet sich ein Stärken-Schwächen-Profil wie das folgende:

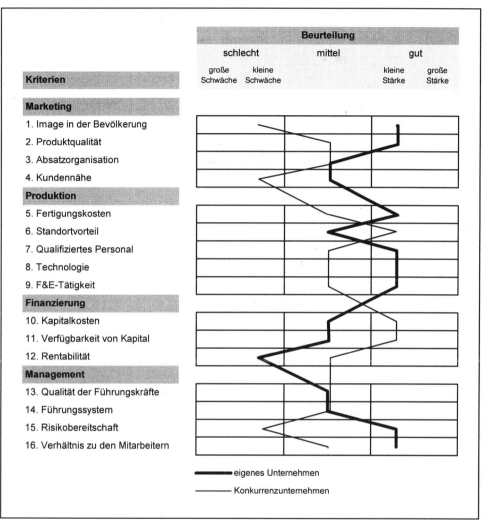

Abbildung 3-18 *Stärken-Schwächen-Profil*

Faktoren, die für den Erfolg eines Unternehmens besonders von Bedeutung sind, bezeichnet man als **kritische Erfolgsfaktoren**. Kritische Erfolgsfaktoren werden von der Natur der Branche und ihrer Umwelt bestimmt. Folglich variieren sie auch von Branche zu Branche.

Zur Ermittlung der kritischen Erfolgsfaktoren sollte sich ein Unternehmen folgende Fragen stellen:

• Wodurch wird der Erfolg eines Unternehmens bestimmt?

- Auf welche Faktoren ist eine Verschlechterung der Marktposition des Unternehmens zurückzuführen?

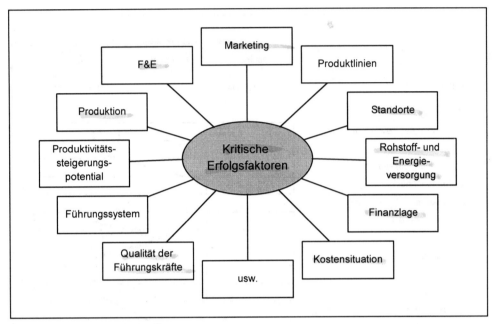

Abbildung 3-19 *Kritische Erfolgsfaktoren (Beispiele)*

Es wird zwar nicht einfach sein, aber wir werden es bis heute abend schaffen.

3.5 Dimensionen der Marktattraktivität

Die Attraktivität internationaler Märkte kann auf vielen Gründen beruhen. Neben den Hauptkriterien wie Marktwachstum, Marktgröße, Marktqualität, Ertragspotential, Verfügbarkeit von Ressourcen, der Konkurrenzsituation und einem allgemein günstigen Umfeld sind es auch die – oben dargestellten – aktiven und reaktiven Gründe, die ein Unternehmen veranlassen, international tätig zu werden (vgl. Kosten, firmenspezifische Vorteile usw.).

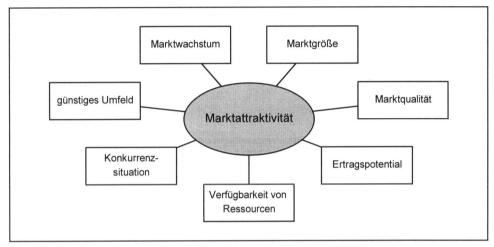

Abbildung 3-20 *Hauptkriterien der Marktattraktivität*

➡ Standortattraktivität

Grundlage für die Ermittlung eines marktspezifischen Chancen-Risiken-Profils sind bestimmte Umweltfaktoren, die sogenannten **Standortfaktoren**, d.h. jene Kriterien, die üblicherweise herangezogen werden, um zu beurteilen, ob ein Markt für ein Unternehmen attraktiv ist oder nicht.

Zur Bewertung der Standortattraktivität wird der potentielle Standort auf seine Eintritts- und Austrittsbarrieren, Wettbewerbsverhältnisse, potentielle Zulieferer und Geschäftspartner, Verfügbarkeit von Ressourcen, Zinsen und Steuern sowie etwaige beeinflussende gesetzliche Regulierungen untersucht. Ein Standort kann nicht generell als attraktiv oder unattraktiv bezeichnet werden. Die Attraktivität hängt vielmehr davon ab, welche Bedeutung den einzelnen Standortmerkmalen zugeschrieben wird. Wöhe (vgl. 2000, 339ff) unterscheidet diesbezüglich verschiedene Orientierungen:

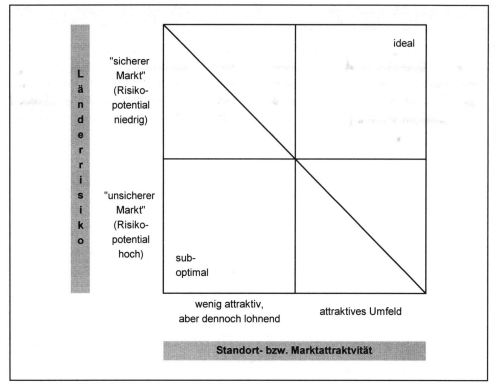

Abbildung 3-21 *Wie kann sich ein (potentieller) Markt oder Standort darstellen?*

- Bei einer **Materialorientierung** erfolgt die Auswahl des Standorts nach der Verfügbarkeit der notwendigen Materialien.

- Bei einer **Arbeitsorientierung** sind für die Standortwahl die Lohnkosten bzw. das Vorhandensein entsprechend qualifizierter Arbeitskräfte entscheidend.

- **Aufgabenorientierte** Unternehmen suchen beispielsweise gezielt nach „Steueroasen" zur Minimierung der global gezahlten Steuerlast.

- **Verkehrsorientierte**, auf Verkehrsknotenpunkte und Warenumschlagplätze angewiesene Branchen (z.B. Öl, Kaffee, Tabak) wählen ihre Standorte nach Transportkosten und Verfügbarkeit von Verkehrswegen aus.

- Durch hohe Kosten für Umweltschutzmaßnahmen können anderweitig attraktive Standorte für ein Unternehmen uninteressant werden (**Umweltorientierung**).

- Auf gute Kontakte zum Absatzmarkt angewiesene, **absatzorientierte** Branchen suchen nach Standorten mit guten Absatzmöglichkeiten.

Nach der Auswahl des geographisch optimalen Standortes muß sich das Unternehmen für einen lokalen Standort (innerstädtisch, am Standrand oder im ländlichen Gebiet) entscheiden. Dabei sind insbesondere Grundstückskosten, Ausbaufähigkeit, Verkehrsanschlüsse, Umweltauflagen und das jeweilige Baurecht von Bedeutung.

Die Bewertung der Marktattraktivität kann methodisch in ähnlicher Weise erfolgen wie die Evaluierung der Stärken und Schwächen des Unternehmens (s.o.).

Attraktivität des Marktes							
Kriterien/Standortfaktoren	1	2	3	4	5	Gewichtung	Wert
1. Inflation				x		0,10	0,4
2. Währungskurse				x			4
3. Devisentransfer			x				3
4. Lohnniveau	x					0,15	0,15
5. Rohstoffangebot	x						1
6. Personalangebot							
6.1 Arbeiter		x					2
6.2 Management			x				3
6.3 Technologie			x			0,15	0,45
7. Produktivität			x				3
8. Exportgesetzgebung			x				3
9. Vorschriften		x					2
10. Regierungsunterstützung		x					2
11. Ökologie				x			4
12. Anpassungsfähigkeit							
12.1 Sprache				x			4
12.2 Flexibilität			x			0,05	0,15
13. Arbeitsmoral			x				3
14. Demographische Veränderungen			x				3
15. Marktvolumen			x			0,20	0,6
16. Marktwachstum		x				0,20	0,4
17. Preisbildung		x				0,20	0,4
18. Vertragsbedingungen			x				3
19. Marktzugang		x					2
20. Angebotsvolumen (Kapazität)			x			0,15	0,45
Summe							17
1 = sehr attraktiv ... 5 = sehr unattraktiv							

Abbildung 3-22 *Bewertung der Marktattraktivität*

➡ **Markteintrittsbarrieren**

Neue Anbieter könnten sich am Markt wesentlich schneller etablieren, wenn sie freien Zutritt zur Branche hätten. Arrivierte Anbieter sehen in „Newcomern" allerdings einen Risikofaktor. Entsprechend interessiert ist man am Aufbau bzw. der Erhaltung von (vielfältigen) Markteintrittsbarrieren. Diese sind bezogen auf die einzelnen Branchen in Art und Ausmaß unterschiedlich und hängen letztlich auch von der Natur der Branche ab. Von **tarifären Markteintrittsbarrieren** spricht man, wenn diese mit der (häufig prohibitiven) Entrichtung von Steuern, Zöllen und Gebühren verbunden sind. Prominente **nicht-tarifäre Marktein-trittsbarrieren** sind:

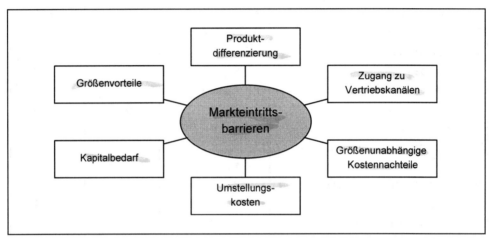

Abbildung 3-23 *Markteintrittsbarrieren*

Größenvorteile: Niedrige Stückkosten können meist nur durch große Produktionsmengen erzielt werden. Um preislich mit den etablierten Anbietern konkurrieren zu können, müßten Marktneulinge ebenfalls diese Mengen produzieren, die der Markt meist ohnehin nicht aufnehmen kann.

Produktdifferenzierung: Die erfolgreichen Anbieter können auf ein gutes Image und ein häufig breites Angebotssortiment verweisen, in dem der Konsument (fast) alles findet, was er braucht. Für den Neuling ist es entsprechend schwer, und man benötigt oft viel Geduld, den Verbraucher von der Qualität seiner Produkte zu überzeugen.

Zugang zu Vertriebskanälen: Ein wesentlicher Faktor für den erfolgreichen Absatz von Produkten ist ein gut ausgebautes Vertriebsnetz. Nicht immer aber gelingt es neuen Anbietern, ein solches Netz aufzubauen.

Kapitalbedarf: Um in Branchen mit hohem Werbe- oder F&E-Aufwand erfolgreich sein zu können, muß der Marktneuling massiv finanzielle Mittel bereitstellen.

Umstellungskosten: Umstellungskosten im Zuge eines beabsichtigten Markteintritts treten insbesondere dann auf, wenn ein Wechsel der Zulieferer oder neue Produktlinien notwendig werden.

Größenunabhängige Kostennachteile: Etablierte Anbieter können bereits so große Kostenvorteile haben, daß es für den Marktneuling unmöglich ist, auf ein ähnliches Niveau zu gelangen (vgl. technologische Führung, geschützte Produkte oder Patente).

3.6 Formulierung von Strategien

Auf der Grundlage von Umweltanalyse, Branchenanalyse und Unternehmensanalyse sind schließlich konkrete Strategien zu formulieren.

Dabei kann als Hilfestellung auf vielfältige Instrumente bzw. Entscheidungshilfen zurückgegriffen werden. Eine besonders in der Praxis bewährte Methode ist die **Portfolio-Methode** (vgl. auch **SWOT-Analyse** zur Betrachtung von *strengths, weeknesses, opportunities* und *threats*).

Deren **Vorteile** liegen insbesondere in ihrer Anschaulichkeit und äußerst flexiblen Anwendbarkeit. Sie erlaubt es, Analyseergebnisse verschiedenster Art in geeigneter und besonders anschaulicher Form zusammenzuführen.

Ziel der Portfolio-Methode ist die Findung einer optimalen Kombination von Tätigkeitsgebieten, Geschäftsbereichen und Produkten, die durch die Erwirtschaftung von Überschüssen ein langfristiges Unternehmenswachstum garantiert. Ein ausgewogenes Portfolio – etwa in Hinblick auf die Produkte – sollte sich aus Produkten verschiedener Lebenszyklusphasen mit unterschiedlichen Marktanteilen und Wachstumschancen zusammensetzen, wodurch ein langfristiger Unternehmenserfolg gesichert werden soll.

In der Folge werden bewußt verschiedene der vielen möglichen Varianten der Portfolio-Methode verwendet, um insbesondere auch ihre flexible Anwendbarkeit zu demonstrieren. Die Darstellung ist **beispielhaft** zu verstehen und verzichtet – zur besseren Visualisierung der verschiedenen Möglichkeiten – teilweise auf Konsistenz und Vollständigkeit.

Im folgenden werden Produkte betrachtet. In ähnlicher Weise könnten aber auch verschiedene Ländermärkte, Branchen, Unternehmen, strategische Geschäftsfelder oder etwa auch verschiedene Aktien einander gegenübergestellt und auf diese Weise deren Stärken und Schwächen sowie damit verbundene Chancen und Risiken bewertet werden. Für die Betrachtungen kann etwa eine Vier-Felder-Matrix genauso wie eine Neun-Felder-Matrix herangezogen werden, je nach gewünschter Skalierung. Die Beratungsfirma **Boston Consulting Group** verwendet die Vier-Felder-Matrix, die Firma **McKinsey** wendet die Neun-Felder-Matrix an (vgl. Hinterhuber 1996, 148). Auch die einbezogenen Ebenen können variieren. So kann man etwa die Ergebnisse aus der Unternehmensanalyse (Dimensionen der Wettbewerbsvorteile: Stärken und Schwächen) gemeinsam mit jenen der Branchenanalyse (Dimensionen der Marktattraktivität: Chancen und Risiken) betrachten. Ein derartiges „Grundmodell" könnte wie die nachfolgende Abbildung aussehen.

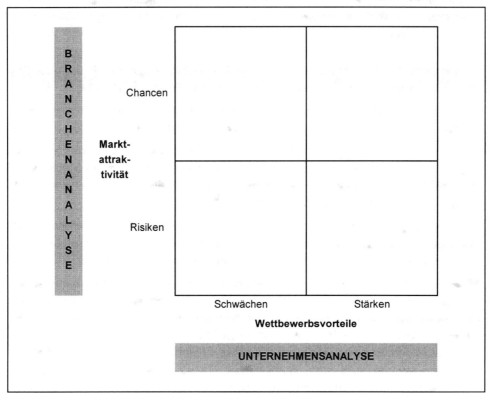

Abbildung 3-24 *Marktattraktivität und Wettbewerbsvorteile*

Strategische Geschäftsfelder oder „Freude am Produkt (?)"

Möchte man speziell die Stellung der eigenen Produkte und damit verbunden die strategischen Geschäftsfelder vergleichen, liegen als Kriterien – im Rahmen von Wettbewerbsvorteilen und Marktattraktivität – etwa der relative Marktanteil und andererseits das Marktwachstum als Betrachtungsebenen nahe. Dabei kann man idealerweise auch die im strategischen Management und Marketing gebräuchliche Differenzierung der Geschäftsfelder bzw. Produkte in „Stars", „Cash Cows", „Question Marks" und „Poor Dogs" in die Überlegungen mit einbeziehen.

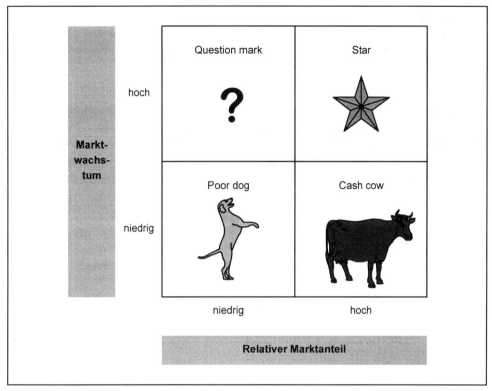

Abbildung 3-25 *Marktanteils-Wachstums-Matrix (nach Boston Consulting Group)*

Stars sind durch einen hohen relativen Marktanteil und hohes Marktwachstum gekennzeichnet. Starprodukte erwirtschaften selbst bereits hohe Erträge, sind aber auch auf Investitionen zur Sicherung der eigenen Position angewiesen. Mit Nachlassen des Marktwachstums können sich diese Produkte zu Cash Cows entwickeln, tragen also auch in Zukunft zum Erfolg bei.

Cash Cows sind Produkte mit einem hohen relativen Marktanteil, die sich aber in Märkten mit geringen Wachstumsaussichten befinden. Cash Cows erwirtschaften einen großen Teil des Gesamtergebnisses und dienen auch der Finanzierung der anderen Produkte.

Question Marks befinden sich – als oft erst neueingeführte Produkte – in hoffnungsvollen Märkten, weisen aber (vorerst) nur einen geringen relativen Marktanteil auf. Aufgrund hoher Anlaufkosten tragen sie (noch) in nur geringem Maße zum Ergebnis bei. Zur Verbesserung der Kosten-Erlös-Situation sollte – wenn es die Wettbewerbsbedingungen erlauben – im Rahmen einer **Offensivstrategie** der Marktanteil ausgedehnt werden. Investitionen in solche Produkte lohnen sich allerdings nur, wenn berechtigte Erfolgsaussichten bestehen. Ist der Erfolg der Produkte eher fraglich, sollte eine stufenweise Eliminierung erfolgen (**Defensivstrategie**).

Poor Dogs besitzen eine schwache Marktposition und sind auf Zuschüsse angewiesen. Solche Produkte sollten nur solange wie unbedingt notwendig im Programm gehalten und zumindest mittelfristig abgebaut werden (**Desinvestitions-
strategie**).

Erstellung des „Ist-Portfolios" für Geschäftsbereiche, Produkte oder Märkte

Mit Hilfe einer Neun-Felder-Matrix werden in der nachfolgenden Abbildung
konkret die Produkte eines Unternehmens einander gegenübergestellt. Die bei
„E" eingezeichneten Koordinaten zeigen die Werte, die für das betreffende Produkt im Rahmen der entsprechenden vorangegangenen Analysen ermittelt wurden (vgl. z.B. Stärken-Schwächen-Analyse, Chancen-Risiken-Analyse). Die
Größe der Kreise kann etwa den Umsatz der einzelnen Produkte oder eine andere aussagekräftige Kennzahl, je nach Zweckmäßigkeit, repräsentieren.

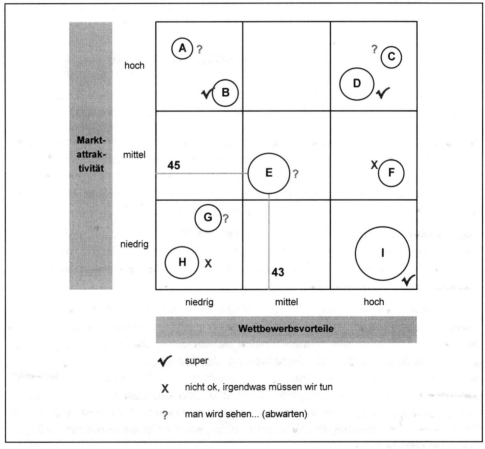

Abbildung 3-26 *Erstellung des „Ist-Portfolios" für Geschäftsbereiche, Produkte oder Märkte (nach McKinsey)*

Für die einzelnen Produkte könnten nun schon (erste) strategische Überlegungen angestellt werden: Wird man ein Produkt forcieren (vgl. Star), seine Stärken schätzen (vgl. Cash Cow), noch abwarten müssen (vgl. Question Mark) oder ist man kurz- bis mittelfristig zu einschneidenden Maßnahmen gezwungen (vgl. Poor Dog)?

Vergleich des „Ist-Portfolios" mit dem eines unmittelbaren Konkurrenten

Die obige Betrachtung der eigenen Produkte ist allerdings erst dann wirklich aussagekräftig, wenn man diese auch im direkten Kontext der Branche sieht. Praktisch jedes Produkt ist mit einem unmittelbaren Konkurrenzprodukt konfrontiert. Erst eine Gegenüberstellung mit diesem gibt wirklich Aufschluß über seine tatsächliche Stellung und die entsprechenden strategischen Optionen.

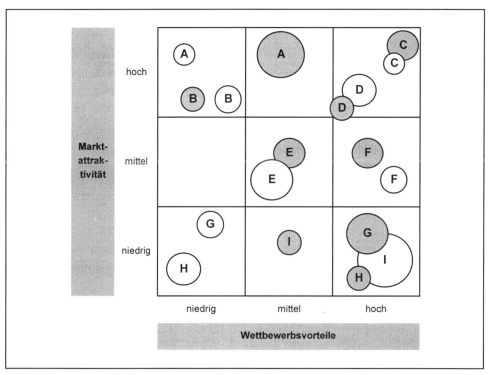

Abbildung 3-27 *Vergleich des „Ist-Portfolios" mit dem eines unmittelbaren Konkurrenten*

Wie verhalten wir uns strategisch richtig?

Versucht man nun, alle bisherigen Überlegungen zusammenzuführen, werden die tatsächlichen strategischen Möglichkeiten besonders offenkundig, wie die nachfolgende Abbildung verdeutlicht.

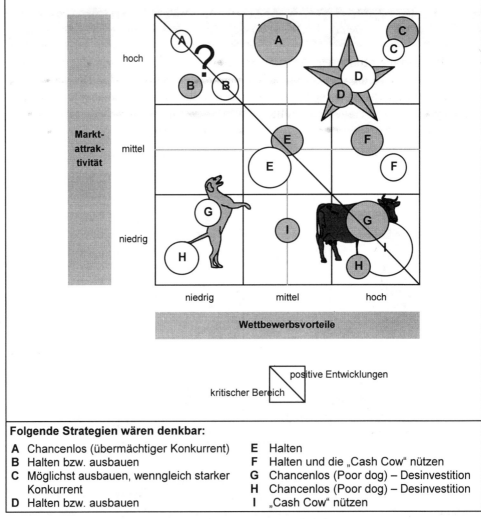

Folgende Strategien wären denkbar:

A Chancenlos (übermächtiger Konkurrent)	**E** Halten
B Halten bzw. ausbauen	**F** Halten und die „Cash Cow" nützen
C Möglichst ausbauen, wenngleich starker Konkurrent	**G** Chancenlos (Poor dog) – Desinvestition
	H Chancenlos (Poor dog) – Desinvestition
D Halten bzw. ausbauen	**I** „Cash Cow" nützen

***Abbildung 3-28** Wie verhalten wir uns strategisch richtig?*

Anhand des Beispiels sollten die Möglichkeiten der Formulierung von Strategien auf der Grundlage der in den vorigen Abschnitten dargestellten Analysen (vgl. Umweltanalyse, Branchenanalyse und Unternehmensanalyse) gezeigt werden. Als methodischer Rahmen wurde die – besonders auch in der Praxis aufgrund ihrer Anschaulichkeit geschätzte – Portfolio-Methode herangezogen. Diese erweist sich darüber hinaus hinsichtlich der gewählten Betrachtungsebenen und ihrer Ausprägungen als äußerst flexibel. Dies zeigen auch die im Verlauf des Beispiels bewußt gewählten verschiedenen Varianten.

Ein wesentlicher Aspekt darf im Rahmen des Prozesses der Strategiefindung nicht aus den Augen verloren werden. Sämtliche der zahlreichen zur Verfügung stehenden Methoden sind lediglich nur Hilfsmittel, deren tatsächliche Aussagekraft – bei aller vermeintlichen Exaktheit – zumindest teilweise auf Einschätzungen beruht. Diese sind, besonders was Prognosen zur Entwicklung von Märkten betrifft, üblicherweise durch zahlreiche Ungewißheiten gekennzeichnet. Dadurch wird auch die letztlich gewählte Strategie entscheidend determiniert.

4 Umsetzung strategischer Entscheidungen

4.1 Möglichkeiten des Markteintritts

Die Entscheidung für eine bestimmte Form des Markteintritts wird von drei Faktoren bestimmt: **Tauglichkeit des Unternehmens** für das internationale Geschäft, die **Attraktivität der potentiellen Standorte** sowie die am jeweiligen Standort **wahrgenommenen Risiken**. Der unternehmerische Wunsch nach verstärktem internationalem Engagement steigt mit der Tauglichkeit des Unternehmens und der Attraktivität des Standortes sowie mit der Abnahme wahrgenommener Risiken.

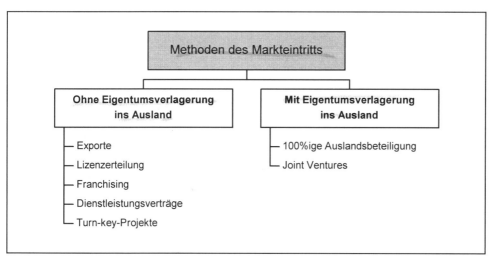

Abbildung 4-1 *Methoden des Markteintritts*

Die zunächst erörterten Möglichkeiten des **Markteintritts ohne Eigentumsverlagerung ins Ausland** beziehen sich auf jene Wege, die internationale Aktivitäten ohne direkte Investitionen vor Ort ermöglichen. Konkret sind dies Export und Import, Lizenzerteilung, Verträge verschiedener Art sowie Franchising. **Eigentumsverlagerung ins Ausland** findet im Rahmen von Direktinvestitionen (Niederlassungen und Joint Ventures) statt.

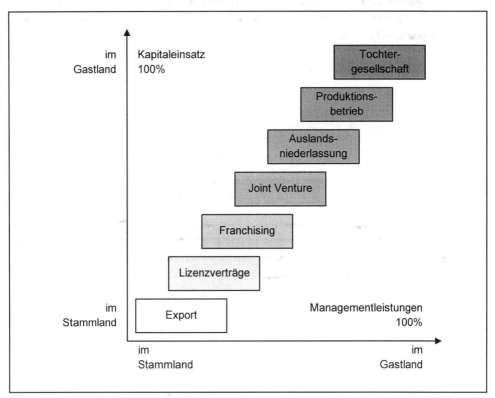

Abbildung 4-2 *Stufenmodell des Internationalisierungsprozesses (nach Dülfer 1992, 106)*

4.2 Export und Import

Den ersten Schritt in Richtung einer internationalen Tätigkeit stellt meist die Etablierung von Export- bzw. Importbeziehungen dar. Auch wenn viele Unternehmen später zu anderen Formen internationaler Geschäftstätigkeit übergehen, behalten Export und Import ihre Bedeutung.

Ein Unternehmen entscheidet sich üblicherweise dann für den Export von Erzeugnissen, wenn es über die dazu notwendigen Kapazitäten verfügt und sich durch die Exporttätigkeit Gewinne verspricht. Importe werden in Betracht gezogen, wenn ausländische Zulieferer Waren anbieten, die im Inland nicht verfügbar sind, oder gegenüber inländischen z.B. als preiswerter, zuverlässiger und qualitätsbewußter eingeschätzt werden.

Trotz vergleichsweise geringem Risikopotential müssen zur erfolgreichen Gestaltung von Export- bzw. Importbeziehungen zahlreiche Entscheidungen, wie z.B. hinsichtlich Exportwege, Transportmittel, Zahlungsmethoden und Produktvorbereitung getroffen werden.

– ohne Worte –

Die Form des Exports eignet sich nicht für alle Produkte, insbesondere ist sie weniger empfehlenswert, wenn:

- die Produkte leicht verderblich sind und/oder schlecht transportiert werden können,

- sehr lange Distanzen überwunden werden müssen und sehr hohe Transportkosten anfallen,

- Zölle und Tarife auferlegt werden, die die Produkte verteuern und deren Wettbewerbsfähigkeit verringern,

- Unternehmen im Zielmarkt nicht-tarifäre Markteintrittsbarrieren errichtet haben und

- die Beschaffenheit des Produktes umfangreichere Kundendienstleistungen und einen Nach-Verkaufs-Service vor Ort erforderlich machen.

Um das Potential eines ausländischen Marktes möglichst gut ausnutzen zu können, arrangieren sich die meisten Unternehmen mit einem **Partner vor Ort**, der die Promotion der Erzeugnisse und ihre Distribution im Zielland unterstützt bzw. übernimmt. Aufgrund der großen Bedeutung, die solchen Partnern zukommt, ist deren Auswahl – die sich nicht selten auch entsprechend schwierig gestaltet – besonderes Augenmerk zu widmen.

Grundsätzlich kann ein Unternehmen zwischen vier verschiedenen **Exportwegen** wählen: (1) dem Direktexport zum ausländischen Käufer, (2) der Einschaltung eines inländischen Exportmittlers, (3) der Einschaltung eines ausländischen Importmittlers und (4) der Einschaltung von Export- und Importmittlern.

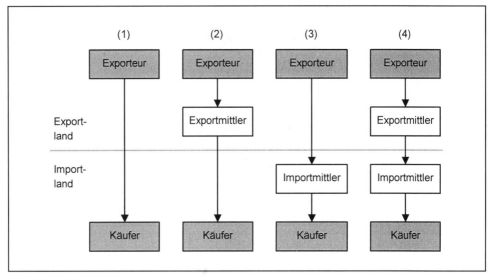

Abbildung 4-3 *Grundsätzliche Exportwege*

Variante 1: Exporteur – Käufer

Die erste Variante bezieht nur zwei Parteien – den exportierenden Produzenten und den ausländischen Käufer – in den Exportprozeß ein und stellt somit die einfachste Exportmethode dar. Die beteiligten Parteien kommunizieren direkt, dadurch werden die Kosten für Vermittler minimiert. Durch den unmittelbaren Kontakt zum Käufer steht das Exportunternehmen in direktem Kontakt zu seinem Markt, kann sich mit dessen Besonderheiten vertraut machen und Exportfertigkeiten entwickeln. Das Exportunternehmen sollte über unternehmensinterne Exportspezialisten verfügen, deren Ausbildung jedoch zeit- und kostenintensiv ist.

Variante 2: Exporteur – Exportmittler – Käufer

Bei dieser Variante schaltet das exportierende Unternehmen einen Exportmittler in den Exportprozeß ein. Dies hat den Vorteil, daß das Exportunternehmen nicht selbst über Exportspezialisten verfügen muß, sondern das Wissen und die Erfahrungen des externen Vermittlers nutzen kann. Das Unternehmen muß Ressourcen nicht für Details des Exportprozesses verwenden, die von einem Externen aufgrund seiner Expertise und seinen Kontakten effektiver bewältigt werden können. Durch den Einsatz eines Exportmittlers entstehen dem Unternehmen jedoch auch zusätzliche Kosten. Da ein Exportmittler im allgemeinen im Auftrag mehrerer Unternehmen handelt, kann es zu Interessenkonflikten kommen.

Variante 3: Exporteur – Importmittler – Käufer

Die dritte Variante bezieht einen Importmittler in den Exportprozeß ein. Dieser ist im Ausland angesiedelt und verfügt somit über spezielle Informationen vor Ort sowie über gute Beziehungen zu Entscheidungsträgern und Institutionen.

Variante 4: Exporteur – Exportmittler – Importmittler – Käufer

Diese – gewiß aufwendige und nur in Situationen mit besonderen Anforderungen gangbare – Möglichkeit stellt eine Kombination der Varianten 2 und 3 dar.

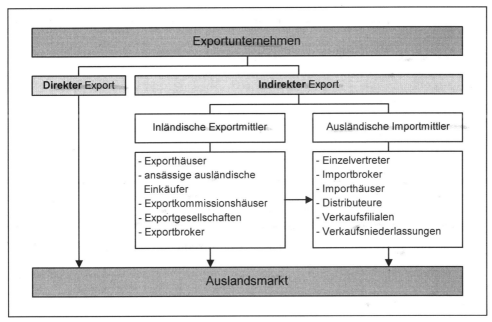

Abbildung 4-4 *Exportwege mit Hilfe verschiedener Partner*

Bevor sich ein Unternehmen für einen konkreten Exportweg entscheidet, sollten zunächst Kosten und Nutzen der jeweiligen Varianten untersucht werden. Dabei sollten – in Abhängigkeit von Produkt, Markt und Unternehmen – Faktoren wie Standardisierungsgrad, Produktanpassungen, Marktreife und Marktkenntnisse beachtet werden.

Exportdokumente

stellen einen wesentlichen Teil des Exportprozesses dar. Bevor ein Unternehmen tatsächlich Waren ins Ausland exportieren kann, müssen eine Vielzahl von Formularen ausgefüllt und eine Reihe von Abwicklungsprozeduren durchlaufen werden. In jedem Land existieren andere Richtlinien und Verordnungen bezüglich des Imports oder Transits von Gütern, die das exportierende Unternehmen jeweils einhalten muß, wenn seine Exporttätigkeit erfolgreich verlaufen soll. Bevor ein Unternehmen den physischen Transport von Waren organisiert, sollte es deshalb ergründen, welche Verpflichtungen es zur Einhaltung der verschiedenen Richtlinien erfüllen muß. Spezialisten stehen – wenn man den notwendigen Durchblick (noch) nicht hat, was angesichts der Komplexität der Materie nichts Ungewöhnliches ist – hilfreich und vielfach unentgeltlich zur Verfügung (z.B. Kammern).

Zu den zahlreichen für den Export benötigten Dokumenten gehören u.a. Frachtbriefe, Rechnungen, Exportlizenzen, Ursprungszeugnisse, Versicherungszertifikate und Zahlungsdokumente. Das Fehlen eines Dokumentes reicht aus, um den Exportprozeß unnötig – und oft erheblich – zu verzögern. Unternehmen sollten die notwendigen Exportdokumente deshalb sorgfältig vorbereiten bzw. vorbereiten lassen. Da nicht für jede Versendung die gleichen Dokumente erforderlich sind, sollte sich der Exporteur informieren, welche Dokumente im bestimmten Fall benötigt werden. Dies ist abhängig von der Art der Waren, der Art der Versendung, dem Ursprungsland und dem Zielland. Dokumente, die in der Regel für alle Versendungsarten benötigt werden, sind:

Frachtbriefe sind Begleitpapiere im Güterverkehr und dienen als Nachweis des Frachtvertrages, die darin aufgeführten Waren zu versenden. Der zur Beförderung der Güter berechtigte Frachtführer kann vom Absender der Waren die Ausstellung eines Frachtbriefes verlangen. Frachtbriefe enthalten bestimmte Angaben, u.a. Ausstellungsort und -tag, Name und Wohnort des Frachtführers, Name des Empfängers und Ort der Ablieferung, für deren Richtigkeit und Vollständigkeit der Absender der Waren haftet. In Abhängigkeit vom Transportmittel kommen unterschiedliche Frachtbriefe zum Einsatz.

Rechnungen werden vom Exporteur ausgestellt und enthalten die Zahlungsbedingungen, den Namen und die Anschrift des Lieferanten und des Käufers, die Menge und die handelsübliche Bezeichnung der gelieferten Waren, den Lieferzeitpunkt, das Entgelt für die Lieferung und den entsprechenden Steuerbetrag.

Exportlizenzen werden – in bestimmten Fällen – von einer Regulierungsbehörde (in der BRD z.B. Bundesanstalt für landwirtschaftliche Marktordnung oder Bundesamt für Ernährung und Forstwirtschaft) erteilt. Exportlizenzen berechtigen und verpflichten den Inhaber gleichzeitig, die deklarierten Güter innerhalb der Gültigkeitsdauer der Lizenz zu exportieren.

Ursprungszeugnisse sind Bescheinigungen über die Herkunft von Erzeugnissen, die aufgrund zolltariflicher oder außenwirtschaftsrechlicher Vorschriften gefordert und von einer autorisierten Behörde des Exportlandes (in der BRD z.B. Zollstelle, Industrie- und Handelskammer oder Handwerkskammer) ausgestellt werden. Sie enthalten alle notwendigen Informationen (z.B. Bezeichnung, Gewicht usw.), die zur eindeutigen Identifizierung der Erzeugnisse und des Ursprungslandes notwendig sind.

Versicherungszertifikate dokumentieren meist die Transportversicherung, die im Rahmen eines Geschäftsfalls abgeschlossen wurde. Versicherungszertifikate, in denen die versicherten Güter sowie alle übrigen Vertragsbedingungen festgeschrieben sind, dienen als Beweisurkunde für den bestehenden Versicherungsschutz und enthalten alle für die am Transportprozeß Beteiligten notwendigen Informationen.

Zahlungsdokumente sollen absichern, daß der Exporteur die Zahlungen für seine gelieferten Waren erhält. Eine besonders im Exportgeschäft wünschenswerte und auch verbreitete Zahlungsmethode ist das Akkreditiv und entsprechende dafür notwendige Dokumente (siehe dazu auch Teil C/2.3.5 Zahlungsbedingungen).

Aufgrund notwendigerweise zu beachtender Spezifika kommt der **Vorbereitung der Lieferung** für ihre Versendung ins Ausland einige Bedeutung zu. So weichen etwa **ausländische Richtlinien** in bezug auf die Produktbeschaffenheit, -verpackung und Etikettierung oft erheblich von denen des Exportlandes ab und sollten deshalb bereits vor dem Export berücksichtigt werden, um die notwendigen Veränderungen durchführen zu können. Die Produktbezeichnung sollte so gewählt werden, daß eine eindeutige Klassifizierung durch den Zoll gewährleistet ist und die Zollgebühren entsprechend ermittelt werden können. Für Firmen, die in mehrere Länder exportieren, empfiehlt es sich, Produktformationen und Etiketten in verschiedenen **Sprachen** zu gestalten, so daß bestimmte Warenmengen nicht an einzelne Länder gebunden sind. Die **Produktverpackung** bestimmt im wesentlichen darüber, in welchem Zustand die Produkte das Zielland erreichen und ist deshalb von nicht zu unterschätzender Bedeutung.

Produktvorbereitung

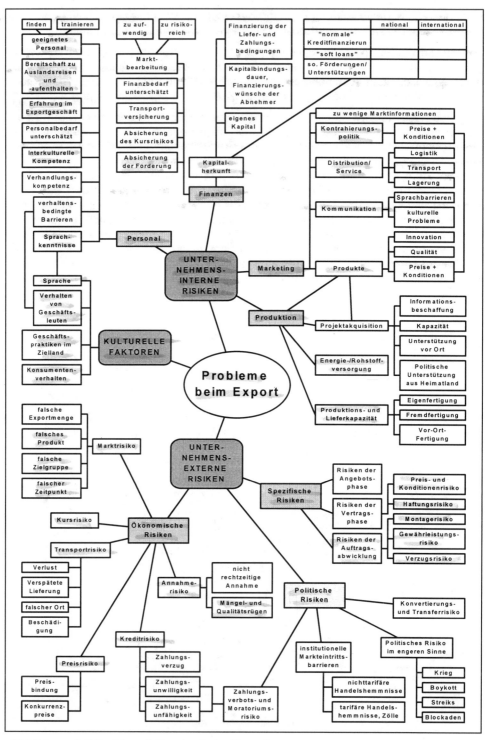

Abbildung 4-5 *Problemstellungen beim Export*

	Probleme	Empfehlungen
Marktbearbeitung	Hohe Einstiegskosten	• wenn die für die Bearbeitung von ausländischen Märkten notwendigen finanziellen Mittel nicht vorhanden sind, ist von einer Aufnahme von einschlägigen Aktivitäten dringend abzuraten • *Maßnahmen:* Intensivierung der Beratung seitens der in Frage kommenden Stellen (Ministerien, Kammern, Banken)
	Marktzugangsbeschränkungen	• ausreichende Information vorab unbedingt sicherstellen, um „böse Überraschungen" im Nachhinein zu vermeiden • *Maßnahmen:* rechtzeitige Informationsbeschaffung bei den in Frage kommenden Stellen (s.o.) seitens der Unternehmen
	zu wenig Marktinformationen	• generell gilt: Informationssammlung vor Ort ist unabdingbar, wenn auch z.T. mit hohen Kosten verbunden; • wiederholte Kontakte zum Kunden vor Ort sind wesentlich; unbedingte Einholung von Informationen vor Ort, insbesondere zur Konkurrenzsituation • *Maßnahmen:* leichtere bzw. zentralere Zugänglichkeit zu aktuellen Informationen (vgl. Ministerien, Kammern)
	Kontaktanbahnung	• kleinere Firmen haben naturgemäß weniger bzw. eingeschränkte Möglichkeiten, erfolgversprechende Kontakte anzubahnen • *Maßnahmen:* insbesondere auch kleineren und mittleren Firmen sollten der Zugang zu höherrangigen Wirtschaftsdelegationen leichter ermöglicht werden
	Vertretersuche, Anbahnung von Kooperationen vor Ort	• die Suche nach geeigneten Vertretern vor Ort gestaltet sich häufig überaus schwierig und ist mit (zu) hohen Kosten verbunden • *Maßnahmen:* Einrichtung von einschlägigen Datenbanken (z.B. wer vertritt wen vor Ort?, mit welchem Erfolg?, wer wikkelt Projekte und Aufträge ab?, Möglichkeiten für Kundendienst?) • Beschaffung und Zurverfügungstellung von Hintergrundinformationen zur Selektion von Kandidaten für die Übernahme von Vertretungen seitens der dafür in Frage kommenden Stellen
	Kommunikationspolitik	• Kontakt zum (insbesondere potentiellen) Kunden gestaltet sich schwierig • *Maßnahmen:* Forcierung von Gemeinschaftsausstellungen vor Ort; gezielte Förderung (verstärkte Beratung und auch finanzielle Unterstützung) von Werbung im Internet und E-Business
	Distribution/ Service, Lizenzen	• abgesehen von der Suche nach geeigneten ausländischen Partnern für Vertretung, Distribution und Service treten häufig Probleme im Zusammenhang mit der Gestaltung der diesbezüglichen Verträge auf • *Maßnahmen:* Unterstützung durch vorgefertigte (Standard-) Musterverträge (auch in englischer Sprache) bzw. erleichterter Zugang zu derartigen Dokumenten

Finanzierung	Komplexität vorhandener und Fehlen zusätzlicher Finanzierungsinstrumente	• vorher alles absichern und klären, nachträgliche Klärung bedeutet immer (zum Teil überaus hohe) zusätzliche Kosten; • *Maßnahmen*: wünschenswert wären verstärkte Finanzierungsunterstützung (Beratung und finanzielle Unterstützung), verstärkte Übernahme von Haftungen, Bereitstellung von Risikokapital, Einräumung von zusätzlichen zinsgestützten Krediten bzw. gestützten Finanzprodukten
Kooperationen		• *Maßnahmen*: Förderung und Erleichterung von Kooperationen, insbesondere mit im branchenspezifischen Auslandsgeschäft bereits erfahrenen Firmen, um – auch bei entsprechender Risikobeteiligung – am Know-how des Partners partizipieren zu können

Abbildung 4-6 *Exportprobleme und Wünsche von kleineren und mittelständischen Unternehmen (vgl. Gesellschaft für Österreichisch-Arabische Beziehungen 2000, 58f)*

Mögen manche der genannten Probleme und die im Zusammenhang damit gegebenen Empfehlung selbstverständlich und mitunter relativ trivial erscheinen, sei auf die Praxis und zahlreiche Mißerfolge, die in den obigen Problemen und der Nichtbeachtung sowie im Übersehen von Tatsachen ihren Ursprung hatten, verwiesen.

Exportförderung

Da Exporte riskanter als Inlandsgeschäfte sind, wird den Exporteuren auch Mut gemacht: Der Staat etwa stützt Finanzierungen und greift auch in Sachen Absicherung unter die Arme. Öffentlich-rechtliche Handelskammern, wie in Deutschland z.B. die AHK oder die Wirtschaftskammer Österreich (WKÖ), versorgen Unternehmen mit wichtigen Informationen. International anerkannt ist die Außenwirtschaftsorganisation der WKÖ mit ihren weltweit 100 Außenstellen. Diese sind meist Außenhandelsstellen, geleitet von einem Handelsdelegierten (vgl. „unser Mann in ..."). Dessen Aufgaben sind:

• Eintreten für die Interessen österreichischer Unternehmen und

• Hilfe bei der Anbahnung und Abwicklung von Exportgeschäften, diese umfaßt insbesondere

• Beschaffung von Informationen, speziell betreffend Geschäftsmöglichkeiten

• Interventionen vor Ort, etwa bei Kunden, Behörden, Banken, Versicherungen, Spediteuren

• Organisatorische Hilfestellungen (z.B. Terminvereinbarungen)

• Begleitung und Koordination von Wirtschaftsmissionen

Dieses – nicht zuletzt auch aufwendige – System der umfassenden Beratung und Hilfestellung für die Exportwirtschaft hat sich seit seiner Gründung 1945 sehr bewährt und wird von den Unternehmen auch intensiv in Anspruch genommen.

(Quelle: Pavlovic, E.: Was Sie schon immer über Exportförderung wissen wollten, in: Internationale Wirtschaft, 8/2000, 16ff)

Waffen ins Kriegsgebiet ...

Beschränkungen des Handels dürfen nicht unterschätzt werden. Zum einen, wenn es um Länder geht, gegen die internationale Sanktionen verhängt wurden (z.B. Irak), zum anderen, wenn es sich um Produkte handelt, die in irgendeiner Weise für Rüstungs- oder Kriegszwecke eingesetzt werden könnten. Daß der Export von Panzern in ein Kriegsgebiet darunter fällt, ist klar. Aber wer macht sich Gedanken bei Kabeln, Steuerungen, Software, Rohren oder Sterilisatoren für Krankenhäuser. *„Dual Use"* – also die Möglichkeit zur zivilen und militärischen Verwendung – ist nur bei wenigen Produkten ausgeschlossen (vgl. *Dual Use*-Liste). Die Kenntnis der vielfältigen Beschränkungen (z.B. Sanktionen und Embargos von UNO, EU, USA usw., diverse Güterlisten) und ihrer Auswirkungen ist für Exporteure also unabdingbar. Umfassende Auskünfte erteilen natürlich die dafür zuständigen Behörden (in der BRD: Bundesausfuhramt, in Österreich: Wirtschaftsministerium). Diese Stellen geben auch die entsprechenden Ausfuhrbewilligungen. Im Zweifelsfall sollte als „Faustregel" gelten: Lieber die Finger weg...

Sanktionen: Zweck und Wirkungsweise

Sanktionen können für verschiedene, sich teilweise überlagernde Zwecke auferlegt werden. Die vier offiziellen Ziele, die durch die Verhängung von Sanktionen erreicht werden sollen, sind – unerwünschte Entwicklungen zu **verhindern**, Regime zur Einhaltung bestimmter Grundsätze oder Auflagen zu **zwingen**, politische Absichten zu **signalisieren** und die Zielländer im Falle der Nichteinhaltung von Grundsätzen und Auflagen zu **bestrafen** (vgl. z.B. Irak, Kuba, Libyen).

Die nachfolgende Übersicht zeigt die grundsätzlichen Möglichkeiten der Verhängung von Maßnahmen und Sanktionen, wobei auf nahezu alle sensiblen Bereiche innerhalb eines Staates gezielt werden kann.

Diplomatische Beziehungen	Diplomatische und politische Isolation, Einschränkungen des Visawesens, Abzug der diplomatischen Vertretungen, Abzug internationaler Organisationen vom Zielland
Militär	Waffenlieferungsembargos; Annullierung jeglicher Form von militärischer Unterstützung
Entwicklung	Annullierung von Hilfsprogrammen und Hilfsfonds
Finanzen	Einfrierung der Auslandsguthaben des Ziellandes; Restriktionen bei Finanzbeihilfen, Subventionen, Bankdarlehen, Kapitalinvestitionen
Handel	Export-/Importrestriktionen
Transport	Flugverbote; Wasserstraßen- und Hafenrestriktionen; Überlandrestriktionen
Kommunikation	Restriktionen betreffend Telekommunikation und Post

(Quelle: Strunz, H., Dorsch, M.: Libyen – Zurück auf der Weltbühne, Frankfurt/M. u.a. 2000, 185ff)

4.3 Lizenzen, Verträge und Franchising

Eine Art Zwischenstufe zwischen Exporten und Direktinvestitionen im Ausland stellen Lizenzerteilung, spezielle Verträge und Franchising dar. Hier sollen jene Aspekte diskutiert werden, die mit der unmittelbaren Durchführung derartiger Vorhaben im internationalen Geschäft verbunden sind und entsprechend gründlicher Vorbereitung bedürfen.

4.3.1 Lizenzen

Eine **Lizenzvereinbarung** beinhaltet die Gewährung von Nutzungsrechten an immateriellem Eigentum, wie z.B. Copyrights, Patenten, Technologien oder Gebrauchsmustern. Gleichzeitig werden von Lizenzgeber (dem Eigentümer) und Lizenznehmer (dem Nutzer) die Nutzungs- und Zahlungsbedingungen vertraglich festgehalten.

Die Methode der Lizenzerteilung eignet sich insbesondere dann, wenn der Lizenzgeber die notwendigen finanziellen Mittel etwa für eine Direktinvestition im Ausland nicht aufbringen kann, aber dennoch am Auslandsgeschäft teilhaben will. Der Lizenzgeber profitiert von den Verkäufen der im Ausland in Lizenz gefertigten oder vertriebenen Erzeugnisse, ohne selbst Kapital oder Humanressourcen zur Verfügung stellen zu müssen.

Bevor ein Unternehmen einen **Lizenzvertrag** abschließt, sollten verschiedene Aspekte – stets mit Unterstützung interner oder externer Rechtsberater – diskutiert werden. Dazu gehören die Wahl eines geeigneten Lizenznehmers, die Lizenzgebühren und die Zahlungsweise, der Lizenzzeitraum und ein angemessener Schutz des immateriellen Eigentums:

- Ein potentieller **Lizenznehmer** muß über Vertrauenswürdigkeit und die Fähigkeit verfügen, die lizensierten Vermögenswerte effektiv zu nutzen. Bevor sich ein Unternehmen endgültig für einen Lizenznehmer entscheidet, sollten mehrere Kandidaten im Zuge eines entsprechenden Auswahlprozesses sorgfältig überprüft werden.

- Die **Lizenzgebühren** sollten eine angemessene Gegenleistung für die lizensierten Vermögenswerte darstellen. Die Gebühren können als einmaliger Betrag (Pauschallizenzgebühr) abgeführt werden oder sich als prozentualer Anteil des Gesamtumsatzes (Umsatzlizenzgebühr) bzw. des Gesamtabsatzes (Stücklizenzgebühr, mit einem festgesetzten Mindestbetrag) errechnen. Darüber hinaus sollte der **Lizenzzeitraum** den Vorstellungen der Beteiligten entsprechen.

- Vom Unternehmen geschaffene immaterielle Vermögenswerte, die über Lizenzvereinbarungen an Dritte weitergegeben werden, müssen durch entsprechenden **Know-how-Schutz** abgesichert werden können, so daß sie durch die

Lizenzvergabe nicht verloren gehen. Da nicht alle Länder Unterzeichner international gültiger Patent- oder Urheberrechtsabkommen sind, sollten die Rechte des Lizenzgebers sorgfältig definiert und vertraglich festgehalten werden, so daß der Schutz der Vermögenswerte auch dann garantiert ist.

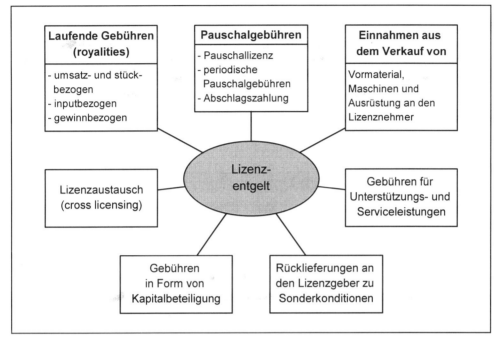

Abbildung 4-7 *Arten des Lizenzentgelts (Berndt/Sander 1997, 521)*

Neben den zweifellos gegebenen Vorteilen sollte sich ein zur Lizenzvergabe bereites Unternehmen auch der etwaigen **Nachteile** bewußt sein:

- Ein auf dem Auslandsmarkt erfolgreiches Produkt hätte im Falle der Selbstdurchführung höhere Profite realisieren können als durch die Lizenzvergabe möglich sind.

- Erfolge, aber auch Mißerfolge hinsichtlich Qualität, Service, Promotion und Kundenzufriedenheit werden nicht nur mit dem produzierenden Unternehmen, sondern stets auch mit dem Lizenzgeber in Verbindung gebracht werden. Unter Umständen können sich ein „geschädigter" Markenname bzw. ein Negativimage auch auf anderen Märkten auswirken.

- Durch die Weitergabe von Technologien und Know-how wird letztlich immer auch die Basis für einen potentiellen Konkurrenten geschaffen.

Angesichts dieser Nachteile wird besonders klar, welche Bedeutung die sorgfältige Auswahl des Lizenznehmers hat. Bevor eine Lizenz erteilt wird, sollte sich der Lizenzgeber bestmöglich vergewissern, ob der Lizenznehmer tatsächlich in der Lage ist, effektiv und zuverlässig zu arbeiten und die erforderlichen Ergebnisse zu erzielen.

4.3.2 Turn-key-Projekte

Bei dieser ebenfalls häufigen Form der Marktbearbeitung geht es um die Errichtung schlüsselfertiger, einsatzbereiter (Produktions-)Anlagen durch ein meist eigenständiges Unternehmen, das auch die Schulung des lokalen Personals übernimmt. Nach der Abnahme bzw. Inbetriebnahme werden „die Schlüssel übergeben" und die Anlage auf den ausländischen Eigentümer übertragen.

In jüngster Zeit ist man von seiten der Auftraggeber zunehmend an sogenannten **BOT-Contracts** *(build-operate-transfer)* interessiert, im Rahmen derer die betreffende Anlage von ihren Errichtern aufgrund eines Managementvertrages (gegen Honorar und/oder Gewinnbeteiligung) auch betrieben wird. Dem Auftraggeber nimmt dies die operative Verpflichtung für den Betrieb.

Bei Projekten dieser Art handelt es sich häufig um unter immensem Kostenaufwand realisierte „Mega-Projekte", die von internationalen Organisationen (z.B. Weltbank) gefördert und von Generalunternehmern oder Konsortien erstellt werden. Obwohl die Realisierung derartiger Projekte für die beteiligten Unternehmen stets attraktiv ist, muß vor dem Risiko – teilweise beträchtlicher – Verluste aufgrund von Problemen vor Ort bzw. Fehlkalkulationen gewarnt werden. Vor diesem Hintergrund gibt die nachfolgende Checkliste einen Überblick zu den im Rahmen eines Projekts bzw. einer **Feasibility-Study** (Durchführbarkeitsstudie) für ein Projekt zu berücksichtigenden Tatbeständen.

Projektidee	• Vorgeschichte • Grundkonzeption und Größenordnung des geplanten Projekts • Einpassung des Projekts in die Zielsetzung des investierenden Unternehmens (Motive)
Zusammenfassung der Studienergebnisse	• Chancen • Risiken • Würdigung
Rahmenbedingungen im Investitionsland	• politische und volkswirtschaftliche Rahmenbedingungen • rechtliche Rahmenbedingungen für Auslandsinvestitionen (Investitionsrecht, Bodenrecht, Gesellschaftsrecht, Steuerrecht usw.) • Einpassung des Projekts in das Investitionsland
Partner im eigenen Land	• Marktstellung/Kundenstruktur • Basisdaten (Rechtsform, Umsatz, Beschäftigte, Produktionsprogramm usw.) • vorgesehene Mitwirkung/Einbringung • Interessenlage (Motive) • Finanz- und Managementkapazität

Partner im Gastland	• Marktstellung/Kundenstruktur • Basisdaten (Rechtsform, Umsatz, Beschäftigte, Produktionsprogramm usw.) • vorgesehene Mitwirkung/Einbringung • Interessenlage (Motive) • Finanz- und Managementkapazität
Marktanalyse und Marketingkonzept für das geplante Projekt	• Angebots- und Nachfrageentwicklung der letzten Jahre (Menge, Wert, Struktur, sonstige Einflußfaktoren) • Importe/Exporte der letzten Jahre • Entwicklung der Preise der letzten Jahre (regional, Import, Export)
Standort	• Kriterien der Standortwahl (z.B. regionale Förderung, Rohstoffverfügbarkeit vs. Marktnähe, vorhandene Infrastruktur, Sitz des Partners im Gastland) • Beschreibung des ausgewählten Standortes (u.a. Klima, Geographie, Arbeitskräftepotential, sozio-ökonomisches Umfeld)
Grundstücke	• Größe, Art des Erwerbs (Kauf, Miete, Leasing), Nutzungsrechte • geologische Bedingungen, Altlasten • infrastrukturelle Anbindung • Investitionskosten für Erschließung, Kauf • laufende Kosten für Pacht, Nutzungsrecht, Steuern usw.
Gebäude	• Art und Anzahl • Kauf bzw. Miete/Pacht • ggf. notwendige Umbaumaßnahmen • Investitions- und laufende Kosten
Produktion	• technologischer Standard im Investitionsland • Produktionsprogramm und Kapazität • Produktionsverfahren (kurze Beschreibung der Prozesse und jeweiligen Kosten) • Qualitätssicherung • ISO 9000ff • Technologietransfer (Lizenzen/Know-how) • Maschinen und maschinelle Anlagen (Lieferanten, Einsatz von Gebrauchtmaschinen) • Wartung und Ersatzbedarf • Produktionskosten
Beschaffung	• Bedarf an Roh-, Hilfs- und Betriebsstoffen sowie sonstigen Materialien und Vorprodukten • Geschäftliche Usancen vor Ort • Importrestriktionen • Verfügbarkeit (Produzenten, Lieferanten, Preise, Versorgungssicherheit) • Transportbedingungen, -kosten, Logistik • Lagerhaltung • Energie und Wasser: Bedarf, Preise, Versorgungssicherheit

Management und Personal	• Bedarf, Verfügbarkeit, Produktivität • Einsatz von *expatriates*, Konzept der Substitution • laufender Ausbildungsbedarf und Ausbildungskosten • Management- und Personalkosten
Organisation	• Rechtsform der Gesellschaft • Gesellschaftsorgane (Hauptversammlung, Verwaltungsrat, Gremien) • Aufbau- und Ablauforganisation
Umweltschutz	• Umwelteinflüsse • erforderliche Umweltschutzmaßnahmen • Kosten der Umweltschutzmaßnahmen • Umweltmanagement
Finanzmittelbedarf	• Anlagevermögen (Grundstücke, Gebäude, Maschinen und maschinelle Anlagen, Fuhrpark, Büroeinrichtungen usw.) • Umlaufvermögen • Gründungs- und Vorproduktionskosten sowie Anlaufverluste • zeitliche Verteilung des Finanzmittelbedarfes
Finanzmittel-aufbringung	• Finanzierungsmittel (Eigenmittel, Fremdmittel) • Finanzierungsquellen (Gesellschafter, Darlehensgeber) • Finanzierungsrisiken (z.B. lokales Zinsniveau, Wechselkursentwicklung, Konvertierbarkeit der Währung, Devisenverfügbarkeit) • voraussichtliche Konditionen für Fremdmittel (Beträge, Währungen, Laufzeiten, Kosten, Besicherung) • Kennziffern zur Finanzstruktur (AV-Deckung, Cash-flow, *debt-equity-ratio, debt-service-coverage-ratio* usw.)
Steuern	• Grunderwerbssteuer • Gewerbesteuer • Körperschaftssteuer • Einkommensteuer • Lohnsteuer • Abgabenbelastungen (z.B. Lohnnebenkosten)
Wirtschaftlich-keitsrechnung	• Umsatzerlöse • Umsatzstruktur gemäß Produktprogramm/Serviceangebot • Kalkulation des Gesamtumsatzes gemäß Kapazitätsaufbau und Marktstrategie • Kosten • Unterteilung in fixe und variable Produktionskosten • Gemeinkosten • Abschreibungen (Modalitäten und Vergünstigungen) • Zinskosten • Gewinn- und Verlustrechnung • Planbilanzen • Liquiditätsplanung • Wirtschaftlichkeits- und Risikoabschätzung • Kapitalwertmethode, interne Verzinsung, Amortisationsrechnung

	• *Break-even*-Analyse • Sensivitätsanalysen bezüglich kritischer Kosten- und Erlös-größen • Kennziffern (u.a. Umsatzrendite, Eigenkapital-Rentabilität)
Planung	• Zeitplan für Projektvorbereitung und Projektimplementie-rung

Abbildung 4-8 *Kriterien einer Feasibility-Study (nach Behrens/Hawranek 1991 und Fröhlich/Hawranek/Lettmayr/Pichler 1994)*

4.3.3 Franchising

Einer Reihe von Unternehmen ist es gelungen, ein auf dem Heimatmarkt erfolgreiches **Franchise-System** zu entwickeln. Verfügt ein Unternehmen über einen hohen Bekanntheitsgrad und wurde ein mit Qualität, Schnelligkeit, Service oder anderen wünschenswerten Eigenschaften verbundenes Image entwickelt, befindet sich das Unternehmen in einer ausgezeichneten Position zur internationalen Expansion.

✍ Ein gutes Beispiel für Franchising ist die Fast-Food-Kette McDonald's. Der Markenname und das einheitliche Erscheinungsbild wurden so gut vermarktet, daß McDonald's weltweit bekannt ist und nachgefragt wird. Des weiteren ist das Unternehmen in der Lage, seine Franchise-Nehmer so zu kontrollieren, daß sie von der Unterstützung durch McDonald's abhängig sind und daß der Aufbau eines Konkurrenzunternehmens unter Verwendung des McDonald's-Know-hows (fast) unmöglich gemacht wird.

Franchising

Franchising ist eine kooperative Vertriebsform, bei der ein Franchise-Geber einem Franchise-Nehmer das Recht zum Führen eines Betriebes im Franchise-System einräumt. Die Gewährung dieses Rechts erfolgt gegen Zahlung von Miet- bzw. Pachtgebühren für die Ausstattung des Franchise-Betriebes und die regelmäßige Abführung einer Umsatz- oder Gewinnbeteiligung.

Der Franchise-Geber stellt dem Franchise-Nehmer seinen Firmennamen und sein Know-how zur Nutzung im Rahmen der Franchise-Vereinbarung zur Verfügung. Darüber hinaus wirkt er bei der Ausstattung der Geschäftsstellen, der Auswahl und Anlieferung der Waren und der Preiskalkulation mit. Der Franchise-Geber entwickelt ein überregionales Marketingkonzept und stellt Werbe- und Dekorationsmaterial zur Verfügung. Des weiteren erfolgen regelmäßige Schulungen der Franchise-Nehmer zu Management- und Marketingproblemen. Der Franchise-Nehmer wird im Gegenzug verpflichtet, Mindestmengen abzunehmen, sich an der Preispolitik des Franchise-Gebers zu orientieren und die überregionale Marketingpolitik durch regionale Aktivitäten zu unterstützen. Im allgemeinen darf der Franchise-Nehmer in seinem Betrieb nur Produkte des Franchise-Gebers führen.

Die Abwägung von Kosten und Nutzen vorausgesetzt, bietet Franchising zweifellos viele **Vorteile**:

- Die internationale Ausdehnung ist mit einem relativ geringen Einsatz finanzieller Mittel möglich. Die selbständig aktiv werdenden Franchise-Nehmer erleichtern dem Franchise-Unternehmen eine schnelle Marktausdehnung, ohne daß dieses wesentliche eigene Ressourcen investieren muß.

- Die Risiken internationaler Geschäftätigkeit werden mit den Franchise-Nehmern geteilt.

- Die Franchise-Nehmer sind an einen Vertrag gebunden, welcher eine Kontrolle deren Geschäftätigkeit durch den Franchise-Geber ermöglicht.

- Außerdem kann der Franchise-Geber lokale Kenntnisse und Erfahrungen der Franchise-Nehmer nutzen.

- Der Franchise-Vertrag gestattet dem Franchise-Nehmer die Beteiligung am Know-how und am Markenerfolg des Franchise-Gebers. Dieser unterstützt den Franchise-Nehmer bei vielen kritischen Entscheidungen in bezug auf Marketing- oder Managementaspekte und gewährt den Franchise-Nehmern in ihrem jeweiligen Verkaufsgebiet Gebietsschutz.

Die Identifizierung und Auswahl geeigneter Franchise-Nehmer sowie das Verhandeln der Franchise-Vereinbarung sind jedoch mit erheblichen Kosten verbunden. Darüber hinaus dürfen mögliche Auswirkungen eines Mißerfolges ausländischer Franchise-Betriebe auf den einheimischen Markt nicht vernachlässigt werden. Zudem kann es erforderlich sein, das Unternehmenskonzept – mehr oder weniger aufwendig – den lokalen Bedingungen, Bräuchen und Regulierungen anzupassen.

Vorteile für den Franchise-Geber im Vergleich zum eigenen Niederlassungsnetz	Vorteile für den Franchise-Nehmer im Vergleich zum eigenen Handelsgeschäft
• schnellere Expansion • kein Fixkostenaufbau • kein Konkursrisiko • keine Haftung für Fremdkapital • umsatzabhängige Einnahmen	• schnellerer Weg in die Selbständigkeit • geringeres Geschäftsrisiko • Profitieren vom Image des Franchise-Gebers • Übernahme einer bewährten Marketingkonzeption • Unterstützung und Beratung • laufende Schulung • Finanzierungshilfen • Gebühren sind variable Kosten
Wesentliche Nachteile	**Wesentliche Nachteile**
• geringere Durchgriffsrechte auf Verkaufspersonal • aufwendigere Kontrolle • Erfolg hängt von Partnerqualität ab • schlechte Partner schaden dem eigenen Image • häufig Mitbestimmung der Partner • geringere Flexibilität • eingeschränkte Bildung von Markt-Know-how	• Erfolg hängt vom Herstellerimage ab • höhere Abhängigkeit • weniger Freiheiten • geringere Flexibilität • Zwang zur Standardisierung • Abhängigkeit vom Erfolg des Herstellers • Einstiegskosten/Gebühren

Abbildung 4-9 *Vor- und Nachteile eines Franchise-Systems (Winkelmann 2000, S. 331)*

4.4 Direktinvestitionen

4.4.1 100%ige Auslandsbeteiligung

Neben den Markteintrittsformen ohne Eigentumsverlagerung besteht die Möglichkeit einer Direktinvestition (**FDI – *foreign direct investment***) in Form einer (100%igen) Auslandsbeteiligung und der Etablierung von Joint Ventures. Hierbei wird das Mutterunternehmen (Mit-)Eigentümer von (Tochter-)Unternehmen im Ausland.

Viele Unternehmen ziehen einen 100%igen Anteil anderen Beteiligungsformen vor, weil sie sich dadurch bessere Kontroll- und Einflußmöglichkeiten in Hinblick auf die Tätigkeit des Tochterunternehmens versprechen. **Alleinige Kontrolle** über ein Tochterunternehmen ausüben zu können, ist besonders bei global verflochtenen Geschäftsabläufen vorteilhaft. Ebenso kann über die Verwendung der erzielten Gewinne allein entschieden werden. In jüngster Zeit ist jedoch eine Verschiebung hin zu anderen Eintrittsmethoden zu verzeichnen, da

- vielerorts die Einbeziehung einheimischer Unternehmen per Gesetz gefordert wird,

- die Vorteile anderer Eintrittsformen erkannt wurden und

- strategische Allianzen nicht zu unterschätzende Wettbewerbsvorteile verschaffen.

Strategische Allianzen

Verfügt ein Unternehmen nicht über die für Auslandsinvestitionen notwendigen Ressourcen bzw. erlauben die finanziellen Verhältnisse keine Mehrheitsbeteiligung, so kann sich dieses Unternehmen über eine **Minderheitsbeteiligung** dennoch einem attraktiv erscheinenden Projekt im Ausland anschließen. Auf diese Weise kann ein Unternehmen am Erfolg des ausländischen Unternehmens teilhaben, muß aber keine allzu umfangreichen Investitionen tätigen oder sich mit operativen Fragen des Managements am ausländischen Standort beschäftigen.

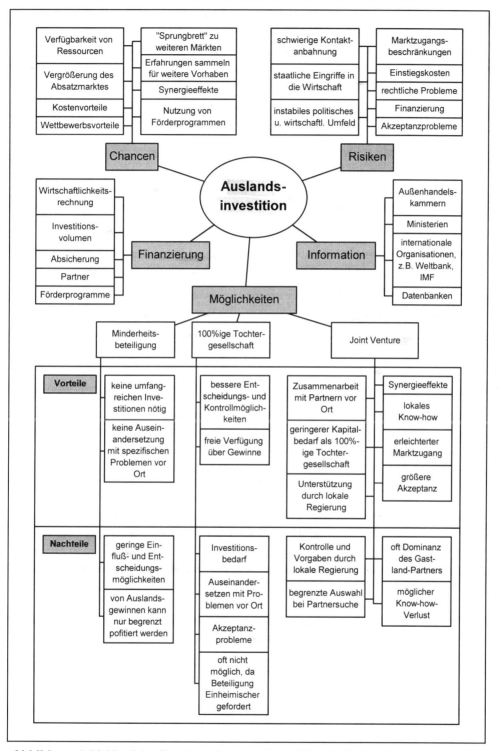

Abbildung 4-10 *Mögliche Probleme bei einer Investition im Ausland*

4.4.2 Joint Venture

> Unter einem **Joint Venture** versteht man die Kooperation zweier oder mehrerer Unternehmen, wobei es sich bei einem Teil dieser Unternehmen um nicht gebietsansässige Partner handelt. Unter Verwendung dieser sehr unscharfen Definition kann ein Joint Venture sämtliche Formen der Kooperation – z.B. Lizenzvergabe, Verträge und Gemeinschaftsunternehmen – annehmen.

Um Joint Ventures im engeren Sinne handelt es sich bei Unternehmen, die folgende Merkmale aufweisen:

- Alle Kooperationspartner sind kapitalmäßig beteiligt und tragen gemeinsam das Risiko des Projekts.

- Die Investoren stammen aus verschiedenen Wirtschaftsgebieten.

- Kooperationspartner aus dem Ausland gründen oder erwerben im Gastland ein Unternehmen bzw. gründen das Joint Venture gemeinsam mit einem Partner aus dem Gastland.

- Die Zusammenarbeit erfolgt überwiegend längerfristig.

- Rechtsform, Ziele, Gewinn- und Risikoteilung, Dauer des Vertrages, Gerichtsbarkeit und Kompetenzverteilung innerhalb des Joint Ventures sind vertraglich geregelt.

Wesentlich für den Erfolg eines Joint Ventures ist eine gute Zusammenarbeit der **Partner**. Deshalb sollte der Auswahl der Partner besondere Beachtung geschenkt werden. Die Rolle des lokalen Partners wird häufig von nachgeordneten Organisationen der **Gastregierung** übernommen. Dies ist vor allem dann der Fall, wenn von staatlicher Seite substantielle Ressourcen oder Handelsaktivitäten weitgehend kontrolliert werden. Als Joint Venture-Partner können auch **private Unternehmen im Gastland** auftreten. Durch die lokalen Partner werden üblicherweise Kenntnisse über lokale Marktbedingungen zur Verfügung gestellt und Beziehungen zu Kreditgebern, Zulieferern, Mitarbeitern, der Regierung usw. geknüpft. Die Einbeziehung ortsansässiger Partner trägt durchaus auch dazu bei, daß das ausländische Unternehmen in der Region positiver betrachtet wird; es bedeutet jedoch auch, daß Entscheidungen, Technologien und Knowhow geteilt werden müssen und der Partner damit entsprechenden Einblick bekommt. Schließlich kann sich ein Unternehmen mit **anderen international tätigen Unternehmen** zusammenschließen. Dies wird vor allem dann der Fall sein, wenn es sich um ein umfangreiches Projekt handelt, das von einem Unternehmen allein nicht realisiert werden könnte.

Interaktionen der Gastregierung

Die **Vorteile** von Joint Ventures stellen sich wie folgt dar:

- An Joint Ventures beteiligte Unternehmen profitieren von den Erfahrungen der anderen Partner und können Synergieeffekte nutzen.

- In einzelnen Ländern bestehende Importrestriktionen oder -verbote können durch die Gründung eines Joint Ventures (besonders bei Beteiligung eines staatlichen Partners) umgangen werden.

- Ein über ein Joint Venture im Gastland vertretenes Unternehmen genießt aufgrund seines scheinbar einheimischen Charakters möglicherweise eine größere Akzeptanz unter den Käufern, Zulieferern und sonstigen Marktpartnern, aber auch bei einer Vielzahl offizieller, einflußreicher Gremien, Regierungsstellen, wirtschaftlichen Interessenverbänden und den Medien, was für die Geschäftsbeziehungen und Kontakte wichtig ist.

Joint Venture = Gemeinsames Wagnis

Die Teilung von Technologien, Verantwortlichkeiten und Risiken beinhaltet jedoch auch unvermeidliche **Konflikte und Nachteile**, die vor dem Eintritt in ein Joint Venture gewissenhaft abzuwägen sind:

- Besonders bei Joint Ventures in weniger entwickelten Ländern bestehen häufig erhebliche Erfahrungs- und Know-how-Unterschiede zwischen dem ausländischen Investor und dem einheimischen Partner. Des weiteren können ideologische und kulturelle Unterschiede, welche sich auf Zielvorstellungen, Entscheidungsprozesse, Führungsstil, Gewinnverwendung usw. auswirken, die Kooperation erschweren.

- Der Handlungsspielraum bzw. die Verfügungsfreiheit des ausländischen Investors (z.B. in bezug auf Devisentransfer und -verwendung, Investitions- und Personalentscheidungen) wird durch die (vorgesehene) Stellung des einheimischen Partners teilweise erheblich eingeschränkt.

- Eventuell notwendige Anpassungen der Geschäftspolitik an spezielle im Gastland existierende Vorschriften werden mit dem Risiko durchgeführt, eine bisher verfolgte, international einheitlich gestaltete Management- und Marketingstrategie zu gefährden.

- Insbesondere in Joint Ventures mit staatlicher Beteiligung erhalten Dritte unumschränkten Einblick in die Geschäftspolitik.

Abenteuer in Bulgarien[*]

Firma K. hat durch die Zusammenarbeit mit einem bulgarischen Zulieferer erfahren, daß das früher prominente und entsprechend große Rüstungskombinat Alpha über die staatliche Privatisierungsagentur ausländische Partner sucht. Der Betrieb, eine riesige Industrieruine in einem kleinen Ort etwa eineinhalb Autostunden von Sofia entfernt, steht seit langem praktisch still, obwohl die noch verbliebene Belegschaft nach wie vor täglich zur Arbeit geht. Ermöglicht wird dies durch eine Beschäftigungs-garantie, die der vor einiger Zeit gewonnene Partner, der amerikanische (in Bulgarien geborene) Geschäftsmann R. als Bedingung im Zuge der Übernahme seines Anteils abgeben mußte. Da es den Beteiligten in Ermangelung operativer Tätigkeit des Be-triebes völlig an Liquidität fehlt, bekommen die Arbeiter seit langem keine Löhne mehr. Gerade hin und wieder konnten – gemessen am Bedarf – verschwindende Erlöse aus Verkäufen von Anlagevermögen erzielt werden, die unabhängig von manchmal doch geleisteter Arbeit Einzelner nach dem „Gießkannenprinzip" auf alle Mitarbeiter verteilt wurden. Nicht nur aufgrund dessen ist man an einem weiteren, aber produktiven und kapitalkräftigen Partner interessiert, um nicht alles vom be-rühmten, aber nicht vorhandenen „Sparbuch" zahlen zu müssen.

Herr K., der Mehrheitseigentümer des gleichnamigen bekannten österreichischen Maschinenbauunternehmens, sieht gute Chancen. Er möchte als (51%-)Partner in ein Joint Venture einsteigen und langfristig den für ihn interessantesten Betriebsteil herauskaufen. Einigermaßen brauchbare Produktionsanlagen – wenngleich nicht auf neuerem Stand – sind vorhanden, die Belegschaft ist handwerklich gut qualifiziert und, bessere Bedingungen als momentan vorausgesetzt, sicher auch motivierbar. Immerhin genoß man früher den Status einer Eliteschmiede. Für eine Fertigung vor Ort spricht auch das sehr niedrige Lohnniveau. Insgesamt scheint der Lukrierung von Kostenvorteilen nichts im Wege zu stehen, denkt Herr K.

Dieserart motiviert, fliegt K. – er ist auch begeisterter Pilot seines Privatjets – in Be-gleitung seines Generaldirektors, des Produktionschefs und des Konzerncontrollers zum Lokalaugenschein nach Bulgarien. Mit Getöse und voller Geschwindigkeit geht es wie gewohnt ohne Verzug los. Herr E., der Controller, hat tags zuvor bis tief in die Nacht im engsten Kollegenkreis einen runden Geburtstag gefeiert und kämpft wäh-rend des Fluges mit dem Schlaf. Am Flughafen wartet eine schwarze Limousine mit Chauffeur, mit der die Herren – in einem Höllentempo übrigens – vor Ort gebracht werden. E. ist kurz nach Beginn der Fahrt hellwach: Quadratmeter große Schlaglö-cher, am Straßenrand fast ausschließlich Ruinen, Hunde und Pferdefuhrwerke auf der Autobahn. Als es dunkel wird: Keinerlei Straßenbeleuchtung, einer der Schein-werfer des Wagens ist kaputt, am Fahrstil des Chauffeurs ändert das nichts. E. überlegt, in welch kurzer Zeit man in einer derart anderen Welt sein kann und denkt dann an den Glanz des 5-Sterne-Restaurants, den Ort seiner gestrigen Feier. Am Ziel angekommen, erfolgt eine kurze Begrüßung durch den Direktor des Betriebes samt – im wahrsten Sinn des Wortes angetretenen – Empfangskomitee. Dann geht es bald weiter zum nächstgelegenen Hotel, das, wie sich jetzt erst herausstellt, im 45 Minuten entfernten Plovdiv liegt.

Am nächsten Tag schreitet man im Verwaltungsgebäude des Unternehmens zur Verhandlung. Auf dem schmutzigen Flur sind in verstaubten Vitrinen noch die alten Trophäen aus besseren Zeiten zu sehen: Panzermodelle, Auszeichnungen von Rü-stungsmessen des Ostblocks. Im Gebäude ist es winterbedingt eiskalt, den Ver-handlungsraum heizt ein Elektrostrahler. Die Sanitäranlagen, die man im Laufe des

Tages – nicht nur wegen des vielen Kaffees und auch Alkohols – häufiger aufzusuchen gezwungen ist, sind in einem schier unvorstellbaren Zustand.

Die Vertragsverhandlungen sollen die Wünsche und Vorstellungen der Beteiligten unter einen Hut bringen. Was wollen diese nun im einzelnen: K. möchte die einzige wirkliche Möglichkeit, die sich unmittelbar bietet, nämlich produktive Arbeitsplätze für intensive Handarbeit zu schaffen, nützen. Über die Verrechnungspreise soll das finanzielle Ergebnis so gestaltet werden, daß möglichst viel Geld in den eigenen Händen bleibt. Operativ soll zudem ein Modus geschaffen werden, daß jene, die wirklich arbeiten, ihre Löhne auch tatsächlich bekommen. Zudem werden auch beträchtliche organisatorische Veränderungen notwendig sein, um die hypertrophen Strukturen den wirklichen Gegebenheiten anzupassen. Zur Optimierung der sonstigen Kosten sollen auch Wohnmöglichkeiten für auswärtiges Personal auf dem Werksgelände unter Federführung des österreichischen Hausarchitekten entstehen. Herr R. möchte – in seiner Strategie etwas anders ausgerichtet – mit dem operativen Betrieb wenig zu tun haben, sieht sich mehr als Türöffner und will ab sofort möglichst viel Geld in die USA transferieren. Nicht zuletzt aufgrund dessen möchte er – das ist praktisch sein Hauptpunkt – Vorauszahlungen (in bar) für den prognostizierten Umsatz. Man ist deswegen zunächst erheblich irritiert, geht aber dann angesichts der Liquiditätslage des Betriebs darauf ein. Der aufgrund seiner ihm nachgesagten Regierungsnähe beigezogene Professor wendet diesbezüglich allerdings arge Bedenken ein, daß diese Regelung von den Behörden als Vorabdividende keinesfalls akzeptiert werden wird. Vereinbart wird auf Drängen von Herrn R. auch, daß die Festsetzung der Verrechnungspreise nach einem Zeitraum von drei Jahren eines einstimmigen Beschlusses der Joint-Venture-Partner bedürfen. Dagegen sträubt man sich verständlicherweise vorerst, akzeptiert diese Klausel aber schließlich. Nach einigen Verhandlungsrunden, die natürlich auch mehrere Anreisen und die Beiziehung weiterer – auch vor Ort sehr teurer – Experten notwendig machen, unterzeichnet man feierlich ein gigantisches Vertragswerk.

Herr E. wird als Chefcontroller von Herrn K. gebeten, in der neu zu gründenden Gesellschaft – neben seinen umfangreichen Aufgaben in der Heimat – als kaufmännischer Vorstand zu fungieren. Zunächst einigermaßen entsetzt, ist ihm klar, daß er sich diesem „Vertrauen" ohnehin nicht entziehen kann und beginnt, sich – getragen von untrüglichem Controllerblick – konkretere Gedanken zu machen:

- Wie müßte – zumindest grundsätzlich – eine entsprechende Änderung seines Dienstvertrages aussehen, um eine möglicherweise schlagend werdende Haftung auszuschließen?

- In welcher Weise sollen die mit Sicherheit abzusehende Mehrbelastung und etwaige Erfolge abgegolten werden?

- Wie müßte man die neue Aufgabe organisatorisch gestalten, zumal sein Dienstort der heimatliche Firmensitz ist (und bleibt)?

- Was kann außer der Verlagerung arbeitsintensiver Tätigkeiten vor Ort realistischerweise noch lukriert werden?

- Ist im Maschinenbau der Anteil derartiger Arbeiten wirklich ausreichend, damit sich alles auch auszahlt?

- Welche Kostenstruktur ist zu erwarten? Insbesondere Kostenfaktoren wie Management (überwiegend *expatriates*), Logistik sowie Produktivität und Qualität lassen sich nicht so einfach wegdiskutieren.

- Wie groß ist die Gefahr, daß der Partner bald sein „wahres Gesicht" zeigt?
- Wird sich das „Abenteuer" insgesamt rechnen?
- Kann man unter solchen Bedingungen überhaupt erfolgreich sein?

Fragen über Fragen, die Herrn E. nicht nur auf der Heimreise vom Vertragsabschluß, sondern auch in den Wochen danach einigermaßen beanspruchen. Natürlich sucht er den Rat einiger Experten und auch guter Freunde. Zuallererst ist klar, daß – soweit dies möglich ist – ein Haftungsausschluß vereinbart werden muß, jedenfalls wird Herr K. auf alle in seiner Hand liegenden diesbezüglichen Möglichkeiten eingehen müssen. Die Gestaltung des Entgelts ist nicht der wichtigste Punkt, vielmehr aber die Frage zusätzlicher personeller Unterstützung sowohl im Stammhaus als auch in Bulgarien. An der Einstellung von mindestens zwei neuen Controllern zur Entlastung von E. wird kein Weg vorbei führen. Einen (jüngeren) Mitarbeiter seines Vertrauens wird E. für die operative Arbeit vor Ort einsetzen. In der Produktion sollen in der Anlaufzeit mehrere rüstige Rentner, die vor kurzem noch Meister im Stammhaus waren, mit Werkvertrag eingesetzt werden. Einige Herren schweben ihm dabei konkret vor. Selber wird er einmal im Monat für drei Tage nach Bulgarien fliegen, um die notwendigen Entscheidungen treffen und steuern zu können, damit nichts Grundsätzliches aus dem Ruder läuft; zudem soll im Rahmen einer *open-door-policy* während seiner Anwesenheit für jedermann die Gelegenheit bestehen, auf kurzem Weg mit ihm zu sprechen.

Ein Umstand schafft ihm – als künftiger Vorstand und besonders auch als Entscheidungsträger des Stammhauses – mehr als Bedenken: Muß man nicht Vorhaben dieser Art, insbesondere die verheißungsvollen Einsparungen durch Auslagerungen, grundsätzlich in Frage stellen? Auch einschlägige Erfahrungen in Kroatien machen ihn nicht sicherer. Der Teufel steckt dort nach wie vor im Detail. Langfristig muß auch – wie das Beispiel ebenfalls zeigt – unbedingt auf Alleineigentum hingearbeitet werden. Eines Gedankens kann sich Herr E. jedenfalls zunehmend nicht erwehren: Wieder einmal eine Sorge mehr zu haben!

4.5 Ethische Aspekte

Unternehmen orientieren sich im allgemeinen an den Prinzipien der Wirtschaftlichkeit, also an Kosten, Erlösen und Gewinnen. Aktuelle Ereignisse (wie Lebensmittelskandale, **Umweltverschmutzung**, der Vertrieb gesundheitsschädlicher Produkte, mittels **Kinderarbeit** hergestellte Produkte oder Geschäftsbeziehungen zu Ländern, die sich Menschenrechtsverletzungen schuldig machen) verlangen die Berücksichtigung ethischer Gesichtspunkte in der Unternehmenspolitik, und dies nicht nur wegen der Beunruhigung der Öffentlichkeit bzw. der Kunden. Unternehmen, die wegen unethischen Handelns in die internationale Kritik geraten sind, haben häufig mit weitreichenden negativen Auswirkungen zu rechnen. Die Verwicklung in Anklagen und Gerichtsprozesse kann nicht nur zu einer Schädigung des Unternehmensimages oder zu Boykotten von seiten der Konsumenten führen, sondern sogar ein Einschreiten der Regierungen nach sich ziehen.

International tätige Unternehmen sollten ihre Aktivitäten so gestalten, daß sie sowohl in sozialer als auch in moralischer Hinsicht vertretbar sind. Die Schwierigkeit besteht darin herauszufinden, was unter „akzeptabel" zu verstehen ist. Denn was in manchen Ländern (noch) als ethisch betrachtet wird, kann in anderen Ländern ganz anders gesehen werden.

Um zu ermitteln, welche der Entscheidungen ethisch vertretbar sind und welche nicht, müssen Unternehmen eine Vielzahl von unparteiischen, aber einflußreichen Personen und Institutionen – sowohl im Inland als auch im Ausland – berücksichtigen. Durch die Einschätzung der möglichen Auswirkungen der Entscheidungen auf diese Personen oder Institutionen erhalten die Unternehmen wesentliche Anhaltspunkte zur Gestaltung der Unternehmenspolitik. Zahlreiche Unternehmen haben – letztlich unter dem Druck der Öffentlichkeit – nunmehr Richtlinien entwickelt, die im internationalen Geschäft helfen sollen, Situationen und Entscheidungen nach ethischen Aspekten einzuschätzen. Diese haben derzeit jedoch nur unterstützenden und (noch) nicht bindenden Charakter.

Corporate Responsibility Rating: Gottes Segen für „saubere" Aktien

Dieses neue Konzept bewertet die untersuchten Unternehmen nicht nur nach ökonomischen, sondern auch nach ökologischen, sozialen und kulturellen Kriterien. Damit will man – so die darauf spezialisierte Münchner Rating-Agentur *oekom* (http://www.oekom.de) – ethisch motivierten Kapitalanlegern einen Einstieg in ein glaubwürdiges und fundiertes ethisches Investment bieten. Der initiale Auftrag zu diesem Rating-Projekt stammt von 38 deutschen Ordensgemeinschaften. Allein in Deutschland hat die katholische Kirche Schätzungen zufolge eine zweistellige Milliardensumme in Aktien, Anleihen, Fonds etc. angelegt, hauptsächlich für Zwecke der Altersvorsorge. Ziel ist es zu überprüfen, ob die Geldanlagen auch den ethischen Kriterien der Orden entsprechen. Überprüft werden zahlreiche Unternehmen vieler Branchen in Hinblick auf Kultursponsoring und Sozialstandards, den Umgang mit Ausländern, nach Methoden der Abfallentsorgung, ob mit Diktaturen zusammengearbeitet wird, ob Militärgüter, pornographische Produkte oder etwa Verhütungsmittel hergestellt werden. Bewertet wird analog zum Finanzrating auf einer zwölfstufigen Skala von A+ bis D-.

(Quelle: Kasparek, A.: „Gottes Segen für ‚saubere' Aktien", in: Der Standard v. 09.10.2000, 19)

Wiederholungsfragen

1. Welche Gründe können zur Ausweitung der Geschäftstätigkeit auf internationale Märkte bewegen ?

2. Wie kann ein Entscheidungsprozeß in Hinblick auf eine Internationalisierung grundsätzlich verlaufen?

3. Was verstehen Sie unter Marktsegmentierung? Wozu dient sie?

4. Welche Kriterien könnten bei der Segmentierung eines Konsumgütermarktes herangezogen werden? Wovon hängt die Auswahl der Kriterien ab?

5. Welche Segmentierungskriterien kann man zur Aufspaltung internationaler Märkte heranziehen?

6. Welche strategischen Grundüberlegungen sind vor Erschließung eines neuen Marktes notwendig?

7. Welche Überlegungen sind im Rahmen einer Umweltanalyse zu berücksichtigen?

8. Mit welchen Bedrohungsfaktoren der Markt- und Standortsicherheit sieht sich die Wirtschaft konfrontiert? Versuchen Sie diese einzuschätzen!

9. Wie gestaltet sich eine Branchenanalyse?

10. Welche Faktoren spielen bei der Konkurrenzanalyse eine Rolle?

11. Wie gestaltet sich eine Unternehmensanalyse?

12. Was sind mögliche Quellen für Wettbewerbsvorteile?

13. Welche kritischen Erfolgsfaktoren können von Bedeutung sein?

14. Erläutern Sie die wichtigsten Dimensionen der Marktattraktivität!

15. Welche Faktoren sind bei der Auswahl eines internationalen Standorts zu beachten?

16. Welche Markteintrittsbarrieren kennen Sie? Wie könnte einem Unternehmen trotz solcher Barrieren der Markteintritt gelingen?

17. Wie könnte man die Betrachtung einer (selbst gewählten) Branche mit Hilfe der Portfolio-Methode gestalten?

18. Wie könnte man die Betrachtung eines Unternehmens mit Hilfe der Portfolio-Methode gestalten?

19. Nach welchen Kriterien könnte man einen Vergleich verschiedener Ländermärkte mittels Portfolio-Methode anstellen?

20. Führen Sie eine Portfolioanalyse anhand folgender Daten durch und interpretieren Sie das Ergebnis!
Ein Konsumgüterhersteller produziert insgesamt 10 Produkte:

	A	B	C	D	E	F	G	H	I	K
Marktwachstum in %	15	10	5	8	20	3	4	11	7	12
Marktanteil in %	2	4	10	12	2	15	21	4	6	4
Marktanteil der nächststärkeren Konkurrenz in %	5	8	15	16	10	30	18	16	13	10
Anteil (in %) am Gesamtumsatz des Unternehmens	8	10	12	14	8	10	8	10	12	8

21. Welche Markterschließungsformen ohne Eigentumsverlagerung ins Ausland kennen Sie? Charakterisieren Sie diese kurz und gehen Sie auf deren Vor- und Nachteile ein!

22. Welche Probleme können sich für ein Unternehmen beim Export stellen?

23. Was ist bei der Planung und Abwicklung von Turn-key-Projekten notwendigerweise zu beachten?

24. Was ist ein *build-operate-transfer*?

25. Welche Markterschließungsformen mit Eigentumsverlagerung ins Ausland sind Ihnen bekannt? Charakterisieren Sie diese kurz!

26. Mit welchen Problemen können sich Unternehmen bei einer Direktinvestition im Ausland konfrontiert sehen?

27. Welche Vor- und Nachteile können mit Joint Ventures in Verbindung stehen?

28. Welche Faktoren beeinflussen die Auswahl der Markterschließungsmethode?

29. Diskutieren Sie ausgewählte ethische Aspekte, die heute im internationalen Geschäft von Bedeutung sind!

30. Analysieren Sie eine Branche Ihrer Wahl (z.B. die internationale Automobilindustrie) unter Heranziehung der Portfolio-Methode in Hinblick auf die Stärken und Schwächen ausgewählter Anbieter und Produkte sowie deren Chancen und Risiken auf dem Markt! Stellen Sie zudem die *key players* in einem Polaritätsprofil gegenüber und interpretieren Sie dieses!

Top oder Flop? – Bearbeitung internationaler Märkte

> „Man stellt ein Produkt nicht für sich selbst her.
> Man muß herausfinden, was die Leute wollen
> und es ihnen dann anbieten."
>
> Walt Disney
> (in: Capodagli/Jackson 1999, 87)

1 Marketing-Mix im internationalen Kontext

Die Konzeption internationaler Marketingstrategien stellt für jedes international tätige Unternehmen eine Herausforderung dar. Wie bei anderen strategischen Entscheidungen auch, muß beim Treffen von marktbezogenen Entscheidungen eine Vielzahl externer, häufig unkontrollierbarer Einflußfaktoren berücksichtigt werden. Diese Faktoren werden durch nicht zu unterschätzende sozio-kulturelle Aspekte ergänzt. Aufgrund der recht unterschiedlich strukturierten Märkte ist die erfolgreiche Nutzung erkannter günstiger Gelegenheiten meist nur unter Berücksichtigung und Anpassung an spezifische und lokale Bedingungen möglich (vgl. z.B. Veränderung von Produkten, unterschiedliche Preise und Konditionen).

Ein Unternehmen steht somit vor der grundsätzlichen Entscheidung zwischen **Standardisierung** (vgl. international einheitliches Marketingkonzept) und **Differenzierung** (vgl. Adaptionen für unterschiedliche Märkte).

↳ Beispiele wie McDonald's, Coca-Cola oder Levis Jeans beweisen, daß verschiedene Ländermärkte – unabhängig von der jeweiligen Landeskultur – mit denselben Produkten und denselben Marketingmethoden erfolgreich angesprochen werden können. Ein wesentlicher Grund dafür ist, daß die genannten Produkte wesentlich im „Jugendmarkt" vertreten sind, der weltweit ähnliche Wesenszüge aufweist und sich deshalb auch gut für eine Standardisierung eignet. Dennoch werden auch bei „Klassikern" des globalen Marketing wie Coca-Cola, wofür weltweit mit dem Slogan *„You can get the feeling"* geworben wird, gewisse standortbezogene Veränderungen bezüglich des Geschmacks und auch andere – wenngleich geringfügige Nuancierungen – vorgenommen.

Trotz offensichtlicher Vorteile ist davon auszugehen, daß eine völlige Standardisierung – wenngleich von Unternehmen verständlicherweise gewünscht – nur in den seltensten Fällen möglich ist und demzufolge gewisse Anpassungen an lokale Erfordernisse stets notwendig sein werden.

Analyse von Auslandsmärkten

Methoden der Marktforschung

Sekundärforschung (Desk Research): Um angemessene und erfolgversprechende Marketingentscheidungen treffen zu können, benötigt man ausreichende Informationen über das zu vermarktende Produkt, (potentielle) Kunden, die Konkurrenz sowie die Verfügbarkeit einzelner Marketing-Instrumente. Im allgemeinen stehen diese Daten nicht unmittelbar zur Verfügung, sondern müssen erst recherchiert und analysiert werden. Dies geschieht durch die Marktforschung. Eine relativ preiswerte Marktforschungsmethode ist die **Verwendung bereits veröffentlichter Daten**. Aus vorhandenem Datenmaterial kann oft ein Großteil der benötigten Informationen, einschließlich demographischer, volkswirtschaftlicher und wirtschaftlicher Daten gewonnen werden. Deshalb beginnen die meisten Unternehmen bei der Analyse ihrer Märkte mit der Untersuchung sogenannten sekundären Datenmaterials (z.B. nationale und internationale Statistiken, Berichte und Literatur). Auf diese Weise wird auch festgestellt, welche Informationen durch eigene Erhebungen noch gewonnen werden müssen.

Primärforschung (Field Research) bezeichnet die aktive **Gewinnung von Daten** (z.B. Nachfrageverhalten von Konsumenten) in einer natürlichen Umgebung, d.h. nicht unter Laborbedingungen oder künstlich erzeugten Umwelten. Diese Marktforschungsmethode wird angewandt, wenn sekundäre Informationsquellen die benötigten Daten nicht oder nicht im erforderlichen Umfang bereitstellen können. Verschieden Methoden stehen zur Verfügung: **Befragungen** dienen dazu, Meinungen und Einstellungen einer repräsentativen Gruppe von Personen zu einem abgegrenzten Problembereich zu erhalten.

Unterscheidungskriterien	Formen		
Befragter Personenkreis	Experten-befragung	Abnehmerbefragung	
		Verbraucher-befragung	Händler-befragung
Art der Durchführung	persönliche Befragung (Interview)	schriftliche Befragung	telefonische Befragung
Anzahl der Untersuchungsthemen	Einthemenbefragung	Mehrthemenbefragung (Omnibusbefragung)	
Art der Fragestellung	direkte Befragung	indirekte Befragung	

Abbildung 1-1 *Formen der Befragung*

Experimente dienen dazu, den Einfluß einer bestimmten Variable auf eine andere zu testen, um tatsächliche Reaktionen auf bestimmte Reize, wie Farbe oder Geschmack zu ermitteln. Die Auswahl an experimentellen Methoden ist recht groß: Geschmackstests, blinde Produktvergleiche, Einführung eines Produktes auf einem begrenzten Markt, Testpackungen, Werbekampagnen in einem begrenzten Gebiet usw. können zum Einsatz kommen.

Ein **Panel** ist ein bestimmter gleichbleibender Kreis von Personen, der über einen längeren Zeitraum zur gleichen Thematik befragt wird. **Konsumenten-Panels** setzen sich aus Konsumenten zusammen, die Informationen zu Einkaufsverhalten und Einstellungen gegenüber bestimmten Marketing-Aktivitäten bereitstellen. Grundidee ist die Zusammenstellung einer repräsentativen Gruppe, die den typischen Kunden darstellt.

Ausgehend von kaufrelevanten Kriterien, die auch zur Marktsegmentierung genutzt werden, können **Konsumententypologien** erstellt werden. Dabei werden allgemeine oder auch spezifische Typen, die die entscheidenden Merkmale der Kunden eines Unternehmens bzw. einer Branche aufweisen, erfaßt. Ziel dieser Typenbildung ist die Ausrichtung der Marketing-Strategie oder einzelner Elemente auf typenspezifische Besonderheiten.

Die Marktforschung als Spielwiese der Mathematiker

Unter **Marktsegmentierung** versteht man die Aufspaltung eines Gesamtmarktes in homogene Teilmärkte unter Zuhilfenahme geeigneter Segmentierungskriterien. Da die Bearbeitung des Gesamtmarktes als Einheit i.d.R. nicht möglich
ist, stellt die Marktsegmentierung einen entscheidenden Schritt bei der Auswahl
und Bearbeitung von Märkten dar. Als Grundlage für die Bemühungen zur
Marktsegmentierung dienen verschiedenste **Kriterien**, die letztlich auch über
die Notwendigkeit zur länderspezifischen Differenzierung Auskunft geben.

Geographische Merkmale	Europa, Asien, Afrika, Amerika, Australien; Größe des Landes in km²; Binnenländer/Küstenländer; Gebirgsländer/Tiefländer; heiße, gemäßigte und kalte Klimazonen;	Rohstoffvorkommen; Großstädte/Kleinstädte/ ländliches Gebiet; Verwaltungs- bzw. Regie- rungsbezirke
Politische Merkmale	politische Stabilität;	Gesellschaftsordnung
Wirtschaftliche Merkmale	Bruttosozialprodukt; Pro-Kopf-Einkommen; Inflationsrate;	Arbeitskosten/Löhne; Außenhandelsstruktur; Infrastruktur
Sozio- demographische Merkmale	Einwohnerzahl; Besiedlungsdichte; Sprache; Urbanisierungsgrad; Altersstruktur der Bevölkerung;	Geschlecht; Familienstand; Beruf; Einkommensklasse

Psychographische Merkmale	Persönlichkeitsmerkmale; Einstellungen;	Verhalten; Nutzenerwartung
Verhaltensorientierte Merkmale	Einstellungsmuster; Verhaltensmuster;	Lebensgewohnheiten; Lebensstil
Rechtliche Merkmale	gesetzliche Vorschriften im allgemeinen;	Außenhandelsgesetze; Steuergesetze
Länderrisiken	wirtschaftliches Risiko; Prozeßführungsrisiko; politisch-soziales Risiko; Währungsrisiko;	Transferrisiko; Substitutionsrisiko; Transport- und Lagerrisiko

Abbildung 1-2 *Beispiele für Kriterien zur Marktsegmentierung*

Marktsegmentierung

Schließlich zieht man die für die eigenen Einschätzungen zweckdienlichen Kriterien heran und unterzieht diese einer Bewertung, wobei Augenmerk insbesondere auf den Grad des Risikos und in Hinblick auf Ländervergleiche gerichtet wird. Das Ergebnis derartiger Überlegungen soll die optimale Gestaltung des jeweiligen Marketing-Mix sein.

Unter **Marketing-Mix** versteht man aufeinander abgestimmte strategische Entscheidungen in bezug auf Produkt, Preis, Distribution und Kommunikation mit dem Ziel, die Bedürfnisse der Kunden einer ausgewählten Zielgruppe möglichst optimal in Hinblick auf ihre Kaufentscheidung anzusprechen. Die Variationsmöglichkeiten bei der Zusammenstellung eines Marketing-Mix sind zahlreich. In den folgenden Abschnitten werden die einzelnen **Instrumente des Marketing-Mix** unter Berücksichtigung internationaler Umfelder vorgestellt.

2 Produktpolitik

> „In der Fabrik stellen wir Kosmetikartikel her;
> über die Ladenkette verkaufen wir Hoffnung auf Schönheit."
>
> Charles Revson
> Gründer von Revlon-Kosmetik
> (in: Kotler/Bliemel 2001, 715)

2.1 Bedeutung der Produkt- und Sortimentspolitik

Die Produktpolitik – vielfach auch „das Herz des Marketings" genannt – ist einer der wichtigsten Bestandteile des gesamten Marketinginstrumentariums. Sie stellt gemeinsam mit den drei anderen wesentlichen absatzpolitischen Instrumenten

- Kommunikationspolitik,

- Distributionspolitik und

- Kontrahierungspolitik

eine zentrale unternehmerische Aktivität dar, da jedes Unternehmen letztlich mit seinen Produkten und deren Vermarktung „steht oder fällt". Dies trifft gleichermaßen auf den Konsumgüter-, Investitionsgüter- und Dienstleistungsbereich zu. Wissen über die Vermarktung von Produkten, d.h. die Leistungsverwertung, ist von essentieller Bedeutung.

Die **Hauptziele der Produktpolitik** können wie folgt umrissen werden:

- Sicherung des Unternehmenswachstums durch Innovation, Variation und Diversifikation,

- Festigung bzw. Ausbau der Wettbewerbsposition,

- Streuung des finanziellen und des Absatzrisikos,

- Kapazitätsauslastung und Rationalisierung.

Den Ausgangspunkt der Produktpolitik bilden die Wünsche und Bedürfnisse der potentiellen Käufer. Denn nur wenn ein Unternehmen seine Produkte in größeren Mengen und über längere Zeiträume verkaufen kann, ist es – vor dem Hintergrund gesättigter Märkte – nachhaltig überlebensfähig.

Die Produktpolitik umfaßt neben der Entwicklung und Gestaltung von Produkten auch deren Markteinführung, die Kontrolle und Variation bereits am Markt befindlicher Produkte sowie Entscheidungen über Produkteliminationen. Um einen Wettbewerbsvorteil gegenüber der Konkurrenz zu erlangen bzw. die Kosten- und Erlössituation zu verbessern, kann ein Unternehmen ein völlig neues

Produkt auf den Markt bringen, ein vorhandenes Produkt variieren oder ein schwaches Produkt vom Markt nehmen. Der Einsatz produktpolitischer Instrumente soll jedenfalls zu einer Belebung der Nachfrage führen.

Die große Bedeutung der Produktpolitik ist nicht nur im ständig zunehmenden Qualitätswettbewerb, sondern auch in der schnellen Produktalterung und steigenden Marktrisiken begründet. Gewinne und langfristiges Wachstum kann ein Unternehmen auf heutigen Märkten nur durch eine aktive **Innovationspolitik** sichern. Innovationen ermöglichen es dem Unternehmen, für einen bestimmten Zeitraum einen Vorsprung gegenüber der Konkurrenz zu erlangen und so dem Wettbewerb (kurz- oder längerfristig) auszuweichen.

Eine weitere Chance bietet die Ausweitung der Unternehmenstätigkeit auf internationalem Gebiet. Verfügt ein Anbieter bereits über ein gutes Image auf dem Inlandsmarkt, so kann dies für die internationale Vermarktung der Erzeugnisse genutzt werden. Aufgrund ihrer Beliebtheit oder ihres Statuscharakters können besonders Markenartikel auch im Ausland gut abgesetzt werden. Bevor man sich allerdings zum Export seiner Produkte entschließt, sollten umfassende Informationen über Markt- und Absatzbedingungen der betreffenden Länder eingeholt werden.

> Der **Begriff Produkt** wird wie folgt definiert: „Ein *Produkt* ist, was einem Markt angeboten werden kann, um es zu betrachten und beachten, zu erwerben, zu gebrauchen oder zu verbrauchen und somit einen Wunsch oder ein Bedürfnis zu erfüllen." (Kotler/Bliemel 2001, 716) Produkte können sowohl materielle Objekte und Dienstleistungen als auch Personen, Organisationen, Orte und Ideen sein, kurz alles, was sich in irgendeiner Art und Weise vermarkten läßt.

Produkte können nach verschiedenen **Kriterien** systematisiert werden, so z.B. bezüglich des **Verwendungszwecks** (Konsumgüter, Investitionsgüter) und nach **Kaufgewohnheiten**.

Produkte des **Konsumgüterbereiches** lassen sich in Gebrauchsgüter, Verbrauchsgüter und Dienstleistungen gliedern.

- Bei **Gebrauchsgütern** handelt es sich um langlebige, materielle Produkte, die einen intensiven Verkaufs- und Serviceaufwand erfordern.

- **Verbrauchsgüter** sind kurzlebige, materielle Produkte. Sie werden meist intensiv beworben und weisen kurze Wiederbeschaffungszyklen auf.

- **Dienstleistungen** sind immaterielle, vertrauensgebundene Produkte und werden bei Erstellung sofort in Anspruch genommen.

Im **Investitionsgüterbereich** werden Eingangsgüter, Anlagegüter, Hilfsgüter und investive Dienstleistungen unterschieden.

- **Eingangsgüter** (Rohstoffe und Halbfertigprodukte) werden in das Produkt des Herstellers eingebaut bzw. verarbeitet.

- **Anlagegüter** (z.B. Gebäude, Maschinen) sind zwar Voraussetzung zur Herstellung des Erzeugnisses, werden jedoch nicht Bestandteil des Endproduktes.

- **Hilfsgüter** (z.B. Betriebsmittel) werden ebenfalls nicht Bestandteil des Enderzeugnisses, sind aber zu dessen Herstellung notwendig.

- **Investive Dienstleistungen** umfassen Wartungs- und Reparaturleistungen und Consulting. Sie dienen der Aufrechterhaltung der allgemeinen Geschäftstätigkeit.

Bezüglich der **Kaufgewohnheiten** unterteilt man in mühelosen Kauf, Such- und Vergleichskauf, Spezialkauf und fremdinitiierten Kauf.

- Der **mühelose Kauf** betrifft Dinge des täglichen Bedarfs. Der Konsument beschafft diese Produkte aus Gewohnheit mit relativ geringem Bedürfnis nach Preis- oder Qualitätsvergleichen.

- Beim **Such- und Vergleichskauf** will der Kunde höherpreisige Artikel, die er seltener kauft, erwerben. Demzufolge stellt er umfassende Preis- und Qualitätsvergleiche an und entscheidet in der Regel erst, wenn er von der Eignung eines Artikels überzeugt ist.

- Der **Spezialkauf** bezieht sich auf besonders hochwertige oder seltene Produkte (z.B. Antiquitäten). In diesem Fall bedarf es weniger Initiative von seiten des Anbieters, da die Konsumenten meist von sich aus am Erwerb eines bestimmten Artikels interessiert sind.

- Produkte des **fremdinitiierten Kaufs** sind dem Konsumenten zunächst unbekannt, oder er ist an deren Beschaffung (noch) nicht interessiert. Durch Einsatz besonderer Marketingmaßnahmen (z.B. Vertreterbesuche) versprechen sich die Anbieter Absatzchancen.

> Die **Produktgestaltung** gilt als Zentralelement der Produktpolitik. Die Gestaltung bezieht sich sowohl auf das Produktinnere (Produktkern, Form, Farbe) als auch auf das Produktäußere (Verpackung, Umverpackung).

Bevor sich ein Konsument von den physischen Eigenschaften eines Produktes überzeugen kann, nimmt er die **ästhetischen Eigenschaften** wahr. Wirken diese anziehend und interessant auf ihn, so wird er den Kauf des Produktes in Erwägung ziehen. Das Produktäußere muß so ansprechend gestaltet sein, daß es trotz der Vielzahl der Konkurrenzprodukte die Aufmerksamkeit der Käufer auf sich zieht. Besonders im Selbstbedienungsbereich ist deshalb das äußerliche Erscheinungsbild von besonderer Bedeutung. Die Form soll die Eigenschaften des Produktes unterstützen, eventuell verstärken und erläutern. Die Gestaltungsmöglichkeiten sind bei Produkten des Konsumgüterbereichs wesentlich größer als bei technischen und Investitionsgütern.

Die **physischen Eigenschaften** eines Produktes werden bestimmt durch Material, Konsistenz, Funktionsfähigkeit und Qualität. Das Qualitätsniveau sollte an die anderen Marketing-Instrumente angepaßt sein, vor allem aber an den Preis und die Produktlebensdauer. Ein hohes Qualitätsniveau paßt nicht zu einem billigen, für eine kurze Lebensdauer ausgelegten Produkt. Aus Unternehmersicht ist eine lange Produktlebensdauer nicht sinnvoll. Deshalb werden viele Gebrauchsgegenstände bewußt für eine kürzere Lebensdauer konzipiert. Eine derartige *Obsolescence-Strategie* zwingt den Verbraucher früher als dem Stand der Technik gemäß zu Ersatzbeschaffungen. Allerdings kann der Anbieter dadurch auch Kunden verlieren und Imageeinbußen verzeichnen.

Die **Farbe** eines Produktes (Kern und Verpackung) kann Assoziationen bezüglich der Eigenschaften hervorrufen. Diese Eigenschaften können durch die Farbe verstärkt oder abgeschwächt werden. Bei der Auswahl der Farbe sollte deren psychologische Wirkung beachtet werden. Kenntnisse darüber können – besonders im internationalen Geschäft – Fehlschläge bei Produkteinführungen vermeiden helfen.

Der **Produktname** dient der Kennzeichnung und Individualisierung des Produktes und der Erleichterung der Kommunikation zwischen Anbieter und Nachfrager. Der Name sollte aussagekräftig und leicht aussprechbar sein, einen hohen Erinnerungs- und Wiedererkennungswert haben und mit der Form und der Farbe der Verpackung eine Einheit bilden. Hat der Anbieter die Absicht, sein Produkt international zu vermarkten, so sollte er den Namen bezüglich der Internationalisierbarkeit überprüfen, d.h., sich über die Bedeutung des Namens in anderen Sprachen und die Aussprechbarkeit innerhalb der verschiedenen Sprachgruppen informieren. Die Namensgebung kann durch die **Bildung von Marken** weitergeführt werden (siehe dazu auch Teil B/2.9 Markenpolitik).

2.2 Produkt- und Programmanalysen

Sich ständig ändernde Wettbewerbs- und Marktgegebenheiten sowie auftretende Sättigungserscheinungen erfordern eine kontinuierliche Anpassung des Sortiments, um die Erfüllung der Unternehmensziele auf lange Sicht zu gewährleisten. Ebenso wie die volkswirtschaftlichen Rahmenbedingungen – z.B. technologische Entwicklung, Eintreten neuer Konkurrenzunternehmen in den Markt – unterliegen die Kundenbedürfnisse und -präferenzen einem ständigen Wandel. Für die Unternehmen stellt sich nun die Frage, ob, wann und in welchem Umfang Produkt- und Programmänderungen durchgeführt werden sollen. Zur Beantwortung dieser Frage sind Analysen der Produkte, der Marktstruktur und der Kunden notwendig.

2.2.1 Produktlebenszyklusanalyse

Ein Produktlebenszyklus läßt sich prinzipiell für alle Produkte aus dem Konsum- und Investitionsgüterbereich feststellen. Jedes Produkt durchläuft von seiner Markteinführung bis zum Ausscheiden aus dem Markt bestimmte Phasen, die sich als typischer Kurvenverlauf darstellen lassen. Das **Fünf-Phasen-Modell** beinhaltet folgende Phasen:

- Einführung,
- Wachstum,
- Reife,
- Sättigung und
- Rückgang,

die in Abhängigkeit von der Art des Produktes mehr oder weniger stark ausgeprägt sein können.

Die folgende Abbildung zeigt einen typischen („idealen") Kurvenverlauf anhand der Entwicklung der Umsätze und den daraus resultierenden Umsatzzuwächsen und Gewinnen.

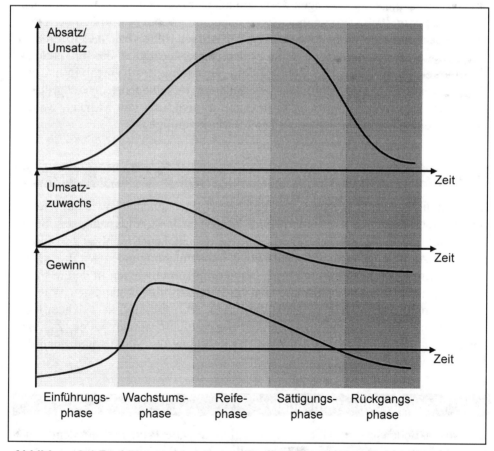

Abbildung 2-1 *Fünf-Phasen-Modell eines Produktlebenszyklus (Beispiel)*

Einführungsphase

Die Einführungsphase beginnt mit dem **Auftreten eines Produktes** am Markt und reicht bis zur Erreichung der Gewinnschwelle. Sie ist gekennzeichnet durch geringe Umsätze, hohe Werbeausgaben, Produktentwicklungs- und Markteinführungskosten und daraus resultierende Anfangsverluste. In der Einführungsphase befindet sich der Anbieter (noch) in einer monopolartigen Situation und ist deshalb meist relativ unabhängig von Preisstrategien der Konkurrenz. Hinsichtlich des Preises kann er grundsätzlich zwischen zwei Markterschließungsstrategien, der Penetrationsstrategie und der Skimmingstrategie, wählen. Bei der **Penetrationsstrategie**, häufiger vertreten bei Massenkonsumartikeln, wird der anfangs niedrige Preis sukzessive erhöht. Die **Skimmingstrategie** ist eher bei höherwertigen Gebrauchsgütern anzutreffen. Hierbei wird der zu Beginn hohe Preis allmählich gesenkt. Neben dem Preis muß der Anbieter auch das Niveau anderer Parameter, wie z.B. den Grad der Absatzförderung und die Produktqualität festlegen. Die Verfügbarkeit des Produktes ist noch nicht umfassend gewährleistet, da sich die Distributionskanäle erst im Aufbau befinden.

Red Bull – „Flop" durch die Hintertür

„In Deutschland etwa geriet die Einführung [von Red Bull, Anm. d. Autoren] 1996 zum Megadesaster, dabei hatte alles so gut begonnen. Der Handel listete den Energy Drink sofort, und der ging weg wie warme Semmeln. An manchen Tagen wurden eine Million Dosen verkauft. Doch plötzlich passierte Unglaubliches. ‚Ich wäre nie auf die Idee gekommen, daß leere Dosen ausgehen könnten', erinnert sich Mateschitz. ‚Es war eine Katastrophe.' Europas Aludosenproduzenten waren ausverkauft, und das mitten in der Red-Bull-Einführungskampagne in Deutschland. Drei Monate nach dem Start konnte der Handel nicht mehr beliefert werden, Red Bull verlor seine Reputation als seriöser Lieferant. Die Folge: Konkurrent Flying Horse konnte liefern und wurde Marktführer."

(Quelle: Riffert, K.: Mann des Jahres 2000 – Dietrich Mateschitz, Red Bull, in: trend 1/2001, 90).

Zur Bekanntmachung des Produktes entstehen hohe Aufwendungen für Werbung und verkaufsfördernde Maßnahmen. In dieser Phase entscheidet sich, ob das Produkt tatsächlich marktreif ist oder sich als Flop erweist. Das neueingeführte Produkt steht zunächst skeptischen und zögernden Nachfragern gegenüber. In der Anfangsphase sind die meisten Nachfrager noch nicht bereit, ihr gewohntes Kaufverhalten zu ändern. Konsumenten, die das Produkt bereits in dieser Phase kaufen, bezeichnet man als Innovatoren. Sie sind Neuerungen gegenüber aufgeschlossen und neigen zu spontanen Handlungen.

Wachstumsphase

Mit dem **Überschreiten der Gewinnschwelle** beginnt die Wachstumsphase. Sie reicht bis zum Wendepunkt der Umsatzkurve. In dieser Phase werden die höchsten Stückgewinne erzielt. Während der Anbieter in der Einführungsphase eine Pionierstellung einnahm, treten nun die ersten Konkurrenten (*me-too*-Anbieter, **Imitatoren**) mit ähnlichen Produkten auf den Markt. Um sich von den erscheinenden Konkurrenzprodukten zu differenzieren, führt das anbietende Unternehmen erste Produktmodifikationen (Veränderung der Produktqualität, des Designs, usw.) durch. Zur Sicherung des Unternehmenswachstums wird der Anbieter außerdem versuchen, neue Märkte für sein Produkt zu erschließen oder neue Distributionswege aufzubauen. Wählte der Anbieter in der Einführungsphase eine Penetrationsstrategie, wird er sich nun zur Anhebung des Preises entscheiden, wählte er die Skimmingstrategie, wird er jetzt höchstwahrscheinlich den Preis senken. Zur Erschließung weiterer Marktsegmente werden nun neue Distributionswege ausgebaut. Obwohl das Produkt nun schon größere Bekanntheit genießt, ist die Wachstumsphase weiterhin von intensiver Werbung geprägt. Während die Werbung in der Einführungsphase vor allem der Bekanntmachung des Produktes diente, soll der Konsument nun durch Betonung der Produktvorteile zum Kauf angeregt werden. Bei den Käufern handelt es sich um sogenannte frühe Nachahmer, welche als eigentliche Meinungsmacher in ihrer sozialen Schicht gelten. Bei kurzlebigen Verbrauchsgütern finden teilweise schon erste Ersatzbeschaffungen statt.

Reifephase

Während der Reifephase findet eine weitere **Marktausdehnung** statt. Sogenannte späte Folger bringen weitere Produktinnovationen auf den Markt. Dies führt zu polypolistischen Strukturen und zu verstärktem Wettbewerb. Die Umsätze steigen weiter an, jedoch bei sinkenden Zuwachsraten. Deutliche Unterscheidungen zu Konkurrenzprodukten sind nur noch durch Differenzierung möglich. Um den eigenen Marktanteil zu erweitern, muß das Unternehmen neue Abnehmer gewinnen. Dies kann erreicht werden durch Abwerben von Kunden der Konkurrenz, durch die Erschließung neuer Marktsegmente oder indem bisherige Nichtverwender von den Produktqualitäten überzeugt werden. Zur Erhöhung des Umsatzvolumens versucht der Anbieter, die Verwendung seines Produktes durch die Nachfrager zu intensivieren. Der Kunde soll das Produkt häufiger verwenden, pro Verwendung mehr verbrauchen oder das Produkt universeller einsetzen. Die Werbung in dieser Phase, verbunden mit Preissenkungen, dient der Erhaltung und Erweiterung des Marktanteils. Der Umsatz steigt bis zu seinem Maximum, die Gewinne stagnieren bzw. sinken bereits. Die Zahl der Konsumenten (frühe Mehrheit) nimmt weiterhin zu. Dies sind meist konservative Käufer mit geringem Informationsbewußtsein.

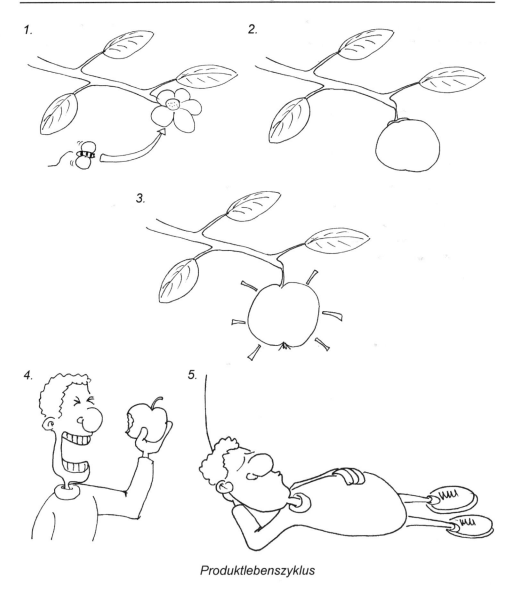

Produktlebenszyklus

Sättigungsphase

Die Sättigungsphase ist gekennzeichnet von **Umsatz- und Gewinnrückgang**. Zu Beginn der Phase steigt der Umsatz geringfügig an, verursacht durch Käufer der sogenannten späten Mehrheit. Am Ende der Sättigungshase wird die **Ge-winnschwelle** erreicht. In dieser Phase bestimmen meist konservative Anbieter das Marktgeschehen, während innovative Unternehmen ihre Produkte schon vom Markt genommen haben. Es werden sowohl Produktmodifikationen als auch -differenzierungen und -diversifikationen vorgenommen. Das Produkt ist nun den meisten Käufern bekannt, die Gewinnung neuer Konsumenten ist kaum noch möglich. Die Nachfrage wird größtenteils durch Ersatzbedarf bestimmt, am Markt zeigen sich Sättigungserscheinungen. Bei den Konsumenten (späte Mehrheit) handelt es sich um Gewohnheitskäufer. Die Käufer reagieren stark auf geringfügige Preiserhöhungen, während sie kaum Reaktionen gegenüber Preissenkungen zeigen.

Rückgangsphase

Bedarfsänderung bzw. sinkende Nachfrage führen in dieser Phase zu einem **starken Umsatzrückgang**. Gewinne sind kaum noch erzielbar. Die Werbung wird eingeschränkt. Preise werden entweder stark gesenkt, um die Nachfrager zu halten, oder aber erhöht, um die sinkenden Gewinne auszugleichen. Jetzt tut der Anbieter gut daran, sich bald auf neue Produkte und neue Märkte zu konzentrieren.

Konkurrenzprodukte können die Aufgaben des betrachteten Produktes nun häufig besser und billiger erfüllen. *Obsolescence-Strategien* beschleunigen oft noch die Produktalterung (technische und/oder psychologische Alterung). Die Rückgangsphase endet mit der **Herausnahme des Produktes** aus dem Markt. Dabei ist die Wahl des richtigen Zeitpunkts wichtig.

Phasen	Merkmale				
	Markt-struktur	Anbieter	Nachfrager	Umsatz	Gewinn
Einführung	mono-polistisch	Pionierunter-nehmen	Innovatoren	gering	negativ bis Erreichen der Gewinn-schwelle
Wachstum	oligo-polistisch	frühe Folger (*me-too*-An-bieter)	frühe Nachahmer	steigend	steigend bis Maximum
Reife	poly-polistisch	späte Folger	frühe Mehrheit	steigend bis Maximum	stagnierend bzw. sinkend
Sättigung	poly-polistisch	konservative Unterneh-men	späte Mehrheit	stagnierend bzw. sinkend	sinkend
Rückgang	poly-polistisch	dynamische Unterneh-men	Nachzügler	sinkend	negativ, Un-terschreiten der Gewinn-schwelle

Abbildung 2-2 *Charakterisierung der einzelnen Phasen eines Produktlebenszyklus*

Sättigungserscheinungen auf vielen Märkten, der zunehmende internationale Wettbewerb, die permanente Einführung neuer Produkte, Marken und Dienstleistungen unterstreichen die Bedeutung und Notwendigkeit einer **Produktlebenszyklus-Analyse im internationalen Kontext.** Die Analyse der Position eigener Produkte und Dienstleistungen auf ausländischen Märkten bildet die Grundlage für Entscheidungen in bezug auf Markterschließungs- und Bearbeitungsstrategien.

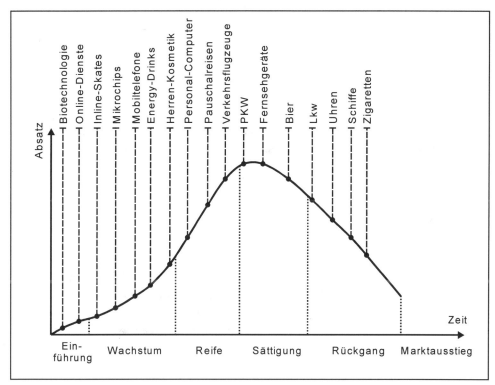

Abbildung 2-3 *Stellung von Produkten im Lebenszyklus (Winkelmann 2000, 182)*

Bedingt durch den internationalen Wettbewerb, unterschiedliche Produkteinführungszeitpunkte und unterschiedliche ökonomische Voraussetzungen in den einzelnen Ländern, kann sich ein und dasselbe Produkt auf verschiedenen Märkten in unterschiedlichen Lebenszyklusphasen befinden. Darüber hinaus können die Phasen auch in bezug auf ihre Länge und Intensität differieren. Folglich ist eine spezifischere Betrachtung der einzelnen Ländermärkte notwendig. Die jeweiligen Entwicklungsstadien werden anhand meßbarer Größen (Umsätze, Gewinne) bewertet. Es sollte jedenfalls nicht davon ausgegangen werden, daß ein Produkt in allen Märkten demselben Entwicklungsmuster folgen wird.

Entsprechend ist seitens des Unternehmens darauf zu achten, daß die unterschiedlichen Märkte kontinuierlich mit attraktiven Produkten versorgt werden, um keine „produktpolitische Lücke" entstehen zu lassen.

Phasen	Markt A	Markt B	Markt C
Einführung		Produkt 3	Produkt 2
Wachstum		Produkt 2	Produkt 1
Reife	Produkt 3		
Sättigung	Produkt 2	Produkt 1	
Rückgang	Produkt 1		

Abbildung 2-4 *Mögliche Entwicklungsphasen der Produkte 1, 2 und 3 in drei verschiedenen Ländermärkten*

Die gewonnenen Daten können zur Aufstellung internationaler Vergleiche und möglicherweise zur Ableitung ländergruppenspezifischer Gemeinsamkeiten dienen. Ein sorgfältiger Vergleich der einzelnen Lebenszyklen und Marktentwicklungen in den einzelnen Märkten ist notwendig, um die – meist begrenzten – Ressourcen optimal einsetzen zu können. In reifen und gesättigten Märkten können z.B. die Werbeausgaben reduziert und die dadurch frei gewordenen Mittel in Wachstumsmärkte investiert werden. Für obiges Beispiel würde dies eine Reduzierung der Werbeausgaben für Produkt 1 in Markt A und B bedeuten. Gleichzeitig würde die Werbung für dieses Produkt im Markt C verstärkt werden. Stünden ausreichende finanzielle Mittel zur Verfügung, könnten sie z.B. im Markt A für Modifikationen des Produktes 1 mit dem Ziel eines Produkt-Relaunch eingesetzt werden (vgl. Schoppe 1998, 510ff).

Trotz der unbestrittenen Bedeutung für vergleichende Betrachtungen und erklärende Zwecke wird die Produktlebenszyklusanalyse vielfach **kritisiert**. Produktlebenszyklen sind demnach weder empirisch noch theoretisch belegbar und können aufgrund der Verschiedenartigkeit der Produkte und der unterschiedlichen Ausprägung der einzelnen Phasen nicht verallgemeinert werden. Lebenszyklen entstehen nicht nur aufgrund angenommener Gesetzmäßigkeiten der Produktalterung, sondern werden maßgeblich von der strategischen Ausrichtung des Unternehmens geprägt. Sie sind folglich nicht die Ursache, vielmehr das Ergebnis absatzpolitischer Strategien. Dennoch können sie – in eingeschränkter Form – für Planungs- bzw. Kontrollzwecke genutzt werden. Vergleiche mit ähnlichen, bisher produzierten und abgesetzten Produkten können wichtige Hinweise auf potentielle Umsatzentwicklungen und zur Vermeidung von Fehlentscheidungen geben.

2.2.2 Programmanalysen

Programmanalysen zielen auf die Untersuchung des gesamten Produktions- bzw. Verkaufsprogramms ab und sollen Anhaltspunkte über Wachstum und Gewinnentwicklung des Programmes sowie Entscheidungshilfen zur Eliminierung von Produkten geben. Dazu stehen verschiedene Analyseformen zur Verfüigung. Als konkrete Instrumente bieten sich die Umsatzstrukturanalyse, Altersstrukturanalyse, Deckungsbeitragsanalyse sowie die Kundenstrukturanalyse an.

➡ Umsatzstrukturanalyse

Von besonderer Bedeutung ist die Umsatzstruktur- bzw. **ABC-Analyse**. Die Zusammensetzung und Entwicklung der Umsätze läßt Schlüsse auf die Marktsituation und -entwicklung zu. Mit Hilfe dieser Analyse kann der Anteil der einzelnen Produkte am Gesamtumsatz ermittelt werden. Die A-Produkte stellen dabei mengenmäßig den kleinsten Anteil dar, machen aber den größten Teil des Gesamtumsatzvolumens aus. C-Produkte wiederum sind zahlenmäßig stark vertreten, tragen aber nur in geringem Maße zum Gesamtumsatz bei.

➡ Altersstrukturanalyse

Als sinnvoll erweist sich eine Altersstrukturanalyse besonders bei Unternehmen mit umfangreichen und unübersichtlichen Produktions- bzw. Verkaufsprogrammen. Ausgangspunkt ist die Produktlebenszyklusanalyse. Mit deren Hilfe wird ermittelt, wie viele Produkte des Programmes sich in welcher Phase befinden. Vorteilhaft ist dabei ein hoher Anteil von Produkten in den ersten Lebenszyklusphasen, da solche Produkte die meisten Wachstumschancen haben. Ein großer Anteil älterer Produkte birgt die Gefahr von Umsatzeinbußen und eines Zurückdrängens vom Markt durch die Konkurrenz in sich.

➡ Kundenstrukturanalyse

Analog zur Umsatzstrukturanalyse kann eine Kundenstrukturanalyse durchgeführt werden. Dabei wird die Zusammensetzung des Gesamtumsatzes nach Kunden und Aufträgen untersucht. Für ein Unternehmen ist es von großer Bedeutung zu wissen, welche Kunden bzw. Kundengruppen den größten Beitrag zum Gesamtumsatz leisten und von wem das Unternehmen somit stark abhängig ist. Die Kundenstrukturanalyse ist kombinierbar mit einer Portfolioanalyse.

➡ Deckungsbeitragsanalyse

Umsätze allein sagen in der Regel nichts über die Erfolgssituation des Unternehmens aus. Die Deckungsbeitragsanalyse dient nun dazu, die Einzelerfolge pro Artikel sowie auch für Erzeugnisgruppen zu ermitteln. Der Deckungsbeitrag errechnet sich aus dem **Erlös abzüglich der variablen Kosten**. Fixe Kosten (wie z.B. Abschreibungen auf Maschinen und Anlagen) werden dabei nicht betrachtet. Das **Deckungsprofil** (die Deckungsbeiträge der einzelnen Produkte) ist Grundlage für alle kurzfristigen Entscheidungen über Programmänderungen. Weist ein Artikel einen besonders niedrigen Deckungsbeitrag aus, kann dies ein Zeichen für dessen bald notwendige Eliminierung aus dem Programm sein. Um jedoch nicht zu vorzeitigen (Fehl-)Schlüssen zu gelangen, sollten auch andere

Relationen, wie z.B. Deckungsanteil der anderen Artikel und die interdependenten Wirkungen der angebotenen Artikel herangezogen werden.

➡ Produkteinzelanalyse

Ausgehend von Kosten, Erlösen und Deckungsbeiträgen, werden bei der Produkteinzelanalyse die Entwicklungsmöglichkeiten der einzelnen Produkte untersucht. Dabei wird methodisch ähnlich wie bei der Produktprogrammanalyse vorgegangen. Da anhand der Ergebnisse noch keine Entscheidungen über eine etwaige Herausnahme eines Produktes aus dem Programm getroffen werden können, finden hier sogenannte **Scoring-Modelle** (z.B. Polaritätsprofil) Anwendung. Für die Eliminierung entscheidende Kriterien werden hierbei unterschiedlich gewichtet und dann für jedes einzelne Produkt innerhalb einer festgelegten Skala bewertet.

➡ Portfolioanalysen

Ziel der Portfolioanalyse ist eine Untersuchung der (künftigen) **Chancen und Risiken** der einzelnen Produkte und daraus folgend die Zusammenstellung eines optimalen Produktportfolios, welches durch die Erwirtschaftung von Cash-Überschüssen ein langfristiges Unternehmenswachstum garantiert. Das Portfolio enthält üblicherweise Produkte verschiedener Lebenszyklusphasen mit unterschiedlichen Marktanteilen und Wachstumschancen. (Diese Untersuchung kann auch für Kundengruppen durchgeführt werden).

2.3 Programm- und sortimentspolitische Entscheidungen

2.3.1 Programmpolitik

Ziel von **programm- und sortimentspolitischen Entscheidungen** ist eine optimale Programmgestaltung, d.h. festzulegen, was, wann und in welchen Mengen produziert, angeboten bzw. verkauft werden soll. Die Ermittlung einer optimalen Programm-/Sortimentszusammensetzung und damit die Gestaltung eines attraktiven Angebotes ist ausschlaggebend für die Absatzchancen eines Unternehmens.

Problemtreue Programmpolitik bedeutet, daß das Unternehmen bestrebt ist, seine Produkte ständig dem technologischen Wandel anzupassen. Der Anbieter konzentriert sich dabei auf ein bestimmtes Nachfragesegment und dessen Bedürfnisse. Nur durch die kontinuierliche Anpassung ist es dem Unternehmen möglich, seine Marktanteile zu halten.

Produkt- oder materialtreue Politik betreibt ein Unternehmen, wenn es an bestimmte Rohstoffe oder Materialien gebunden ist und das Produktionsprogramm kurzfristig nicht geändert werden kann. Der Anbieter muß dann versuchen, neue Marktsegmente zum Absatz seiner Produkte zu erschließen bzw. den bisherigen Kunden neue Verwendungsmöglichkeiten vorzuschlagen.

Die Grundlage der **wissenstreuen Programmpolitik** bildet das Know-how eines Unternehmens. Der Anbieter profitiert dabei vom eigenen Wissens- und Erfahrungsschatz, den er über Lizenz- und Nutzungsverträge anderen Unternehmen zur Verfügung stellen kann.

In Hinblick auf die **Programmgestaltung bzw. -zusammenstellung** kann ein Unternehmen sein Angebot entweder nur aus selbstgefertigten Produkten zusammenstellen oder aber durch Zukauf bestimmter Artikel ergänzen (**Make-or-Buy-Entscheidung**). Ob und in welchem Umfang Artikel zugekauft werden, hängt sowohl von der Kapazität und der technologischen Ausstattung des Unternehmens als auch von den durch die Produktion bzw. den Zukauf verursachten Kosten ab.

Die Zusammenstellung des Angebotsprogramms geschieht in Übereinstimmung mit den absatzpolitischen Zielen des Anbieters. Mit der Bestimmung des Programmumfanges werden gleichzeitig die anzubietenden begleitenden Serviceleistungen festgelegt.

Ein Unternehmen muß zunächst die Programmbreite und -tiefe seines Angebots bestimmen. Ein Produktionsprogramm besteht meist aus mehreren **Produktlinien**. Diese Produktlinien umfassen jeweils verschiedene Produkte, die ähnliche Charakteristika aufweisen, also in engem Zusammenhang zueinander stehen. Die **Programmbreite** beschreibt die Anzahl von Produktarten und -linien eines Produktionsprogramms, die **Programmtiefe** die unterschiedlichen Varianten innerhalb einer Produktlinie. In Großunternehmen, in denen ein Produktionsprogramm mehrere tausend Artikel umfassen kann, wird zusätzlich in Hauptproduktlinien und untergeordnete Gruppen unterschieden.

	Programmbreite				
	Produktlinie A	*Produktlinie B*	*Produktlinie C*	*Produktlinie D*	*Produktlinie E*
Programmtiefe	A1	B1	C1	D1	E1
	A2	B2	C2	D2	E2
		B3	C3		E3
		B4			E4
		B5			

Abbildung 2-5 *Mögliche Programmstruktur eines kleineren Unternehmens*

Produkte einer Produktlinie können in komplementärem oder substitutionalem Verhältnis zueinander stehen. **Substitutionsartikel** erhöhen die Auswahlmöglichkeiten für den Konsumenten, **Komplementärprodukte** dienen der Erfüllung mehrerer Bedürfnisse und verleiten den Konsumenten dadurch zu zusätzlichen Käufen. Eine Strategie der Anbieter, den Nachfrager zu weiteren Käufen zu

„zwingen", ist der **Markenverbund**. Der Konsument kann hierbei einen bereits erworbenen Artikel aufgrund fehlender Standardisierung nur in Zusammenhang mit einem anderen Artikel desselben Herstellers verwenden, wird also gezwungen, ein weiteres Produkt dieses Anbieters zu kaufen.

Alle vom Produzenten angebotenen Produktlinien bezeichnet man als **Produkt-Mix**. Dieser sollte unter Beachtung der Markt- und Wettbewerbslage sowie dem Stand der Technik zusammengestellt werden. Von besonderer Bedeutung sind hierbei die Verbundwirkungen der einzelnen Artikel bzw. Produktlinien. Ein breites Programm minimiert absatzbezogene Risiken und ermöglicht die Erfüllung verschiedenartiger Konsumentenbedürfnisse, ist für den Anbieter jedoch schwerer zu handhaben. Mit einem tiefen Programm kann sich der Anbieter auf bestimmte Abnehmergruppen spezialisieren.

Die **Zusammenstellung des Produkt-Mix** kann prozeßorientiert oder anwendungsorientiert erfolgen. Die Prozeßorientierung richtet sich nach der Art der Herstellung der Artikel bzw. nach dem verwendeten Material. Der Anwendungsorientierung liegen die Einsatzbereiche der Artikel und die Bedürfnisse der Kunden zugrunde. Diese Orientierung weist einen großen marketingpolitischen Vorteil auf: aufgrund ähnlicher Verwendungsmöglichkeiten können die Artikel einer Produktlinie gemeinsam plaziert und beworben werden und bilden für die Kunden somit eine Einheit. Die Geschlossenheit eines Produkt-Mix richtet sich danach, in welchem Verhältnis die einzelnen Produkte bezüglich der Herstellung, der Distributionswege und des Verwendungszwecks zueinander stehen.

Dem Hersteller bieten sich verschiedene Expansionsmöglichkeiten: er kann den Produkt-Mix verbreitern (**Diversifikation** durch Aufnahme neuer bzw. anderer Produktlinien), vertiefen (durch **Variation** vorhandener Produkte), strecken oder die Geschlossenheit variieren (vgl. Produkt- und Programmanalysen).

2.3.2 Sortimentspolitik

In Hinblick auf das **Sortiment eines Unternehmens** sind – je nach Art des Betriebes – folgende Orientierungen möglich:

- nach Material oder Herkunft der Artikel (z.B. Textilien, Teppiche, Holz),

- nach Nachfragergruppen (z.B. Kinderbekleidung, Anglerbedarf),

- nach Preisniveau (z.B. Diskonter, Luxusgeschäfte),

- nach Funktionszusammenhang (z.B. Buchhandlung – Schreibwaren) und

- nach Selbstverkäuflichkeit der Ware (erklärungsbedürftige Produkte in Fachgeschäften mit sachkundiger Beratung, problemlose Produkte in Selbstbedienungsgeschäften).

Ein **Sortiment** besteht aus mehreren Warengruppen. Eine Warengruppe wiederum wird aus einer Vielzahl von Artikeln gebildet, die – wie die Produkte einer Produktlinie – in enger Beziehung zueinander stehen. Man unterscheidet Sortimentsbreite und Sortimentstiefe. Die **Sortimentsbreite** gibt die Anzahl aller gelisteten Warengruppen eines Handelsunternehmens an, die **Sortimentstiefe** die Anzahl der Sorten innerhalb einer Warengruppe.

Umfaßt ein Sortiment nur wenige Sorten, handelt es sich um ein flaches Sortiment, sind dagegen viele verschiedene Sorten vertreten, spricht man von einem tiefen Sortiment. Sortimente mit wenigen Warengruppen werden als eng bezeichnet, solche mit vielen Warengruppen als breit. Je breiter ein Sortiment ist, um so geringer sind die Risiken für das Unternehmen (kalkulatorischer Ausgleich), je tiefer ein Sortiment ist, um so mehr Auswahlmöglichkeiten hat der Kunde. In der Praxis treten diese Merkmale kombiniert auf: z.B. *eng + tief* (Spezial- und Fachgeschäfte), *breit + flach* (kleinere Märkte) und *breit + tief* (Großmärkte und Warenhäuser).

Die **optimale Sortimentsgestaltung** ergibt sich aus den Marketingzielen des Unternehmens. Sollen breite Käuferschichten angesprochen werden, wird man ein umfassendes Sortiment anbieten. Spezialisiert sich das Unternehmen auf einen kleinen Nachfragerkreis mit besonderen Wünschen und Bedürfnissen, wird das Sortiment tief, aber eng sein. Ein weiterer Einflußfaktor ist die Konkurrenz. Man wird bestrebt sein, das eigene Sortiment gegenüber dem der Konkurrenz zu verbessern, sei es durch Hinzunahme neuer Produkte oder durch Intensivierung der Serviceleistungen. In welchem Rahmen dies durchgeführt werden kann, hängt von der finanziellen Situation des Unternehmens ab.

Die Sortimentsplanung ist in der Regel an Deckungsbeiträgen ausgerichtet. Die Sortimentsoptimierung kann unter verschiedenen Gesichtspunkten erfolgen. Unter Berücksichtigung des Aufwandes und der Kosten ist eine Sortimentseinengung empfehlenswert. Eine kleine Zahl von Warengruppen und Sorten mindert Lagerhaltungsrisiko und -kosten. Außerdem können bei einem beschränkten Sortiment (und damit höheren Stückzahlen pro Sorte) Mengenrabatte bei der Beschaffung in Anspruch genommen werden. Von der Erlösseite betrachtet, bietet sich eine Sortimentsausweitung an. Die Nachfrager schätzen ein vielfältiges Angebot, wollen auswählen können und Vergleichsmöglichkeiten haben. Darüber hinaus begünstigt ein umfassendes Sortiment Spontankäufe.

2.4 Produktinnovation

Unter den heutigen Marktbedingungen hat ein Unternehmen nur dann Wachstumschancen, wenn es ständig auf der Suche nach neuen Produktideen ist und diese verwirklichen kann. Verbraucherbedürfnisse ändern sich fortlaufend, die Produktlebenszyklen werden immer kürzer, die Zahl der in die Märkte drängenden Unternehmen nimmt zu. Nur durch neue Produkte können Umsatz- bzw.

Gewinnzuwächse erzielt – bzw. der wirtschaftliche Erfolg erhalten – und somit ein langfristiges Überleben des Unternehmens gesichert werden.

Prof. Reißaus bei der Herstellung einer neuen Instantsoße

2.4.1 Gewinnung und Bewertung neuer Ideen

Die erste Phase des Produktentwicklungsprozesses befaßt sich mit der **Suche nach Produktideen**. Um dem angestrebten Ziel schnell näher zu kommen, sollte die Suche systematisch erfolgen.

Im Rahmen der **Ideensammlung** können zunächst **externe Quellen** zu Rate gezogen werden (z.B. Messen, Fachzeitschriften, Marktbeobachtung). Wichtige **unternehmensinterne Quellen** sind die Marketingabteilung, die Geschäftsleitung, F&E-Abteilung und alle, die mit den Kunden in direktem Kontakt stehen (z.B. Außendienst- und Servicemitarbeiter, Händler) und somit deren Probleme, Wünsche und Vorstellungen kennen.

Darüber hinaus besteht auch die Möglichkeit der **Produktion von Ideen**. Ausgehend von einer allgemeinen Problemdefinition, versuchen dabei **logisch-systematische Verfahren**, durch schrittweise Untersuchung der Teilproblemfelder verschiedene Lösungsmöglichkeiten zu finden. Beispiele dafür sind die morphologische Methode und die Funktionsanalyse. Die **morphologische Methode** untersucht die strukturelle Zusammensetzung eines Problems. Basierend auf einer allgemeinen Definition, wird das Problem in Teilpropleme zerlegt. Für jedes Teilproblem werden Lösungen gesucht und in Form eines morphologischen Kastens festgehalten. Die Optimallösung ergibt sich aus Kombinationen der Teillösungen. Bei der **Funktionsanalyse** werden Eigenschaften und Merkmale eines vorhandenen Produktes gelistet. Durch Abänderung bestimmter Merkmale sollen neue Ideen gewonnen werden, die die Anpassung eines Produktes an geänderte Bedürfnisse und eine bessere Handhabung durch den Nachfrager ermöglichen.

Intuitiv-kreative Verfahren sollen durch spontane Einfälle und Assoziationen zur Problemlösung führen. Zu diesen Verfahren zählen z.B. Brainstorming, die Delphi-Methode und die Synektik. Die **Delphi-Methode** dient eher der Vorhersage als der direkten Lösungsfindung. Durch wiederholte Expertenbefragung (in Gruppen und getrennt) sollen mögliche Entwicklungswege ergründet werden. Beim Verfahren der **Synektik** wird das zunächst unscharf umrissene Problem Schritt für Schritt konkretisiert. Analog erfolgt die Annäherung an die optimale Lösung.

Im Rahmen der **Auswahl und Prüfung** der so gewonnenen Ideen werden diese in der nächsten Phase bezüglich ihrer Realisierbarkeit und der Übereinstimmung mit den gesteckten Zielen evaluiert. Erfüllen die Ideen bestimmte Kriterien (technisch, finanziell usw.) nicht, werden sie ausgesondert. Verhindert werden sollte, daß – wie die Praxis oft zeigt – ausbaufähige Ideen abgelehnt und statt dessen unrentable oder nur schwer realisierbare weitergeführt werden. Um die Aussonderung zu erleichtern, verwendet man **Punktbewertungs- bzw. Scoring-Modelle**.

Bevor die Entwicklung eines Produktes beginnen kann, müssen zunächst **Produktkonzepte** erstellt werden. Es wird festgelegt, welchen Grundnutzen das Produkt bringen, zu welchem Anlaß es verwendet und für welche Zielgruppe es bestimmt sein soll. Das näher bestimmte Produkt wird dann im Vergleich zu Konkurrenzprodukten positioniert. Schließlich werden die Konzepte an ausgewählten Zielpersonen getestet (**Pilottests**). Je genauer und anschaulicher die Konzepte erläutert werden, um so exakter fallen die Testergebnisse aus.

Produktkonzepte, die diese Tests bestanden haben, werden einer eingehenderen Überprüfung in Form einer **Wirtschaftlichkeits- und Rentabilitätskontrolle** unterzogen. Dafür stehen verschiedene Verfahren zur Verfügung. Mit der **Break-Even-Analyse** berechnet man die notwendige Absatzmenge, die zur Deckung aller durch Produktion und Entwicklung angefallenen Kosten erforderlich ist. Mit der **Amortisationsrechnung (*Pay-off*-Rechnung)** wird die Periode ermittelt, in der es möglich ist, alle durch Produktentwicklung, Produktion und Markteinführung verursachten Kosten wiederzugewinnen. Ist die Amortisationsdauer kürzer als die erwartete Produktlebenszeit, erscheint die Produktentwicklung rentabel. Die **Kapitalwertmethode** ermöglicht eine vergleichende Betrachtung von abgezinsten Einzahlungen und Auszahlungen zu unterschiedlichen Zeitpunkten.

2.4.2 Produktentwicklung und Markterprobung

In dieser Phase entscheidet sich, ob eine Produktidee in technologischer und kommerzieller Hinsicht überhaupt realisierbar ist. Die Entwicklungskosten steigen nun stark an, deshalb sollten nur wirklich erfolgversprechende Konzepte ausgebaut werden. Zunächst werden mehrere **Prototypen** unter Berücksichtigung sowohl technischer als auch gestalterischer Aspekte konstruiert und umfassenden Tests unterzogen (vgl. Strunz/Dorsch 2001, 233ff).

Produkttests dienen in erster Linie dazu, subjektive Wirkungen des Produktes auf die Verbraucher zu erforschen. Unter Einbeziehung von Markennamen, Verpackung und Preis wird der Konsument dem neuen Produkt gegenübergestellt. Der Anbieter will dabei herausfinden, auf welche Eigenschaften Wert gelegt wird und ob die Verkaufsargumente überzeugend sind.

Die **Auswahl der Testpersonen** kann auf verschiedene Arten erfolgen. Nach dem Quoten- oder Randomprinzip können Kontrastgruppen (z.B. jung – alt) gebildet werden. Aus den Ansichten der Beteiligten wird auf Einstellungen der dazwischen liegenden Gruppen geschlossen. Eine weitere Möglichkeit ist die Zusammenstellung einer **Konsumenten-Jury**. Die Ergebnisse sind meist sehr konkret, können aber nicht unbedingt verallgemeinert werden.

Versuchspanels bestehen gewöhnlich über einen längeren Zeitraum hinweg. Verhaltensweisen und persönliche Daten der Mitglieder sind meist bekannt, so daß repräsentative Gruppen gebildet werden können. In bestimmten Abständen ist ein Austausch der Testpersonen erforderlich, um sogenannten Panel-Effekten (Änderung der Konsumgewohnheiten aufgrund der ständigen Beobachtung) vorzubeugen.

Beim **Testmarktverfahren** wird das neue Produkt in Zusammenhang mit einer vorläufigen Marketing-Mix-Strategie in ausgewählten Teilmärkten angeboten. Testmärkte sollten die gleiche Struktur wie der Gesamtmarkt aufweisen, um repräsentative Ergebnisse zu erhalten. Die Testdauer ist produktabhängig, sollte aber nicht zu lange ausgedehnt werden, um der Konkurrenz keine Chance zur Nachahmung oder zum Aufbau von Gegenstrategien vor der eigentlichen Markteinführung zu geben. Andererseits dürfen die Tests nicht zu kurz angelegt sein, da oft erst die Auswertung der Wiederkaufsrate eine exakte Umsatzprognose zuläßt. Angesichts ihrer Kosten sollten Markttests aber nur bei Produkten, die mit hohen Investitionen verbunden sind, durchgeführt werden.

– Ohne Worte –

2.4.3 Markteinführung

Aufgrund erfolgreicher Markt- und Produkttests beginnt nun die Planung der Produktion und der Markteinführung. Unter Verwendung der durch die vorangegangenen Tests gewonnenen Daten wird ein Markteinführungsplan erstellt. Dieser Plan beinhaltet genaue Angaben über das Timing, das Marktareal sowie die Zielgruppen. Der **Zeitpunkt** der Produkteinführung wird wesentlich auch von Aktionen der Konkurrenz bestimmt. Steht ein Konkurrenzunternehmen ebenfalls kurz vor der Einführung eines neuen Produktes, hat der Anbieter drei Möglichkeiten: er kann sein Produkt als erster (**Pionier**), gleichzeitig mit dem Konkurrenten (***me-too*-Anbieter**) oder später auf den Markt bringen (**früher Folger**). Die Pionierstrategie hat den Vorteil, daß der Anbieter Kunden an sich binden und Eintrittsbarrieren für nachfolgende Unternehmen aufbauen kann. Ist das Produkt allerdings noch nicht ausgereift, muß mit Imageverlusten gerechnet werden. Tritt der Anbieter gleichzeitig mit einem Konkurrenten auf den Markt, sind die Markterschließungskosten für beide bedeutend geringer, da sie nicht von einem Unternehmen allein getragen werden müssen. Schließlich kann der Konkurrenz der erste Schritt überlassen werden. Aufgrund der Verbraucherreaktionen können so Verbesserungen am eigenen Produkt vorgenommen werden, außerdem sind Schätzungen von Marktgröße und Marktpotential besser möglich.

Im nächsten Schritt muß der Anbieter – in Einklang mit seinen Möglichkeiten – festlegen, **auf welchen Märkten** man präsent sein will. Die Auswahl der zu bearbeitenden Gebiete erfolgt anhand bestimmter Kriterien, wie z.B. dem Marktpotential, den Distributionskosten, interdependenten Zusammenhängen mit anderen Regionen und der Wettbewerbssituation (vgl. Markttests).

2.4.4 Risiken bei der Produktentwicklung

Natürlich bringen **Neuproduktentwicklungen** nicht nur **Chancen**, sondern auch erhebliche **Risiken** mit sich. Nur ein geringer Prozentsatz der Produktideen überlebt sämtliche Entwicklungsphasen der Neuproduktplanung. Selbst wenn die Produkte die Marktreife erlangen, ist noch nicht garantiert, daß sie sich wirklich im angestrebten Ausmaß und zum gewünschten Preis verkaufen lassen. Dies ist jedoch von besonderer Bedeutung, da die (oft wenigen) bis ins Endstadium entwickelten Produkte neben ihren eigenen Entwicklungskosten auch die Kosten etwaiger Fehlentwicklungen tragen müssen.

Durch verschiedene unternehmensinterne und -externe Faktoren wird der **Produktentwicklungsprozeß** erschwert:

- Neue Produkte werden immer schneller von der Konkurrenz nachgeahmt, so daß der Erfolg des eigenen Produktes gemindert wird.

- Die fortschreitende Fragmentierung der Märkte führt dazu, daß immer kleinere Marktsegmente bedient werden müssen. Dies erfordert höhere Erschließungskosten und bringt kleinere Stückgewinne als bei einer – vergleichsweise einfachen – Massenmarktstrategie.

- Um letztendlich ein erfolgversprechendes Produkt am Markt einführen zu können, müssen verschiedene Ideen weiterentwickelt werden. Dadurch entstehen aber hohe Kosten, die nicht von jedem Unternehmen getragen werden können.

- Außerdem wird die Innovationstätigkeit meist durch gesetzliche Auflagen und staatliche Restriktionen beeinträchtigt.

- Nicht zuletzt ist die gruppendynamische Komponente bedeutsam: entsprechend motivierte Persönlichkeiten, die an einem Strang ziehen, können einen Produktentwicklungsprozeß erheblich beschleunigen; demgegenüber führt der viel zitierte „Sand im Getriebe" häufig zum Erlahmen bzw. gänzlichen Erliegen derartiger Prozesse. Von großer Bedeutung sind deshalb die Auswahl von fach- und sozialkompetenten Mitarbeitern und in der Folge auch geeignete Maßnahmen zur steten Personalentwicklung.

Gründe für einen „Flop"

Trotz umfassender Planung kann sich ein Produkt als Flop erweisen. Folgende Gründe können dafür maßgeblich sein:

- vorzeitige Einführung des Produktes (Produkt ist noch nicht marktfähig),
- ungünstiger Einführungszeitpunkt (z.B. Nichtbeachtung des saisonalen Bezugs),
- Marktgröße wurde überschätzt,
- falsche Positionierung des Produktes,
- das Distributionsnetz wurde nicht passend zum Produkt gewählt,
- falscher Zeitpunkt der Einführungswerbung,
- die Preispolitik wurde nicht auf Substitutions- oder Konkurrenzprodukte abgestimmt,
- der begleitende Service entspricht nicht den Erwartungen der Verbraucher oder
- die Reaktionsfähigkeit und -schnelligkeit der Konkurrenz wurde unterschätzt.

2.5 Produktvariation

Sich ändernde Verbraucherbedürfnisse, Neuentwicklungen der Konkurrenz oder gesetzliche Auflagen veranlassen ein Unternehmen häufig zur Veränderung seines Produktions- und Angebotsprogrammes. Bevor man sich jedoch zur Entwicklung eines völlig neuen Produktes entschließt, besteht die Möglichkeit der Produktvariation.

Variation bedeutet, die Eigenschaften eines bestehenden Produktes bezüglich der Funktion, des Designs oder der Verpackung zu verändern, meist mit dem Ziel einer Produktverbesserung. Durch eine Variation der Produktmerkmale können verschiedene Marktsegmente angesprochen, neue Käufer gewonnen und den Abnehmern größere Auswahlmöglichkeiten geboten werden.

Eine Variation hat gegenüber einer Neuentwicklung den Vorteil, daß das variierte Produkt dem Konsumenten trotz der Veränderung vertraut erscheint und der Anbieter weniger Kapital zur Bekanntmachung des Produktes aufwenden muß. Darüber hinaus ist die Variation an sich kostengünstiger als eine Innovation. Die Produktionsanlagen sind meist schon vorhanden und müssen lediglich angepaßt werden. Außerdem können vorhandene Distributionswege und Kommunikationskanäle genutzt werden.

Ersetzt das neue Produkt das bisherige, handelt es sich um eine **Modifikation**; wird das neue Produkt zusätzlich zum alten angeboten, spricht man von **Differenzierung**:

Ausgangsprodukt	Variation		Diversifikation
	Modifikation	Differenzierung	
Wischi-Waschi Vollwaschmittel Version A	Wischi-Waschi Vollwaschmittel Version B	Wischi-Waschi Color-Waschmittel	Spüli / Spüli Citrus Geschirrspülmittel
	Version A wird durch Version B ersetzt	neues Produkt wird in bestehende Produktlinie aufgenommen	neue Produktlinie wird ins Produktionsprogramm aufgenommen

Abbildung 2-6 *Beispiele für Produktvariationen und -diversifikationen*

Eine Variation kann das ganze Produkt oder nur bestimmte Merkmale betreffen. Ausgehend von einem Grundmodell, können verschiedene Ergänzungen, „Extras", angeboten werden, die unterschiedlichen Ansprüchen gerecht werden, die Verwendungsmöglichkeiten des Produktes erhöhen oder die Handhabung vereinfachen und damit das Produkt gegenüber dem Grundmodell aufwerten. Die Beschaffenheit und Zahl der Extras kann von Anbieter zu Anbieter variieren und dient der Unterscheidung von der Konkurrenz. Allerdings sollte hier nicht übertrieben werden. Extras, die – wie häufig zu beobachten – dem Kunden keinen wirklichen Nutzen bringen, sondern nur zusätzliche Kosten, werden sich kaum vorteilig auswirken. Um herauszufinden, welche Zusatzleistung sich der Verbraucher wünscht und wieviel er dafür zahlen würde, sollten in regelmäßigen Abständen Kundenbefragungen durchgeführt werden. Ob und in welchem Maße diese Wünsche realisiert werden können, hängt allerdings nicht nur vom Leistungsvermögen des eigenen Unternehmens ab, sondern letztlich auch von den Aktivitäten der Konkurrenz.

Die Variation kann sich auch auf die Produktleistung beziehen. Die meisten Kunden sind bereit, für eine höhere Leistung einen höheren Preis zu zahlen, sofern die Leistung ihren Vorstellungen entspricht. Die Leistungsfähigkeit eines Produktes steht in direktem Zusammenhang mit der Produktqualität, d.h., hochwertige Produkte leisten in der Regel mehr als Produkte geringer Qualität. Bezüglich der **Produktqualität** bzw. der Möglichkeiten ihrer Veränderung können die Strategien Qualitätsverbesserung, -erhaltung und -verminderung verfolgt werden. Zuverlässigkeit, Haltbarkeit und Instandsetzbarkeit sind ebenfalls wichtige Themen in diesem Kontext.

Eine weitere Möglichkeit besteht darin, das **Styling** zu variieren. Verspricht ein gut gestyltes Produkt einem Konsumenten etwa ein höheres Sozialprestige, so akzeptiert er häufig einen höheren Preis oder gewisse Nachteile bezüglich anderer Parameter, wie z.B. der Zuverlässigkeit oder der Leistung. Außergewöhnlich gestylte Produkte heben sich von der Masse der Konkurrenzartikel ab und können von Konkurrenten auch eher schwer nachgeahmt werden.

Eine Variable des Kernproduktes, die oft angepaßt werden muß, ist der **Geschmack**. Auch wenn Coca-Cola und McDonald's regelmäßig als Paradebeispiele für globale Produkte genannt werden, wurden sowohl am Kernprodukt Coca-Cola als auch an McDonald's Hamburgern Veränderungen vorgenommen, um den lokal variierenden Geschmacksvorlieben (z.B. hinsichtlich Zucker- bzw. Salzgehalt) gerecht zu werden. Selbst innerhalb einiger Länder (z.B. USA) sind mitunter Geschmacksmodifikationen notwendig. Typisch für Geschmacksmodifikationen in Abhängigkeit vom Standort sind Zigaretten, Soft Drinks, Suppen und Kaffee. Unter dem – global einheitlichen – Markennamen Nescafé™ werden z.B. 200 verschiedene Instantkaffee-Mischungen vertrieben (vgl. Ball/McCulloch 1993, 515).

In einigen Fällen können Anpassungsmaßnahmen relativ leicht durchführbar sein. Unternehmen der Tabakindustrie stellten z.B. in Entwicklungsländern eine Abneigung gegen Filterzigaretten fest. Die Konsumenten, die teilweise eine nur niedrige Lebenserwartung haben, sehen sich durch das erhöhte Krebsrisiko, das Rauchen mit sich bringt, nicht bedroht. Die Filter betrachten sie als unnötigen Produktbestandteil, der den Geschmack beeinträchtigt und das Produkt verteuert. Die Lösung des Problems war, eine filterlose Zigarette mit entsprechendem Preisnachlaß anzubieten (vgl. Punnett/Ricks 1997, 345).

Durch Kombination der oben genannten Parameter in unterschiedlichen Ausprägungen entstehen die einzelnen Produktvarianten. Beim Variationsprozeß sollte allerdings beachtet werden, daß die entstehenden Varianten keine Konkurrenz zueinander darstellen (**Kannibalisierungs-Effekt**). Soll der Kunde eine Verbindung zwischen den alten und den variierten Produkten herstellen, z.B. wegen des guten Images, so sollten charakteristische Merkmale, wie Markenname und Verpackungsfarbe beibehalten werden. Möchte sich der Hersteller aber von einem unvorteilhaften Ruf lösen, sollte für die Variationen ein neues Erscheinungsbild und ein neuer Name gewählt werden, um keinerlei Parallelen zum alten Produkt deutlich werden zu lassen.

Jedenfalls sollten die Möglichkeiten der Produktmodifikation nicht außer Acht gelassen werden, denn gerade diese marketingpolitische Komponente ist für die

Akzeptanz eines Produktes, besonders an einem ausländischen Standort, letztlich oft entscheidend.

2.6 Produkteliminierung

∧∧ ,

In Mehrproduktunternehmen sollte in regelmäßigen Abständen eine Überprüfung des Programmes auf „eliminierungsbedürftige" Produkte erfolgen. Als **eliminierungsbedürftig** gilt ein Produkt dann, wenn es den Unternehmenszielen nicht mehr gerecht wird. Dies können nicht mehr relaunchfähige Produkte in der letzten Lebenszyklusphase sein, aber auch Neuentwicklungen, die sich als Fehlschlag erweisen.

Bevor ein Produkt tatsächlich aus dem Produktionsprogramm entfernt wird, sollte es bezüglich quantitativer (Image, Bedarf) und qualitativer (Umsatz, Deckungsbeitrag) Merkmale überprüft werden. Ebenso sollten **Verbundwirkungen** zu anderen Produkten des Unternehmens beachtet werden. Häufig ist der Hersteller verpflichtet, auch nach der Eliminierung eines Erzeugnisses Ersatzteile zur Verfügung zu stellen. Im Investitionsgüterbereich kann sich dieser Zeitraum über mehrere Jahre erstrecken, was bei der Produktions- und Lagerhaltungsplanung berücksichtigt werden sollte.

Der **Zeitpunkt** für die Eliminierung ist in Abhängigkeit vom Produkt festzulegen. Bestehen z.B. noch relativ gute Absatzchancen, so kann man die Produktion langsam auslaufen lassen. Außerdem könnte das Produkt an ein anderes Unternehmen verkauft werden, das – aus welchen Gründen immer – vielleicht größere Erfolge bei dessen Vermarktung erzielt bzw. mehr Interesse daran hat. Häufig werden Eliminierungen aufgrund emotionaler Barrieren (man „hängt" am Produkt) zu lange hinausgezögert, was große wirtschaftliche Einbußen verursachen kann.

2.7 Produktdiversifikation

Diversifikation bedeutet für ein Unternehmen, **neue Produkte für neue Märkte** zu entwickeln. Entscheidet sich ein Anbieter zur Diversifikation, kann das verschiedene Gründe haben. Sind etwa die bisher bearbeiteten **Märkte gesättigt,** Möglichkeiten der Produktvariation ausgeschöpft und Steigerungen des eigenen Marktanteils nur noch durch Verdrängung der Konkurrenz möglich, bieten sich einem Anbieter oft größere Wachstumschancen durch Diversifikation. Ein weiterer Grund ist die **Risikostreuung**. Konzentriert sich ein Unternehmen auf nur wenige Produkte, ist die Gefahr größer, Einbrüche zu erleiden.

Verteilt ein Unternehmen seine Tätigkeiten auf verschiedene, voneinander relativ unabhängige Märkte, ist dieses Risiko gemindert. Außerdem ist der Anbieter dann nicht den konjunkturellen Schwankungen einer einzigen Branche ausgelie-

↳ ziel

fert, sondern erfährt (im Idealfall) eine eher ausgeglichene Erfolgsentwicklung. Schließlich können sich positive Strahlungseffekte, sogenannte **Synergien**, aus dem Zusammenwirken von alten und neuen Produkten entwickeln.

Bezüglich der Diversifikation unterscheidet man verschiedene Formen. Eine **horizontale Diversifikation** entspricht einer Erweiterung des Produktionsprogramms. Die neu aufgenommenen Produkte stehen bezüglich der Herstellung oder des Vertriebs in Zusammenhang mit der bisherigen Produktpalette. Für das Unternehmen besteht dabei ein relativ geringes Risiko, da es das vorhandene Know-how nutzen und auf bisherigen Erfahrungen aufbauen kann. Aufgrund der engen Verwandtschaft mit dem alten Betätigungsfeld ist bei der horizontalen Diversifikation die Risikostreuung gering.

Bei einer **vertikalen Diversifikation** dringt das Unternehmen in vor- oder nachgelagerte Produktions- bzw. Vertriebsstufen vor. Dadurch versucht der Anbieter, Einfluß auf die Beschaffungssituation bzw. den Absatz auszuüben.

Eine **laterale Diversifikation** liegt vor, wenn ein Unternehmen seine Aktivitäten auf völlig neue Geschäftsfelder, die in keinerlei Zusammenhang mit der bisherigen Tätigkeit stehen, ausdehnt. Diese Art der Diversifikation bietet die größten Chancen, ist aber zugleich auch mit den höchsten Risiken verbunden.

Im Rahmen einer Diversifikation bieten sich einem Unternehmen mehrere Realisierungsmöglichkeiten. Zunächst kann ein Anbieter **selbst neue Produkte entwickeln** oder sie über Verträge von anderen Firmen entwickeln lassen. Dies dauert meist recht lange, ist kostenintensiv und beinhaltet erhebliche Risiken. Eine weitere Möglichkeit ist die Produktion bzw. der Vertrieb über **Lizenzen**. Der Lizenznehmer profitiert dabei von der Bekanntheit der Artikel des Lizenzgebers. Da Distributions- und Kommunikationskanäle schon durch den Lizenzgeber aufgebaut wurden, fallen beim Lizenznehmer im Vergleich zu einer Neuerschließung der Märkte geringere Kosten an. Soll die Diversifikation in sehr kurzer Zeit durchgeführt werden, kann (sofern es die finanzielle Situation erlaubt) ein **anderes Unternehmen übernommen** werden. Das Know-how und die technischen Anlagen sind dann meist schon vorhanden und ersparen dem Anbieter eine längere Aufbauphase. In bestimmten Fällen, z.B. beim Agieren auf Auslandsmärkten, ist die **Kooperation** oft die einzige Alternative (z.B. Joint Ventures).

2.8 Verpackungspolitik

Durch die wachsende Zahl der Anbieter und die Ähnlichkeit der Erzeugnisse ist eine Differenzierung zu Konkurrenzprodukten oft nur über die **Verpackungsgestaltung** möglich. Außerdem werden bezüglich der Lager- und Transportfähigkeit sowie der Umweltverträglichkeit immer größere Ansprüche an die Verpackung von Produkten gestellt.

> **Verpackung** schließt die eigentliche Produktumhüllung sowie Um- und Transportverpackungen ein. Zweck der **Produktverpackung** ist, das Produkt vor Beeinträchtigungen durch Umwelteinflüsse, aber auch die Umwelt vor dem Produkt selbst zu schützen. Die **Umverpackung** dient ebenfalls dem Schutz des Produktes, darüber hinaus erleichtert sie Transport und Stapelung und wird für Werbezwecke genutzt. Die **Transportverpackung** hat eine vorwiegend logistische Funktion (Lagerhaltung, Transport, Auszeichnung).

Über ihren eigentlichen Zweck hinaus – dem Schutz des Inhalts und der Erleichterung des Transports – hat sich die Verpackung zu einem bedeutenden marketingpolitischen Instrument entwickelt und nimmt heute mehrere Funktionen wahr:

- **Schutzfunktion:** In erster Linie dient die Verpackung immer noch dem Schutz des Produktes. Physikalische Einflüsse, wie Stoß, Erschütterung oder Hitze, könnten die inhaltliche Qualität des Produktes beeinträchtigen. Häufig muß auch die Umwelt vor dem Produkt geschützt werden.

- **Logistische Funktion:** Viele Produktverpackungen zeichnen sich durch eine ungewöhnliche Form aus, die zwar attraktiv auf den Nachfrager wirkt, aber den Transport oder die Stapelung unnötig erschwert. Deshalb erhalten solche Produkte eine Umverpackung, um den logistischen Ansprüchen gerecht zu werden. Verpackungen, die für Langstreckentransporte eingesetzt werden sollen, müssen besonders widerstandsfähig gebaut sein, um dem langen Transport standzuhalten. Manche Unternehmen haben erst nach der Rückkehr demolierter, mitunter leerer Container erkannt, daß ihre Verpackungen nicht robust genug waren. Andere mußten erfahren, daß die gewählte Verpackung den während des Transports auftretenden Extrembedingungen (Hitze, Kälte, Feuchtigkeit) nicht standhalten konnte. Selbst nebensächlich erscheinende Verpackungsmaterialien bzw. Füllstoffe können mitunter Schwierigkeiten bereiten, wie ein amerikanischer Exporteur erfahren mußte. Für ein arabisches Land bestimmte Ware hatte er in eine lokale Zeitung eingepackt. Nachdem der arabische Zoll festgestellt hatte, daß es sich bei den Zeitungen um eine jüdische Ausgabe handelte, wurden die Waren konfisziert.

- **Kommunikationsfunktion:** Die Umverpackung dient vor allem der Präsentation. Das Produkt soll sich von Konkurrenzprodukten sowie von Produkten derselben Marke unterscheiden, die Aufmerksamkeit des Konsumenten wecken und gleichzeitig Informationen über den Packungsinhalt geben.

- **Informationsfunktion:** Sowohl die Produkt- als auch die Umverpackung informieren über die inhaltliche Zusammensetzung des Produktes, dessen Herkunft und Verwendung. Eine Strichcode-Markierung erleichtert die computergestützte Erfassung der Artikel.

- **Verwendungsfunktion:** Ein wesentlicher Zweck der Verpackung ist die Vereinfachung des Ge- bzw. Verbrauchs des Produktes. Viele Verpackungen verfügen über Dosiereinrichtungen oder sind für Mehrfachnutzung bestimmt. Letzteres ist ein entscheidender Beitrag auch im Sinne der Verpackungsvermeidung. Auch unterschiedliche Lagerbedingungen und Verfahren sollten bei der Konstruktion der Verpackung beachtet werden. Coca-Cola z.B. versuchte, eine 2-Liter-Flasche in Spanien zu vermarkten, hatte damit jedoch nur wenig Erfolg. Der Grund dafür war, daß nur wenige Spanier einen Kühlschrank mit entsprechend großen Fächern besaßen, die Flaschen in dieser Größe aufnehmen konnten.

- **Werbe- und Verkaufsförderungsfunktion:** Auf der Umverpackung kann für Produkte desselben Herstellers geworben werden, außerdem versuchen viele Anbieter durch Sammelpunkte oder andere verkaufsfördernde Maßnahmen Kunden zum Wiederkauf anzuregen.

- **Normen-Einhaltungs-Funktion:** Die Verpackung muß nicht nur logistischen Anforderungen, sondern auch gesetzlichen Vorschriften (DIN-Normen, Lebensmittelgesetz, Abfallgesetz) genügen. Da sich die Gesetze und Richtlinien (außer internationalen Standards) von Land zu Land unterscheiden, sollte man sich rechtzeitig informieren.

Die Verpackung stellt einen Bestandteil des Gesamtproduktes dar, deshalb sollte die **Verpackungsgestaltung** mit ebenso großer Sorgfalt wie das Kernprodukt betrachtet werden. Wie auch bei der Produktgestaltung müssen Entscheidungen über Form, Größe, Material und Farbe der Verpackung getroffen werden. Die Verpackung sollte mit dem Preis- und Werbekonzept des Produktes übereinstimmen, um ein einheitliches Erscheinungsbild zu garantieren.

Im Anschluß an den Gestaltungsprozeß wird die Verpackung in verschiedenen Tests auf Sicherheit und Wirksamkeit geprüft: Erfüllt die Verpackung logistische und umweltschutzbezogene Anforderungen? Entspricht sie den Vorstellungen der Händler? Ist die Aufschrift gut lesbar und übt die Verpackung eine entsprechende Wirkung auf die Verbraucher aus?

In bezug auf die Gestaltung der Verpackung sind folgende Kriterien von Bedeutung:

- **Form/Größe:** Die Form der Verpackung kann die Wahrnehmung des Konsumenten beeinflussen, sie kann vorhandene Produkteigenschaften verstärken oder nicht vorhandene vortäuschen. Besonders bei Süßwaren und Kosmetika werden durch spezielle Verpackungsformen häufig größere Inhaltsmengen vorgetäuscht (vgl. Mogelpackungen). Bei der Verpackungsgestaltung sollte sich der Anbieter überlegen, welcher Zusatznutzen mit der Verpackung angeboten werden kann, z.B. die Nutzung von mit Comicfiguren bedruckten Senfgläsern als Trinkgläser. Die Formen der Um- und Transportverpackungen werden wesentlich vom Vertriebssystem bestimmt. Die Produkte müssen platzsparend bei Transport und Lagerung verpackt werden können und eine

Bearbeitung in automaten- bzw. computergesteuerten Warenwirtschaftssystemen gestatten.

- **Farbe:** Der Einsatz bestimmter Farben bei der Verpackungsgestaltung soll ebenfalls Produkteigenschaften verstärken bzw. vortäuschen.

- **Material:** Durch entsprechende Gestaltung der Verpackung ist es möglich, Produktverbesserungen zu erzielen, ohne das Produkt selbst zu verändern. Spezielle Verpackungsmaterialien ermöglichen z.B. die Aufbewahrung und Verwendung von angebrochenen Lebensmittelpackungen über längere Zeiträume. Recycling- und Rückführungssysteme sollen – angesichts wachsender Müllberge – zur Entschärfung der Entsorgungssituation beitragen. Besser als jede Recyclingvariante ist aber die Vermeidung von Verpackungsmüll.

2.9 Markenpolitik

Die **Markenpolitik** ist eng mit der Verpackungspolitik verbunden. Sie beschäftigt sich mit der Markierung von Produkten, deren Herausstellung gegenüber vergleichbaren Erzeugnissen, der Planung von Markenstrategien und langfristiger Imagepflege. Eine **Marke** (*brand*) dient der Repräsentation des Unternehmens, seines Angebots und seiner Philosophie.

Markenartikel weisen bestimmte **Merkmale** auf:

- es handelt sich dabei um markierte Erzeugnisse,

- mit gleichbleibender bzw. verbesserter Qualität;

- sie zeichnen sich aus durch Ubiquität (überall vorkommende Güter),

- gleichbleibende Aufmachung (es findet lediglich eine Anpassung an den Zeitgeist statt),

- gleichbleibende Mengen und relativ konstante Preispolitik,

- intensive Werbung sowie

- einen hohen Bekanntheitsgrad.

Mit der Einführung von Markenartikeln kann ein Anbieter verschiedene **markenpolitische Ziele** verfolgen:

- Der Markenname kann **rechtlich geschützt** werden. Damit verringert sich die Gefahr eines Kopierens des Produktes durch die Konkurrenz (vgl. „ges. gesch.", ©, ®, ™).

- Durch die Markierung wird das Produkt unverwechselbar, die Marke dient als **Erkennungszeichen**. Der Nachfrager kann das Produkt leichter von Konkurrenzerzeugnissen unterscheiden und Präferenzen bilden.

- Die Markenbildung vereinfacht dem Anbieter die **Kommunikation** mit den Nachfragern (vgl. Wiedererkennungswert) und ermöglicht den Aufbau von Markentreue beim Konsumenten.

- Markenartikel garantieren eine gleichbleibende Qualität und erleichtern dadurch dem Nachfrager die Kaufentscheidung.

- Eine Marke repräsentiert **Status und Image**. Der Konsument verbindet mit einer Marke bestimmte Qualitäten und Eigenschaften. Diese können bei der Werbung für diese Marke verwendet werden.

- Je stärker sich die Marke von anderen Produkten unterscheidet, um so unabhängiger ist der Anbieter bei der **Preisgestaltung**.

- Die Markenbildung ermöglicht eine Marktsegmentierung und damit die Ausschöpfung des Marktpotentials.

> Als **Markierung** bezeichnet man die Kennzeichnung eines Produktes mit einem Namen, Bild und/oder anderen Zeichen, welche rechtlich geschützt werden können.

Ein **Markenname** muß mit besonderer Sorgfalt ausgewählt werden, da der Verbraucher die Marke meist mit bestimmten Produkteigenschaften verbindet. Der Markenname kann also die vorhandenen Produkteigenschaften verstärken, aber auch – bei ungünstiger Wahl – abschwächen oder ins Gegenteil umkehren.

Rang	Marke	Rang	Marke
1	McDonald's	6	Gillette
2	Coca-Cola	7	Mercedes-Benz
3	Disney	8	Levi's
4	Kodak	9	Microsoft
5	Sony	10	Marlboro

Abbildung 2-7 *Die „stärksten" Marken der Welt (Interbrand Zinzmeyer & Lux, in: Focus v. 16.12.1998, 216)*

Ein Markenname sollte folgenden Anforderungen genügen:

- er sollte auf den Produktnutzen hinweisen,

- leicht aussprechbar,

- einprägsam,

- unverwechselbar,

- wohlklingend,

- schutzfähig und

- internationalisierbar sein (vgl. auch die Bedeutung von Bildern und Zeichen bzw. Schriftzügen).

Die **Namensfindung** kann auf dem Zufallsprinzip beruhen oder systematisch ablaufen (vgl. eigens damit beauftragte Firmen). Oft ist es bereits schwierig, einen für den heimischen Markt tauglichen Produkt- bzw. Markennamen zu finden, der diesen Anforderungen genügt. Der Namensbildungsprozeß gestaltet sich wesentlich komplizierter, wenn ein Produkt auch im Ausland vermarktet werden soll.

Markenname	Entstehung und Bedeutung des Namens
adidas	**Adi Das**sler, Gründer des Unternehmens
Aspirin Kopf-schmerztablette	gebildet aus dem Wirkstoff „Acetylsalicylsäure" und der lateinischen Bezeichnung der salisylhaltigen Staude „spiraea ulmaria"
Echt Kölnisch Wasser „4711"	**4711** war die Hausnummer der Hersteller Mülhens
Haribo	**Ha**ns **Ri**egel aus **Bo**nn, Firmengründer und Erfinder der Haribo Goldbären
Maggi	Julius **Maggi**, Erfinder der Suppenwürze
Nivea	(lat.) die Schneeweiße, in Anlehnung an eine Produkteigenschaft
Persil	abgeleitet aus den wichtigsten chemischen Grundstoffen **Per**borat und **Sil**icat, Patentamt zögerte zunächst bei der Eintragung als Warenzeichen, da Persil auf französisch „Petersilie" heißt

Abbildung 2-8 *Namensbildung erfolgreicher Marken (vgl. Krichbaum 1997)*

Ein internationalisierbarer Name sollte in allen Zielmärkten leicht aussprechbar sein („Klosterfrau Melissengeist" z.B. würde dieses Kriterium nicht erfüllen) und keine Doppeldeutigkeiten bzw. völlig andere Bedeutungen in jeweiliger Landessprache haben. Gelungene Beispiele sind „Kodak" und „Exxon", die in allen Zielmärkten gut aussprechbar sind und nirgends eine spezifische Bedeutung haben (vgl. Ricks 1980, 110f).

Produkt-/Markenname	Zielmarkt	Bedeutung (in Landessprache)
Automobil Chevrolet „Nova"	Puerto Rico	nova = Stern, no va = geht nicht
Automobil „Matador"	Puerto Rico	Mörder
Automobil „Randan"	Japan	Idiot
Erdölgesellschaft ESSO	Japan	(phonetisch) durch Abwürgen des Motors zum Stillstand gebracht
Fluggesellschaft „Emu"		Emu ist ein flugunfähiger Laufvogel
Fluggesellschaft „Misair"	Frankreich	(phonetisch) misère = Misere

Abbildung 2-9 *Beispiele mißglückter Namensgebung (vgl. Ricks 1980, 110f)*

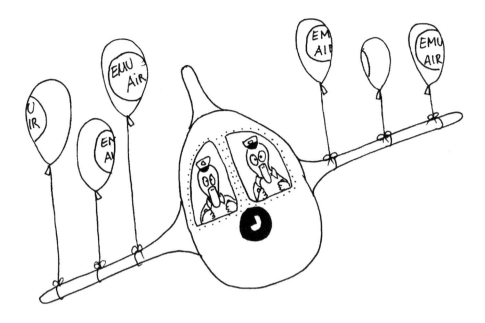

Emu Air

Nicht nur Produktqualität, Produktname und Design, sondern auch **Farben und Symbole** haben einen großen Einfluß auf die Kaufentscheidung und Akzeptanz des Produktes durch den Kunden. Farben und Symbole dienen dazu, ein Produkt bzw. dessen Verpackung attraktiv erscheinen zu lassen, Produkteigenschaften zu verstärken oder auch vorzutäuschen. Als Produktkennzeichen oder Markenzeichen verwendete Symbole dienen der Erhöhung des Wiedererkennungswertes eines Produktes. Durch ein erfolgreiches Vermarktungskonzept kann erreicht werden, daß ein Produkt anhand seines Markenzeichens wiedererkannt wird, ohne daß der Namenszug sichtbar sein muß. Bekannte Beispiele hierfür sind der Mercedesstern, die goldenen Bögen von McDonald's und die gelb-rote Muschel von Shell. Nicht überall auf der Welt werden mit einer Farbe oder einem Symbol dieselben Bedeutungen in Verbindung gebracht. Der Farbgebung und der Auswahl von Markenzeichen sollten deshalb intensive Untersuchungen regionaler Bedeutungsunterschiede vorausgehen, um kostenintensive diesbezügliche Fehler zu vermeiden.

Bedeutungen von Farben und Symbolen

* Während die Farbe **Grün** im europäischen und nordamerikanischen Raum häufig mit „gesund" und „umweltfreundlich" in Verbindung gebracht wird, so bedeutet sie z.B. „Krankheit" und „Gefahr" in tropischen Ländern mit dichtem Dschungel, da viele Erreger der dort auftretenden Krankheiten aus dem Dschungel kommen.

- **Schwarz** gilt in Europa und Nordamerika als Trauerfarbe, in vielen asiatischen Ländern wird Weiß, in Lateinamerika Purpur mit dem Tod in Verbindung gebracht. In Côte d'Ivoire drückt **Dunkelrot** Trauer aus.

- Während **Rosa** in Nordamerika und Europa als femininste Farbe betrachtet wird, ist dies für viele andere Länder **Gelb**.

- **Gelbe** Blumen signalisieren in Frankreich und Rußland Untreue, in Mexiko repräsentieren sie den Tod oder mangelnden Respekt.

- **Weiße** Lilien werden in Ländern mit britischem Einfluß als Trauerblumen gesehen, in Mexiko werden sie von abergläubischen Menschen verwendet, um einen Bann aufzuheben.

- **Sense** oder **Sichel** repräsentieren in Europa den Tod, in vielen kommunistischen Ländern stellten sie den Staat dar.

- **Hunde** und **Katzen** gelten in Europa und Nordamerika als Haustiere, im Fernen Osten werden sie oft als Nahrungsmittel betrachtet.

- Die **Zahl 13** gilt in Europa und Nordamerika als Unglück bringend. In Japan wird die **Zahl Vier** gemieden, da das japanische Wort für Vier ähnlich klingt wie das Wort Tod. Allein die Angabe der Produktmenge auf Mehrfachpacks kann zur Ablehnung des Produktes durch den Kunden führen.

- Die **Eule** wird oft als Symbol der Weisheit eingesetzt, in Indien z.B. drückt sie aber Unglück aus.

- Besondere Vorsicht ist bei der Verwendung **religiöser Symbole** geboten! Christliche Symbole dürfen beispielsweise in Saudi-Arabien nicht eingeführt werden.

- Eine besonders große Rolle spielen Farben und Symbole in Ländern mit einer hohen Analphabetenrate. Ein Hersteller von Babynahrung, der seine Produkte in Afrika vermarkten wollte, verwendete Etiketten, die ein glückliches Baby zeigten. Ein Teil der potentiellen Kunden konnte nicht lesen und den Inhalt der Packung folglich nur anhand des Bildes bestimmen. Das Babybild ließ sie vermuten, daß die Packungen konservierte Babys enthielten.

(nach Punnett/Ricks 1997, 163 u. 346, Ricks 1980, 108)

Bei der Einführung von Marken kann ein Unternehmen zwischen verschiedenen **Markenstrategien** wählen.

➡ Horizontale Markenstrategie

Sollen Segmente mit unterschiedlicher Kaufkraft gleichzeitig erschlossen werden, können Zweit- und Drittmarken zusätzlich zur Erstmarke eingeführt werden. Die Zweit- bzw. Drittmarke wird neben der Erstmarke positioniert und spricht etwa Nachfrager mit geringerer Kaufkraft an.

✥ Beispiel: Sektkellerei Henkell: Erstmarke – Henkell trocken, Zweitmarke – Carstens SC, Drittmarke – Rüttgers Club).

Die Konsumenten sollten Unterschiede zur Erstmarke erkennen, so daß Kanibalisierungs-Effekte ausgeschlossen werden. Vorteil dieser Strategie sind geringere Stückkosten aufgrund der Ausweitung der Produktion. Nachteilig kann sich eine Übertragung des Images der Zweit- auf die Erstmarke auswirken.

➡ Vertikale Markenstrategie

In Abhängigkeit von der Herkunft der Marken unterscheidet man Herstellermarken, Handelsmarken und Lizenzmarken. **Herstellermarken** sind Markenartikel, die den Namen (bzw. ein Zeichen) des Herstellers tragen. Sie nehmen gegenüber den anderen Marken eine führende Position ein. **Handelsmarken** sind für den Handel produzierte Eigenmarken. Ziele des Handels sind dabei der Aufbau eines eigenen Markenimages, relative Unabhängigkeit gegenüber Lieferanten und größere preisliche Spielräume. Die Hersteller streben damit eine Auslastung ihrer Produktionskapazitäten an. Diese Strategie ist für sie wesentlich günstiger als die Einführung von Drittmarken, da hierbei nicht die Gefahr der Übertragung eines schlechten Images auf die Erstmarken besteht. Innerhalb der Handelsmarken unterscheidet man echte Handelsmarken und Gattungsmarken (*Generics*). Einfacher als der Aufbau eines eigenen Markenimages ist die Nutzung bereits erfolgreicher Markennamen. Gegen Lizenzgebühren können bekannte Namen für die eigenen Produkte gemietet werden (**Lizenzmarken**). Ein vom Lizenzgeber aufgebautes Markenimage kann auf diese Weise mehrfach ausgeschöpft werden. Entsprechen die Produkte des Lizenznehmers aber nicht den hohen Anforderungen, die an den Markennamen gestellt werden, kann dies zu negativen Rückübertragungen führen (Boomerangeffekt).

Innerhalb der individuellen Markenstrategie werden Einzelmarken, Mehrmarken, Markenfamilien und Dachmarken unterschieden. Besteht das Produktionsprogramm eines Unternehmens aus nur einem Markenprodukt, so handelt es sich um eine **Einzelmarke.** Der Markenname kann mit dem Firmennamen identisch sein, das Produkt kann aber auch einen vom Firmennamen unabhängigen Namen tragen. Innerhalb dieser Marke findet maximal eine Differenzierung (z.B. unterschiedliche Flaschengrößen bei Getränken), aber keine Diversifikation statt. Produziert ein Unternehmen mehrere Markenartikel, so handelt es sich um **Mehrmarken/Multimarken.**

✎ Fa. Mast: Jägermeister, Firmenname nicht gleich Produktname, Differenzierung, da unterschiedliche Flaschengrößen im Angebot

✎ Fa. Underberg: Underberg, Firmenname gleich Produktname, keine Differenzierung, da nur eine Flaschengröße

✎ Fa. Union Deutsche Lebensmittelwerke: Rama, du darfst, Lätta, becel; du darfst-Range: Wurst, Käse, ...

✎ Fa. BDF Beiersdorf: Nivea, Tesa, ...

Verschiedene Produktgruppen eines Herstellers können zu **Markenfamilien** zusammengefaßt werden. Diese Produkte können substitutioneller oder komplementärer Art sein. Alle Produkte einer Familie tragen denselben Markennamen und stellen sich dem Konsumenten als Einheit dar. Von einer **Dachmarke** spricht man, wenn neue Produkte unter das „schützende Dach" einer erfolgreich positionierten Marke gestellt werden. Die Produkte tragen meist den Herstellernamen mit einem auf die Produktgattung hinweisenden Zusatz.

2.10 Servicepolitik

Aufgrund der wachsenden Zahl der anbietenden Unternehmen, der Verschärfung des Wettbewerbs und der Ähnlichkeit der Produkte in Ausstattung und Qualität erlangt die Servicepolitik einen besonderen Stellenwert. Sowohl die **Kundendienstpolitik** als auch die **Gewährleistungspolitik** finden ebenfalls Einsatz als Differenzierungsinstrument, um sich von den Angeboten der Konkurrenz zu unterscheiden und Präferenzen der Konsumenten aufzubauen. Beim Kauf von Gebrauchsgütern im Konsumgüterbereich und Investitionsgütern sind die Käufer meist an zusätzlichen Service- und Garantieleistungen interessiert. Dies umfaßt die kostenlose Reparatur bzw. den Austausch defekter Produkte während der Garantiezeit bzw. die technische Betreuung und Instandhaltung während der gesamten Laufzeit der Produkte. Unter den heutigen Markt- und Wettbewerbsbedingungen kann es sich ein Hersteller kaum noch erlauben, ein Produkt ohne die allgemein üblichen Gewährleistungs- und Serviceleistungen anzubieten.

Kundendienst

Der **Kundendienst** ist ein zusätzlich zur Kernleistung angebotener Dienst, der separat oder nur in Zusammenhang mit einem Produkt (oder Service) angeboten wird. Durch die Zusatzleistungen soll ein Vertrauensverhältnis zum Kunden aufgebaut und der Kunde an das Unternehmen bzw. an eine bestimmte Marke gebunden werden. Der Kundendienst tritt in zwei Formen auf: als technischer und als kaufmännischer Kundendienst.

Aufgaben des **technischen Kundendienstes** sind z.B. Kundenberatung und -schulung, Vorstellen von Problemlösungen, Installation und Wartung von Produkten und Anlagen, Ersatzteilversorgung, Entsorgung usw. Durch den engen Kontakt zwischen dem Hersteller und den Kunden erhält der Hersteller viele Informationen über die Leistung seiner Produkte (vgl. Anregungen für Verbesserungen) und kann – falls erforderlich – Mängel beseitigen. Die erbrachten Leistungen müssen, sofern sie nicht unter Garantieregelungen fallen, vom Kunden in der Regel bezahlt werden.

Der **kaufmännische Kundendienst** soll dem Kunden den Kauf erleichtern. Dazu gehört z.B. die Bereitstellung von kostenlosen Parkplätzen vor dem Geschäft, umfassende Beratung und Information, Bestell- und Zustelldienste, Umtauschrecht, Inzahlungnahme des alten Produktes, Kostenvoranschläge, spezielle Zahlungsvereinbarungen usw. Diese Leistungen werden im allgemeinen unentgeltlich angeboten. Auf diese Weise entsteht jedoch mitunter für Kunden auch der Eindruck, für Leistungen mitbezahlen zu müssen, die sie selbst gar nicht in Anspruch genommen haben.

Für den Hersteller bzw. Händler ergeben sich hieraus mehrere Probleme. In welchem Umfang sollen Zusatzleistungen geboten werden? Inwieweit sollen dem Kunden solche Dienste in Rechnung gestellt werden? Nach welchen Kostensätzen sollen die Leistungen verrechnet werden? Zusatzdienste lohnen sich für den Anbieter nur solange, wie sie zu einem zusätzlichen Umsatz verhelfen.

Der Verkauf bestimmter Erzeugnisse, wie technisch komplizierter Produkte oder Investitionsgüter, hängt häufig vom Umfang der angebotenen Kundendienst- bzw. Serviceleistungen ab. Um dem eigenen Unternehmen dabei einen Wettbewerbsvorteil zu verschaffen, reicht es besonders in diesem Bereich nicht aus, dieselben Leistungen wie die Konkurrenz anzubieten. Inwieweit ein Unternehmen eine „Mehrleistung" gegenüber der Konkurrenz anbieten kann und wird, hängt von der Wettbewerbssituation ab. Unter starkem Konkurrenzdruck wird ein Unternehmen eher bereit sein, zusätzliche Leistungen anzubieten, um damit eine günstigere Wettbewerbsposition zu erreichen.

Gewährleistungspolitik

Im Rahmen der Gewährleistungspolitik wird häufig die Garantie als verkaufsfördernde Maßnahme eingesetzt. Im Gegensatz zu Kundendienstleistungen sind Garantieleistungen befristet.

Der Käufer hat im Zusammenhang mit der **Garantie** innerhalb eines bestimmten Zeitraums das Recht auf „Rückgängigmachung des Kaufes" bzw. „Herabsetzung des Kaufpreises". Viele Anbieter gewähren darüber hinaus zusätzliche Garantien, wie z.B. eine befristete „Geld-zurück-Garantie".

Besonders im Investitions- und Gebrauchsgüterbereich werben Produzenten verstärkt mit Haltbarkeits- und Funktionsgarantien. Sie wollen damit von der Qualität und Funktionsfähigkeit ihrer Erzeugnisse überzeugen. Vom Hersteller gewährte Garantien stellen aber nur dann einen Wettbewerbsvorteil dar, wenn sie glaubwürdig sind und die Produkte die Garantieversprechen tatsächlich erfüllen.

Angestrebt wird im allgemeinen ein **optimaler Service**, dessen Umfang sich an den Kostenstrukturen des Herstellers, dessen Unternehmensstrategie, den Kundenbedürfnissen und der Servicepolitik der Konkurrenz orientiert. Optimalservice aus Herstellersicht bedeutet, den Service so gering wie möglich bzw. nur so hoch wie nötig zu halten.

Es ist relativ einfach, angemessene Servicedienste im Inland anzubieten. Kenntnis des Marktes und vergleichsweise kurze Wege zwischen Hersteller und Kunden erleichtern dies. **Servicedienste über Ländergrenzen hinweg** bringen jedoch meist zum Teil erhebliche finanzielle und logistische Probleme mit sich.

Der Hersteller ist mitunter Tausende Kilometer vom Kunden entfernt, Ersatzteillieferungen sind teuer und mit langen Lieferfristen verbunden. Ein direkter Kundendienst über solche Distanzen hinweg eignet sich somit nur in den wenigsten Fällen. Möglichkeiten im Rahmen der Servicepolitik sind – auch im internationalen Kontext (mit allen spezifischen Problemen) – die Errichtung eines **firmeneigenen Servicenetzes** und die Übertragung von Instandhaltungs- und Wartungsaufgaben an Vertragsfirmen. Zum Aufbau eines firmeneigenen Netzes müssen zunächst entsprechende Standorte gefunden, die notwendigen finanziellen Mittel bereitgestellt und geeignetes (in- oder ausländisches) Personal gefunden werden. Diese Variante ist folglich kapital- und arbeitsintensiv, ermöglicht dem Herstellerunternehmen aber gleichzeitig, mit dem Zielmarkt direkt Kontakt zu halten und die Qualität der Serviceleistungen zu kontrollieren. Die Weitergabe der Servicedienste an **Vertragsfirmen** ist mit einem relativ geringeren Kostenaufwand verbunden, verringert aber auch die Kontroll- und Einflußmöglichkeiten des Herstellers. Die Vertragsfirmen sollten sorgfältig ausgewählt werden, so daß eine gleichbleibende Servicequalität im Sinne des Herstellers und eine fachgerechte Beratung der Kunden garantiert werden kann. Ein „Patentrezept" für die Abwicklung von Garantie- und Serviceleistungen im internationalen Geschäft **gibt es nicht**. Ausgehend vom Wartungsaufwand der eigenen Erzeugnisse, den Kundenwünschen und der jeweiligen Marktsituation, muß jedes Unternehmen letztlich selbst eine geeignete Form finden.

Produktpolitik einmal anders: Mikrofinanzinstitute

Muhammad Yunus gründete 1976 die Grameen Bank. Er begann mit der Kreditvergabe von 25 Dollar an Menschen ohne Besitz und stellte damit die herkömmlichen Bankpraktiken auf den Kopf. Die Bank hat bisher zwei Milliarden Dollar in Form von Mikrokrediten an 3,5 Millionen Menschen – an die Ärmsten der Armen – verliehen. Yunus, geboren in Bangladesh, war Wirtschaftsprofessor und deprimiert von den realen Lebensverhältnissen außerhalb des Elfenbeinturms: Vor den Toren der Universität verhungerten die Menschen, weil sie nicht einmal zu verschwindend kleinen Geldbeträgen Zugang hatten. In der Zwischenzeit hat Yunus mit seinem Mikrokreditprogramm das Leben von Millionen Familien in Bangladesh verändert. Besonders Frauen werden begünstigt und stellen mittlerweile fast zwei Drittel der Schuldner. Das Modell hat zudem Schule gemacht: Heute gibt es in 40 Ländern 125 Projekte auf der Basis der Grameen Bank. In jüngerer Zeit versucht die Bank über ein eigenes Mobilfunkunternehmen die neuen Technologien für die Armen nutzbar zu machen. Grameen Phone eröffnet – besonders armen Frauen in den Dörfern – die Möglichkeit, Handys als wirtschaftliche Investition zu kaufen. Die Frauen bieten dann ganzen Dörfern oder einzelnen Kunden Telefondienstleistungen an. Das Programm hat einen doppelten Vorteil: Der Einfluß der Frauen wird gestärkt, und die Dörfer bekommen eine Verbindung zur Außenwelt. So können zum Beispiel die armen Bauern, die bisher auf Vermittler angewiesen waren, selbst mit den Leuten in der Stadt reden und so ihre Ernte besser verwerten.

(Quelle: Der Standard v. 4.9.2000, 18; Weltbank/FAZ 1999, 159f)

3 Kommunikationspolitik

> „Das Huhn, das ein Ei gelegt hat, gackert, die Ente nicht.
> Der Erfolg ist, daß alle Welt nur Hühnereier ißt –
> Enteneier sind kaum gefragt.“
>
> Henry Ford
> (in: Brückner 2000, 206)

3.1 Kommunikationspolitische Grundlagen

> Grundsätzliches Ziel und Aufgabe der **Kommunikationspolitik** ist die Beeinflussung der Einstellungen und Meinungen der Verbraucher zu einem Sachverhalt sowie die Veranlassung bestimmter Verhaltensweisen, insbesondere in Hinblick auf den Kauf von Produkten und Leistungen.

Die Kommunikationspolitik umfaßt die Bereiche Werbung, Verkaufsförderung und Public Relations. Auch der persönliche Verkauf ist dabei von erheblicher Bedeutung. Auf letzteren soll wegen seiner zentralen Bedeutung für den Vertrieb von Produkten im Rahmen der „Distributionspolitik" näher eingegangen werden. Der bedeutendste Bereich der Kommunikationspolitik ist immer noch die **klassische Werbung**. Werbung dient dazu, die Verbraucher „absichtlich und zwangfrei" (Meffert 1998, 664) in ihrem Verhalten zugunsten der Erfüllung der Unternehmensziele zu beeinflussen. Die Werbung wird unterstützt durch die **Verkaufsförderung**. In diesem Rahmen spielen auch **Messen** eine wichtige Rolle. Durch Herstellung unmittelbarer Kontakte zwischen den Produkten, den Händlern und potentiellen Kunden am Point of Sale (POS), wird die Wirksamkeit der Werbung erhöht. **Public Relations** dienen der Gestaltung der Beziehung zur Öffentlichkeit. Vertrauensfördernde Maßnahmen sollen die öffentliche Meinung zugunsten des Unternehmens beeinflussen sowie zum Aufbau eines positiven Unternehmensimages beitragen.

Durch eine von Lasswell (vgl. 1948, 37ff) entwickelte Formel kann der **Kommunikationsprozeß** – vor dem Hintergrund der Grundlagen zum Thema Kommunikation (vgl. Strunz/Dorsch 2001, 20ff) – wie folgt dargestellt werden:

Wer	Absender der Botschaft
sagt was	Botschaft
über welchen Kanal	Übertragungsmedium
zu wem	Empfänger, Zielgruppe
mit welcher Wirkung?	Reaktion, Meinungsänderung, Kauf, ...

Der **Sender** muß wissen, wen er mit seiner Botschaft erreichen will und wozu die Zielperson veranlaßt werden soll. Um die Wahrnehmung und Verarbeitung der **Botschaft** durch den Empfänger zu garantieren, muß diese interessant, aber einfach und eindeutig sein und auch häufig wiederholt werden. Als **Medien** können z.B. Übertragungsmedien (TV, Hörfunk), Printmedien (Zeitung, Zeitschrift), elektronische Medien (Video, CD) oder Außenwerbemedien (Plakate) zum Einsatz kommen.

Der Mensch als **Empfänger** kann nicht alle Botschaften wahrnehmen und muß die Mitteilungen wie folgt selektieren:

- **Selektive Wahrnehmung** heißt, daß der Empfänger nur ausgesuchte Botschaften aufnimmt. Die Wahrscheinlichkeit der Aufnahme ist um so größer, je größer die wahrgenommenen Vorteile und je kleiner der wahrgenommene Aufwand ist.

- Paßt der Empfänger die Botschaft an seine Einstellungen und Meinung an, spricht man von **selektiver Verzerrung**. Der Empfänger wird also nur das wahrnehmen wollen, was mit seinen Vorstellungen übereinstimmt. Dabei kann es auch geschehen, daß die Botschaft reduziert oder ergänzt wird.

- **Selektive Erinnerung** bedeutet, daß der Empfänger nur die Nachrichten speichert, die er für wichtig erachtet und mit denen er sich wiederholt auseinandersetzt. Wichtig ist für den Sender, daß die Botschaft vom Kurzzeitgedächtnis des Empfängers in dessen Langzeitgedächtnis übergeht.

Nachdem der Empfänger die decodierte Botschaft wahrgenommen hat, wird er in irgendeiner Art und Weise reagieren. Aus der Art der Reaktion ist dann die **Wirkung** der Botschaft ablesbar (vgl. Feedback).

3.2 Planung des Kommunikations-Mix

3.2.1 Kommunikationsziele

Bevor eine Botschaft und die passenden Kommunikationswege ausgewählt werden können, müssen die **Zielgruppen** und deren mentale Beziehungen zum Kommunikationsobjekt untersucht werden. Zielgruppen können bestehende oder potentielle Kunden, aber auch den Kaufprozeß beeinflussende Personen sein. Deren Einstellungen und Beziehungen, welche später durch die Kommunikation beeinflußt werden sollen, sind durch eine **Imageanalyse** ermittelbar. Mit dieser Analyse werden die Bekanntheit und die Beliebtheit des Kommunikationsobjektes gemessen (vgl. semantisches Differential, Polaritätenprofil). Ihre Ergebnisse bilden den Ausgangspunkt für die weiteren Entscheidungen über Art und Inhalt der Botschaft, Zeitpunkt und Ort der Aussendung sowie das Medium.

Hauptziel des Anbieters (Kommunikator) wird der Verkauf des Produkts und die Zufriedenheit der Kunden sein. Bevor sich ein Konsument jedoch zum Kauf eines Produktes entschließt, durchläuft er einen zum Teil recht langen Entscheidungsprozeß. Der Anbieter kann den Kunden während der einzelnen Phasen in Richtung seines Zieles lenken, muß dazu aber die Phasen und die erzielbaren Wirkungen genau kennen.

Zur Abschätzung der Wirkungen und zur Ausarbeitung der Strategien wurden verschiedene hierarchische Wirkungsmodelle entwickelt. Das klassische und wohl bekannteste, das AIDA-Modell, stammt von Strong (vgl. 1925):

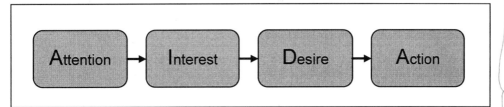

Abbildung 3-1 *AIDA-Modell (nach Strong 1925, 9)*

Dieses Modell beschreibt die Kaufbereitschaft der Konsumenten in vier Phasen:

- In der ersten Phase, der **Phase der Beachtung** (attention), nimmt der Kunde das Produkt wahr.

- In der **Phase des Interesses** (interest) erwirbt der Konsument Wissen über das Produkt, um es mit ihm bekannten Erzeugnissen vergleichen zu können und entwickelt eine positive oder negative Haltung gegenüber dem Produkt.

- Nun folgt die **Phase des Wünschens** (desire). Hat der Kunde die Vorteile und Nachteile der zu betrachteten Produkte selektiert und bewertet, wächst in ihm der Wunsch nach einem bestimmten Produkt.

- In der **Phase der Handlung** (action) kauft der Konsument das Produkt, wenn er davon überzeugt ist, oder lehnt es ab, wenn er nicht erwartet, daß es seinen Ansprüchen genügen wird.

Natürlich müssen nicht bei jedem Entscheidungsprozeß alle Phasen durchlaufen werden, ebenso kann die Reihenfolge variieren.

Für jede einzelne Phase sind Teilziele ableitbar. So kann eines der ersten Teilziele sein, die **Bekanntheit** des Produktes wesentlich zu erhöhen. Dies kann der Anbieter durch verstärkte Werbung mit besonderer Herausstellung des Produktnamens erreichen. Nun benötigt der Verbraucher **Informationen** über das Produkt. Der Anbieter muß seine Botschaft also mit den erforderlichen Fakten anreichern. Dabei ist es besonders schwierig, die richtige Menge zu bestimmen. Einen zu hohen Informationsgehalt kann (und will) der Verbraucher nicht verarbeiten. Sind die Informationen aber zu ungenau und oberflächlich, kann das dem Image des Produktes schaden. Das nächste Teilziel des Anbieters könnte es nun sein, **Sympathien** für sein Produkt beim Zielpublikum zu wecken. Unabhängig davon, ob der Verbraucher mit ausreichend Informationen versorgt ist oder nicht, wird er Empfindungen irgendeiner Art zum Produkt aufbauen. Der Kommunikator kann diese Empfindungen in eine positive Richtung lenken, indem er besonderen Wert auf die emotionale Gestaltung der Botschaft legt. Ist der Verbraucher positiv zum Produkt eingestellt, heißt das noch nicht, daß er es anderen Erzeugnissen vorziehen würde. Durch Betonung der Qualitäts- und Leistungsmerkmale wird der Anbieter versuchen, **Präferenzen** beim Kunden aufzubauen, um ihn letztendlich von seinem Produkt zu überzeugen. Aber auch wenn der Verbraucher vom Produkt überzeugt ist, kann es sein, daß er sich momentan noch nicht zum **Kauf** entschließen kann. Durch besondere Anreize, wie Sonderpreise oder Proben und Zugaben, kann der Anbieter dem Konsumenten Kaufanreize bieten, um den Kaufvorgang auszulösen.

3.2.2 Kommunikationsstrategien

Zur **Bearbeitung von Zielgruppen** sind zwei Strategien denkbar: Mit dem Ziel der **Marktfestigung** kann sich der Kommunikator an bisherige Kunden wenden, um sie zum verstärkten Gebrauch eines bestimmten Produktes zu verleiten. Er kann die Botschaft aber auch an Kunden der Konkurrenz oder an bisherige Nicht-Verwender richten, um sie als Käufer zu gewinnen. Dann spricht man von der Strategie der **Marktausweitung**.

Grundsätzlich stehen dabei die **Massenmarktstrategie** und zum anderen die **Marktsegmentierungsstrategie** zur Verfügung. Bei ersterer („Schrotflintenprinzip") wird der gesamte Markt, oder zumindest ein sehr großes Segment, undifferenziert mit ein und derselben Sprache angesprochen, d.h., es wird ein Kommunikations-Mix entwickelt, der auf alle Zielgruppen gerichtet wird. Vorteil dieser Strategie sind die relativ geringen Kosten. Allerdings ist diese Strategie nicht unbedingt erfolgversprechend, da sich aufgrund der „gemischten Sprache", die gewählt werden muß, um für alle Zielgruppen verständlich zu sein, vielleicht niemand wirklich angesprochen fühlt.

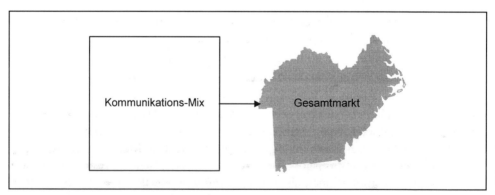

Abbildung 3-2 *„Schrotflintenprinzip"*

Die **Marktsegmentierungsstrategie** tritt in zwei Ausprägungen auf: als differenzierte Strategie und als konzentrierte Strategie. **Differenzierte Strategie** be-

deutet, für jedes Marktsegment einen eigenen Kommunikations-Mix zu entwik-
keln. Die Erfolgsaussichten dieser Strategie sind aufgrund der spezifischen Anpassung an die jeweilige Zielgruppe recht hoch. Allerdings ist diese Strategie
mit sehr hohen Kosten verbunden.

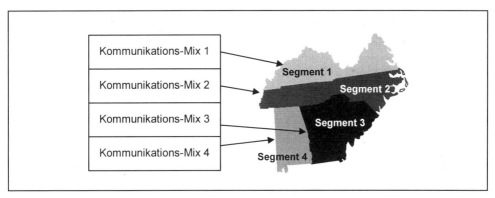

Abbildung 3-3 *Differenzierte Strategie*

Bei der **konzentrierten Strategie** („Scharfschützenprinzip") wird auch nur **ein**
Kommunikationsmix entwickelt, dieser wird aber auf ein einziges Marktsegment zugeschnitten, so daß auch hier mit einem relativ großen Erfolg gerechnet
werden kann. Diese Strategie eignet sich für Unternehmen mit knappen Ressourcen oder wenn der Markt zum ersten Mal bearbeitet wird.

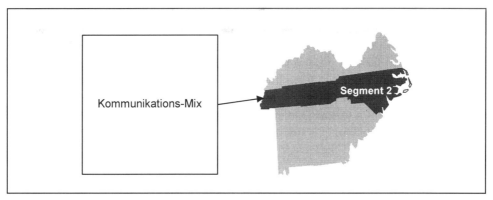

Abbildung 3-4 *Konzentrierte Strategie*

3.2.3 Gestaltung der Botschaft

Aufgabe der Botschaft soll es sein, die Zielpersonen von der Bekanntmachung
mit dem Produkt bis hin zum Kauf zu geleiten. In der Praxis wird es kaum möglich sein, alle Phasen dieses Prozesses mit einer Botschaft abzudecken, dennoch
geben die einzelnen Phasen Anhaltspunkte für den Aufbau der Botschaft.

26.

Zu überlegen ist, was mit der Botschaft ausgedrückt, welche Motive angesprochen werden sollen, wie die Botschaft logisch aufgebaut und bildlich dargestellt werden kann und wer sie überbringen soll.

➡ Inhalt

Zunächst ist zu entscheiden, **was** dem Zielpublikum übermittelt werden soll. Produktvorteile (vgl. USP – *unique selling proposition*) und Überzeugungsargumente, die eine attraktive Wirkung auf die Zielpersonen ausüben, sind entsprechend darzustellen. Die potentiellen Käufer müssen dazu gebracht werden, sich zunächst mit der Botschaft und später mit dem Kommunikationsobjekt zu beschäftigen.

➡ Ansprechmotiv

Kotler et al. (1999, 675f) nennen drei Arten von Ansprechmotiven: rationale, emotionale und moralische Appelle.

Rationale Appelle wirken am ehesten bei professionellen Einkäufern oder bei Konsumenten, die den Kauf eines hochwertigen Produkts in Erwägung ziehen. Für sie zählen sachliche Informationen über Qualität, Leistung und Verwendungsmöglichkeiten des Produktes, die ihnen Vergleiche mit anderen Erzeugnissen ermöglichen, besonders.

Emotionale Appelle sollen die Gefühlswelt des Zielpublikums ansprechen. Durch Appellieren an Angst- oder Schuldgefühle, aber auch Freude und Liebe werden negative oder positive Gefühle erzeugt, die zum Kauf anregen können.

Moralische Ansprechmotive appellieren an die Vernunft und Gerechtigkeit der Zielpersonen. Um tatsächlich das Interesse des Zielpublikums zu wecken, sollte die Botschaft weder völlig der Meinung der Zielkunden entsprechen noch vollkommen gegensätzlich sein. Eine Identität von Botschaft und Vorstellungen der Kunden wirkt sich nicht attraktiv genug aus. Zu große Abweichungen veranlassen den Aufbau von Gegenargumenten und eine Distanzierung der potentiellen Kunden von der Botschaft. Es gilt also, einen geeigneten „Mittelweg" zu finden. Diese Art von Appellen findet vor allem zur Unterstützung öffentlicher Interessen Anwendung.

➡ Logik

Eine Botschaft kann bereits eine **Schlußfolgerung** enthalten oder den Zielkunden eine Frage aufwerfen. Letzteres wirkt sich bei einfachen oder persönlichen Themen erfolgversprechender aus. Bei bestimmten Produkten führt eine unscharfe Definition der Verwendungsmöglichkeiten zu spontanen Einfällen von seiten der Konsumenten, was einen intensiveren Ge- und Verbrauch der Produkte nach sich ziehen kann. Eine eindeutige Schlußfolgerung bezüglich des Zielpublikums oder des Verwendungszweckes eines Produktes bietet sich bei

Spezialprodukten oder komplizierten technischen Geräten an oder wenn die Art und Beschaffenheit eines Produktes keine anderen Verwendungen zuläßt.

Der Anbieter kann in seiner Botschaft nur die Vorteile seines Produktes nennen (**einseitige Argumentation**) oder aber auch Nachteile einbeziehen (**zweiseitige Argumentation**). Stehen die potentiellen Käufer dem Produkt von Anfang an aufgeschlossen gegenüber, bietet sich erstere an. Zweitere wirkt dann positiv, wenn die Zielkunden etwa einen hohen Bildungsgrad aufweisen oder dem Produkt anfangs mißtrauisch gegenüberstehen.

Von besonderer Bedeutung ist die **Reihenfolge der Argumente**. Besteht die Wahrscheinlichkeit, daß das Zielpublikum die Botschaft nicht bis zum Ende verfolgt (z.B. Zeitungswerbung), sollten positive und attraktive Merkmale zuerst genannt werden. In einigen Fällen (z.B. Kinowerbung) kann sich eine allmähliche Steigerung der Argumente als vorteilhaft erweisen. Für welche Reihenfolge man sich letztlich entscheidet, hängt allerdings von der jeweiligen Situation ab.

➡ Ausdrucksform

Um einen großen Teil des Zielpublikums zu erreichen, muß eine Botschaft eine attraktive und ausdrucksstarke Form haben. Dies betrifft das Design von Anzeigen in Printmedien ebenso wie die Gestaltung von Rundfunk- und Fernsehspots. Alle Elemente (wie Überschrift, Text, Abbildung und Farbe einer Zeitungsanzeige oder Stimme, Sprechrhythmus, Mimik, Garderobe und Körperhaltung eines Sprechers in einem TV-Spot) sollten sorgfältig ausgewählt werden und mit dem Kommunikationsobjekt harmonieren.

➡ Überbringer

Die Wahrscheinlichkeit, daß man eine Botschaft überhaupt beachtet und sich später noch daran erinnert, hängt wesentlich vom Überbringer der Botschaft ab. Der Überbringer sollte durch ein sympathisches und glaubwürdiges Auftreten gekennzeichnet sein. In der Werbung bedient man sich deshalb gerne bekannter Persönlichkeiten. Beispielsweise werben Boris Becker für AOL und Manfred Krug für die Telekom. Die werbende Persönlichkeit sollte passend zum beworbenen Produkt ausgewählt werden. So fällt es dem Überbringer leichter, das Produkt zu repräsentieren, und die Botschaft erscheint den Zielkunden glaubwürdiger (vgl. Glaubwürdigkeit, Sympathie).

3.2.4 Wahl der Kommunikationskanäle

Nachdem das Zielpublikum ausgewählt und die Botschaft entsprechend gestaltet wurde, müssen passende **Kommunikationswege** zur Verbreitung der Botschaft gefunden werden. Grundsätzlich besteht die Möglichkeit der Kommunikation von Person zu Person oder über Massenmedien.

Kommunikation **von Person zu Person** ermöglicht direkte Kontakte zwischen den Beteiligten. Dieser Kontakt kann in verschiedenen Formen stattfinden: persönlich, telefonisch, schriftlich (per Post oder Fax) oder über elektronische Kommunikationssysteme. Vorteil der direkten (oder einstufigen) Kommunikation sind die Anpaßbarkeit der zu vermittelnden Botschaft an den Kommunikationspartner sowie die sofortige Beurteilung der Wirkung durch direktes Feedback vom Empfänger.

Telemarketing und Call-Center

Telefonmarketing verzeichnet explosionsartige Wachstumsraten. Schätzungen zufolge sind in der BRD 120.000 Mitarbeiter in 1.000 Call-Centern im Einsatz, um per telefonischem Kontakt

- Beratungen und Hotline-Service zu erbringen,

- Responseannahmen nach Mailings, Anzeigenkampagnen oder TV- und Hörfunkspots mit Nennung einer Telefonnummer durchzuführen,

- dabei auch allgemeine Markt- und Meinungsforschung zu betreiben,

- Adressen zu qualifizieren und dabei

- Kaufinteressenten zu gewinnen,

- für den Außendienst Besuchstermine zu vereinbaren

- oder selbst akquisitorisch tätig zu werden und Verkäufe zu generieren

- und zur speziellen Verkaufsunterstützung Folgeaufträge abzufragen und aufzunehmen.

Die Hauptvorteile: Telefonmarketing ermöglicht eine schnelle und präzise Kontaktaufnahme und während des Kontaktes ein flexibles Eingehen auf die Kundenreaktion.

Zunehmend wird das Telefonmarketing in speziell eingerichteten Call-Centern institutionalisiert. Untersuchungen zufolge bedient sich etwa ein Drittel der 5.000 größten deutschen Unternehmen der Unterstützung durch ein Call-Center zum Zwecke einer stärkeren Kundenbindung und zur Neukundengewinnung.

(Quelle: Winkelmann 2000, 385)

Über **Massenmedien** werden Botschaften ohne persönliche Kontakte zwischen Sender und Empfänger weitergeleitet. Als Kommunikationsträger können dabei Printmedien, Übertragungsmedien, elektronische Medien oder Außenwerbungsmedien genutzt werden. Die Kommunikation verläuft dann im allgemeinen über zwei Stufen: in der ersten Stufe werden Botschaften über Massenmedien ausgesendet, in der zweiten Stufe werden sie durch direkte Gespräche innerhalb sozialer Gruppierungen weitergeleitet. Besonders beeinflußbar durch andere Personen sind Konsumenten beim Erwerb teurer, statusverbundener oder risikobehafteter Produkte. Neben den Informationen aus den Medien verläßt sich der Kunde dann gern auf die Meinung ihm nahestehender Personen.

Zielgruppen der Massenmedien sind einerseits die **potentiellen Kunden** und andererseits sogenannte **Meinungsführer**, die wiederum die potentiellen Verbraucher beeinflussen. Sie fungieren im Kommunikationsprozeß als Vermittler, indem sie Werbebotschaften an das Zielpublikum weitergeben. Die Weiterleitung erfolgt teils ohne Veränderung des Botschaftsinhalts, teils werden die Informationen aber auch modifiziert. In letzerem Fall nehmen die Meinungsführer zusätzlich eine Selektionsfunktion ein. Der Absender der Botschaft kann dann nicht mehr beeinflussen, ob die Information durch den Meinungsführer verstärkt oder aber abgeschwächt wird.

Die folgende Abbildung zeigt verschiedene Stufenmodelle der Marktkommunikation:

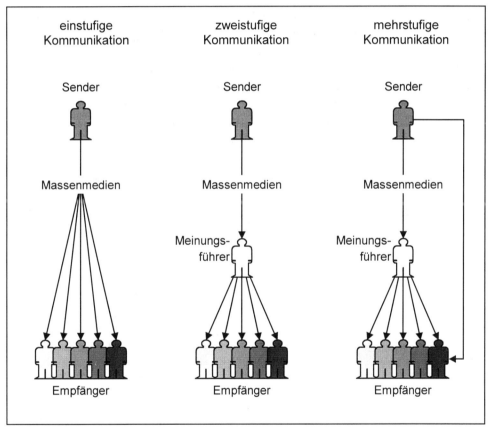

Abbildung 3-5 *Stufenmodelle zur Kommunikation (nach Kotler et al. 1999, 679ff)*

3.3 Werbung

3.3.1 Aufgaben und Arten der Werbung

Die klassische Werbung ist eines der bedeutendsten Instrumente der Kommunikationspolitik. In der Literatur findet sich keine einheitliche Definition des Begriffes „**Werbung**". Während Kroeber-Riel (1999, 581) die Werbung als versuchte Einstellungs- und Verhaltensbeeinflussung mittels besonderer Kommunikationsmittel beschreibt, sieht Kotlers Definition etwa Werbung als jede Art der nicht-persönlichen Vorstellung und Förderung von Ideen, Waren oder Dienstleistungen eines eindeutig identifizierten Auftraggebers durch den Einsatz bezahlter Medien (Kotler et al. 1999, 709).

Werbung dient also der bewußten und zielgerichteten Beeinflussung von Konsumenten, um eine positive Einstellung zu einem Produkt oder einem anderen Kommunikationsobjekt zu erzeugen. Mit Hilfe der Werbung sollen Ideen veröffentlicht, Interesse geweckt, Einstellungen begründet und Informationen verbreitet werden. Produkte sollen vorgestellt, deren Anwendungsmöglichkeiten erläutert, Unterschiede zu Konkurrenzprodukten herausgestellt und Präferenzen der Konsumenten aufgebaut werden. Hauptaufgabe der Werbung ist aber meist, den Konsumenten zum Kauf zu „verführen", um damit bestimmte Umsatzziele zu erreichen.

Werbekampagnen sollten stets unter Beachtung der lokalen Bedingungen ausgearbeitet werden. Der Werbeerfolg ist sehr stark abhängig vom Verständnis der jeweiligen Kultur und der Fähigkeit, darauf einzugehen. Wenig vertraute Umgebungen stellen immer einen Unsicherheitsfaktor dar, bergen aber besonders auf dem Gebiet der Werbung ein großes Risikopotential.

Flop in der Werbung

Allein die Nichtberücksichtigung lokaler Wetterbedingungen kann zum Mißerfolg einer Kampagne führen, wie es ein Hersteller von Badeanzügen erfahren mußte. Auf eine in den USA übliche Art und Weise gestaltete er für den lateinamerikanischen Markt einen Radiospot und betonte darin, daß seine Badeanzüge den ganzen Tag in der Sonne getragen werden könnten, ohne auszubleichen. Die Zielgruppe interessierte das wenig, da es meist zu heiß war, um sehr lange in der Sonne zu bleiben.

Werbung kann in der Praxis in verschiedenen Formen auftreten. Nachfolgend sollen die bedeutendsten Klassifizierungskriterien näher erläutert werden (vgl. auch Weeser-Krell 1991, 123ff):

- **Zahl der Umworbenen**: Hierbei unterscheidet man zwischen Einzelumwerbung und Mengenumwerbung. **Einzelumwerbung** entspricht dem Direktmarketing und dient dem direkten Ansprechen einer bestimmten Person. **Mengenumwerbung** richtet sich an mehrere, nicht genau bestimmte Zielgruppen oder -personen unter dem Einsatz von Massenmedien.

- **Anzahl der Werbenden**: Wirbt ein Produzent nur für seine eigenen Produkte, spricht man von **Einzelwerbung**. Werben mehrere Produzenten gemeinsam, kann es sich um Gemeinschaftswerbung, Verbundwerbung oder Sammelwerbung handeln. Bei **Gemeinschaftswerbung** werden nur die Produktgattungen, nicht aber die Produzenten genannt („Hoffentlich ist es Beton"). **Verbundwerbung** wird für Komplementärprodukte eingesetzt, deren positive Images sich ergänzen sollen („Bosch empfiehlt Persil"). **Sammelwerbung** kann sowohl für komplementäre als auch für substitutive Produkte eingesetzt werden, z.B. wenn mehrere Händler einer Einkaufsstraße gemeinsam unter Nennung der Händler- und Markennamen werben.

Bei uns ist Ihr Schmuck in sicheren Händen

- **Werbeinhalt**: Hierbei wird zwischen Informationswerbung und Suggestivwerbung unterschieden. **Informationswerbung** dient der Verbreitung von Informationen über ein Produkt, dessen Eigenschaften und Verwendungsmöglichkeiten. Bei der **Suggestivwerbung** werden sachliche Informationen eher sparsam eingesetzt, statt dessen versucht man, den Zielkunden über Stimmungsbilder oder eine besondere Atmosphäre zum Kauf zu animieren. In der Praxis ist so eine strikte Trennung jedoch nur schwer vorzunehmen, da fast jede Werbung gleichzeitig informativ und suggestiv ist.

- **Absender**: In bezug auf den Absender der Werbung kann zwischen Hersteller- und Handelswerbung unterschieden werden. **Herstellerwerbung** wird zur Bekanntmachung von Produkten, zur Verbreitung von Informationen und zum Aufbau eines Images eingesetzt. **Handelswerbung** dient im allgemeinen der kurzfristigen Umsatzsteigerung und enthält nur wenige Produktinformationen.

- **Adressat**: Nicht zu verwechseln mit Handels- und Herstellerwerbung sind Händler- und Verbraucherwerbung. Vom Hersteller ausgehende **Händlerwerbung** zielt auf Groß- und Einzelhandelsbetriebe oder andere Absatzorgane. **Verbraucherwerbung** richtet sich an private und gewerbliche Nachfrager.

- **Werbegegenstand**: Nach dem Werbegegenstand wird zwischen Markenwerbung und Firmenwerbung unterschieden. Bei **Markenwerbung** wird hauptsächlich der Name des Produktes und auch der Name des Herstellers genannt. **Firmenwerbung**, die eng mit der Idee der Corporate Identity und PR-Maßnahmen verbunden ist, dient der Bekanntmachung und Verbreitung von Informationen über das Herstellerunternehmen als Gesamtheit.

- **Psychologische Gestaltung**: Hierbei kann zwischen überschwelliger und unterschwelliger Werbung unterschieden werden. **Überschwellige Werbung** wird von den Umworbenen bewußt wahrgenommen und als Werbung erkannt. Unterschwellige Werbung richtet sich an das Unterbewußtsein der Zielpersonen und kann, z.B. aufgrund einer sehr kurzen Einblendungsdauer, nicht wirklich bewußt wahrgenommen werden (sittenwidrig).

3.3.2 Werbeplanung

Ausgangspunkt der Werbeplanung ist eine umfassende **Marktanalyse.** Neben der allgemeinen Marktlage müssen auch die Stellung und Aktivitäten der Konkurrenz, die eigene Position und die Produktlebenszyklen untersucht werden. Die Planung von Werbeprogrammen umfaßt die Festsetzung der Werbeziele, die Aufteilung des Werbeetats, die Auswahl der anzusprechenden Zielgruppen, die Gestaltung der Werbebotschaft, die Festlegung der Werbemittel und Werbeträger sowie das Timing. Wurden dazu alle Entscheidungen getroffen, werden die Werbemaßnahmen durchgeführt und anschließend deren Wirksamkeit überprüft. Alle Prozesse der Werbeplanung müssen aufeinander abgestimmt werden, um die optimale Erreichung der Werbeziele zu gewährleisten.

3.3.3 Festlegung der Werbeziele

Die Bestimmung der Werbeziele, ausgehend von den übergeordneten Unternehmenszielen und bereits getroffenen grundsätzlichen Marketing-Mix-Entscheidungen, ist der erste Schritt bei der Planung von Werbemaßnahmen. Werbeziele sollten entsprechend der jeweiligen Marktsituation festgelegt werden, d.h., es müssen die eigene Stellung und die der Konkurrenz berücksichtigt werden, die Lebensphase und Position sowie die Verwendungshäufigkeit des beworbenen Produktes.

Bevor auf spezifische Werbeziele eingegangen werden kann, müssen zunächst allgemeine Ziele, wie z.B. Sicherung des Absatzvolumens oder gewisser Marktanteile, formuliert werden. Daraus werden dann **operationale Werbeziele** abgeleitet, z.B. die Erhöhung des Bekanntheitsgrades einer bestimmten Marke bei einer genau definierten Zielgruppe innerhalb einer festgelegten Periode.

Werbeziele können ökonomischen oder kommunikativen Charakter haben. **Ökonomische Ziele** sind auf meßbare Größen wie Gewinn und Umsatz ausgerichtet, auf eine Erhöhung der Kauffrequenz oder der Attraktivität für den Handel. Mit **kommunikativen Zielen** wird eine Beeinflussung der Verbraucher auf mentale Weise verfolgt, z.B. sollen

- beim Zielpublikum Emotionen für eine bestimmte Marke erzeugt,
- die Zielkunden an bestimmte Marken gebunden,
- dem Konsumenten Unterschiede zu Konkurrenzprodukten bewußt gemacht
- oder das Image einer Marke verbessert werden.

Die am häufigsten angestrebten Werbeziele sind folgende:

- **Unterstützung der Produkteinführung:** Mit der **Einführungswerbung** sollen Produkte vorgestellt und die Zielkunden mit dem Verwendungszweck sowie der Handhabung vertraut gemacht werden. Das Interesse der potentiellen Verwender soll geweckt, Kontaktängste abgebaut und ein positives Firmen- und Produktimage aufgebaut werden. In der Produkteinführungsphase sind deshalb besonders hohe Werbeausgaben notwendig. Verschiedene Werbeträger werden oft gleichzeitig eingesetzt, um den Verbraucher trotz der Vielzahl verschiedener Werbekampagnen zu erreichen. Besonderer Beliebtheit erfreut sich das Attribut „NEU", um auf (mehr oder weniger) neuartige Produkte oder Produktvarianten aufmerksam zu machen. Ziel der Einführungswerbung ist die Erreichung eines bestimmten Bekanntheitsgrades und eines bestimmten Marktanteils.

- **Ausdehnung der Marktanteile und Erhöhung der Markenbekanntheit:** **Expansionswerbung** dient der Überzeugung der Zielkunden von den Produktvorteilen und der Schaffung von Präferenzen. Ziel ist, den in der Einführungsphase erreichten Marktanteil auszubauen, die Markenbekanntheit zu erhöhen und den Umsatz zu steigern. Die Zahl und Intensität der eingesetzten Werbeträger wird reduziert. Während in der Einführungswerbung die Neuartigkeit eines Produktes hervorgehoben wird, liegt die Betonung nun auf dem bereits erzielten Erfolg des Produktes.

- **Sicherung der Wettbewerbsposition: Stabilisierungs- oder Erinnerungswerbung** wird zur Erhaltung erreichter Markt- und Umsatzanteile eingesetzt. Die Werbeausgaben werden minimiert, jedoch darf die Erreichung der ökonomischen Ziele nicht gefährdet werden. Teilweise strebt man in dieser Phase auch noch eine Marktausdehnung an. Dazu werden Vorteile eigener Produkte gegenüber denen der Konkurrenz betont und neue Verwendungsmöglichkeiten für bekannte Produkte vorgeschlagen, um die Produktverwendung zu intensivieren. Eine Marktanteilssteigerung ist auch erreichbar durch Abwerben von Kunden der Konkurrenz sowie die Gewinnung bisheriger Nicht-Verwender.

- **Abwehr von Konkurrenten:** Während der Einsatz anderer Werbemaßnahmen langfristig geplant wird, müssen Entscheidungen zur **Abwehrwerbung** in relativ kurzer Zeit getroffen werden. Durch Abwehrwerbung soll Angriffen der Konkurrenz begegnet werden. Werbebotschaften mit diesem Ziel unterscheiden sich häufig in Ausgestaltung und Text von „normalen" Botschaften, da auf die Angriffe der Konkurrenten oft direkt eingegangen wird.

- Unterstützung **von Programmänderungen: Reduktionswerbung** dient nicht der Reduzierung des Absatzvolumens, sondern vielmehr einer Schwerpunktverlagerung im Verkaufsprogramm.

3.3.4 Auswahl der Zielgruppen

In Abhängigkeit von den verfolgten Werbezielen kann sich die Zielgruppe aus den bisherigen Kunden, Nicht-Verwendern oder Kunden der Konkurrenz zusammensetzen. Verwender müssen nicht gleich Käufer eines Produktes sein, wie es z.B. bei Geschenkartikeln der Fall ist. So kann sich eine Werbebotschaft speziell an Käufer als „Schenkende" wenden (besonders im Vorweihnachtsgeschäft). Außerdem gibt es Zielpersonen, die ein Produkt weder kaufen noch verwenden, jedoch einen Kaufprozeß auslösen und beeinflussen können. Dies sind in erster Linie beratende Personen, wie z.B. Pädagogen oder Mediziner.

Zielgruppen für neue Produkte werden häufig nach Erfahrungen mit bereits am Markt eingeführten Produkten ausgewählt. Verbraucherbefragungen können Aufschluß darüber geben, warum bestimmte Konsumenten ein Produkt kaufen und warum andere nicht. Die Werbung kann sich nun verstärkt auf diese Nicht-Verwender konzentrieren, um den Marktanteil auszudehnen, oder sie richtet sich an die bisherige Kundschaft, um die Verbrauchsintensität zu erhöhen.

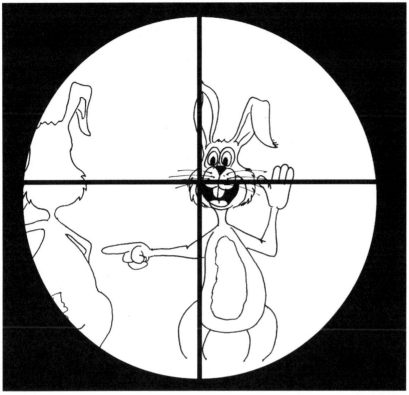

– ohne Worte –

3.3.5 Bestimmung des Werbeetats

Der dritte Schritt der Werbeplanung, welcher allerdings nicht isoliert von den anderen betrachtet werden darf, ist die Festlegung des Werbeetats. Das Ziel der Werbung ist, zusätzliche Nachfrage zu schaffen und damit höhere Umsätze und Gewinne zu erzielen. Um diese Gewinne nicht unnötig zu schmälern, sollen die Werbeausgaben so gering wie möglich gehalten werden. Werden aber zu geringe Summen für die Werbung angesetzt, ist die Erreichung der Werbeziele nicht unbedingt gewährleistet, weil eine bestimmte **Werbewirkungsschwelle** nicht erreicht werden kann.

Ein „Zuviel" an Werbung kann sich ebenfalls negativ auswirken, da ab einer bestimmten Stelle keine zusätzliche Wirkung mehr erzielt werden kann und die zu viel ausgegebenen Mittel besser für andere Maßnahmen hätten verwendet werden sollen. Tendenziell wird im Konsumgüterbereich eher zu viel Geld für Werbezwecke ausgegeben, während das produzierende Gewerbe zu wenig in die Werbung investiert.

Werbeausgaben in Deutschland

In Deutschland ansässige Unternehmen investieren Jahr für Jahr größere Summen in die Werbung. Ein Vergleich mit den Ausgaben vor 40 Jahren zeigt, daß die heutigen Werbeausgaben ein Vielfaches der damaligen Budgets erreicht haben:

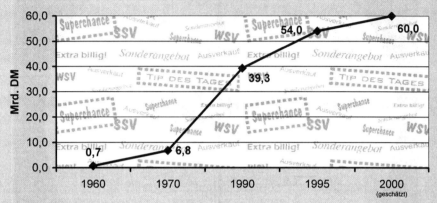

(Quelle: Gustet 1996, 280f)

Folgende Übersicht zeigt die Top 10 der Firmen mit den höchsten Werbeetats in Deutschland:

Unternehmen	Erzeugnisse/Marken	Ausgaben 1998
Procter & Gamble	Ariel, Meister Proper, Punica	691,0 Mio. DM
Ferrero	Duplo, Hanuta, Rocher	416,6 Mio. DM
Deutsche Telekom	Telekommunikation	317,5 Mio. DM
Opel	Automobile	307,6 Mio. DM
Effem	Whiskas, Brekkies, Chappi, Trill	292,1 Mio. DM
Henkel	Persil, Pattex, Pril	285,6 Mio. DM
Springer Verlag	Verlagserzeugnisse	282,4 Mio. DM
Kraft Jakobs Suchard	Jakobs-Kaffee, Milka, Philadelphia	281,7 Mio. DM
Mediamarkt und Saturn	Unterhaltungs- und Haushaltselektronik	278,9 Mio. DM
Volkswagen	Automobile	272,6 Mio. DM

(Quelle: Harenberg 1999, 517)

Daß man auch mit einem geringen Budget erstaunliche Werbeerfolge erzielen kann, bewies die Firma Puma im Sommer 1996. Da Puma aufgrund eines zu geringen Budgets den Sprung zu den offiziellen Sponsoren der Olympischen Spiele in Atlanta nicht schaffte, versuchte die Firma, mit Unterstützung einer Werbeagentur auf andere Weise die Aufmerksamkeit der Öffentlichkeit auf sich zu ziehen. Die Lösung waren Kontaktlinsen mit dem Puma-Logo für den amerikanischen Sprinter Linford Christie. Mit Kosten von nur ca. 10.000 DM gelang es so der Firma, in der internationalen Presse Aufsehen zu erregen.

Zur **optimalen Ermittlung des Werbebudgets** kann man sich verschiedener Verfahren bedienen:

- **All-you-can-afford-Method**: Mit Hilfe dieser einfachen Methode, die an den vorhandenen finanziellen Mitteln orientiert, kann der Werbeetat relativ schnell ermittelt werden. Da die Werbeausgaben vom Gewinn der vorangegangenen Periode abhängig sind, ergibt sich eine pro-zyklische Wirkung, d.h., in ertragsstarken Zeiträumen konzentrieren sich die Werbemaßnahmen. Nachteile dieser Methode sind die Nichtberücksichtigung der momentanen Marktsituation sowie die Verstärkung der Nachfrageschwankungen.

- **Percentage-of-Method**: Die Prozentsatz-von ... Methode ermittelt das Werbebudget anhand des Umsatzes oder des Gewinnes. Hierbei ergibt sich ebenfalls eine pro-zyklische Wirkung. Die Werbung, die sich ja eigentlich auf den Umsatz bzw. den Gewinn auswirken sollte, wird nun von diesen Größen beeinflußt.

- **Competitive-Parity-Method**: Die konkurrenzorientierte Methode richtet sich nach den Werbeausgaben der Konkurrenzunternehmen. Die eigene finanzielle Lage sowie die allgemeine Marktlage werden nicht betrachtet. Ebenso bleiben die Stellung der eigenen Produkte am Markt sowie die Produktlebensphasen unberücksichtigt. Vorteil dieser Methode ist, daß grundlegende Fehlentscheidungen (eher) vermieden werden können.

- **Objective-and-Task-Method**: Das Werbebudget wird nach den gesetzten Werbezielen, welche eindeutig definiert sein müssen, bestimmt. Sowohl die eigene Situation als auch Maßnahmen der Konkurrenz werden hierbei in Betracht gezogen. Damit ist diese Methode die einzige, die sich einer wirklich zweckbezogenen Ermittlung des Werbeetats widmet.

Schließlich gibt es noch eine Reihe von Faktoren, die bei der Bestimmung des Werbeetats berücksichtigt werden sollten: **Neue Produkte** erfordern stets **höhere Aufwendungen**, um sie im Markt bekannt zu machen und erste Käufer anzulocken, als bereits etablierte Erzeugnisse. Zu einer **Marktanteilsausdehnung** – ob bezogen auf den Gesamtmarkt oder durch Abwerbung von Konkurrenzkunden – sind stets **größere Ausgaben** erforderlich als zur Haltung eines Marktanteils. Um mit einer Werbebotschaft bis ins Bewußtsein eines Konsumenten vorzudringen, bedarf es einer **gewissen Anzahl von Wiederholungen** der Botschaft. Die Zahl der Wiederholungen schwankt je nach Art der Botschaft. Ist ein Produkt (eine Marke) nicht durch markante, leicht in Erinnerung zu rufende Eigenschaften gekennzeichnet (**leicht substituierbare Erzeugnisse**), sind **größere Ausgaben** zur Etablierung dieses Erzeugnisses erforderlich als bei einem nahezu einzigartigen Produkt. In einem **stark umkämpften Markt** wird der Verbraucher mit einer Vielzahl von Werbebotschaften konfrontiert. Um unter diesen Bedingungen eine bestimmte Werbung überhaupt wahrzunehmen, muß sie besonders intensiv sein. In einem solchen Fall lizitieren sich die Konkurrenten häufig in einem Ausmaß, daß die Grenze der Unerträglichkeit meist überschritten wird.

3.3.6 Gestaltung der Werbebotschaft

Im nächsten Schritt wird entschieden, **welche Informationen** dem Zielkunden **in welcher Aufmachung** vermittelt werden sollen. Will man eine nachhaltige Wirkung beim Zielpublikum erzielen, muß man versuchen, kreativer als die Konkurrenz zu sein, d.h., die Werbebotschaft muß attraktiver, aufsehenerregender oder einfach anders als die der Konkurrenz gestaltet sein. Ein hoher Werbeetat muß einem Produkt nicht unbedingt zum Erfolg verhelfen, wenn es an der kreativen Gestaltung der Botschaft mangelt.

Der Grundnutzen eines Produktes kann durch verschiedene Verfahren in eine Botschaft „übersetzt" werden:

- Werden aus Beobachtungen einzelner Personen allgemeine Schlußfolgerungen gezogen, spricht man von **induktiven Verfahren**. Aus Befragungen von Kunden, Händlern und Konkurrenten werden Anregungen und Ideen zur Produktgestaltung und zur Präsentation der Eigenschaften gewonnen.

- Eine weitere Variante zur Entwicklung von Werbebotschaften ist die Benutzung eines **Denkrahmens**. Konsumenten wollen durch den Kauf eines Produktes belohnt werden. Dies kann auf rationale, sensorische, sozial-bezogene oder ich-bezogene Weise geschehen. Der Gebrauch eines Produktes kann vom Verwender als Erlebnis aufgefaßt werden. Kombiniert man die Belohnungsebenen mit verschiedenen Arten von Erlebnissen (als Resultat, während des Gebrauchs oder aus den begleitenden Umständen), erhält man vielfältige Möglichkeiten, um einen Produktnutzen in einer Botschaft darzustellen.

Meist werden verschiedene Botschaften formuliert, aus denen in einer Vorauswahl die erfolgversprechenden (zur Weiterbearbeitung bestimmten) ausgesucht werden. Die verbleibenden Varianten werden einer genaueren Bewertung unterzogen. Kriterien der Bewertung sind Originalität, Interessantheit und Glaubhaftigkeit. Darüber hinaus sollte eine Botschaft mit wenigen Informationen den Kernnutzen eines Produktes beschreiben können. Die am besten bewerteten Botschaften wären für die weitere Gestaltung vorzusehen.

Nicht nur der Inhalt, sondern auch die Gestaltung einer Botschaft ist für deren Wirkung auf das Zielpublikum verantwortlich. Eine Werbebotschaft kann eine **sachlich-informative** oder eine **lifestyleorientiert-emotionale** Ausstrahlung haben. Sachlich-informative Botschaften betonen den Nutzen oder bestimmte Eigenschaften eines Produktes, während lifestyleorientiert-emotionale Botschaften die Gefühlswelt des Zielpublikums ansprechen und über die Auslösung von Emotionen irgendeine kaufbeeinflussende Wirkung erzielen wollen. Botschaften mit rein sachlichem oder rein emotionalem Charakter sind in der Praxis recht selten zu finden, meist treten beide Erscheinungsformen kombiniert auf.

Aufgrund der Vielzahl von Botschaften und Informationen auf Konsumgütermärkten wird der emotionalen Werbung größerer Erfolg zugesprochen. Auch in Investitionsgütermärkten, vor allem bei technologisch gleichartigen Erzeugnissen, findet verstärkt emotionale Werbung Anwendung. Jedoch sollte die Wirkung sachlicher Werbung, besonders in bezug auf informationsorientierte Zielgruppen, nicht unterschätzt werden. Bei vielen Verbrauchsgütern, wie Kaffee, Bier oder Waschmitteln, kann der Konsument kaum noch gravierende Unterschiede feststellen. Da bei solchen Produkten eine herausragende Positionierung aufgrund der Produkteigenschaften nur schwer möglich ist, muß dies über die Werbung geschehen.

Um die Entwicklung einer Werbebotschaft zu vereinfachen und in die beabsichtigte Richtung zu lenken, muß eine sogenannte **Copy-Strategie** erstellt werden. Darin werden das Ziel der Werbung, der in der Botschaft erhobene Anspruch und dessen Begründung sowie der Grundton der Werbung (Tonality) festgelegt. Alle Einzelelemente, wie Stil, Worte und Ton müssen eine Einheit bilden, um der Botschaft einen harmonischen Gesamteindruck zu verleihen. Die Überschrift und das Bild sollten nach Möglichkeit die Kernaussage der Botschaft vermitteln, da eine Anzeige nur selten vollständig vom Zielpublikum gelesen wird. Von besonderer Bedeutung ist die **Wahl der richtigen Tonality** für die Werbebotschaft. Soll die Botschaft generell positiv gehalten werden? Soll sie humorvoll oder eher sachlich-seriös überbracht werden? Ebenso sorgfältig sollte die **Wortwahl** erfolgen. Welche Wörter sind zum Überbringen der Botschaft geeignet? Welche Begriffe wirken für das Zielpublikum interessant und bleiben im Gedächtnis haften? Der Text sollte einfach und verständlich gehalten sein, um den Leser einer Anzeige nicht mit zu vielen oder unverständlichen Fakten zu überfordern. Verbraucher richten ihren Blick zuerst auf eine **Abbildung** in einer Anzeige, bevor sie zur Headline übergehen und eventuell den Text lesen. Demzufolge ist das Bild als Blickfang das wichtigste Gestaltungselement. Häufig werden positiv anmutende Stimmungsbilder, wie z.B. ein Sonnenuntergang, verwendet, um die Blicke der Zielkunden anzuziehen. Schließlich muß eine geeignete **Headline** gefunden werden, was sich oft als die schwierigste Aufgabe der Botschaftsgestaltung herausstellt. Die Headline soll neben der Abbildung auch als Blickfang fungieren und gleichzeitig die Kernaussage der Botschaft übermitteln, da nur ein geringer Teil der Betrachter den Anzeigentext tatsächlich liest.

Kotler/Bliemel (2001, 944f) stellen verschiedene Techniken zur Gestaltung von Werbebotschaften vor, von denen hier nur einige erläutert werden sollen:

- **Musical-Technik:** Hierbei wird ein Produkt von einer oder mehreren Personen oder Comicfiguren besungen oder eine bestimmte Hintergrundmusik für den Werbespot verwendet.

✎ Im Werbespot für Kinder-Überraschung singen z.B. die darin enthaltenen Sammelfiguren. Für Verpoorten-Eierlikör wirbt ein singendes Comic-Hühnchen.

- **Persönlichkeit als Symbolfigur:** Eine eigens für ein Produkt oder eine Produktlinie geschaffene Symbolfigur – eine reale Person oder auch eine Comicfigur – dient der Repräsentation einer Marke.

✎ Vielen jungen Konsumenten ist der Hase Quicky von Nesquick bekannt. Für Milchprodukte von Bärenmarke wirbt seit Jahrzehnten ein Teddybär.

- **Slice-of-Life-Technik:** Bei dieser Technik werden zufriedene Produktverwender in einer realistischen Lebenssituation dargestellt.

✎ Ein Beispiel dafür ist die „Miracoli-Familie" am Mittagstisch.

- **Technische Kompetenz:** Hier werden Erfahrungswerte und Fachkenntnisse des werbenden Unternehmens in den Vordergrund gestellt.

✎ Toshiba wirbt z.B. mit dem Slogan „In Touch with Tomorrow", um den technischen Vorsprung seiner Erzeugnisse gegenüber Konkurrenzprodukten zu betonen.

- **Testimonial-Werbung:** Hierbei stellen prominente oder private Konsumenten ein Produkt vor, äußern sich zu dessen Vorteilen und zeigen sich mit dem Produkt zufrieden.

✎ Boris Becker wirbt z.B. für AOL, Manfred Krug für die Telekom; für Jägermeister standen inzwischen schon Tausende Konsumenten Pate.

Während manche Werbeanzeigen und Werbespots vor dem Einsatz auf **ausländischen Märkten** lediglich übersetzt werden müssen, bedürfen andere einer grundlegenden Veränderung, z.B. wenn das Werbethema zu stark an einer bestimmten Kultur orientiert ist oder im Fall der Testimonial-Werbung, da für jedes Land entsprechende (prominente) Sympathieträger gefunden werden müssen. Die Sprache stellt einen der wichtigsten Bestandteile des Kommunikationsprozesses dar, und viele **internationale Werbeflops** resultieren aus fehlerhaften Übersetzungen. Selbst wenn im Zielmarkt dieselbe Sprache wie im Heimatland gesprochen wird, können Werbeslogans oder Produktnamen aufgrund mundartlicher Besonderheiten nicht immer ohne weiteres übernommen werden. Aus diesem Grund sollte der Sprache, aber auch anderen – oft nebensächlich erscheinenden – Faktoren, wie Klang und Tonhöhe, bei der Ausarbeitung internationaler Marketing-Konzepte eine besondere Bedeutung beigemessen werden.

Der Übersetzungsteufel

Die nachfolgenden Beispiele zeugen von der Wichtigkeit der Sprache und der Bedeutung angemessener Übersetzungen im internationalen Gebrauch:

- **Falsche Sprache**
  Viele Unternehmen fanden nach Durchführung ihrer Werbekampagne heraus, daß sie die falsche Werbesprache verwendeten. In der Annahme, der größte Teil der Bevölkerung in den Ländern des Mittleren Ostens spräche Arabisch, wurden bereits viele Produkte von ausländischen Firmen dort in Arabisch beworben. In

Dubai aber z.B. sprechen nur rund 10% der Bevölkerung Arabisch, die restliche Bevölkerung setzt sich aus Pakistanis, Indern, Iranern oder Menschen anderer Herkunft zusammen.

- **Übersetzungsfehler**
  Das Produkt eines amerikanischen Produzenten, das laut Werbung „topped them all" (übertraf sie alle), wurde im französisch-sprachigen Teil Kanadas allerdings „topped by them all" (von allen übertroffen). Ein „hochgeschätztes" Produkt in den USA wurde nach der Übersetzung zu einem „stark überschätzten" in Brasilien.

- **Doppeldeutigkeit von Wörtern**
  Peinliche Situationen entstehen oft durch den Einsatz von Wörtern oder Botschaften mit mehreren Bedeutungen. Eine amerikanische Kugelschreiberfirma übertrug ihren amerikanischen Slogan „Avoid embarrassment – use ... pens" ins Spanische, um damit in Lateinamerika zu werben. Sie beachtete dabei nicht, daß das spanische Wort für „embarrassment" auch als beschönigende Bezeichnung für „schwanger" genutzt wird. Somit wurden die Kugelschreiber unwissentlich als Verhütungsmittel angepriesen.

- **Bedeutungsprobleme**
  Sprachliche Mißverständnisse können sogar dann auftreten, wenn im Stammland des Unternehmens und dem Zielmarkt dieselbe Sprache gesprochen wird, wie folgendes Beispiel aus dem englischen Sprachraum beweist. Ein Produzent, der sich für die Übernahme seines in den USA erfolgreichen Werbeslogans „You can use no finer napkin at your dinner table" in den britischen Markt entschied, mußte herausfinden, daß er unwissentlich für Windeln geworben hatte. Während „napkin" in Amerika für „Serviette" steht, verstehen die Briten darunter im allgemeinen „Windel".

(nach Punnett/Ricks 1992, 341)

Übersetzungsqualität spielt im internationalen Geschäft allgemein eine bedeutende Rolle, besonders aber im Marketing sind exakte bzw. sinnwahrende Übersetzungen „überlebensnotwendig". Das Risiko kostspieliger und mitunter imageschädigender Fehlschläge kann durch den Einsatz eines geeigneten Übersetzers, die Methode der Rückübersetzung sowie Informationssuche und Tests vor Ort minimiert werden. Ein guter Übersetzer kann grundlegende Fehler bei der Übersetzung ausschließen. Je besser der Übersetzer, um so weniger Probleme werden beim Übertragen der Botschaft in die Fremdsprache auftreten. Es ist jedoch nicht immer leicht, einen geeigneten und qualifizierten Übersetzer zu finden und zu halten. Es reicht i.d.R. nicht aus, wenn der Übersetzer die Sprache studiert hat und es versteht, sie fehlerfrei und grammatikalisch korrekt zu sprechen und zu schreiben. Er muß letztlich mit allen Feinheiten und Besonderheiten vertraut sein und sowohl Umgangssprache als auch Redewendungen und Slang verstehen. Neben diesen Kenntnissen sollte der Übersetzer idealerweise auch

- Zugang zu geeigneten Bibliotheken und der das jeweilige Thema betreffenden Referenzliteratur haben,

- die entsprechenden technischen Fachbezeichnungen verstehen bzw. in der Lage sein, sie zu lernen,

- über Kontakte zu Experten des jeweiligen Fachgebietes (z.B. Wirtschaft, Recht) verfügen,

- Referenzen anderer Unternehmen aufweisen können und

- sich vor nicht allzu langer Zeit in dem Land, in dem die Übersetzung eingesetzt werden soll, aufgehalten haben, um mit den neuesten sprachlichen Entwicklungen vertraut zu sein.

James, ich befürchte, daß sie uns nicht verstehen

Um kreativ zu sein, benötigt der Übersetzer vor allem aber Zeit. Wie gut ein Übersetzer auch sein mag, es kann nicht garantiert werden, daß er mit allen idiomatischen Ausdrücken der Fremdsprache vertraut ist. Um jegliche Mißverständnisse auszuschließen, empfiehlt sich – zumal in besonders heiklen Situationen – der Einsatz eines zweiten Übersetzers, welcher eine sogenannte **Rückübersetzung** durchführt. Rückübersetzung heißt, daß ein Übersetzer die Botschaft in die gewünschte Fremdsprache überträgt und ein zweiter Übersetzer diese Botschaft zurück in die Originalsprache übersetzt. Obwohl diese Methode teuer und zeitaufwendig ist, ist sie doch sehr erfolgversprechend und minimiert das Risiko eines Flops aufgrund sprachlicher Mißverständnisse. Auch wenn die Werbebotschaft von einem ausgezeichneten Übersetzer formuliert wurde, sollten **Vor-Ort-Tests** durchgeführt werden, um letzte Fehlerquellen auszuschalten.

Probleme bei der Rückübersetzung

Das Elsaß wurde unter Ludwig XIV. französisch. Das Deutsche wurde aber weiter gesprochen. Nach 1870 wurde es deutsch, nach 1918 wieder französisch und 1940 wieder deutsch, bis es, nach der Befreiung, wieder französisch wurde. Die Franzosen sprachen die deutschen Namen einfach französisch aus, während die Deutschen, wenn sie das Wort führten, die französischen Namen übersetzten. Einmal, als wieder die Deutschen das Sagen hatten, wurden die Bürger mit französischen Namen ins Rathaus einbestellt. Ein Franzose, der sich meldete, hieß La Garde. Man erklärte ihm: „Gut, also Sie heißen ab sofort Wache!" Darauf der Franzose: „Dann will ich gleich *Arsch* heißen." – „Wieso?" – „Ja, wieso nicht? Wenn nun wieder die Franzosen bestimmen, wird mein Name *Wasch* ausgesprochen. Dann heiße ich später bei den Deutschen, die das dann übersetzen, *Kuh*, dann sprechen die Franzosen das deutsche Wort wieder französisch aus, also *kü* wie französisch *cul*, und die Deutschen übersetzen das dann ganz richtig mit *Arsch*."

(Quelle: Koch/Krefeld/Oesterreicher: Neues aus Sankt Eiermark – Das kleine Buch der Sprachwitze, München 1997, 81f)

3.3.7 Timing von Werbemaßnahmen

Der Erfolg einer Werbekampagne hängt nicht nur von der Botschaft, dem Budget, den Werbemitteln und Werbeträgern ab, sondern auch vom Werbezeitraum und der angemessenen Verteilung der Werbemaßnahmen innerhalb dieses Zeitraumes.

Werbemaßnahmen können mit oder ohne Beachtung saisonaler Schwankungen durchgeführt werden. Wird Werbung für bestimmte Produkte vor allem in der Jahreszeit betrieben, in der diese Produkte gewöhnlich gekauft werden, handelt es sich um prosaisonale Werbung. Von antisaisonaler Werbung spricht man, wenn Umsatzschwankungen aufgrund zurückgehender Nachfrage durch verstärkte Werbung ausgeglichen werden sollen.

Die Möglichkeiten der Werbezeitraumplanung bei saisonaler Orientierung zeigt folgende Abbildung:

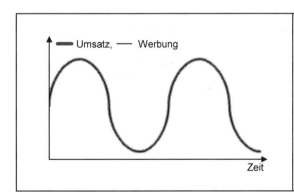

Prozyklische Werbung

In umsatzstarken Perioden (z.B. Sommer bei Bademoden) wird verstärkt Werbung durchgeführt, in umsatzschwachen Zeiten wird auch die Werbung zurückgenommen.

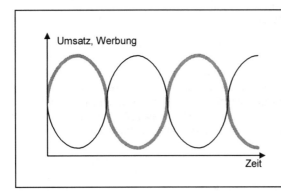

| | **Antizyklische Werbung** |
| | Werbemaßnahmen werden massiv in der Nebensaison durchgeführt, z.B. Werbung für Urlaubsorte während der Schulzeit. In der Hauptsaison werden die Werbeaktivitäten eingeschränkt, da die Auslastung ohnehin garantiert ist. |

Abbildung 3-6 *Prozyklische vs. antizyklische Werbung*

Werbemaßnahmen können auch saisonal unabhängig – also kontinuierlich im gleichen Umfang – durchgeführt werden, wie folgende Abbildung zeigt:

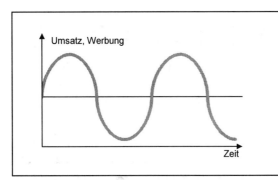

| | **Zyklusfreie Werbung** |
| | Es wird kontinuierlich und im selben Umfang geworben, unabhängig von der Saison. |

Abbildung 3-7 *Zyklusfreie Werbung*

Besonders erfolgversprechend erscheint nachfolgende Variante. Aufbauend auf ein festgelegtes minimales Werbevolumen, versucht man, den Umsatz in ohnehin schon verkaufsstarken Perioden durch zusätzliche Werbemaßnahmen noch weiter zu erhöhen.

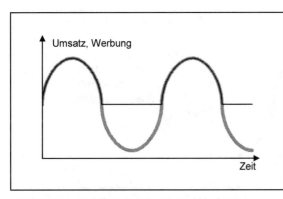

| | **Praxisorientierte Werbung** |
| | Ein bestimmtes Werbevolumen wird nicht unterschritten, jedoch wird in umsatzstärkeren Zeiten zusätzlich geworben. |

Abbildung 3-8 *Praxisorientierte Werbung*

Ist der Werbezeitraum festgelegt, müssen die einzelnen Werbeaktionen inner-halb dieses Zeitraumes verteilt werden. Ziel dabei ist, eine möglichst große Wir-kung aller Maßnahmen zu erreichen. Werbeaktionen können einmalig und inten-siv, kontinuierlich oder intermittierend durchgeführt werden. In welcher Stärke, welcher Häufigkeit und Zeitfolge die Werbung erfolgt, hängt vom beworbenen Produkt, den Umworbenen und den anderen Elementen des Marketing-Mix ab.

3.3.8 Werbemittel und Werbeträger

Aufgabe von **Werbeträgern** ist es, physische Kontakte zwischen den Werbe-mitteln und den Zielpersonen herzustellen. Werbeträger werden auch als Streu-medien bezeichnet, da sie die Botschaften im Zielpublikum verteilen oder „streuen". Zu den Werbeträgern zählen z.B. Zeitungen und Zeitschriften, Fern-sehen und Hörfunk, Kinos, Werbung per Post (Werbebriefe), Schaufenster so-wie Plakatwände und Litfaßsäulen.

– ohne Worte –

Die **Auswahl von Werbeträgern** für eine Kampagne ist – abgesehen vom Werbemittel – von einer Vielzahl von Kriterien abhängig. Es gibt mobile (Busse und Bahnen) und stationäre (Litfaßsäulen und Plakatwände) Werbeträger, solche mit einer hohen (Fernsehen) und einer niedrigen Verbreitungsgeschwindigkeit (Kino), mit einmaliger (Fernsehen) oder mehrmaliger Berührungschance (Zeitschrift). Botschaften können optisch-statisch (Plakat), akustisch-dynamisch (Hörfunk-Spot) oder multisensorisch (Fernsehen) präsentiert werden.

Bei der Gestaltung eines Werbemittels sind verschiedene Gesichtspunkte zu beachten:

- **Verständlichkeit:** Die Sätze sollten kurz, prägnant und leicht verständlich sein. Eine zu große Informationsmenge kann das Zielpublikum leicht überfordern.

- **Minimierung des Lesewiderstandes:** Um die Zielpersonen zum Lesen einer Anzeige oder eines Plakates zu bewegen, sollte eine auffällige, aber dennoch gut leserliche Schrift verwendet werden.

- **Dynamik:** Sprecher in Rundfunk- oder TV-Spots sollten relativ schnell sprechen, aber nicht hektisch auftreten.

- **Argumentation:** Behauptungen oder Ansprüche sollten verständlich und einleuchtend erläutert werden.

- **Erhöhung der Aufmerksamkeit:** Häufig werden Humor und Sex in der Werbung verwendet, um Interesse beim Betrachter zu wecken.

- **Präsentationsdauer:** Die Präsentation sollte nicht zu kurz sein, aber auch nicht unnötig ausgedehnt werden.

Um Monotonie bei der Gestaltung ihrer Werbemittel zu vermeiden, greifen einige Firmen zu recht unkonventionellen, mitunter sogar schockierenden Lösungen. Ein in dieser Beziehung häufig erwähntes Unternehmen ist die italienische Firma Benetton. Durch bewußte Provokation will Benetton die Aufmerksamkeit der Zielkunden auf sich lenken. Mit solchen Kampagnen läuft ein Unternehmen allerdings Gefahr, nicht nur Zuspruch zu finden, sondern auch Ärger zu erregen und Kunden zu verlieren. Außerdem resultieren aus derartigen Werbekampagnen häufig rechtliche Probleme, wie auch Benetton erfahren mußte.

Ein bedeutender Aspekt bei der Auswahl von Werbeträgern ist die **Reichweite**. Als Reichweite bezeichnet man die Anzahl der Zielpersonen, die mit einem Werbeträger erreicht werden soll bzw. kann. Man unterscheidet dabei räumliche, quantitative und qualitative Reichweite. Die räumliche Reichweite definiert die Region, in der der Werbeträger verfügbar ist. Die quantitative Reichweite gibt die Penetrationskraft eines Werbeträgers an, d.h., sie drückt aus, wie viele Personen mit einem spezifischen Werbeträger erreicht werden können. Die qualitative Reichweite drückt aus, inwieweit eine spezifische, zusammengehörige Gruppe angesprochen werden kann.

Ein weiterer bei der Werbeträgerplanung zu berücksichtigender Faktor ist die **Kontaktfrequenz.** Sie gibt die Häufigkeit der zustande kommenden Kontakte mit dem Zielpublikum an. Eine hohe Frequenz ist besonders bedeutsam bei umfassenden Werbebotschaften oder bei der Abwehr von Konkurrenten. Jedoch sollte die Basisbotschaft in verschiedenen Variationen wiederholt werden, um Monotonie zu vermeiden.

Neben den eben genannten Aspekten spielen die **Kosten** eines Werbeträgers eine wesentliche, wenn nicht sogar die wichtigste Rolle. Nachfolgende Tabelle zeigt die aktuellen Preise einiger Werbeträger in Deutschland bzw. Österreich:

Werbeträger	Werbemittel			Preis
Tageszeitung, überregional	1/1 Seite, Anzeige vierfarbig	Sonntags-ausgabe	einmalig	€ 19.000
Tageszeitung, online	Newsletter, max. 3 Anzeigen	wöchentlich	per 1.000 Kontakte	€ 70
Zeitschrift	1/1 Seite, Anzeige vierfarbig	wöchentlich	einmalig	€ 40.000
Fernsehen, öffentlich-rechtlich	Werbespot	montags-freitags, vor Abendnach-richten, Okt.-Dez.	30 Sekunden	€ 19.000
Radio, öffentlich-rechtlich	Werbespot	samstags, zwischen 9 und 10 Uhr	1 Sekunde	€ 39
Plakat	Großfläche in 1a-Lage in Großstadt		pro Tag	€ 15

Abbildung 3-9 *Preise ausgewählter Werbeträger*

Printmedien werden am häufigsten als Werbeträger in Anspruch genommen. Mit **Zeitungen** als Werbeträger sind die meisten Adressaten erreichbar. Sie sind durch eine nahezu uneingeschränkte Verfügbarkeit sowie durch niedrige Kontaktkosten gekennzeichnet. Durch verschiedene Zeitungen können spezifische Zielgruppen angesprochen werden. Darüber hinaus bieten sich umfangreiche Gestaltungsmöglichkeiten für Anzeigen oder Werbebeilagen in Zeitungen. Überregionale **Zeitschriften** (Publikumszeitschriften) zeichnen sich durch eine hohe Reichweite und Ubiqität (überall unbeschränkt erhältlich) aus. Da ein Leser eine Zeitschrift meist nicht nur einmal zur Hand nimmt, besteht eine hohe Wahrscheinlichkeit, daß Anzeigen mehrmals betrachtet werden. Zeitschriften werden vor allem als Werbeträger für Konsum- und Gebrauchsgüter eingesetzt.

Gegenüber den anderen Werbeträgern weist das **Fernsehen** den Vorteil auf, daß das Zielpublikum auf multisensorische Weise – in diesem Fall Sehen und Hören – angesprochen werden kann. Werbespots können über eine Vielzahl von Privatsendern sowie über die öffentlich-rechtlichen Anstalten ausgestrahlt werden. Fernsehwerbung eignet sich gut für Produkteinführungskampagnen, zur Erinnerungswerbung sowie zur Etablierung eines Produktimages, besonders bei Konsumgütern des täglichen Bedarfs.

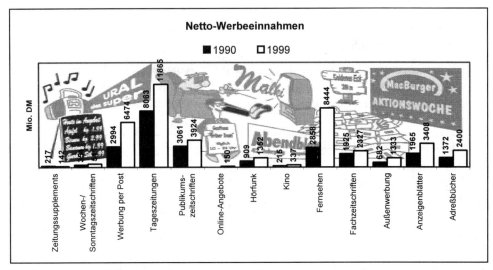

Abbildung 3-10 *Nettowerbeeinahmen erfaßbarer Werbeträger in Deutschland (Quelle: Zentralverband der deutschen Werbewirtschaft (ZAW) (Hrsg.): Werbung in Deutschland 2000, in: Mediendaten Südwest 2001, http://www.mediendaten.de)*

Neben den herkömmlichen Werbeträgern finden auch sogenannte neue Medien Beachtung, wenngleich diese noch bedeutend geringere Umsatzzahlen aufweisen. Zu den neuen Medien zählen z.B. das Kabelfernsehen, Bildschirm- oder Videotext und natürlich das Internet. Die Weiterentwicklung dieser Medien wird in den nächsten Jahren auch zu einer Veränderung der Werbelandschaft führen.

Berücksichtigt werden sollte die **Verfügbarkeit** der Werbeträger in den einzelnen Ländern. In manchen Ländern sind bestimmte Werbemittel völlig unüblich (in Griechenland z.B. Werbung mittels Drucksachen und Postwurfsendungen [vgl. BfAI 1996, 51]), andere Werbemittel befinden sich erst im Kommen und können – wenn eingesetzt – besondere Aufmerksamkeit erregen. Es empfiehlt sich außerdem, die nationalen Presselandschaften genauer zu untersuchen, um für die Schaltung von Werbeanzeigen geeignete Zeitungen/Zeitschriften zu finden. Neben zahlreichen nationalen Zeitungen und Zeitschriften sind häufig eine Reihe international renommierter Printmedien in den Ländermärkten vertreten. Ebenso können neben nationalen Fernsehsendern oft auch ausländische Kanäle empfangen werden. Nicht zuletzt sollte die Glaubwürdigkeit und das Image der einzelnen Medien untersucht werden.

Zur **Bewertung von Effektivität und Zweckmäßigkeit** der Werbeträger werden Daten von (möglichst international erfahrenen) Marktforschungsinstituten zugrunde gelegt. Man erhält hierdurch Angaben zur Größe der Zielgruppe, zu Reichweiten, zur Zirkulation bestimmter Medien usw. Ein Kostenvergleich der in Frage kommenden Werbeträger kann unter Heranziehung des **1.000-Kontakt-Preises** durchgeführt werden. Dieser Wert gibt an, welche Kosten 1.000 Kontaktchancen mit den Zielkunden verursachen.

Das werbende Unternehmen muß nun entscheiden, welche Basiswerbeträger eingesetzt und durch welche Werbeträger diese ergänzt werden soll. Weiterhin müssen der Werbeetat auf die Werbeobjekte sowie die Werbemaßnahmen über den ausgewählten Zeitraum verteilt werden. Ergebnis dieser Planung ist ein sogenannter **Werbestreuplan**. Dieser Plan listet die belegten Werbeträger, die Häufigkeit und den Zeitpunkt der Schaltung von Botschaften auf.

3.3.9 Werbepretests

Bevor eine großflächige Werbekampagne durchgeführt wird, sollte sie auf ihre Wirksamkeit überprüft werden. Mit Hilfe sogenannter Pretests sind Prognosen bezüglich der Kundenreaktionen und des Werbeerfolges möglich. Sollte in den Tests nicht die erwartete Wirkung erzielt werden, kann das Werbemittel modifiziert oder die Botschaft überarbeitet werden. Dies hilft, Fehlschläge und damit finanzielle Einbußen zu vermeiden.

Werbewirkungen können mit Hilfe subjektiver und objektiver Verfahren abgeschätzt werden.

Subjektive Verfahren erfassen die Meinungen von Personen (sowohl Konsumenten als auch Spezialisten), denen das Werbemittel vorgestellt wird. Die bedeutendsten subjektiven Verfahren sind folgende:

- **Rangfolgeverfahren**: Dabei bewertet der Betrachter unterschiedliche Varianten eines Werbemittels und ordnet sie nach Attraktivität, Aussagekraft, Ausstrahlung usw. Die jeweils am positivsten bewertete Variante wird für die folgende Werbekampagne ausgewählt.

- **Paarvergleich**: Aus jeweils zwei Varianten wird die attraktivere ausgewählt. Auch hier wird die am besten bewertete Variante für die Kampagne vorgezogen.

- **Skalentest**: Hier werden die Varianten anhand verschiedener Skalen (z.B. billig – teuer, angenehm – unangenehm) bewertet. Die Resultate werden mit einem zuvor erstellten Profil verglichen. Die Variante, die dem vorgegebenen Profil am ehesten entspricht, wird ausgewählt.

Bei **objektiven Verfahren** werden die Reaktionen der Testpersonen experimentell gemessen. Die bekanntesten objektiven Verfahren sind (Weis 1999, 416):

- **Tachistoskopverfahren**: Die Testperson kann das Werbemittel nur für Bruchteile von Sekunden betrachten und beschreibt danach ihre Eindrücke.

- **Psychogalvanometerverfahren**: Dieses Verfahren mißt galvanische Hautreaktionen (Schweißdrüsenfunktion). Es basiert auf der Annahme, daß die Stärke der Reaktion das Interesse des Betrachters widerspiegelt.

- **Pupillenveränderungsmeßverfahren**: In bestimmten Abständen wird hierbei der Pupillendurchmesser des Betrachters gemessen. Diese sowie die vorangehende Technik werden häufig kritisiert, weisen jedoch eine gute Erfolgsquote auf.

- **Speichelflußmessungen**: Bei diesem Verfahren, welches vor allem zum Testen von Nahrungsmittelwerbung verwendet wird, mißt man die Stärke des Speichelflusses der betrachtenden Testperson.

Ein harter Tag für einen Werbetester

Die Wirkung von Werbemaßnahmen kann aber auch in Mikrotestmärkten untersucht werden. In Deutschland bieten die Gesellschaft für Konsumforschung (GfK) und das Nielsen-Institut verschiedene Städte als Testmärkte an:

	Behaviour Scan (GfK)	Telerim (Nielsen)
Orte	• Hassloch	• Reutlingen • Bad Kreuznach • Buxtehude
Zahl der angeschlossenen Haushalte	• 3.000 unterteilt in zwei Stichproben: 2.000 Haushalte mit Kabelanschluß und 1.000 Haushalte ohne Kabelanschluß • Bildung von Test- und Kontrollgruppen	• 1.000 pro Stadt
Ziel	• Werbewirkungstest von TV-Spots und Zeitschriftenanzeigen	• Werbewirkungstest von TV-Spots
Vorgehensweise	• reguläre Werbespots in ARD, ZDF, SAT.1 und RTL werden mit Testspots überblendet; • bei 200 verkabelten, einzeln ansteuerbaren Haushalten wird zusätzlich die Einschaltquote ermittelt; • Einsatz klassischer Printmedien: in verschiedene Zeitschriften werden Testanzeigen eingebaut	• die 20 wichtigsten Geschäfte jeder Stadt sind angeschlossen (beteiligte Kunden erhalten Identitätskarten), • Testspots werden nur über ZDF gesendet
Erfolgsmessung	• ab einen Tag nach Sendung der Testspots kann deren Wirkung auf die Konsumenten anhand der Käufe in Geschäften registriert werden (über Scannerkassen)	• Registrierung der Käufe über Scannerkassen

Abbildung 3-11 *Testmärkte in Deutschland (nach Kotler/Bliemel 2001, 971f)*

Mit Hilfe von Werbespottests sollen die Überzeugungskraft, Durchsetzungsfähigkeit und Weiterleitung der Spots sowie die Kaufbereitschaft der angesprochenen Zielpersonen überprüft werden.

3.3.10 Durchführung und Erfolgskontrolle

Sind alle bisher erläuterten Phasen der Werbeplanung erfolgreich abgeschlossen, kann die Werbekampagne durchgeführt werden. Dies geschieht entweder durch das werbende Unternehmen selbst, durch eine beauftragte Werbeagentur oder durch eine Kombination der ersten beiden Varianten.

Im Anschluß an die Durchführung werden der ökonomische und der kommunikative Erfolg der Werbekampagne kontrolliert (Posttest). Mit dieser Werbeerfolgskontrolle soll überprüft werden, inwieweit die gesetzten Werbeziele erreicht und ob zuviel oder zuwenig für Werbemaßnahmen ausgegeben wurde.

Zunächst kann der außerökonomische oder auch **kommunikative Werbeerfolg** einer Werbekampagne ermittelt werden. Für einen Werbetreibenden ist es entscheidend zu wissen, inwieweit Meinungen und Einstellungen des Zielpublikums geändert, die Markenbekanntheit erhöht und Präferenzen für seine Produkte erzeugt wurden. Dies kann anhand verschiedener Verfahren beurteilt werden:

- **Recognition-Verfahren** (Wiedererkennungsverfahren): Mit diesem Verfahren versucht man herauszufinden, ob eine Person eine bestimmte Werbebotschaft wahrgenommen hat. Ausgewählte Personen werden befragt, inwieweit sie sich an eine Anzeige oder Werbespot sowie das darin beworbene Produkt erinnern und ob sie den Text gelesen haben. Aus den Antworten kann man auf Interesse an einer Botschaft schließen, jedoch nicht auf eine Kaufabsicht.

- **Recall-Verfahren** (Erinnerungsverfahren): Bei diesem Verfahren werden Personen befragt, ob sie sich an eine Botschaft erinnern. Dabei unterscheidet man die ungestützte und die gestützte Erinnerung. Bei der ungestützten Erinnerung sollen die Personen eine Botschaft ohne Erinnerungshilfen wiedergeben, bei der gestützten Erinnerung werden Produkt- oder Herstellernamen genannt oder andere Anhaltspunkte gegeben.

- **Kontaktmessungsverfahren**: Dieses Verfahren ermittelt die tatsächlichen Kontakte der Zielperson mit der Werbebotschaft. Dies geschieht durch Beobachtung oder Befragung.

Weitaus schwieriger ist die Ermittlung des **ökonomischen Erfolges**. Der Umsatz hängt nicht nur von der Werbung für ein Produkt ab, sondern auch vom Preis, von der Verfügbarkeit des Produktes und von Angeboten der Konkurrenz.

Die Messung des ökonomischen Werbeerfolges kann durch folgende Verfahren geschehen:

- **Gebietsverkaufstest**: In regional getrennten, aber strukturgleichen Gebieten wird die Auswirkung der Werbung auf den Umsatz untersucht. Auf einem Testmarkt werden Werbeaktionen durchgeführt, ein Kontrollmarkt liefert Angaben zum Umsatz ohne Einfluß der Werbung.

- **Methode der Direktbefragung**: Hierbei werden Käufer bestimmter Produkte gefragt, durch welche Werbeaktion sie zum Kauf angeregt wurden.

- **Bestellung unter Bezugnahme auf das Werbemittel**: Dieses Verfahren kann verwendet werden, wenn das Werbemittel mit einem Bestellcoupon versehen ist, z.B. bei Zeitungsanzeigen oder Katalogsendungen. Durch besondere

Kennzeichnung der Coupons kann festgestellt werden, welche spezifische Zielgruppe mit der Maßnahme erreicht wurde.

3.4 Verkaufsförderung

Ziel der **Verkaufsförderung** sind die Information und Stimulierung der am Absatzprozeß beteiligten Personen oder Unternehmen sowie die Schaffung von Kaufanreizen für die Endverbraucher. Die Begriffe Verkaufsförderung, Sales Promotion und Absatzförderung werden häufig synonym verwendet, obwohl sie nicht deckungsgleich sind. Während die Verkaufsförderung oben genannte Ziele verfolgt, schließt die Sales Promotion die Koordination der Verkaufsförderung mit der Werbung ein.

Verkaufsförderungsmaßnahmen wirken in der Regel kurzfristig. Während die Werbung längerfristig Überzeugungsarbeit bezüglich des Produktnutzens und der Produktvorteile leistet, soll die Verkaufsförderung die Käufe letztendlich auslösen und zur kurzfristigen Absatzsteigerung beitragen. Die Verkaufsförderungsziele werden entsprechend den übergeordneten Marketing- und Unternehmenszielen und den anzusprechenden Zielgruppen festgelegt. Dabei unterscheidet man Verkaufs-Promotions, Händler-Promotions und Verbraucher-Promotions (vgl. Meffert 1998, 701).

Zielgruppen	Hauptziele		
	Steigerung von Bekanntheitsgrad und Image	Information und Schulung	Verkaufsanreiz, Umsatzgenerierung
innengerichtete Promotion: für die eigene Verkaufsmannschaft		• Verkaufs-handbuch • Schulungstage	• Verkäufer-wettbewerb • Incentives
handelsgerichtete Promotion: für Vertriebspartner	• Info-Tage für den Handel • Händler-Events	• Händler-kataloge • Händler-schulungen	• Regalpflege • Händlerwett-bewerbe
abnehmergerichtete Promotion: für Interessenten und Kunden	• Kunden-Klubs • Tag der offenen Tür	• Hotline/ Beratung • Service-Information	• Gewinnspiele • Verkostungen

Abbildung 3-12 *Ausgewählte Maßnahmen für Verkaufsförderaktionen (Winkelmann 2000, 389)*

3.4.1 Verkaufs-Promotions

Verkaufs-Promotions richten sich an die eigenen Mitarbeiter im Innen- und Außendienst. Zweck ist deren Motivation sowie die Verbesserung ihrer Leistungsfähigkeit zur verstärkten Anwerbung von Kunden und deren Bindung ans Unternehmen. Zur Erreichung dieser Ziele sind verschiedene Maßnahmen einsetzbar.

- **Schulung und Information**: Den Mitarbeitern wird umfangreiches Wissen über das eigene Unternehmen sowie dessen Produkte und Leistungen vermittelt, welches sie an potentielle und bestehende Kunden weitergeben können.

- **Unterstützung durch Verkaufshilfen**: Verkaufshandbücher, Kataloge, Informationsmaterial, Preislisten u.ä. erleichtern die Argumentation und Beratungsaufgaben der Verkäufer und können die Akquisition von Kunden vereinfachen.

- **Motivation**: Zur Motivation können Verkaufswettbewerbe unter den Mitarbeitern veranstaltet oder Incentives für besondere Leistungen überreicht werden. Am effektivsten wirken sich monetäre Anreizsysteme aus.

Verkäuferschulung der Spirituosengruppe

3.4.2 Händler-Promotions

Ziel der Händler-Promotions ist, die Händler zu besonderem Engagement bezüglich des Absatzes der Ware zu bewegen. Eine gute Beziehung zu den Händlern ist aufgrund großen Konkurrenzdrucks für viele Hersteller „überlebensnotwendig". Von den meisten Händlern wird eine Unterstützung im Rahmen von Verkaufsförderungsmaßnahmen eingeplant, so daß die Gewährung von Werbekostenzuschüssen und Nachlässen von seiten der Produzenten letztlich unabdingbare Voraussetzungen sind. So sind viele Hersteller gezwungen, für Händler-Promotions Mittel auszugeben, die sie lieber in Werbung oder Verbraucher-Promotions investiert hätten.

Die – doch notwendige – Gestaltung dieser Beziehungen kann durch den Einsatz verschiedener Instrumente unterstützt werden:

- **Schulung und Information der Mitarbeiter des Händlers**: Die Händler werden mit den Besonderheiten und Qualitäten der jeweiligen Produkte vertraut gemacht, um sie angemessen präsentieren und die Verbraucher fachgerecht beraten zu können. Darüber hinaus erhalten sie Informationen zur Sortimentsplanung und Lagerhaltung.

- **Unterstützung bei der Gestaltung der Verkaufsräume**: Um angemessene Flächen zur Plazierung der eigenen Produkte zugeteilt zu bekommen, übernehmen viele Hersteller die Betreuung von Regalen oder Stellflächen. Zur besonderen Akzentuierung der Produkte stellen sie Displays zur Verfügung und beraten die Händler bei der Gestaltung der Verkaufsflächen.

- **Preispolitische Unterstützung**: Verschiedenartige Rabatte oder Nachlässe veranlassen den Händler zur Abnahme größerer Mengen, zur Aufnahme neuer, noch nicht gelisteter Artikel oder zur Herausstellung bestimmter Produkte aus dem Sortiment.

- **Motivation**: Häufig eingesetzte Möglichkeiten zur Motivation der Mitarbeiter des Handels sind z.B. Verkaufs- und Gestaltungswettbewerbe, Produktdemonstrationen oder Preisausschreiben.

Jammern ist der Kaufleute Gruß[*]

Der Konzern P. ist als Kranhersteller aufgrund seiner innovativen Produkte und des guten Preis-Leistungs-Verhältnisses weltweit praktisch führend. Der Vertrieb erfolgt ausschließlich über Händler. Dementsprechend existiert auch ein weltumspannendes Händlernetz. Der Kontakt zu den Händlern erfolgt zum einen über den für die Händlerbetreuung eingerichteten Außendienst, zum anderen über regelmäßige Zusammenkünfte zwischen Händlern und Firmenleitung. Diese finden abwechselnd am Ort eines der Händler, auf „neutralem Boden" oder am Hauptsitz des Konzerns, einer bekannten, lebenswerten Stadt am Rande der Alpen, statt. Diese Treffen dienen dem Gedankenaustausch, der Motivation, Unterstützung sowie – mit Abstrichen – Schulungszwecken. Dieserart sind sie als wichtige kommunikationspolitische Maßnahme auch eine der wichtigen Säulen des Konzernmarketings. Das Bild ist immer das gleiche. Die Händler fahren – als arrivierte Geschäftsleute – meist im Mercedes vor und geben sich auch sonst sehr selbstbewußt, was aber aufgrund ihrer regelmäßigen Verkaufserfolge durchaus legitim ist. Doch dann, im Verlauf der Zusammenkunft, man glaubt es kaum, quasi unisono immer wieder dasselbe: „Wir haben zuwenig finanziellen Rückhalt, alles kostet zuviel Geld, besonders die operativen Marketingmaßnahmen wie die Herstellung landesspezifischen Informationsmaterials, das Organisieren von *events*, Schulungsmaßnahmen für die Kunden, die ansprechende Gestaltung der Verkaufsräumlichkeiten. Schließlich trägt, so die subjektive Meinung, auch die knappe Gewinnspanne wesentlich zum Kaufmannsleid bei. Kurzum: es rechnet sich kaum noch, wir brauchen mehr Geld!" Nicht wirklich beeindruckt, läßt sich der Firmenchef und Mehrheitseigentümer – um die wahren Verhältnisse wohl wissend – in seiner etwas patriarchalischen Art dann wohlmeinend immer wieder zu gewissen Zugeständnissen finanzieller Art hinreißen, letztlich um die Händler „bei Laune zu halten" und für weitere Erfolge zu motivieren. Die Treffen nehmen sodann üblicherweise ihren Verlauf und verklingen freundschaftlich. Nachdem man sich mit allen möglichen Beteuerungen verabschiedet hat, besteigen die Herren ihre Limousinen, nicht selten bereits von ihrem Chauffeur erwartet, und rauschen zufrieden von dannen ...

3.4.3 Verbraucher-Promotions

Mit Hilfe der Verbraucher-Promotions soll der potentielle Kunde zunächst auf ein bestimmtes Produkt aufmerksam gemacht werden, mit dem Produkt tatsächlich in Berührung kommen und sich mit dem Produkt und dessen Verwendungsalternativen auseinandersetzen. Kunden, die das Produkt bereits verwenden, können zu einer Intensivierung des Verbrauchs angeregt und mit anderen Marken interessiert, unzufriedene Kunden können abgeworben werben.

Aus der Vielzahl der möglichen Instrumente sollen hier nur einige genannt werden (vgl. Weis 1999, 475ff):

- **Zugaben**: Kleine, geringwertige Geschenke werden, ohne den Preis deshalb zu erhöhen, mit dem Produkt verkauft. Häufig gibt es verschiedene Ausführungen dieser Gegenstände, so daß der Konsument zusätzlich zum Sammeln angeregt wird.

- **Produktproben**: Kleine Gratisproben werden an die Verbraucher verteilt, um den direkten Kontakt mit dem Produkt herzustellen. Ist der Verbraucher mit den Produkteigenschaften zufrieden, erhöhen sich die Chancen, daß er das Produkt tatsächlich kauft.

- **Gift-Stamp-Plan**: Gegen eine bestimmte Anzahl sogenannter „Sammelpunkte" erhält der Verbraucher ein kleines Geschenk. Ziel dieser Aktion ist die Erzeugung von Markentreue.

- **Bonus-Product-Pack**: Beim Kauf einer bestimmten Anzahl von Produkten erhält der Käufer einen Artikel gratis („Drei für den Preis von zwei.").

- **Sonderpreispromotion**: Für einen bestimmten Zeitraum gesenkte Preise sollen zu Absatzsteigerungen führen. Bei der Preispromotion besteht jedoch die Gefahr, daß die Kunden den gesenkten Preis als normal betrachten und in Zukunft nur noch zu diesem Preis kaufen (wollen).

3.4.4 Das Push-and-Pull-System

Aus der Kombination von Werbung, Händler- und Verbraucher-Promotions ergibt sich das Push-and-Pull-System. Durch Händler-Promotions bringt der Produzent seine Produkte in den Handel (**push**). Der Handel wiederum wirbt gemeinsam mit den Herstellern für bestimmte Produkte, um den Verbraucher zu interessieren und in die Verkaufsstellen zu locken (**pull**). Ist der Verbraucher dann stimuliert, sollen Verbraucher-Promotions den Auslöser zum Kauf der Ware bilden.

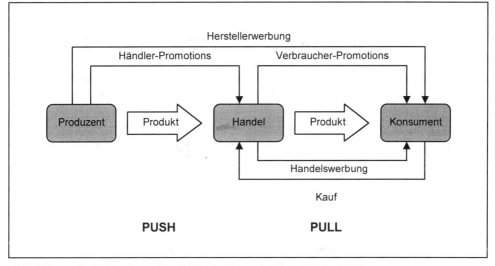

Abbildung 3-13 *Push-and-Pull-System (nach Weis 1999, 474f)*

Die Auswahl der Verkaufsförderungsinstrumente und des Zeitraumes für deren Einsatz ergibt sich in Abhängigkeit von den zu beeinflussenden Zielgruppen und der Art des Produktes. Ein zu kurzer Zeitraum ermöglicht es vielleicht nicht allen potentiellen Kunden, in den Genuß der Verkaufsförderung zu kommen, ein zu langer Zeitraum wiederum läßt das „zeitlich begrenzte Sonderangebot" unglaubwürdig erscheinen. Neben dem Zeitraum muß sich der Anbieter auch für die Art der Verteilung entscheiden. So können Gratisproben den Kunden im Geschäft überreicht, anderen Produkten der gleichen Marke beigelegt oder an Haushalte verteilt werden.

Bevor eine Verkaufsförderungsmaßnahme im Gesamtmarkt eingesetzt wird, empfiehlt sich ein Test in einem regional begrenzten Gebiet. Es können auch verschiedene Maßnahmen in verschiedenen Gebieten getestet werden, um anschließend die wirksamste für den Gesamtmarkt auszuwählen. Den Erfolg solcher Maßnahmen können die Händler anhand ihrer Verkaufsstatistik ermitteln. Außerdem können Experimente oder Kundenbefragungen durchgeführt werden.

Trotz der vorteilhaften Wirkung der Verkaufsförderung ergeben sich einige Probleme. Verkaufsförderung kann dazu führen, daß Konsumenten der Werbung weniger Beachtung schenken, da sie verstärkt nach Sonderangeboten suchen. Außerdem kann nicht davon ausgegangen werden, daß alle zur Verkaufsförderung eingesetzten Mittel ihre Zielkunden erreichen. Ein erheblicher Teil der Maßnahmen erreicht auch Konsumenten, die an keine bestimmte Marke gebunden sind, Konsumenten, die die Marke nicht wechseln würden und Konsumenten, die ohnehin schon Kunden sind.

3.5 Messebeteiligung

Die Bedeutung von Messen als eigenständiges Marketinginstrument wurde lange Zeit unterschätzt. Dabei ermöglichen sie als einziges Marketinginstrument wirklich interaktive – und dadurch vergleichsweise auch intensive – Kontakte zwischen Anbietern und Nachfragern, Erzeugnissen und Medien. Auf Messen können Produkte und Unternehmen gleichzeitig präsentiert, Angebote der Konkurrenz studiert, Kontakte zu Kunden geknüpft oder ausgebaut, Verträge vorbereitet und (seltener) abgeschlossen werden. **Persönliche Kontakte** sind besonders im Investitionsgüterbereich von großer Bedeutung. Im Gegensatz zu den anderen Marketinginstrumenten besitzt die Messe Prozeßcharakter und ist nur auf eine bestimmte Zeit angelegt. Als besonderer Vorteil der Messen erweist sich die Konzentration von Technik, Öffentlichkeit und Medien und die daraus resultierenden kurzen Kommunikationswege. Die informelle Atmosphäre verringert die Hemmschwellen und erleichtert das Knüpfen von Kontakten.

In Deutschland finden jährlich rund 100 bedeutende Messen statt, weltweit etwa 5.000, 400 davon mit internationaler Bedeutung. Die wichtigsten deutschen **Messestandorte** sind Düsseldorf, Frankfurt/Main, Hannover, Köln und München. Im Vergleich zu anderen Nationen nimmt Deutschland als Messeland eine Spitzenposition ein. Wichtige internationale Standorte sind u.a. Hong Kong, New York, Paris, Singapur, Sydney, Tokio, Wien und Zürich.

Ort	Veranstaltungen
Chicago	Chicago Gift Show
Frankfurt/M.	Internationale Frankfurter Messe
Hannover	CeBIT Hannover
Hong Kong	HKT & GF – Internationale Spielwarenmesse
	LINKIN – Internationale Werkzeugmaschinenausstellung
Köln	ANUGA FoodTec – Internationale Fachmesse für Nahrungsmitteltechnologie
	IMM – Internationale Möbelmesse
	ISM – Internationale Süßwarenmesse

New York	Internationale Fachmesse für Schmuckwaren
	Surtex – International Exhibition for Surface Design
Paris	MODE ENFINTINE – Internationaler Kindermodensalon
	MONDIAL DE L'AUTOMOBILE – Internationale Automobil- und Transportausstellung
	SEF – Europäische Franchise-Messe
Singapur	COMTEC – The Computer Systems and Technology Exhibition
	SIBEX – South East Asia International Building Exhibition
Sydney	The Sydney Royal Easter Show
Tokio	FOODEX JAPAN – International Food & Beverage Exhibition
	IFM Asia – Internationale Frankfurter Messe Asia – Internationale Fachmesse für Konsumgüter
Wien	IFABO WIEN – Internationale Fachmesse für Büro- und Kommunikationstechnik
	Wiener Interieur – Internationale Möbel- und Einrichtungsmesse
Zürich	MICROTECNIC – Internationale Fachmesse für Fertigungsmeßtechnik und Qualitätssicherung
	ORNARIS – Neuheiten und Trendfachmesse
	SWISS BOOT INTERNATIONAL – Bootsausstellung mit internationaler Beteiligung

Abbildung 3-14 *Internationale Messen und Veranstaltungsorte*

Im Messewesen können nach dem Zweck, den Beteiligten und den Besuchern verschiedene **Veranstaltungsarten** unterschieden werden (vgl. Selinski 1995, 13ff):

- **Messen** sind als zeitlich begrenzte, turnusmäßig durchgeführte Veranstaltungen definiert. Sie richten sich an Fachbesucher und informieren über das Angebot einer oder mehrerer Branchen. Hauptaufgabe von Messen ist die Knüpfung von Kontakten und die Aushandlung von Vertragsabschlüssen. Darüber hinaus erfüllen Messen eine bedeutende Informations- und Kommunikationsfunktion. Nach Umfang der Angebote können Messen in Universalmessen, Mehrbranchenmessen und Fachmessen untergliedert werden. Nach Herkunft der Beteiligten unterscheidet man regionale, nationale und internationale Messen.

- Auch **Ausstellungen** sind zeitlich begrenzte Veranstaltungen, die einen Überblick über das Angebot einer oder mehrerer Branchen geben. Sie stehen nicht nur Fachbesuchern, sondern auch anderen Interessenten offen. Hauptaufgabe der Ausstellungen ist die Verbreitung von Informationen, in manchen Branchen (z.B. Winzer) stellen sie aber auch einen wichtigen Absatzweg dar. Standortbindung und regelmäßige Wiederkehr gelten eher als Kennzeichen von Messen, jedoch werden immer häufiger auch Ausstellungen in regelmäßigen Abständen am gleichen Ort durchgeführt. Beide Formen können miteinander kombiniert werden, z.B. als „Messe mit Sonderausstellung".

- **Kongresse, Symposien** oder **Tagungen** können Messen und Ausstellungen ergänzen oder als eigenständiges Marketinginstrument zum Einsatz kommen. Derartige Veranstaltungen können regelmäßig oder einmalig stattfinden, sie können an einen bestimmten Standort gebunden sein oder mobilen Charakter haben. Vorteil dieser Instrumente ist es, ausgewählte Gäste einladen, mit spezifischen, auf ihre Bedürfnisse zugeschnittenen Informationen versorgen und in der Folge auch speziell betreuen zu können.

Messestandorte und die dort stattfindenden Veranstaltungen werden von **Messe- und Kongreßgesellschaften (Veranstalter)** vermarktet. Jedoch müssen nicht alle Veranstaltungen zwangsläufig von einer derartigen Gesellschaft organisiert werden. Möglich ist auch, daß die Messegesellschaft Messegelände und Messehallen einem anderen Veranstalter zur Verfügung stellt. Messe- und Kongreßgesellschaften bieten ihren Kunden häufig ein Dienstleistungspaket an, das neben dem Gelände, den Ausstellungshallen, Beleuchtungs- und Tontechnik auch kreative Hilfen zur Planung und Durchführung der Veranstaltungen enthält.

– ohne Worte –

Unter **Aussteller** werden alle Firmen, Institutionen, Verbände usw. zusammengefaßt, die einen oder mehrere Stände auf einer Veranstaltung betreiben. Mit der
Beteiligung an einer Messe können die Aussteller mehrere Ziele verfolgen: z.B.
Vorstellen der Angebotspalette, Aufnahme neuer und die Pflege bestehender
Geschäftsbeziehungen, Abschließen von Verträgen, Pflege des Unternehmensimages, Vorstellen und Testen neuentwickelter Produkte, Einholen von Informationen über Markt und Wettbewerb usw.

Von einem Messebesuch erwarten die **Besucher**, sich einen Überblick über das
Gesamtangebot sowie Neuentwicklungen zu verschaffen, Information über spezielle Produkte, Preis- und Lieferbedingungen zu erhalten, persönliche Kontakte
zu den Ausstellern herstellen zu können sowie sich allgemein weiterzubilden.

Neben den Veranstaltern und Ausstellern tragen auch die **Dienstleister** zum Erfolg einer Messe oder Ausstellung bei. Ohne die Leistungen von Standbauunter-
nehmen, Spediteuren, Werbe- und PR-Agenturen, Grafikern, Designern und
vielen mehr wäre die Durchführung einer Messe nicht möglich.

Messen und andere Marketinginstrumente

Messen werden häufig der Kommunikations- oder der Distributionspolitik zuge-
ordnet. Sie stellen aber nicht nur einen Teilbereich anderer Marketinginstrumente dar, sondern können vielmehr als eigenständiges Instrument in Ergänzung
zum Marketing-Mix eines Unternehmens eingesetzt werden.

➡ Kommunikationspolitik

Der Vorteil der Messen gegenüber herkömmlicher **Werbung**, z.B. Plakaten,
Anzeigen oder Hörfunk-Spots, liegt im multisensorischen Charakter von
Marktveranstaltungen. Auf Messen können nicht nur die Sinne Hören und Sehen
angesprochen werden, sondern auch das Fühlen, das Riechen und das Schmek-
ken. Damit kann ein Anbieter auf einer Messe **alle** menschlichen Sinne beeinflussen und dies zur Bekanntmachung und zum Verkauf seiner Erzeugnisse nutzen. Die zur Messe kommenden Besucher suchen gezielt nach Informationen
und sind deshalb besonders aufnahmefähig. Ebenso unterstützend wirken sich
Messebeteiligungen auf die **Public Relations** aus. Die Selbstpräsentation kann
durch eigens für die Messe herausgegebene Berichte oder andere Unterneh-
menspublikationen unterstützt werden. Auf Messen können auch kurzfristige
Verkaufsförderungsmaßnahmen, z.B. in Form von Gewinnspielen, Verko-
stungen oder Verteilung von Gutscheinen, durchgeführt werden.

➡ Produktpolitik

Auf der Suche nach **neuen Produktideen** sollte ein Unternehmen unbedingt
Messe- und Ausstellungsbesuche oder eine Teilnahme an solchen Veranstaltungen in Betracht ziehen. Aus Gesprächen mit Kunden können Mängel bisheriger

Erzeugnisse aufgedeckt und Anregungen für Verbesserungen gewonnen, neu-
entwickelte Produkte dem Publikum vorgestellt und getestet werden. Sollten
sich hierbei Mängel zeigen, kann der Anbieter noch geringfügige Produktände-
rungen vornehmen, bevor er es dem Markt anbietet. Das Vorstellen der eigenen
Innovationen birgt allerdings die Gefahr eines Nachahmens der Produkte durch
Wettbewerber. Beabsichtigt ein Unternehmen die **Eliminierung** eines Produktes, kann eine Messe weitere Anhaltspunkte liefern. Das Vorhaben kann durch
wesentlich bessere Lösungen der Konkurrenz bestätigt oder aber aufgrund regen
Zuspruchs seitens Kunden verschoben werden. Des weiteren bietet sich die
Möglichkeit der konfliktarmen (und damit imageschonenden) Abwicklung von
Reklamationen sowie der Verhandlung über **Kundendienst- und Garantielei-
stungen**.

➡ Kontrahierungspolitik

Aufgrund der direkten Kontakte zwischen Aussteller und Kunden sowie der Präsenz der Konkurrenz erweist sich eine Messe als idealer Ort für die Bestimmung
eines angemessenen und allseits akzeptierten Preises. Sowohl Anbieter als auch
Nachfrager können vor Ort die aktuellen Preise (und die Qualität der Erzeugnisse) vergleichen sowie **Informationen über Preisentwicklungstendenzen** einholen. Gleichzeitig können Informationen über zusätzlich angebotene **Serviceleistungen** oder **Liefer- und Zahlungsbedingungen** beschafft werden.

➡ Distributionspolitik

Schließlich können Messen auch im Rahmen der Distributionspolitik gewinn-
bringend wirken. Aufgrund der Vielzahl der am Distributionsprozeß Beteiligten
erfordert dies in Hinblick auf die Beziehungspflege besonders große Anstrengungen. Messen können mit ihrer Möglichkeit, einen großen Kreis anzusprechen, hierbei unterstützend eingesetzt werden. Messen in Form von Publi-
kumsmessen oder Hausmessen können zur Auffrischung und Intensivierung bestehender Kundenkontakte genutzt werden. Dies ist im Auslandsgeschäft von
großer Bedeutung. Dabei ist eine Messe stets eine gute Gelegenheit besonders
zur Kontaktpflege. Gerne wird im internationalen Geschäft auch auf Hausmessen, die dann im Hotel organisiert werden, oder auf Symposien, Seminare o.ä.
vor Ort zurückgegriffen, um einen ausgewählten Kreis gezielt ansprechen zu
können.

Neben all den eben genannten Vorteilen von Messen existieren dennoch einige
Probleme. Zunächst ist der relativ hohe Aufwand einer Messebeteiligung zu
nennen: es müssen z.B. Exponate vorbereitet, Informationsmaterial zusammengestellt, der Messestand gestaltet und (geschultes) Personal bereitgestellt werden. Trotz intensivster Vorbereitung ist ungewiß, ob die erwartete Zielgruppe
erfolgreich angesprochen werden kann, da die Zusammensetzung des Messepu-
blikums bzw. entsprechendes (konkretes) Interesse im voraus schwer bestimmt
werden kann.

Checkliste für einen erfolgreichen Messeauftritt

- klare Zielsetzungen für die Messebeteiligung, die mit dem Standteam abgesprochen sind; nach der Messe Erfolgsbewertung und Manöverkritik

- homogenes Erscheinungsbild des Messestandes im Einklang mit der *corporate identity*

- Aktionen am Stand: Exponate, die anregen, sich bewegen

- Extraraum und/oder Sitzgruppe für vertrauliche Gespräche; angemessene Standverpflegung

- motivierte Standbesetzung, soll sich als Team begreifen

- Mitarbeiter erarbeiten auf Workshops Standspielregeln:
  – besondere Serviceregeln für VIP's, ausländische Gäste und auch für Wettbewerber am Stand
  – besondere Vorkehrungen, damit für Stammkunden am Stand ausreichend Zeit bleibt
  – limitierte Sprechzeiten, falls Besucherandrang Zeitkapazität der Standbesetzung überfordert

- differenzierte Messegeschenke (*give-aways*) für gute Kunden und Laufkundschaft

- kein Prospekt ohne Visitenkarte!

- Messe-Besuchsbericht (standardisiertes Kontaktformular) ist Pflicht nach jedem Kontakt

- nach der Messe innerhalb von 14 Tagen *Follow-up*-Aktion (Auswertung, Nachfassen)

(Quelle: nach Winkelmann 2000, 395)

3.6 Public Relations

Werbung im engeren Sinne zielt hauptsächlich auf Umsatzsteigerungen und auf eine Erhöhung des Bekanntheitsgrades der Produkte. Dazu bedient man sich vorrangig positiver und verkaufsfördernder Aspekte. Oft steht der Verbraucher solchen Informationen eher skeptisch gegenüber und verlangt nach sachlicheren Informationen, die nicht nur die Produkte an sich, sondern auch die Kultur, Einstellungen und Werte eines Unternehmens betreffen. Die Vermittlung solcher Informationen ist Aufgabe der Public Relations (PR).

Public Relations, auch **Öffentlichkeitsarbeit** genannt, können als geplantes und dauerndes Bemühen, Verständnis und Vertrauen in der Öffentlichkeit aufzubauen und zu pflegen, beschrieben werden. Unter Öffentlichkeit versteht man alle Gruppierungen des gesellschaftlichen Lebens, die unterstützend oder behindernd auf die Unternehmenstätigkeit einwirken können. Dabei kann es sich sowohl um den Gesetzgeber, Parteien, Mitarbeiter und Aktionäre als auch um Interessenverbände, Umweltschutz- oder Bürgerinitiativen handeln.

Die **Hauptaufgabe** der Public Relations, die Gestaltung der Beziehung zur Öffentlichkeit, kann nach Weis (1999, 493) und Meffert (1998, 704f) in verschiedene Teilfunktionen gegliedert werden:

Informationsfunktion	Weiterleitung von Informationen an einflußreiche Gruppierungen des öffentlichen Lebens zur Erzielung von Verständnis für das Unternehmen und dessen Handlungen
Kommunikations- bzw. Kontaktfunktion	Anregen von direkten Kontakten zwischen den einzelnen Gruppierungen
Imagefunktion	Beeinflussung des Unternehmensbildes in der Öffentlichkeit mit dem Ziel eines positiven Unternehmensimages
Harmonisierungs- funktion	Koordination innerbetrieblicher und außerbetrieblicher Verhältnisse
Absatzförderungs- funktion	Unterstützung des Absatzes durch ein positives Unternehmensimage
Führungsfunktion	Widerspiegelung der Unternehmensposition im Markt und Rechtfertigung nachhaltiger Entscheidungen
Existenzerhaltungs- funktion	Rechtfertigung der Existenz des Unternehmens vor der Öffentlichkeit
Stabilisierungsfunk- tion	Vereinfachung der Bewältigung problematischer Situationen durch gefestigte Verbindungen zu relevanten Gruppen
Kontinuitätsfunktion	Erscheinungsbild des Unternehmens soll nach innen und außen gewahrt werden

Abbildung 3-15 *Teilfunktionen der Public Relations*

Natürlich wird jedes Unternehmen bestrebt sein, ein möglichst positives Erscheinungsbild abzugeben, das die Verfolgung der Unternehmensziele unterstützt. Ein positives Firmenimage trägt nicht nur zur Erhöhung der Bekanntheit des Unternehmens bei, sondern kann sich auch verkaufsfördernd auswirken. Darüber hinaus erleichtert es die Akquisition von Mitarbeitern und Führungskräften.

Einsatzmöglichkeiten und Instrumente

Zur Realisierung publizitätspolitischer Ziele können mehrere Instrumente eingesetzt werden. Sie reichen von Presseinformationen und redaktionellen Beiträgen in Tageszeitungen, Rundfunk oder Fernsehen über Gewinnspiele, Veranstaltungen, Ausstellungen und Konferenzen bis hin zu Stiftungen für Kultur, Sport oder Wissenschaft. Außerdem können Geschäftsberichte, Sozial- oder Ökobilanzen publizitätswirksam veröffentlicht werden.

Bevor die passenden Instrumente ausgewählt werden können, müssen zunächst die **publizitätspolitischen Ziele** definiert werden. Solche Ziele können z.B.

sein, die Bekanntheit bestimmter Produkte zu erhöhen, das Vertrauen in das Unternehmen zu stärken oder die Beziehungen zum Handel zu forcieren.

Um die Aufmerksamkeit der Öffentlichkeit auf das Unternehmen zu ziehen, sollten die publizierten Informationen interessant, außergewöhnlich und gleichzeitig glaubhaft sein. Die Auswahl und der Einsatz der Instrumente sollte in Übereinstimmung mit allen anderen Kommunikationsinstrumenten, besonders mit der Werbung, geschehen. Nachdem die PR-Ziele, Botschaften und Instrumente festgelegt wurden, bedarf es ganz besonderer Sorgfalt bei der **Durchführung** der PR-Maßnahmen. Als Vorteil erweisen sich hierbei gute Beziehungen zu Presse und Rundfunk, da ohne sie eine großflächige Publikation von PR-Nachrichten kaum möglich ist. Die Pflege der genannten Beziehungen gehört dementsprechend auch zu den wichtigsten Aufgaben von PR-Verantwortlichen.

Eine Möglichkeit zur **Erfolgsmessung** von PR-Maßnahmen ist die Ermittlung der Zahl der Medienkontakte. Diese Untersuchung erfaßt alle Medien, die im Rahmen der PR-Maßnahme über das Unternehmen oder dessen Produkte und Leistungen berichtet haben, sagt aber nichts über die tatsächlichen Kontakte mit dem Zielpublikum aus. Um dies zu ermitteln, müssen Veränderungen der Unternehmens- und Produktbekanntheit und des Images beim Zielpublikum analysiert werden, was sich üblicherweise allerdings schwierig gestaltet. Schließlich könnte der Erfolg anhand von Umsatzveränderungen ausgedrückt werden. Da PR-Maßnahmen aber meist in Verbindung mit weiteren Marketingmaßnahmen durchgeführt werden, ist der Einzelerfolg ebenfalls nur schwer zu bestimmen.

Aufgrund der nachlassenden Wirkung der herkömmlichen Repräsentationsmöglichkeiten sind viele Firmen auf der Suche nach neuen Mitteln zur Vermarktung des eigenen Unternehmens. Einige Unternehmen haben zu diesem Zweck etwa Clubs ins Leben gerufen, um die Bindung ihrer Kunden an die Firma zu intensivieren. So gibt es z.B. den IKEA-Family-Club, den Märklin-Eisenbahnerclub oder den Swatch-Uhren-Club. Die SB-Warenhauskette Globus gründete einen Young-and-Fun-Club speziell für Kinder. Auch andere Firmen wenden sich in Clubs oder Firmenzeitschriften verstärkt den jungen Konsumenten zu, da diese als Langzeit-Kunden erkannt werden. Andere Unternehmen, wie BMW oder Stollwerck (Süßwaren) eröffneten eigene Firmenmuseen. Diese dienen natürlich nicht nur der Darstellung der Firmengeschichte oder der Repräsentation der Erzeugnisse. Vielmehr sollen die Museumsbesucher zur Auseinandersetzung mit den Produkten und später zum Kauf animiert werden.

4 Distributionspolitik

> „Alle vier Stunden eröffnet irgendwo auf diesem Planeten
> ein neues McDonald's-Lokal."
>
> (Pater 1996, 8)

4.1 Aufgaben und Ziele

Nur in den seltensten Fällen sind der Ort der Herstellung eines Produktes und der Ort der Weiterverarbeitung bzw. des Verbrauchs identisch. Ebenso selten decken sich der Zeitpunkt der Produktion und der Zeitpunkt des Konsums. Demzufolge sind die meisten Hersteller gezwungen, beim Verkauf ihrer Produkte eine räumliche und eine zeitliche Distanz zu überwinden. Mit der Lösung dieser organisatorischen und die Verteilung der Güter betreffenden Probleme beschäftigt sich die **Distributionspolitik**. Sie befaßt sich mit Fragen und Entscheidungen, die in irgendeiner Weise den Transport eines Produktes vom Hersteller bis zum Endverbraucher berühren.

Dabei werden zwei Hauptaufgaben der Distributionspolitik unterschieden:

- die **akquisitorische Distribution** und

- die **physische Distribution**.

Der erste Aufgabenbereich umfaßt Entscheidungen über direkten oder indirekten Vertrieb, die Wahl der Absatzkanäle, die Auswahl der Distributionspartner und damit die Bestimmung der Distributionsstufen. Der zweite Bereich schließt Entscheidungen zur Standortwahl, zur Lagerhaltung, zum Transport sowie zu Be-, Um- und Entladevorgängen ein.

Sofern ein Hersteller seine Produkte nicht direkt an die Endverbraucher veräußert, kommt das zu vertreibende Erzeugnis auf seinem Weg vom Produzenten zum Endverwender mit anderen Distributionselementen, wie z.B. Absatzmittlern und Absatzhelfern, in Kontakt. **Absatzmittler** sind sowohl wirtschaftlich als auch juristisch selbständige Unternehmen, die sich im Absatzprozeß marketingpolitischer Instrumente bedienen. Zu den Absatzmittlern zählen Groß- und Einzelhandel. Auch **Absatzhelfer** zeichnen sich durch juristische Selbständigkeit aus. Im Gegensatz zu Absatzmittlern führen sie jedoch nur das Distributionssystem unterstützende Funktionen aus. Absatzhelfer sind z.B. Makler und Spediteure (vgl. Meffert 1998, S. 582f).

Da der Aufbau eines direkten Absatzsystems teuer ist und umfassende Kenntnisse erfordert, vertreiben Produzenten ihre Erzeugnisse überwiegend auf indirektem Weg. Je nach Anzahl und Art der einbezogenen Absatzmittler und -helfer bilden sich dann mehr oder weniger komplexe Distributionskanäle und -systeme.

Internationale Distributionspolitik

Distributionskanäle, auch Vertriebs- oder Absatzwege genannt, stellen die Gesamtheit aller am Distributionsprozeß beteiligten Elemente dar, die den Transport eines Gutes vom Hersteller zum Endverbraucher unterstützen oder in irgendeiner Weise beeinflussen. Den Elementen eines Distributionssystems (z.B. Zulieferer, Hersteller, Spediteure, Händler, Abnehmer usw.) kommen jeweils bestimmte Aufgaben zu.

Wie auch alle anderen Marketing-Teilziele müssen die **Distributionsziele** an den übergeordneten Unternehmenszielen ausgerichtet und in regelmäßigen Abständen an sich ändernde Rahmenbedingungen angepaßt werden. Diese Zielvorstellungen werden nun distributionsspezifisch beispielsweise wie folgt konkretisiert:

- Wie viele Produkteinheiten sollen pro Periode abgesetzt werden? Welchen Umsatz will man damit erreichen?

- Welche Märkte sollen bedient werden?

- Wie hoch dürfen die Vertriebskosten maximal sein? Welche Handelsspanne wird erwartet?

- Welcher Distributionsgrad soll erreicht werden?
- Soll eine Imageverstärkung durch den Absatzkanal bewirkt werden?
- Welcher Kooperationsgrad mit den Handelspartnern wird angestrebt?
- Wie flexibel muß das Distributionssystem sein?

Die **Leistungsfähigkeit eines Distributionssystems** hängt nicht allein von der betrieblichen Ausstattung, sondern auch von der Zuverlässigkeit der Zulieferbetriebe und Vertragsfirmen ab. Die Vertriebskosten richten sich nach der Art des Distributionssystems. Unternehmenseigene Distributionssysteme sind zwar leichter kontrollierbar, aber für das Unternehmen teuer. Die Einschaltung vieler Zwischenhändler, die alle eine bestimmte Handelsspanne erwarten, führt zu einer Erhöhung der Endverbraucherpreise. Jeder Distributionskanal hat zudem sein eigenes Image, daß sich auch auf die distribuierten Produkte übertragen kann. So wäre es etwa unklug, Luxusartikel über Diskonter vertreiben zu wollen. Eines ist klar: Distributionspolitische Entscheidungen sind kurzfristig nicht oder nur mit großem Aufwand revidierbar. Die Flexibilität eines Distributionssystems entscheidet schließlich, wie schnell dennoch Anpassungen an veränderte unternehmensinterne oder Wettbewerbsbedingungen durchgeführt werden können.

4.2 Entscheidungen im Distributionssystem

4.2.1 Wahl der Absatzwege

Entscheidungen über Absatzwege haben **langfristigen Charakter**, d.h., einmal getroffene Entscheidungen sind nicht ohne weiteres abänderbar. Mit der Auswahl eines oder mehrerer Absatzwege werden automatisch auch die Anzahl der **Stufen im Distributionskanal**, die beteiligten Zwischenhändler und die Art und Weise, wie der Verbraucher das Erzeugnis erwerben kann, festgelegt. Darüber hinaus kann sich die Wahl eines bestimmten Absatzweges auch auf das Produkt- und Herstellerimage auswirken.

Einem Unternehmen bieten sich zunächst zwei grundlegende Varianten: **direkter** und **indirekter Absatz**.

Während das Herstellerunternehmen beim direkten Absatz durch unternehmenseigene Distributionsorgane bzw. selbständige Distributionshelfer an die Endverbraucher liefert, werden beim indirekten Absatz Groß- und/oder Einzelhandel als Absatzmittler eingeschaltet.

Ausschlaggebend für die Auswahl der Absatzwege sind zunächst die Produkteigenschaften und das Kaufverhalten der potentiellen Kunden. Während sich bei hochpreisigen, erklärungsbedürftigen, selten gekauften Produkten der direkte Vertrieb anbietet, erscheint der indirekte Vertrieb bei problemlosen, häufig gekauften Gütern mit einem breiten Abnehmerkreis zweckmäßiger. Ebenso können mangelnde Kenntnisse und Erfahrungen im Bereich des Vertriebs ein Unternehmen zwingen, anstelle eines unternehmenseigenen Vertriebsnetzes auf externe Absatzhelfer zurückzugreifen bzw. seine Erzeugnisse indirekt über Handelseinrichtungen zu vertreiben.

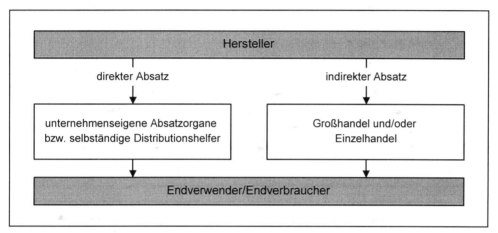

Abbildung 4-1 *Direkter vs. indirekter Absatz*

Im Heimatland übliche Distributionssysteme erscheinen oft übersichtlich und effektiv. Mitunter wird einem Hersteller deshalb häufig nicht (sofort) bewußt, daß im **Ausland** andere Methoden geeigneter sein können. Ein der Umgebung angepaßtes Distributionssystem ist jedoch notwendig, um Produkte überhaupt effektiv vertreiben und zum Kunden bringen zu können. In Abhängigkeit von den jeweiligen Standortvoraussetzungen können sich Absatzwege und -methoden von Standort zu Standort stark unterscheiden:

- **Physische Umweltfaktoren**
  Unterschiedliche geographische Voraussetzungen und Distanzen können ein Transportmittel gegenüber einem anderen vorteilhafter erscheinen lassen. Für die Belieferung weit abgelegener Gebiete empfehlen sich wahrscheinlich Flüge, während sich für Ballungsräume Lkw oder Bahn besser eignen werden.

- **Soziale Gegebenheiten**
  In manchen Kulturen werden bestimmte Distributionsmethoden, wie z.B. der unerwartete Besuch von Vertretern, als ein Bruch der Etikette betrachtet, während sie in anderen Kulturen als durchaus akzeptabel angesehen werden.

- **Tradition/Usancen**
  In Ländern, in denen die Einschaltung eines Vermittlers zwischen Hersteller und Verkäufer üblich ist, wird sich der Einsatz eines solchen auch nur schwer umgehen lassen.

- **Verfügbarkeit von Servicediensten**
  In diesem Zusammenhang ist vor allem die Verläßlichkeit der Postdienste sowie die Verfügbarkeit von alternativen Zustellern (z.B. DHL, UPS) nennenswert.

Direkter Absatz

Unter **direktem Absatz** versteht man den Vertrieb von Erzeugnissen ohne Einschaltung von Groß- und/oder Einzelhandel. Statt dessen setzen die Hersteller unternehmenseigene bzw. selbständig tätige Distributionsorgane ein. Zu den **unternehmenseigenen Absatzorganen** zählen die Geschäftsleitung, Reisende, Verkaufsfilialen (vgl. stationärer Verkauf), Vertragshändler, Franchising-Organisationen, der Postversand (vgl. Versandhandel) und Automaten. **Externe Absatzorgane** können Handelsvertreter, Kommissionäre und Makler sein.

Die Kompliziertheit der Produkte und die daraus resultierende Erklärungsbedürftigkeit erfordern besonders im **Investitionsgüterbereich** persönliche Kontakte zwischen Hersteller und Abnehmer. Eine intensive und kompetente Betreuung der Kunden ist aufgrund der nötigen Kenntnisse und Erfahrungen durch unternehmenseigene Organe besser realisierbar. Speziell beim **Export** von Investitionsgütern sind sowohl Hersteller als auch Abnehmer meist an direkten Kontakten interessiert. Begründet wird dies nicht nur durch technische Eigenschaften der Güter, sondern auch durch die Komplexität der Vertragsabwicklungs- und Finanzierungsfragen.

Auch Erzeugnisse, die aufgrund ihrer Beschaffenheit nicht oder nur unter großem Aufwand gelagert und umgeladen werden können, sowie Produkte, die durch hohe Kapitalbindung eine Lagerung unmöglich machen, werden im allgemeinen direkt vertrieben. Ebenso vorteilhaft ist der direkte Vertrieb bei einer hohen Zahl an Abnehmern in einem regional eng begrenzten Gebiet sowie bei Erzeugnissen, die sehr lange Wiederkaufzyklen aufweisen.

Ein direkter Vertriebsweg bietet dem Hersteller gute Kontroll- und Steuerungsmöglichkeiten, auf die er im Falle des indirekten Absatzes zum Teil verzichten müßte. Beim direkten Vertrieb kann der Hersteller entscheiden, welche Produkte er zu welchen Konditionen an welche Kunden verkauft. Dabei muß der Hersteller (oder die von ihm eingesetzten Organe) allerdings auch alle Funktionen übernehmen, die sonst der Handel erfüllen würde.

Aufgrund der direkten Beziehung zum Endabnehmer ermöglicht der direkte Vertrieb dem Hersteller die Gewinnung von Informationen über Kundenbedürfnisse und -zufriedenheit aus erster Hand. Beim indirekten Vertrieb ist diese Form des Feedbacks nur in begrenztem Maße und nicht immer zur Zufriedenheit der Hersteller möglich.

Ein weiteres Argument, das zur Begründung der Zweckmäßigkeit des direkten Vertriebs angeführt wird, ist die Einsparung der im anderen Fall geforderten Handelsspanne. Jedoch sind zum Aufbau und zur Aufrechterhaltung eines eigenen Vertriebssystems beträchtliche finanzielle Mittel notwendig, die unter Umständen die Aufwendungen für Handelsspannen auch leicht überschreiten können.

Direkter Absatz

Indirekter Absatz

Werden zum Vertrieb von Erzeugnissen **Groß- und/oder Einzelhandelsbetriebe** eingeschaltet, spricht man von **indirektem Absatz**. In diesem Falle übernimmt der Handel die sonst von unternehmenseigenen Absatzorganen ausgeführten Funktionen, d.h., der Handel überbrückt räumliche Distanzen und zeitliche Differenzen zwischen Produzenten und Abnehmern.

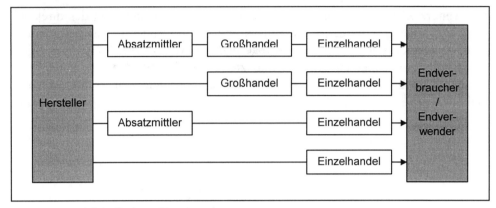

Abbildung 4-2 *Indirekter Absatz*

Der indirekte Absatz erlangt besondere Bedeutung beim Vertrieb von Massen-artikeln (Konsumgüter), die auf keine spezielle Zielgruppe zugeschnitten sind. Hierbei könnte ein direkter Absatz nur mit großem Aufwand oder überhaupt nicht durchgeführt werden. Die Zahl der Abnehmer ist hier so groß, daß der Hersteller nicht in der Lage ist, direkte Kontakte zu jedem einzelnen herzustel-len. Andere Produkte sind wiederum derart spezialisiert, daß sie einzeln nur schwer absetzbar sind und deshalb im Sortimentsverbund angeboten werden müssen.

Durch die Einschaltung des Handels wird die Zahl der Kontakte zwischen Her-stellern und Abnehmern wesentlich verringert und damit überschaubarer. Mußte der Hersteller beim direkten Vertrieb jeden einzelnen Kunden kontaktieren, so kann er sich jetzt auf eine direkte Verbindung zu einem oder einigen wenigen Handelsbetrieben konzentrieren.

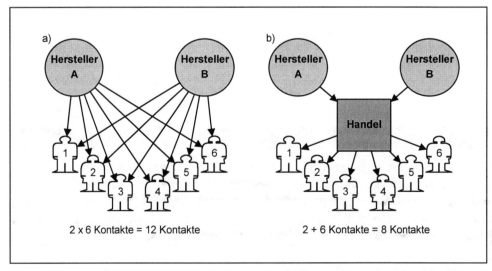

Abbildung 4-3 *Zahl der Kontakte ohne (a) und mit Einschaltung des Handels (b)*

Zwischenhändler weisen bezüglich des Vertriebs im allgemeinen größere Erfahrung als die Hersteller auf und verfügen darüber hinaus über zahlreiche Kontakte zu anderen Distributionsorganen. Da der Handel von mehreren Anbietern kauft, kann er aus deren Erzeugnissen ein ansprechendes Angebot für den Konsumenten zusammenstellen. Ein Hersteller könnte das nur durch Zukauf fremder Produkte realisieren, allerdings kaum im selben Umfang, wie es dem Handel möglich ist.

Viele Hersteller betrachten den indirekten Absatz dennoch als unsicher. Da die meisten Händler (mit Ausnahme des exklusiven Vertriebs) Erzeugnisse verschiedener Anbieter führen, befürchten die Hersteller, daß sich der Handel nicht intensiv genug um den Absatz der eigenen Produkte bemüht oder auf andere Anbieter zurückgreift, insbesondere wenn er mit den Konditionen eines Herstellers unzufrieden ist.

Darüber hinaus verlieren die Hersteller durch die Einschaltung des Zwischenhandels auch einen maßgeblichen Teil ihrer Kontrolle über den Vertrieb der Erzeugnisse. Sie können jetzt nicht nur auf die Erfüllung der eigenen Ziele drängen, sondern müssen sich auch an den Interessen der anderen Beteiligten orientieren. Veränderungen im Vertriebssystem sind nur in Übereinstimmung mit den Handelspartnern möglich.

4.2.2 Distributionsstufen

Distributionskanäle können anhand der Zahl ihrer Stufen charakterisiert werden. Als **Distributionsstufe** zählt dabei jedes Element im Distributionsprozeß, das an der Weiterleitung der Güter vom Hersteller zum Verbraucher beteiligt ist. Ein Distributionskanal ist um so länger, je mehr Stufen er enthält. Nicht zu den Distributionsstufen zählen Produzent und Endverbraucher, da diese zu jedem Distributionskanal gehören.

Je nach Anzahl der eingeschalteten Zwischenstufen können Distributionskanäle als Nullstufen-, Einstufen-, Zweistufenkanal usw. beschrieben werden. Bei einem Nullstufenkanal wird der Endverbraucher direkt vom Produzenten beliefert. Beim Einstufenkanal ist z.B. der Einzelhandel eingeschaltet, beim Zweistufenkanal liefert z.B. der Großhandel an den Einzelhandel, bevor dieser an den Endverbraucher weiterverkaufen kann.

Je länger ein Distributionskanal ist, um so beschwerlicher wird für den Produzenten die Kontrolle und Steuerung seines Absatzsystems, denn in der Regel unterhält ein Produzent nur zur ersten Zwischenstufe direkte Kontakte. Je mehr Zwischenstufen an der Distribution beteiligt sind, um so größer wird auch die Gefahr von Konflikten und Abweichungen der Zielvorstellungen der einzelnen Elemente.

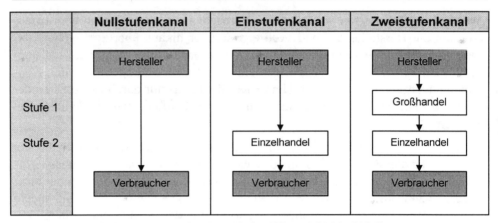

Abbildung 4-4 Distributionsstufen (vgl. Kotler/Bliemel 2001, 1081f)

Im allgemeinen werden Güter in Distributionskanälen vorwärts, d.h. vom Hersteller über verschiedene Zwischenstufen zum Endabnehmer transportiert. Bedingt durch die zunehmende Brisanz der Umweltproblematik, müssen sich immer mehr Hersteller auch mit dem Rücktransport eines Teils ihrer Erzeugnisse befassen. Dies beginnt bei der Rücknahme von Pfandflaschen und Verpakkungsmüll und reicht bis zur Entsorgung von Sondermüll, wie er z.B. bei Elektronikartikeln entsteht. Distributionskanäle (einschließlich aller durchlaufenen Stufen) müssen also nicht nur einen effektiven Vorwärtstransport von Waren garantieren, sondern auch Entsorgungs- und Rücktransportmöglichkeiten bieten. Dabei reicht es nicht aus, wenn lediglich der Handel Entsorgungseinrichtungen für die Kunden anbietet; auch die Rücknahme und Entsorgung bzw. Wiederverwertung der gesammelten Wertstoffe durch den Hersteller müssen gewährleistet sein.

Bei der Wahl der Distributionswege müssen gewisse **Restriktionen** unterschiedlicher Art beachtet werden (vgl. Kotler/Bliemel 2001, 1087ff):

- **Produktbedingt**: Grundsätzlich steht es einem Unternehmen frei, seine Distributionswege zu wählen. Manche Produkte engen jedoch durch ihre Beschaffenheit die Auswahlmöglichkeiten erheblich ein. So verlangen etwa Tiefkühlprodukte und leicht verderbliche Güter direkte Absatzwege oder zumindest speziell auf sie zugeschnittene Transportwege (z.B. Kühltransporte, Kühlhäuser), die eine einwandfreie Qualität der Produkte bis zum Endverbraucher garantieren. Ebenso werden Sonderanfertigungen für Kunden in der Regel direkt an die Auftraggeber ausgeliefert.

- **Unternehmensbedingt**: Nicht nur das Produkt selbst, auch Unternehmensmerkmale beeinflussen die Entscheidung für ein Distributionssystem. Ein großes, finanzstarkes Unternehmen wird es sich eher leisten können, ein unternehmenseigenes Distributionssystem aufzubauen bzw. erfahrene Distributionspartner zu gewinnen. Auch das Gesamtsortiment hat einen bedeutenden Einfluß auf die Vertriebswege. Breite Sortimente unterstützen den Direktvertrieb, tiefe Sortimente eignen sich z.B. für den Aufbau eines exklusiven Vertriebsnetzes.

- **Distributionspartnerbedingt**: Die Erfüllung der Distributionsziele hängt auch von der Leistung der Distributionspartner ab. Reisende etwa vertreten nur das eigene Unternehmen, weisen demzufolge ein hohes Fachwissen auf und können sich intensiv um die Kunden kümmern. Allerdings verursachen sie dem Unternehmen im Vergleich zum Einsatz eines Handelsvertreters relativ hohe Kosten. Handelsvertreter wiederum sind meist für mehrere Firmen tätig, wodurch sich die Kosten auf diese Firmen verteilen, können sich aber nicht immer mit gleicher Intensität um die Kunden bemühen.

- **Konkurrenzbezogen**: Betritt ein Anbieter mit neuen Produkten den Markt, kann er entweder dieselben Distributionskanäle wie die Konkurrenz wählen oder nach völlig verschiedenen Absatzwegen suchen. In der Nahrungs- und Genußmittelbranche ist es beispielsweise üblich, die eigenen Produkte direkt neben denen der Konkurrenz zu plazieren.

- **Umfeldbezogen**: Schließlich gibt es noch verschiedene externe Faktoren, die sich auf die Wahl der Distributionswege auswirken können. So spielen etwa die konjunkturelle Lage und gesetzliche Bestimmungen oft eine nicht unerhebliche Rolle.

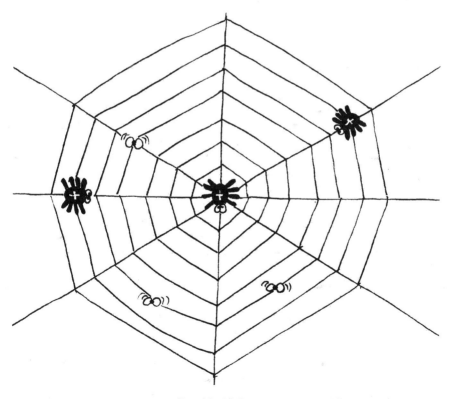

Das Vertriebsnetz

4.2.3 Auswahl von Distributionspartnern

Beim Aufbau eines Distributionssystems muß sich der Hersteller zunächst entscheiden, mit **welchen** und **mit wie vielen Distributionspartnern** er zusammenarbeiten will. Dabei sollte er sich nicht nur auf konventionelle Vertriebssysteme konzentrieren, sondern auch nach neuen Alternativen suchen (vgl. geringere Kosten, weniger Konkurrenz). Grundsätzlich können hierbei drei Formen der Zusammenarbeit unterschieden werden (vgl. Kotler/Bliemel 1995, 814f).

- **Exklusive Distribution**: Eine vom Produzenten ausgesuchte kleine Gruppe von Distributionspartnern genießt das alleinige, exklusive Recht, innerhalb eines bestimmten Gebietes Erzeugnisse des Produzenten zu ordern und zu verkaufen. Dafür erwartet der Produzent häufig vom Händler, daß neben seinen eigenen Produkten keine Konkurrenzprodukte geführt werden, wie dies z.B. beim Automobilhandel der Fall ist. Der exklusive Vertrieb bietet dem Produzenten bessere Kontrollmöglichkeiten hinsichtlich der Preisgestaltung und Verkaufsförderungsmaßnahmen. Darüber hinaus wird das Produktimage durch exklusive Distribution in der Regel aufgewertet.

- **Selektive Distribution**: Diese beinhaltet ebenso wie die exklusive Distribution eine gezielte Auswahl von Distributionspartnern, wobei die Anzahl der Partner bei dieser Form größer ist. Der Produzent kann sich auf die ausgewählten Distributionspartner konzentrieren und von diesen wiederum außerordentlichen Einsatz beim Verkauf seiner Erzeugnisse erwarten. Der Produzent erreicht, ohne allerorts selbst präsent zu sein, dennoch eine angemessene Marktabdeckung. Durch die begrenzte Zahl an Verkaufsstellen ist außerdem eine relativ einfache Überwachung möglich.

- **Intensive Distribution**: Insbesondere bei problemlosen Produkten und Waren des täglichen Bedarfs bedienen sich die Hersteller der intensiven Distribution. Dabei versuchen sie, ihre Erzeugnisse in möglichst vielen Verkaufsstellen listen zu lassen, um eine Erhältlichkeit der Produkte überall garantieren zu können (vgl. Ubiquität).

Schließlich muß festgelegt werden, unter welchen **Bedingungen** die Kooperation erfolgen und welche gegenseitigen **Verpflichtungen** vereinbart werden sollen. Dazu gehören die Aushandlung von Preis- und Rabattsystemen, die Festschreibung von Gebietsrechten, die Verkaufsbedingungen und andere gegenseitige Verpflichtungen, wie sie z.B. beim Franchising auftreten. **Wirtschaftlichkeit**, die Modifizierbarkeit sowie Überwachungs- und Steuerungsmöglichkeiten der einzelnen Varianten müssen jedenfalls stets untersucht werden. Bei der Auswahl der Distributionspartner sollte man vor allem auch deren Erfahrungen sowie Wachstums- und Gewinnsituation bzw. -potentiale beachten.

Den Distributionspartnern müssen entsprechende **Anreize** geboten werden, um ihr besonderes Engagement sicherzustellen. In diesem Zusammenhang sind über attraktive Konditionen hinaus die Unterstützung bei Verkaufsförderungsmaßnahmen von besonderer Bedeutung. Hinsichtlich der Kooperation mit den Handelspartnern unterscheidet Rosenbloom (vgl. 1991, 287ff) drei verschiedene Möglichkeiten:

- **Lose Kooperation**: Dabei versuchen Produzenten, durch relativ hohe Handelsspannen, Sonderangebote oder sonstige Zuschüsse, Anreize für herausragende Leistungen und besonderen Einsatz von seiten des Händlers zu schaffen (und vice versa).

- **Abgestimmte Partnerschaft**: Hier sind sowohl die Aufgaben und Verpflichtungen der Absatzmittler als auch die des Produzenten klar definiert. Der Produzent versucht, den Distributionspartnern seine Marketingpolitik nahezubringen sowie deren Unterstützung zu gewinnen. Dies geschieht auch hier durch Anreizsysteme, wie z.B. durch Funktionsrabatte.

- **Programmatisches Co-Marketing**: Die Handelspartner werden nicht als Kunden, sondern als gleichwertige Marketingpartner betrachtet. Der Produzent orientiert sich an den Wünschen der Distributionspartner, um eine möglichst effektive Zusammenarbeit zu gewährleisten. Verkaufsförderungsaktionen, Bevorratung, Preisgestaltung usw. werden gemeinsam geplant, um die Handelspartner zu einem Teil des Marketingsystems werden zu lassen.

Um effizient arbeiten und wettbewerbsfähig bleiben zu können, muß die Leistung der Distributionspartner ständigen **Evaluierungen** unterzogen werden. Dazu dienen Normvorgaben wie Umsatzquoten, durchschnittliche Lagerhaltung, Lieferzeiten, Verlustquoten usw. Sich ändernde Marktbedingungen (Nachfrageverschiebungen, Produktmodifikationen, usw.) machen entsprechende Veränderungen und Anpassungen des Distributionssystems erforderlich (vgl. Kosten-Nutzen-Analyse).

4.3 Marketinglogistik

Marketingmaßnahmen, wie z.B. Werbung oder Verkaufsförderung, haben nur dann Erfolg, wenn ein kontinuierlicher bzw. bedarfsgerechter Nachschub der Erzeugnisse gewährleistet werden kann. Dies bedeutet, daß die gewünschten Produkte in der geforderten Anzahl zur richtigen Zeit in die richtigen Verkaufsstellen bzw. Lager gelangen sollen. Damit ist die Aufgabe der **Marketinglogistik** umrissen, die sich hauptsächlich mit Entscheidungen über Transportmittel, Transportwege, Standorte und Lagerhaltung befaßt.

Die Auswahl der **Transportmittel** beeinflußt nicht nur die Schnelligkeit und Zuverlässigkeit der Lieferung, sondern auch die Weiterverkaufspreise und den Zustand der Erzeugnisse nach dem Transport. Bei der Auswahl müssen sowohl Produkteigenschaften als auch Herstellerspezifika beachtet werden. Außerdem muß auf eventuell anfallende Rücktransporte der Ware, wie z.B. bei Leergut, Rücksicht genommen werden. Nicht selten wird dadurch schon die Zahl der

Auswahlmöglichkeiten erheblich eingegrenzt. Für jedes Transportmittel werden sodann kritische Mengen errechnet, bei denen die Wirtschaftlichkeit sichergestellt ist bzw. der Umstieg auf ein anderes Transportmittel lohnt. Eng im Zusammenhang mit derartigen Überlegungen zu **Vor- und Nachteilen** stellt sich die Frage nach den optimalen (kostengünstigsten) **Transportwegen**.

– ohne Worte –

Zu den wichtigsten Transportmitteln, deren sich Unternehmen im internationalen Geschäft üblicherweise bedienen, gehören **See-, Luft-, Bahn-, Straßen-** und **elektronischer Transport**.

- **Seetransport**: Seetransporte sind preiswert und eignen sich für Produkte (fast) aller Größen und Gewichte, besonders bei sehr großen, sperrigen Gütern. Da Frachtschiffe in der Regel mehrere Häfen anlaufen, sind Seetransporte eher langsam und Ankunftszeiten mitunter ungenau. Der Grad der Sicherheit und Zuverlässigkeit richtet sich nach der jeweiligen Schiffahrtslinie. Transporte zu den und von den Verladehäfen müssen im allgemeinen separat arrangiert werden. In diesem Zusammenhang ist auch die Binnenschiffahrt zu nennen.

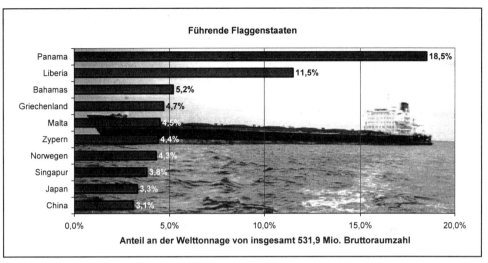

Führende Flaggenstaaten

Flaggenstaat	Anteil
Panama	18,5%
Liberia	11,5%
Bahamas	5,2%
Griechenland	4,7%
Malta	4,5%
Zypern	4,4%
Norwegen	4,3%
Singapur	3,8%
Japan	3,3%
China	3,1%

Anteil an der Welttonnage von insgesamt 531,9 Mio. Bruttoraumzahl

Abbildung 4-5 Führende Flaggenstaaten 1998 (Quellen: Verband Deutscher Reeder/Hamburg, Lloyds Register, World Fleet Statistics, in: Harenberg 1999, 502)

Hilfe, Piraten ....

Klaus Störtebecker und Sir Francis Drake sind Legende, nicht zuletzt aus zahlreichen Kostümschinken im Fernsehen. Wer denkt, Piraten sind längst ausgestorben – weit gefehlt. Weltweit Hunderte gemeldete Überfälle jedes Jahr und eine Dunkelziffer, die, wie Experten schätzen, mindestens zehn Mal so hoch liegt. Die Meere sind geradezu piratenverseucht. Die gefährlichsten „Gegenden": Das Südchinesische Meer, in dem fast 80 % aller Überfälle zu beklagen sind; die Straße von Malakka, eine der meistbefahrenen Wasserstraßen der Welt – praktisch alle Waren, die aus dem südostasiatischen Raum Richtung Europa transportiert werden (und umgekehrt), passieren diese Meerenge. Im Bereich des südlichen Roten Meeres greifen somalische Banden so ziemlich alles an, was schwimmt. Auch im Bereich der großen Häfen ist höchste Alarmbereitschaft geboten. Schiffe, die zur Abfertigung in Warteposition vor Anker liegen, werden dabei von Piratengruppen vollkommen ausgeraubt. Besonders in Lagos und Rio de Janeiro war dies bisher oft der Fall.

Wie durch ein Wunder überlebende Augenzeugen berichteten von einem besonders krassen Fall auf hoher See. Eine Bande von etwa 15 Mann landet mit dem Hubschrauber auf dem Deck eines Containerschiffes und eröffnet mit Maschinenpistolen sofort heftigst das Feuer. Ohne Rücksicht auf Verluste wird die Brücke gestürmt, Kapitän und Mannschaft gefangengenommen (wenn die Piraten vermummt kommen, besteht eine winzige Überlebenschance ...). Kurz darauf kommt ein zweiter Hubschrauber mit einer neuen Mannschaft. Auf hoher See erhält das Schiff einen anderen Namen und ein neues „Outfit", „frische" Papiere sind längst an Bord. Der Kurs wird verändert, im angelaufenen Hafen ist schon alles vorbereitet. Die Ware wird von einer Hehlerorganisation gelöscht, andere – natürlich ebenfalls nicht saubere – Ware geladen. Auf der Fahrt nochmal die gleiche Prozedur wie zuvor, anderer Name etc. Im neuen Bestimmungshafen wird nun, ebenfalls wohl vorbereitet, Ware und Schiff verkauft.

Natürlich sind nicht alle Fälle so extrem. Gerne werden kleinere Frachter überfallen, die sind einfacher zu erobern. Geentert wird mit Hilfe von Schnellbooten und auf die

„klassische" Art. Oft geht es auch nur um den Schiffstresor und die Habe der Mannschaft. Auch Lösegelderpressungen sind beliebt und meistens erfolgreich.

Die Behörden sind machtlos. Meist geschehen die Überfälle in internationalen Gewässern, mehrere Staaten sind von den Vorfällen betroffen, nicht selten haben die Verbrechersyndikate Komplizen in den Ämtern. Viele Überfälle werden gar nicht offiziell gemeldet, weil die Reedereien Angst vor Imageschäden haben und keine Aufträge verlieren wollen. Versicherungen übernehmen bestimmte Routen gar nicht mehr. Die Risiken für Verbrechen sind also tatsächlich gering.

- **Lufttransport**: Lufttransporte sind schnell und direkt, sollten aufgrund der hohen Kosten aber nur für kleinere, leichtere und/oder wertvollere Waren in Betracht gezogen werden. Lufttransporte zeichnen sich im allgemeinen durch eine hohe Sicherheit und Zuverlässigkeit aus, eignen sich aber nur für zentrale Standorte, zumal entsprechende Bodenanschlußtransporte notwendig sind.

Der Lufttransport

- **Bahntransport**: Bahntransporte sind relativ preiswert, sicher und zuverlässig, jedoch von der Verfügbarkeit des Streckennetzes des jeweiligen Landes abhängig. Verfügt der Lieferant bzw. der Kunde nicht über entsprechende Gleisanschlüsse, müssen Transporte von und zu den Verladebahnhöfen organisiert werden.

- **Straßentransport**: Straßentransporte sind vielseitig einsetzbar. Sie ermöglichen eine bequeme „Von-Tür-zu-Tür-Lieferung" und können häufig auch für solche Standorte genutzt werden, die durch andere Transportmittel nicht erreichbar sind.

- **Elektronischer Transport**: Elektronische Transporte sind schnell und direkt, aber nur für ausgewählte Produkte geeignet. Dazu gehören z.B. Verträge, Pläne, Berichte, EDV-Programme usw. Trotz der Zuverlässigkeit, Bequemlichkeit und Schnelligkeit dieser Übertragungsform sollten auch damit verbundene Probleme, wie z.B. mangelnde Geheimhaltung berücksichtigt werden.

Nach Sibirien gegen die Uhr

„Rußlands Autobahnen sind für Frank und Günther wie ein Tunnel, der die russische Wirklichkeit vor ihnen verbirgt. Eine eigene Welt mit eigenen Gesetzen. Man muß sich an sie anpassen können, um zu überleben.

Sie wissen nur zu gut: Ihre Fahrt kann ein Horrortrip werden durch Schneestürme und eisige Kälte, über tiefe Schlaglöcher, vorbei an unberechenbaren Polizeiposten und Schutzgelderpressern, mit wenig Schlaf, Unmengen an Zigaretten und schlechtem Essen ...

Hinter Ishevsk passiert es. Günther kommt an einer verschneiten Auffahrt nicht weiter. Das Gewicht auf seiner Antriebsachse ist nicht groß genug. Schneeketten werden angelegt. Doch sie helfen nicht. Immer wieder drehen die Räder durch. Frank kniet vor dem Lkw und wühlt mit bloßen Händen die Vorderräder frei ...

Kurz vor Nowosibirsk stoppt ihn ein Polizist, der so betrunken ist, daß er sich kaum auf den Beinen halten kann – was ihn nicht daran hindert, eine ‚Sondergebühr' zu verlangen. ‚Steck dir deine Genehmigung in den Arsch und bezahl!', brüllt er Frank an."

***

Fracht kotzt nicht, Fracht motzt nicht,

„... witzelten einst die Cargo-Piloten, froh über ihre anspruchslose Ladung. Ob die Maschine eine Stunde früher oder später ankam, spielte lange Zeit keine Rolle. Heute genügt es nicht mehr, Kisten von A nach B zu fliegen. Schiffsturbinen und Autoelektrik müssen ‚Just-in-time' am Ziel sein. Die Kunden fordern Laufzeitgarantien und gegebenenfalls ihr Geld zurück. Weltweit agierende Logistikketten binden die Frachtflieger in ihre Operationen ein.

Das geht nur mit einem Linienfahrplan – auf der Rennstrecke Frankfurt-New York verkehren jeden Tag drei Frachtmaschinen – in Partnerschaft mit Spediteuren: Allein im Cargo Center Frankfurt docken täglich zwischen 50 und 200 Lastwagen an. Lufthansa Cargo, der Weltmarktführer im Langstrecken-Frachverkehr, hat mittlerweile 5.000 Mitarbeiter, fliegt 450 Zielorte an und setzt jährlich fast vier Milliarden Mark um, 17 Prozent des Umsatzes der Muttergesellschaft."

(Quelle: Dzieciolowski, Z.; Schultze, F.: Nach Sibirien gegen die Uhr, Focus v. 11.04.98, 113ff; Kunkel, R.; Kerstgens, M.: Trucker der Lüfte, Focus v. 28.06.99, 92f)

Hohe Lieferbereitschaft und schnelle Warenzustellung hängen nicht nur von den gewählten Transportmitteln und -wegen, sondern auch von der Anzahl und Verteilung der benutzten Lager ab. Bei der **Auswahl von Standorten** zu berücksichtigen sind Transport-, Be- und Entladekosten sowie Kosten zum Betreiben der Lager bzw. Stützpunkte.

Lagerhaltung

Viele Unternehmen sind nach wie vor zur **Lagerhaltung** gezwungen, da Materialzugänge und Verbrauch in der Produktion bzw. Ausstoß und Auslieferung nicht deckungsgleich ablaufen. Neben der Anzahl der Lager muß auch deren Art, d.h. Eigen- oder Fremdlager, bestimmt werden. **Eigenlager** sind zwar leichter kontrollierbar, verursachen jedoch eine hohe Kapitalbindung und erweisen sich häufig als recht inflexibel. **Fremdlager**, obwohl weniger leicht steuer- und beeinflußbar, bieten dagegen eine größere Auswahl hinsichtlich der Standorte oder bestimmter Zusatzleistungen.

Einen Sonderfall stellt die **Just-in-time**-Produktion dar. Eine synchrone Steuerung der Produktion und Verarbeitung bei Zulieferer und Abnehmer erlaubt die Reduzierung des Lagerbestandes auf ein Minimum. Probleme ergeben sich für den Abnehmer, wenn aufgrund irgendwelcher Zwischenfälle die Zulieferung nicht zeitgerecht erfolgen kann.

4.4 Persönlicher Verkauf

> „In Amerika sind über fünf Millionen
> Menschen im Verkauf tätig."
>
> (Morgan 1991, 6)

4.4.1 Aufgaben des persönlichen Verkaufs

Der persönliche Verkauf stellt einen zwischenmenschlichen Prozeß dar, bei dem potentielle Kunden beraten und informiert, von Produkteigenschaften überzeugt und schließlich zum Abschluß eines Kauf- oder Nutzungsvertrages angeregt werden sollen (vgl. Weis 1999, 481). Dabei stehen folgende Aufgaben im Vordergrund:

- Erlangung von Informationen über (potentielle) Kunden,
- Präsentation der Produkte, Kundenberatung,
- Erlangung von Kundenaufträgen,
- **Gewinnung neuer Kunden**,
- **Betreuung bestehender Kunden**,
- Einstellungs- und Imagebildung,
- logistische Funktionen (z.B. Auslieferung).

Der persönliche Verkauf kann in verschiedenen **Erscheinungsformen** auftreten. So gehören die Beratung und Bedienung an einer Supermarkttheke ebenso zum persönlichen Verkauf wie die Vertreterbesuche bei gewerblichen Kunden und die Gewinnung und Betreuung von Großkunden (vgl. *Key-Account-Management*). Dazu zählen aber auch Verkäufe per Telefon, der Verkauf auf Messen oder Verhandlungen auf Top-Management-Ebene.

Hauptaufgaben der Mitarbeiter im Verkauf	
Außendienst: Umsatzzielerreichung	**Key Account Manager**: Umsatz-/Projektzielerreichung
• Interessentensuche und Potentialerklärung • Kundenqualifizierung • Neukundengewinnung • Stammkundensicherung • Konditionenverhandlungen • Marktforschung beim Kunden • Produktvorstellungen • Abwicklung Beanstandungen mit Innendienst • Mitarbeit an strategischer und operativer Planung • Mitarbeit an Verkaufsförderung, Messen	• Schlüsselkundenbetreuung, -sicherung • Kontraktmanagement, Konditionenverhandlungen • Projektabwicklung mit Kunden • Prozeßoptimierung mit Kunden • Marktforschung mit Kunden • Firmen- und Produktpräsentationen • Abwicklung Beanstandungen • Abstimmung mit Flächenvertrieb • Mitarbeit an strategischer und operativer Planung • Mitarbeit an Verkaufsförderung, Messen
Innendienst: Effizienzzielerreichung	**Vertriebsleitung**: Umsatz-/Ergebniszielerreichung
• Unterstützung Außendienst, Bedarfserklärungen • Eigenverantwortliche Kleinkundenbetreuung • Telefonische und schriftliche Kundenbetreuung • Auftragsabwicklung • Fakturierung • Beschwerdemanagement • Abstimmung mit Logistik • Unterstützung für Vertriebspartner • Mitarbeit an Mailingaktionen, Telefonmarketing • Mitarbeit an Verkaufsförderung, Messen	• Führung der Verkaufsmitarbeiter • Förderung der Verkaufsmitarbeiter • Richtlinien für die Kundenbetreuung • Erarbeitung Akquisitionsstrategie • Festlegung Konditionenpolitik • Verhandlungen mit Schlüsselkunden • Steuerung Vertriebspartner • Festlegung Berichtswesen • Erarbeitung strategische und operative Planung • Abstimmung mit anderen betrieblichen Bereichen

Abbildung 4-6 Hauptaufgaben der Mitarbeiter im Verkauf (Winkelmann 2000, 263)

Verkäufertypen

Besondere Bedeutung erlangt der persönliche Verkauf beim Vertrieb erklärungsbedürftiger Erzeugnisse. Speziell im Investitionsgüterbereich hängt die Erzielung von Verkaufsabschlüssen nicht selten von der Beratungs- und Überzeugungsleistung des Verkäufers ab.

Viele Kunden sind an **längerfristigen Geschäftsbeziehungen** interessiert. Gerade hier ist es erforderlich, daß sich der Verkäufer nicht nur auf kurzfristig zu erzielende Verkaufsabschlüsse konzentriert, sondern die Bedürfnisse der Kunden analysiert und versucht, darauf einzugehen.

Zu beobachten sind durchaus unterschiedliche Verkäufertypen, was allerdings keinerlei Rückschlüsse auf Erfolge oder Mißerfolgswahrscheinlichkeiten zuläßt. Blake/Mouton haben – in Anlehnung an ihr bekanntes *Managerial Grid* (vgl.

Strunz/Dorsch 2001, 141ff) – versucht, eine Typologie der Verkäufer zu erstellen. Davon ausgehend sehen sie Diagnose- wie auch Entwicklungsmöglichkeiten im Rahmen von entsprechenden **Verkaufstrainings**.

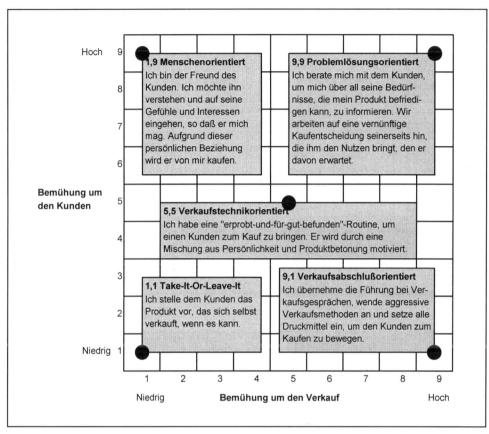

Abbildung 4-7 *Sales Grid (nach Blake/Mouton, in: Absatzwirtschaft, Sondernummer Oktober 1996, 225)*

4.4.2 Verkaufspolitische Entscheidungen

Diese Thematik spricht das Management der Verkaufsorganisation (vgl. Verkaufsleiter = *Sales Manager*) an. In diesem Rahmen geht es um die konzeptionelle und operative Planung sowie die Steuerung und Kontrolle des Vertriebs. Prominente Aufgaben sind die Führung des Außendienstes sowie die Koordination der Prognosen (vgl. *Sales-Forecast*) und die Verantwortung für die Erreichung der vorgesehenen Ergebnisse.

Zu den verkaufspolitischen Entscheidungen zählen zunächst Entscheidungen über den Aufbau und die Gestaltung der **Verkaufsorganisation**. Diese kann beispielsweise funktionsorientiert, produktorientiert, abnehmerorientiert oder nach geographischen Gesichtspunkten gestaltet sein (vgl. **Organisationsstruk-turen**, Strunz/Dorsch 2001, 63ff). Die Gestaltungsmöglichkeiten ergeben sich in Abhängigkeit von der Produktpalette und der allgemeinen Unternehmensstruktur.

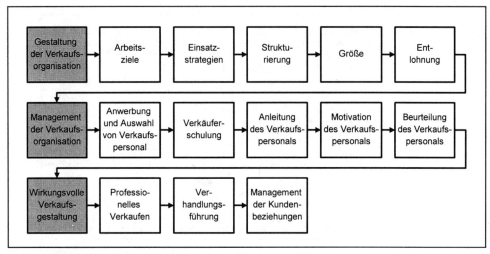

Abbildung 4-8 *Ablaufschema für die Planung und Führung einer Verkaufsorganisation (Kotler/Bliemel 2001, 1016)*

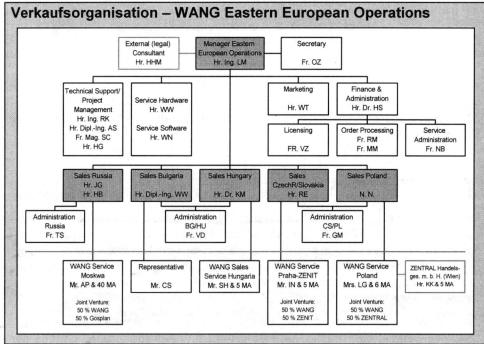

Von besonderer Wichtigkeit ist die Ermittlung der optimalen **Anzahl der Au-ßendienstmitarbeiter**. Soll eine kompetente Betreuung und Beratung der Kunden – auch in Hinblick auf erfolgreiche Verkaufsabschlüsse – gewährleistet sein, dürfen die Außendienstmitarbeiter nicht überlastet werden.

Die Zahl der Außendienstmitarbeiter wird in Abhängigkeit von folgenden Variablen ermittelt (vgl. Weis 1999, 490):

* Anzahl derzeitiger und potentieller Kunden;
* Besuchsfrequenz der Kunden;
* durchschnittliche Tagesbesuchsrate je Außendienstmitarbeiter;
* Arbeitstage pro Jahr, an denen Verhandlungen mit Kunden möglich sind.

Wie viele Außendienstmitarbeiter brauchen wir?

Die optimale Anzahl an Außendienstmitarbeitern errechnet sich dann nach folgender Gleichung:

$$Z_{AD} = \frac{\text{Zahl der Kunden * Besuchsfrequenz}}{\text{Tagesbesuchsrate * Zahl der Arbeitstage}}$$

Zahl der Kunden: 200 (Typ A); 100 (Typ B)

Besuchsfrequenz (pro Jahr):   12 (Typ A); 18 (Typ B)

Tagesbesuchsrate (pro Mitarbeiter):   4

Zahl der Arbeitstage: 255

$$Z_{AD} = \frac{200 * 12 + 100 * 18}{4 * 225} = 4{,}67 \rightarrow 5$$

In diesem Fall werden fünf Außendienstmitarbeiter benötigt.

Geeignete Vertriebsrepräsentanten zu finden, ist – trotz oftmals gebotener attraktiver Vergütung – nicht leicht. Insbesondere gilt dies auch für das internationale Geschäft. Der ideale Außendienstmitarbeiter sollte verantwortungsbewußt, selbständig, belastbar und anpassungsfähig sein. Außerdem muß er natürlich über entsprechende Fachkenntnisse und hohe Mobilität verfügen. Eine erhebliche Frustrationstoleranz sowie die grundsätzliche Bereitschaft, auch unter widrigen Bedingungen zu arbeiten, kommen noch dazu. Assoziationen mit der bekannten „eierlegenden Wollmilchsau" liegen da fast nahe. Wo man das alles lernt, konnte wohl noch niemand so richtig beantworten. Natürlich läßt sich vieles im Rahmen von Ausbildungen trainieren, Erfahrung ist aber sicherlich ein wichtigerer Punkt. Das Problem für Anfänger liegt meist darin, daß man ohne große Vorbereitung „ins kalte Wasser" muß, entsprechende Schwierigkeiten sind dabei vorprogrammiert.

Wir sind die österreichische Niederlassung des US-amerikanischen Elektronik-konzerns WANG Laboratories, mit hohem Qualitätsstandard und einer innovativen Produktpalette international erfolgreich vertreten. Die Dynamik der osteuropäischen Märkte bedingt eine Verstärkung unseres Teams mit einem

Sales Manager
– Polen –

Als Sales Manager führen Sie im Rahmen unserer Eastern European Operations ein kleineres Verkaufsteam. Ihre Hauptaufgabe liegt in der Realisierung unserer Vertriebs- und Distributionsziele in Polen. Dabei übernehmen Sie auch die Gewinnung und Betreuung von Key-Account-Kunden. Zu Ihrem Aufgabenbereich zählen außerdem Budgetierung, Vertriebscontrolling sowie Marketingaktivitäten in Zusammenarbeit mit unserem Vertriebs- und Servicepartner vor Ort. In dieser Position sind Sie direkt dem Vertriebsdirektor Osteuropa unterstellt und verantworten ein Umsatzvolumen von 50 Millionen Schilling.

Wir wenden uns an kundenorientierte Persönlichkeiten mit einer fundierten, kaufmännischen oder technischen Ausbildung und einigen Jahren Praxis im internationalen Vertrieb. Idealerweise haben Sie Osteuropaerfahrung und bereits ein Team geführt. Verhandlungssichere Englischkenntnisse und Reisebereitschaft setzen wir für diese Position voraus.

Es erwartet Sie eine anspruchsvolle Aufgabe mit interessanten Perspektiven. Ihre Bewerbung senden Sie bitte an unsere Personalleitung, die Sie auch gerne näher informieren wird.

WANG Österreich
Gesellschaft m.b.H.
Linke Wienzeile 234
A – 1150 Vienna/Austria

Tel.: (1) 89 111 / 678
Fax: (1) 89 111 / 999

Um die Außendienstmitarbeiter effektiv einsetzen zu können, sollte jedem einzelnen ein bestimmtes **Verkaufsgebiet** (exklusiv) zugeteilt werden. Dabei ist zu beachten, daß keine territorialen Überschneidungen auftreten, die Gebiete etwa gleich große Absatzpotentiale haben und annähernd gleichen Arbeitsaufwand erfordern.

Das **Vergütungssystem** für Außendienstmitarbeiter sollte sowohl monetäre als auch nicht-monetäre Anreize enthalten. Monetäre Anreize entstehen durch Bonus- oder Provisionssysteme in Abhängigkeit des Erreichens bestimmter **Vorgaben** (z.B. Umsatz, Deckungsbeitrag), nicht-monetäre durch verschiedenste *Incentives*, die meist als „Belohnung" im Zuge von Verkaufswettbewerben vergeben werden.

Vertriebsrepräsentant versus Handelsvertreter

Hat sich ein Unternehmen für direkten Vertrieb entschieden, steht es nunmehr vor der Frage, ob – im Sinne der Optimierung der in jedem Fall hohen Kosten – eigene Außendienstmitarbeiter als Vertriebsrepräsentanten („Reisende") oder unternehmensfremde Handelsvertreter für diese Aufgabe eingesetzt werden sollen.

Vertriebsrepräsentanten sind im Unternehmen angestellt und somit wie jeder andere Mitarbeiter kontrollierbar und weisungsgebunden. Ein weiterer Vorteil für das Unternehmen ist, daß sie ausschließlich unternehmenseigene Produkte verkaufen.

Handelsvertreter arbeiten auf selbständiger Basis und sind in ihren Entscheidungen bezüglich Arbeitszeit und Auftragsannahme freier als Reisende. Sie sind aber auch wesentlich stärker vom Umsatz abhängig und gelten deshalb im allgemeinen als höher motiviert. Aufgrund ihrer Selbständigkeit und den damit verbundenen Risiken arbeiten Handelsvertreter meist im Auftrag mehrerer Unternehmen. Sie vertreten verschiedene Unternehmen und verkaufen meist komplementäre Produktlinien.

Spielen beim Einsatz eines Reisenden bzw. Handelsvertreters die dadurch entstehenden Kosten die größte Rolle, kann mit Hilfe eines **Vorteilhaftigkeitsvergleichs** die optimale Form ermittelt werden.

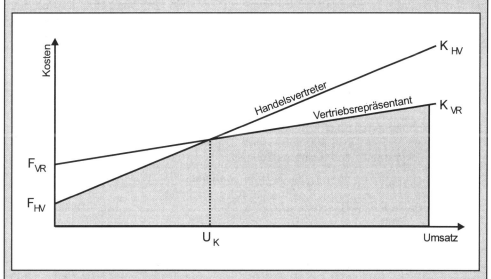

Abbildung 4-9 Ermittlung des kritischen Umsatzes U_K

Beispiel

F_{VR} = Fixum Vertriebsrepräsentant = 3.000 DM

P_{VR} = Provision Vertriebsrepräsentant = 50 %

F_{HV} = Fixum Handelsvertreter = 500 DM

P_{HV} = Provision Handelsvertreter = 10 %

U_K = kritischer Umsatz

Kosten für den Einsatz eines
Vertriebsrepräsentanten (K_{VR})

$K_{VR} = F_{VR} + P_{VR} * U_K$
$K_{VR} = 3.000 \text{ DM} + 0,1 * U_K$

Kosten für den Einsatz eines
Handelsvertreters (K_{HV})

$K_{HV} = F_{HV} + P_{HV} * U_K$
$K_{HV} = 500 \text{ DM} + 0,5 * U_K$

$$U_K = \frac{3.000 \text{ DM} - 500 \text{ DM}}{0,5 - 0,1} = 6.250 \text{ Stück}$$

Ab einem Umsatz von 6.250 Stück lohnt sich der Einsatz eines Vertriebsrepräsentanten, bei geringeren Umsätzen ist der Handelsvertreter kostengünstiger.

Beispiel: Vergütungsvereinbarung für den Sales Manager N. N.

Bonusplan

Ihr Bruttogehalt (Fixum) pro Monat beträgt ATS 50.000, zahlbar 14mal jährlich. Im Rahmen der Ihnen übertragenen Aufgaben als Sales Manager werden für das Geschäftsjahr 2001/02 (01.12.2001 – 30.11.2002) folgende bonusfähigen Ziele vorgesehen und vereinbart:

	Bonus*
1. Die Erreichung eines Umsatzes i. H. v. ATS 50.000.000,-- (netto).	45 %
2. Die Erreichung eines über 1. hinausgehenden Umsatzes i. H. v. ATS 10.000.000,-- (netto), auszuliefern bis zum Ende des Geschäftsjahres 2001/02.	10 %
3. Die Erreichung eines über 1. und 2. hinausgehenden Umsatzes i. H. v. ATS 10.000.000,-- (netto), anrechenbar auch für das nächste Geschäftsjahr.	10 %
4. Die Erreichung eines DB I von 40 % im Jahresdurchschnitt.	15 %
5. Die Erreichung eines Zahlungszieles auf den Umsatz aus 1. von maximal 40 Tagen im Jahresdurchschnitt.	10 %

Die Abrechnung des Bonus (* Basis: Bruttogehalt p.a./Fixum) erfolgt nach Vorliegen der Ergebnisse des Geschäftsjahres 2001/02.

Geschäftsleitung   N. N.

Beispiel: Budget/Sales Poland, Monat: Juli

Kunden	Neu-kunden	Angebot (TATS)	Vertrag (TATS)	DB I (in %)	Zahlung im lfd. Monat	Status Kommentar
Kraków Bank (Kraków)			10.500 (Apr)	38 %	3.500	30 % bei Lieferung
Lublin Bank (Lublin)			8.700 (Jan)	39 %	870	Rest: 10 % nach Installation
Ratibor Mining (Racibórz)	x	1.200 (Feb)		40 %		Angebot auf Wunsch von USA
Polish Ocean Lines (Gdańsk)			5.600 (Jun)	38 %		1. Lieferung August
Bank Handlowy (Warszawa)		11.850 (Mär)		40 %		Intervention notwendig!
Centro Indu-stries (Poznań)	x	1.200 (Jun)		40 %		
Hotel Gdynia (Gdynia)	x	800 (Jan)		40 %		ungewiß!
Textil Manu-factures (Łódź)	x	1.200 (Jun)		40 %		
Slaski Bank (Katowice)		10.500 (Apr)		40 %		Entscheidung im August
Ford Poland (Warszawa)			500 (Jun)	38 %	500	Lieferung
Jahr/Plan *bisher erreicht*			*50.000* *27.400*	*40 %* *39 %*		
Plan Juni *Ist Juni*			*6.000* *4.850*			

Aufwendungen Sales Poland   Jahr   5.000
                                   bisher verbraucht   2.300 (46 %)

durchschnittliches Zahlungsziel   Plan   40 Tage
                                     Ist   44 Tage

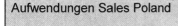

4.4.3 Das Verkaufsgespräch

Das **Verkaufsgespräch** besteht aus vier Teilen:

- **Eröffnungsteil** des Gesprächs (Barrieren abbauen, auch mit Hilfe des ersten Eindrucks),

- **Bedarfsanalyse** (der Verkäufer präsentiert sich und sein Unternehmen und versucht, den Bedarf des Kunden zu erfassen),

- **Angebotslegung** (aufgrund des ermittelten Bedarfs wird nutzenorientiert argumentiert, um den Kaufwunsch zu wecken),

- **Vertragsabschluß** (Abschluß der Vorgespräche, Verhandlung des Vertrages).

Wie bei jeder Interaktion können Verkäufer und Kunde gleichermaßen das Gespräch unter Einsatz verschiedenster Mittel beeinflussen. Besonders wichtig ist dabei, wie die **Argumentation** aufgebaut wird:

- Zur **Vorbereitung**: Produkt genau kennen, Brainstorming bringt viele Anregungen, Diskussion mit anderen schärft die Argumente.

- Bei der **Präsentation** und **Vorführung** sollen alle zur Verfügung stehenden Mittel (z.B. Bilder, Prospekte, Demo) eingesetzt werden (vgl. schauen, greifen, riechen). Ideal ist z.B. ein Gerät, das dem Interessenten auch zur Ansicht überlassen wird.

„Antiverkaufsausdrücke" meiden

zu vermeiden	Assoziationen	stattdessen
kaufen	lieber hätte man es gratis	besitzen
verkaufen/verkauft	„über den Tisch ziehen"	beim Erwerb helfen
Handel	klingt nach Basarmethoden	Gelegenheit, Transaktion
anbieten	jemand möchte etwas loswerden	präsentieren, vorführen
Kosten, Preis	wer will schon Kosten haben?	Investition, Summe, Betrag
Vertrag, Verpflichtung	gebunden sein will niemand	Vereinbarung, Formular
unterschreiben	verpflichtet zu sehr	abzeichnen, OK geben
Anzahlung	im voraus zahlt man nicht gerne	erster Betrag
Ratenzahlung	klingt nach Gerichtsvollzieher	monatlicher Betrag
Provision	„mitschneiden"	Gebühr, für den Service
Widerspruch, Einwand	hört sich zu problematisch an	Bedenken
Problem	pessimistisch, Schwierigkeiten	Herausforderung
neu	Risiko, „Versuchskaninchen"	bewährte Details nennen
Demonstration	zu politisch	Vorführung
Lieferfrist	„Frist" ist negativ besetzt (Amt)	Lieferzeitpunkt, Termin
Schulung	negative Kindheitserinnerungen	Training, Weiterbildung

- **Gekauft wird der Nutzen**: Analysen, Vergleiche und Formulierungen sollen stets am Vorteil, den sich der Kunde erwartet, ausgerichtet sein (Achtung: Merkmale von Produkten und Unternehmen sind keine Argumente, bloß ihre Vorstufen).

- Der Kunde nennt im Verlauf der Gespräche seine Nutzenvorstellungen und liefert dabei implizit auch die Argumente, die ihn überzeugen können.

- Der Kunde möchte das Gefühl haben, ein gutes Geschäft gemacht zu haben. „Service-Leistungen" entkräften oft Vorbehalte und Bedenken (vgl. „kleine Geschenke erhalten die Freundschaft").

- Im Unternehmen wird eine **Kaufentscheidung** von mehreren Personen beeinflußt. Deshalb ist es wichtig, mit den tatsächlichen **Entscheidungsträgern** zu sprechen. Herauszufinden, wer das konkret ist, fällt nicht immer so leicht, wie man zunächst denken mag. Diese auch zu beeinflussen, ist oft schwer: integeres Auftreten, persönlicher Kontakt, Entgegenkommen, das Liefern von Ideen und Geschenke (richtig plaziert) helfen dabei. Überdies muß man überzeugt sein, daß die versprochene Leistung auch erbracht werden kann.

Von der Wichtigkeit des Fragens: Inspektor Columbo und der Verkauf

Aufgrund vieler Analogien zum Verkaufen ist es interessant, den Fernsehserien-Inspektor Columbo bezüglich seiner ausgeklügelten Fragetechnik zu beobachten. Dabei zeigt sich:

- Er stellt sich selbst nie in den Mittelpunkt.

- Er macht sich häufig Notizen.

- Columbo gibt den Verdächtigen das Gefühl, wichtig zu sein.

- Seine Fragen klingen alltäglich und harmlos.

- Er hört genau zu – sowohl bei den gegebenen Antworten als auch bei den unausgesprochenen.

- Seine Fragen bauen sich ihrer Intensität nach immer weiter auf und kreisen die Antwort eines Verdächtigen auf die vorherige Frage immer enger ein.

- Er baut Spannungen, die eine seiner Fragen aufgebaut hat, sofort wieder ab.

- Er läßt, wenn er von einem Verdächtigen weggeht, immer etwas zum Nachdenken zurück und erwähnt, daß er mit ihm in Kontakt bleiben wird.

- Die Sprache, die er bei seinen Befragungen benutzt, ist immer freundlich, ungezwungen und ohne jede Einschüchterung (nach Hopkins 1997, 208ff).

Zuhören und fragen, so zeigt die Vertriebspraxis jedenfalls, ist meist wichtiger als reden; so seltsam das vielleicht zunächst klingen mag. Insbesondere zu viel zu reden, hindert den Verkäufer daran, dem Kunden ausreichend Gelegenheit zu geben, seine Wünsche zu artikulieren und in der Folge, auf diese zufriedenstellend einzugehen.

Eine der **Grundregeln** im Verkauf ist, immer am Ball zu bleiben, und den – oft mühsam hergestellten – Kontakt nicht abreißen zu lassen. Zugegeben, dies erfordert oft einige Kreativität (vgl. „besser ein Vorwand als ein verlorener Kontakt"). Praktisch sind immer mehrere Gespräche notwendig, oft auch mit verschiedenen Personen, bevor der Kunde tatsächlich kauft. Doch wie schlägt man die Brücke zum nächsten Termin, was sagt man jedes Mal, warum kommt man schon wieder vorbei? Derartige Fragen sind insbesondere im Rahmen des Außendienstes von Relevanz, wobei gilt: je komplexer das Produkt (vgl. z.B. EDV-Systeme, Industrieanlagen), umso aufwendiger der **Verkaufsprozeß**. Ein **Beispiel** für einen derartigen Prozeß:

1. Man stellt sich und seine Produkte am besten nach (z.B. telefonischer) Ankündigung allgemein vor.

2. Man bittet den Kunden telefonisch um (weitere) Unterlagen seinerseits und holt diese persönlich ab.

3. Man analysiert den konkreten Bedarf des Kunden bzw. entsprechende Potentiale.

4. Man ruft den Kunden an, um ihm etwa über neue Entwicklungen in der Sache zu berichten oder aus einem bestimmten Anlaß (z.B. neue Ansprechpartner, Geschäftserfolge, Beförderung, Geburtstag).

5. Man läßt – im Zuge der vielleicht schon detaillierteren Gespräche eine Unterlage oder Zeichnung beim Kunden, mit der Bitte diese zu ergänzen (und holt diese dann wieder ab).

6. Man besucht (neutrale) Veranstaltungen, wo man den Kunden trifft (z.B. Golfclub, Kongreß).

7. Man legt – nach Absprache mit dem Kunden – ein konkretes Angebot vor.

8. Man lädt den Kunden persönlich zu einer Messe oder anderen Veranstaltung (z.B. Symposium, Seminar, Event) ein und bringt die entsprechenden Unterlagen vorbei.

9. Man organisiert eine kundenspezifische Vorführung (im Hause des Kunden, in der Firma oder bei einem anderen Kunden, der bereit ist, auch gute Referenzen zu geben).

10. Man lädt den Kunden zum Abendessen ein und nützt die Gelegenheit, um den persönlichen Kontakt zu vertiefen und Informationen auszutauschen (die man in formaler Atmosphäre am Besprechungstisch nicht bekommen würde/geben könnte, z.B. Interna, Persönliches).

11. Man informiert den Kunden über technische Details und/oder Vertragsbedingungen unter Beiziehung der jeweiligen Spezialisten.

12. Konkrete Vertragsverhandlungen finden meist über mehrere „Runden" statt.

13. Man feiert den Vertragsabschluß und/oder die Inbetriebnahme der Anlage.

14. Der Kunde sollte über den Status der Auftragsabwicklung – zumindest bei wichtigen Schritten – informiert werden.

15. Etwaige Reklamationen sollen als Chance begriffen werden, eine kulante Lösung ist häufig mehr wert als die aufwendigste Präsentation. Wichtig ist es, Wiederholungen zu verhindern.

16. Man vermeidet es, sich später nie wieder blicken zu lassen, sondern bleibt in Kontakt. Die beste Möglichkeit ist es, regelmäßig über neue Entwicklungen zu informieren und diese letztlich – im Sinne des Folgegeschäfts (vgl. Erweiterungs- bzw. Ersatzinvestitionen) – auch anzubieten. Die technischen Mitarbeiter (z.B. Monteure, Servicetechniker, Support) können dabei stets behilflich sein. Auch das unmittelbare Arbeitsumfeld des Kunden (z.B. Sekretariat, Mitarbeiter) ist diesbezüglich sowie im allgemeinen nicht zu unterschätzen.

Dieser exemplarische Prozeß kann natürlich situativ erheblich variieren. Vorausgesetzt wird hier, daß der Kunde wirklich interessiert ist und weitere Gespräche zuläßt bzw. wünscht. Betrachtet man die möglichen Themen der einzelnen Termine, wird offenkundig, wie wichtig Innovationen bzw. ständige Marketingaktivitäten sind. Kann man nicht auf neue Entwicklungen verweisen oder wird nicht häufiger Verschiedenstes für die Kunden organisiert (vgl. Verkaufsförderung), würde der Gesprächsstoff schnell ausgehen.

Internationale Geschäftsreisen

- Basiswissen über die Verhältnisse vor Ort aneignen (siehe dazu auch Teil D – Achtung Kultur!)

- Flüge rechtzeitig buchen

- Hotelzimmer stets im vorhinein reservieren und bestätigen lassen

- Termine mit den Geschäftspartnern möglichst im Vorfeld vereinbaren

- Abholung vom Flughafen organisieren (z.B. Mitarbeiter vor Ort)

- nicht zu viele Gesprächstermine an einem Tag vereinbaren, um Freiraum für Unvorhergesehenes zu haben

- Schaffung einer persönlichen „Infrastruktur" (z.B. Taxi, Restaurants), um Zeit zu sparen und Überraschungen zu vermeiden

- wenn möglich, nicht selbst Auto fahren

- ausreichend Informationsmaterial, Visitenkarten und einen (zumindest kleinen) Fundus von Geschenken aus der Heimat mitnehmen

- nur wenig Geld unmittelbar mit sich führen, Geldumtausch am besten in der Bank oder im Hotel

- mit Trinkgeld gespart, ist am falschen Platz gespart (Gefälligkeiten sind einem im Gegenzug sicher)

- Vorsicht mit „Verlockungen" jeglicher Art

- Einladungen abzulehnen, gilt praktisch weltweit als Unhöflichkeit

- Diplomatie, zuvorkommend sein und ein wenig Humor schaden niemals

4.4.4 Der Verkaufsabschluß

„Der Abschluß ist eine Kunst."

Ein Verkaufsleiter

Anhand verschiedener Signale des Kunden läßt sich – wenngleich nicht immer ganz leicht – erkennen, wann er zum Vertragsabschluß bereit ist. Dem bevorzugten Verkäufer wird allerdings durchaus aktiv signalisiert, „wann es soweit ist". Typische **Abschlußsignale** wären etwa:

- der Kunde findet zunehmend Vorteile, die für einen Kauf oder die Zusammenarbeit sprechen und nennt diese auch;

- die Bereitschaft, Informationen zu geben und gemeinsam konstruktiv an einer Lösung zu arbeiten;

- detaillierte Fragen, beispielsweise Technik, Lieferzeiten, Vertragsbedingungen, Servicemöglichkeiten, Räumlichkeiten für Lieferung und Aufstellung betreffend, unterstreichen, daß sich der Kunde gedanklich bereits als Besitzer sieht;

- körpersprachliche Signale, wie etwa zustimmendes Kopfnicken oder sichtbare Entspannung, zeigen Interesse;

- verbale Bestätigungen, wie z.B. „Was Sie sagen, ist ganz richtig!" oder „Das sehe ich auch so!";

- der Kunde überlegt laut, wie er den Auftrag im eigenen Haus am besten „verkaufen" könnte; hier sind entsprechende Argumentationshilfen seitens des Verkäufers gefragt.

Das Ziel der Verkaufsgespräche liegt darin, solche Signale zu erkennen und dann unverzüglich auf einen konkreten Abschluß hinzuarbeiten. Dabei können verschiedene (positive und verstärkende) Formulierungen helfen, wie etwa:

- „Wenn ich Sie richtig verstanden habe, gefällt Ihnen dieser Punkt des Angebotes besonders gut?"

- „Wie kann ich Ihnen denn bei der Argumentation ihrem Chef gegenüber helfen?

- „Wenn wir diese Frage noch lösen, geben Sie uns dann den Auftrag?"

Trotz meist untrüglicher Signale ist es nicht einfach – und zeichnet gute Verkäufer dementsprechend aus – den richtigen Zeitpunkt für den Abschluß zu erkennen und diesen dann auch reibungslos „über die Bühne zu bringen".

Musteraufbau eines Exportliefervertrags

1. Formale Vertragsbestimmungen
    1.1 Präambel (Zweck des Vertrages/Vertragsparteien)
    1.2 Inkrafttreten des Vertrages
    1.3 Vertragssprache
    1.4 Vertragsänderungen

2. Vertragsgegenstand
    2.1 Lieferungs- und Leistungsgegenstand
    2.2 Lieferungs- und Leistungsausschlüsse (einschließlich Lieferungen und Leistungen, die vom Auftraggeber beizubringen sind, z.B. Information)
    2.3 Preisstellung
    2.4 Preisausschlüsse
    2.5 Preis- und Kursgleitklauseln

3. Zahlung und Sicherheiten
    3.1 Zahlungsbedingungen
    3.2 Sicherheiten/Bankgarantien
    3.3 Zinsen
    3.3 Zahlungsverzug

4. Leistungsgrenzen, Erfüllung und Fristen
    4.1 Gefahrenübergang, Erfüllungsort
    4.2 Liefer- und Leistungsfristen
    4.3 Lieferungs- und Leistungsverzug (Vertragsstrafen/Pönale)
    4.4 Höhere Gewalt, unvorhersehbare Ereignisse
    4.5 Abnahme/Leistungsnachweis

5. Garantien und Haftung
    5.1 Garantie und Gewährleistung
    5.2 Haftungen
    5.3 Beseitigung von Mängeln
    5.4 Patente und Lizenzen

6. Nebenbestimmungen
    6.1 Steuern, Zölle und Abgaben
    6.2 Versicherungen
    6.3 Angewandtes Recht und Schiedsgerichtsverfahren
    6.4 Anzuwendende Import- und Exportbestimmungen
    6.5 Rücktrittsrechte, Vertragskündigung

7. Unterschriften, Beglaubigungen usw.
    (Berücksichtigung der Ländervorschriften)

Natürlich kommt es häufig vor, daß der Kunde blockiert, ein Zeichen dafür, daß entweder noch Vorbehalte auszuräumen sind oder der Gesprächsverlauf „im Kippen ist". Dies kann unterschiedlichste Gründe haben, am häufigsten ist es, daß man sich bereits für einen Konkurrenten entschieden hat. **Wie argumentiert ein Kunde nun, wenn er für einen Auftragsabschluß (noch) nicht bereit ist bzw. diesen aufschieben will?** Wie argumentiert der Verkäufer in diesem Fall am besten? Konzentration ist jedenfalls jetzt gefordert, damit ein möglicher Auftrag nicht noch im letzten Moment verloren geht.

Was sagt der Kunde	Gegenargument des Verkäufers
Ich hatte noch keine Zeit, mich mit Ihrem Angebot zu befassen.	Wann darf ich Ihnen das Angebot persönlich erläutern, damit Sie Zeit sparen?
Ich möchte noch andere Angebote abwarten.	Was erwarten Sie von der Konkurrenz, das wir Ihnen nicht bieten können?
Ich möchte noch Referenzanlagen sehen.	Gerne, wenn Ihnen diese zusagen, wie geht es dann weiter?
Ich muß erst mit dem Chef/Mitarbeitern sprechen.	Wenn Sie selbst zu entscheiden hätten, was würden Sie sagen? Was müßten wir tun, um den Chef zu überzeugen?
Ich muß noch mit einem Experten sprechen.	Was, glauben Sie, wird er dazu sagen?
Ich will das Ganze noch einmal überschlafen.	Was wird morgen anders sein als heute?
Das Produkt ist zu teuer.	Was ist denn abgesehen vom Preis für Sie wichtig? Wo sehen Sie Ihren Nutzen? Im Verhältnis wozu ist das Produkt zu teuer?
Ich habe dafür zu wenig Budget.	Wie können wir trotzdem zu einer Lösung kommen? Sagt Ihnen das Angebot grundsätzlich zu?
Die Finanzierung ist noch unklar.	Was ist denn dabei unklar? Wie können wir Sie dabei unterstützen?

Abbildung 4-10 *Argumente, wenn der Kunde zum Abschluß noch nicht bereit ist*

Die möglichen Gegenargumente des Verkäufers sind – wie die Beispiele zeigen – häufig in Fragen verpackt, die dem Kunden oft den berühmten „Wind aus den Segeln" nehmen, indem sie versuchen, seine Einwände zu relativieren.

Typische Fehler, die den Auftrag kosten können

Schlechte Vorbereitung, schlechte Präsentation, zuviel geredet, zu wenig gefragt, Unpünktlichkeit, Unverläßlichkeit, „besserwisserisch" aufgetreten, Zeitdruck, Ungeduld, zu direkt in Richtung Abschluß „zumarschiert", zu früh aufgegeben, Bedarf des Kunden nicht erkannt, Kundenwünsche nicht berücksichtigt, den Nutzen des Produkts nicht ausreichend dargestellt, nicht mit den richtigen Personen gesprochen, Einwände und Vorbehalte des Kunden nicht ausreichend/nicht rechtzeitig ausgeräumt, den Kunden mit zu vielen Alternativen verunsichert, den Kunden mit zu vielen/zu technischen Details überlastet, (zu) negativ über die Konkurrenz gesprochen.

Natürlich kann es auch vorkommen, daß sich ein Kunde sofort entscheidet und dem Verkäufer der nerven- und kraftraubende Prozeß gänzlich erspart bleibt.

Derartige Entscheidungen können im Ruf der Firma begründet sein, einem exakt passenden Produkt, in exzellenten Referenzen oder entsprechender Mund-zu-Mund-Propaganda. Andere Gründe können Zeitdruck, bevorstehende Preiserhöhungen oder etwa ein begrenztes Angebot sein.

Der Verkaufsabschluß

Die Vertragsverhandlung[*]

Nach Vorarbeiten aller Art, d.h. unter – teilweise wirklich schweißtreibendem – Einsatz aller Mittel, die auch verschiedenste Interventionen an „höheren Stellen" einschließen, befinden wir uns nun endlich im großen, ehrwürdigen, aber etwas angestaubten Sitzungssaal der wichtigsten regionalen Bank in einer großen polnischen Stadt, etwa 200 km von Warschau entfernt. Heute geht es um die endgültige Verhandlung des Kaufvertrages, ein an sich erfreuliches, aber nicht unheikles Unterfangen. Eigentlich sollte nichts mehr schiefgehen, andererseits sind gerade in diesem Stadium oft noch im letzten Moment Träume geplatzt. Wir treten zu zweit auf, der zuständige Verkaufsleiter und der Finanzchef, um den „Verkauf" in allen kaufmännischen Fragen an Ort und Stelle beraten bzw. verschiedene Fragen flexibel entscheiden zu können. Die Anreise des an sich schon eingespielten Teams war mühsam. Es ist Winter, die – wegen Zeitdrucks notwendige – Nachtfahrt mit dem Auto war alles andere als unproblematisch. Eigentlich sollte man jetzt ausgeschlafen sein, das Gegenteil ist der Fall. Irgendwie wird es schon gehen, wie die Vergangenheit oft genug bewiesen hat. Nicht einmal ins Hotel kam man rechtzeitig, umgezogen hat man sich im buchstäblich hinter der Ecke abgestellten Auto. Zum Termin, Dienstag 10 Uhr, kam man gerade rechtzeitig und traut seinen Augen kaum: Eine – sage und schreibe – achtköpfige Verhandlungsdelegation, vom Generaldirektor abwärts, auch zwei (externe) Rechtsanwälte hat man nicht vergessen, ist angetreten. Sogar der Bürgermeister hält eine kurze Rede zur Eröffnung, nicht ohne mahnenden Unterton. Die Verhandlung selbst entwickelt sich zum Marathon. Der Kunde ist im Grunde äußerst gewillt und wirklich freundlich in der Form, in der Sache aber beinhart. Abwechselnd verlassen die Verhandlungsparteien mehrfach den Saal, entweder um Entrüstung zu demonstrieren oder einfach nur, um sich zu beraten. Besonders unangenehm sind die Anwälte, die gleich zu Beginn mit einem „selbstgestrickten" Kaufvertrag aufwarten und sich nur nach Einschreiten des Generaldirektors bewegen lassen, den Standardvertrag der Lieferanten zu verhandeln. Im Laufe des Tages wird es sogar zweimal notwendig, den Geschäftsführer in Wien anzurufen, um sich zwei nicht unwesentliche Kompromisse „absegnen" zu lassen. Nach acht Stunden Schwerstarbeit am Verhandlungstisch ist der Spuk vorbei – und alles ist gutgegangen. Das umfangreiche Vertragswerk wird mit zahlreichen kleinen und einigen größeren Modifikationen Seite für Seite von beiden Parten paraphiert, d.h., quasi vorunterschrieben und damit für die offizielle Unterzeichnung vorbereitet. Die belastende Vorgabe von zu Hause, den Standardvertrag des Konzerns möglichst ohne Änderungen „durchzuboxen" wurde – im Sinne des Geschäfts – (wieder einmal) erfolgreich unterlaufen. Nach einem kurzen, aber dringend notwendigen Schläfchen im Hotel wird im kleinen Kreis bis spät in die Nacht (oder besser gesagt: bis zum frühen Morgen) gefeiert, getafelt und getrunken. Der eigentliche Kunde, der EDV-Leiter der Bank, der bei den Verhandlungen streßbedingt sehr still war, erweist sich (nicht zum ersten Mal) als wahrer Freund. Angesichts dessen ist die „Kontaktpflege" an diesem Abend mehr als nur eine Pflichterfüllung. Gegen Mittag des darauffolgenden Tages geht es – nun relativ gemütlich – nach Hause, wo man sich, angesichts des finalisierten 1,5 Mio. US-Dollar-*deals* wohl nicht ganz zu Unrecht, als „Helden" feiern läßt.

Demgegenüber kann es auch passieren, daß ein bestehender Kunde seine Beziehung mit einem Lieferanten beendet, was insbesondere in organisierten Zulieferketten (vgl. *Supply Chain*) von besonderen Unannehmlichkeiten und oft wohl auch von Schuldgefühlen (im nachhinein) begleitet ist. So etwas geschieht allerdings nicht über Nacht, auch hier können, Aufmerksamkeit vorausgesetzt, rechtzeitig Signale erkannt und aufgrund dessen Steuerungsmaßnahmen gesetzt werden. Derartige Signale können sein (Winkelmann 2000, 311):

- nachlassender Druck des Kunden;

- Freundlichkeit läßt nach;

- Kunde ist zunehmend kürzer angebunden;

- läßt sich nicht mehr einladen, z.B. zum Essen;

- die eigenen Außendienstmitarbeiter werden nicht mehr zu *events* des Kunden eingeladen, z.B. zum Besuch seines Messestandes;

- verändertes Bestellverhalten des Kunden; *Orders* erfolgen immer kurzfristiger;

- der Kunde reklamiert zunehmend wegen Kleinigkeiten;

- neue Spezifikationen enthalten Referenzwerte der Konkurrenz;

- das Interesse des Kunden an längerfristigen Rahmenaufträgen läßt nach;

- der Kunde ist nicht mehr oder nur widerwillig zur Abgabe von Referenzen bereit.

Churn-Management widmet sich entsprechend der Analyse früher Signale für Kundenwechsel und der Entwicklung bzw. Umsetzung geeigneter Maßnahmen, um den Kunden auch weiterhin zu binden.

Die Wirtschaftsdelegation[*]

Man ist nachts angereist, per Flug, und hat dabei auch – von manchen nicht ohne Angst verfolgt – das von der UNO auferlegte Flugembargo gebrochen. Syrian Airlines ist dazu aus Verbundenheit zum Nachbarn zwar bereit, nicht aber dazu, für diese Strecke andere als ihre ältesten Maschinen einzusetzen. Einige Tage zuvor wurde das Ziel der Reise, der Irak, wieder bombardiert, die zu Hause Gebliebenen lassen die Teilnehmer der österreichischen Wirtschaftsdelegation nicht gerne weg. Hervorragende Rahmenbedingungen also, denkt man sich in einer ruhigen Minute und auch, wie weit zu gehen der Mensch eigentlich für Geschäfte bereit ist. Im ausgebuchten Rasheed-Hotel, dem ersten Haus in Bagdad, wundert man sich ein wenig: Konkurrenten aus aller Herren Länder sind längst da, ein reges Treiben herrscht, ständiges Kommen und Gehen, beinahe *business as usual*. Selbst der russische Rechts-Politiker Schirinowski ist – samt zahlreichen Bodyguards – da und versucht, Großaufträge einzufädeln.

Der Irak steht nach dem 2. Golfkrieg nun schon seit 10 Jahren unter internationalen Sanktionen. Lediglich ein kleineres, auf bestimmte Lieferungen beschränktes Handelsvolumen darf, von der UNO gebilligt, unter dem sogenannten Programm „Oil for Food" abgewickelt werden. Jeder Liefervertrag muß in New York genehmigt werden, zur Bezahlung dienen limitierte Ölverkäufe, auch das Geld dafür wird in den USA verwaltet. Einerseits gestalten sich Geschäfte dadurch sehr schwierig und bürokratisch, andererseits liegt das Geld dafür bereit. Gerade das ist selten, oft genug muß auf den internationalen Märkten vom interessierten Lieferanten mit den Produkten auch gleich die Finanzierung mitgebracht werden, um ins Geschäft zu kommen. Dementsprechend groß ist das weltweite Interesse am irakischen Markt. Man hofft nicht zuletzt, nach dem Ende der Sanktionen eines Tages groß einsteigen zu können, wenn man sich in schwieriger Lage als guter Partner bewährt hat.

„Die Zeiten sind brutal, daß Aufträge von selber hereinkommen, ist unwiderruflich vorbei", murrt einer der Geschäftsleute, auch Teilnehmer der von der Gesellschaft für Österreichisch-Arabische Beziehungen organisierten Delegationsreise. Selbst höchstrangige Kontakte reichen manchmal nicht mehr aus. Der Leiter der österreichischen Delegation ist ein ehemaliger Außenminister, Mitglieder des Parlaments und Diplomaten sind mit von der Partie. Ziel ist es, in Regierungskreisen die Beziehungen zwischen den Ländern zu pflegen. Letztlich ergeben sich dabei erfahrungsgemäß auch Anknüpfungspunkte für geschäftliche Möglichkeiten. Deshalb sind zahlreiche Vertreter wichtiger Branchen mitgekommen: Wasserwirtschaft, Ölgeschäft, Medizintechnik, Holzhandel, auch Repräsentanten eines Handelshauses und der im Außenhandel wichtigsten Bank.

Bis alles richtig ins Laufen kommt, sind einige Mitglieder der Delegation schon ziemlich ungeduldig, die meiste Zeit vergeht zunächst mit Warten. Umstellung ist nötig, „Zeit ist Geld" gilt im Tagesablauf eines sozialistisch geprägten arabischen Landes nur wenig. Viele lokale „Helfer" sind eifrig tätig, es wird viel geredet, ständig ändert sich aber alles im letzten Moment. Im Zwiegespräch fragt man sich mitunter schon, warum man soweit gereist ist ... Man weiß aber wohl, daß gerade der Einstieg in einen schwierigen Markt – wenn überhaupt – nur auf diese Weise möglich ist: Man braucht im Grunde einen „Türöffner", dem es möglich ist, über (politische Kontakte) Zugang zu „Türöffnern" vor Ort zu verschaffen. Herkömmliche Akquisitionsmethoden helfen da wenig. Allein die zahlreichen Genehmigungen, die für praktisch alles erforderlich sind, um Termine mit den „richtigen" Gesprächspartnern zu bekommen, wären für einen einzelnen Reisenden ein Ding der Unmöglichkeit. Das wissen alle nur zu gut. Nach einer gewissen Zeit und einigen Gesprächen auf politischer Ebene treten plötzlich zwei „Vermittler" auf. Der Anschein trügt natürlich: Während der für die Gäste unproduktiven Wartezeit wurden von offizieller irakischer Seite hinter den Kulissen die Weichen gestellt. Jetzt ist es soweit. Man präsentiert sich – mit Hilfe eines Übersetzers – im Hotelrestaurant und vereinbart die nächsten Schritte. Besonders attraktiv erscheint, daß die Herren erklären, Zugang zu beträchtlichen Auftragsvolumina und Projekten aller Branchen zu haben, die ohne Ausschreibung vergeben werden können. Das ist der Knackpunkt, nun beginnt sich vielleicht alles zu lohnen. Die Geschäftsleute riechen endgültig Lunte und beginnen jetzt ihrerseits, aktiv zu kurbeln. In den nächsten Tagen finden zahlreiche Gespräche statt, Produktpräsentationen bei verschiedenen potentiellen Kunden, die Vertreter der Wasserwirtschaft organisieren – angesichts der vielen Interessenten – kurzerhand sogar ein kleineres Symposium. Von nun an sieht man die Firmenvertreter nur mehr flüchtig und in Eile, sie nehmen ständig Termine auswärts und auch im Hotel – die Bar ist ein bevorzugter Ort – wahr und arbeiten buchstäblich rund um die Uhr. Gelegentlich werden bei einer dicken Zigarre gemeinsame Probleme erörtert. Den „Augen des Staates" entgeht dabei nichts.

Nach ein paar Tagen ist der Spuk vorbei. Letztlich haben alle erreicht, was – realistisch betrachtet – möglich war. Erst- und weitere Kontakte, das Auffinden (in manchen Fällen nicht weniger) konkreter Interessenten und Vereinbarungen über den weiteren Verbleib. Verträge wurden keine abgeschlossen, das war auch nicht zu erwarten. Jedenfalls sind alle Herren soweit, daß sie sich die nötige Infrastruktur erarbeiten konnten, um die nächsten Male alleine kommen zu können. Dies wird schon bald sein, wie die meisten versichern. Die Rückreise muß diesmal aus „organisatorischen Gründen", die nicht näher erläutert werden, mit dem Bus angetreten werden. Fast 1000 km Fahrt durch die Wüste, nach 18 Stunden – es gibt immerhin eine „Raststätte" – ist man in Amman, von wo aus der Flug nach Wien startet. Übermüdet, aber zufrieden kommt man schließlich an und blickt optimistisch auf die Dinge, die sich in nächster Zeit ergeben mögen, *inshallah* – so Gott will, wie man vor Ort sagen würde ...

4.5 Handel

Entscheidet sich ein Hersteller für den indirekten Absatz seiner Produkte, so wird er mit verschiedenen Institutionen des Handels in Kontakt treten. In Abhängigkeit davon, ob der Handelsbetrieb an gewerbliche Nachfrager oder an Endverbraucher weiterverkauft, unterscheidet man den Groß- und den Einzelhandel. Nicht überall sind die Grenzen allerdings so deutlich abgesteckt wie in Mitteleuropa. In Griechenland z.B. ist der Handel weniger klar strukturiert, fast jeder Großhändler nimmt dort auch Einzelhandelsfunktionen wahr und umgekehrt. Darüber hinaus werden die Händler häufig auch als Importeure tätig (vgl. BfAI 1996, 42).

4.5.1 Großhandel

Großhandelsbetriebe beschaffen Waren von Produzenten mit dem Zwecke des Verkaufs an Wiederverkäufer, Weiterverarbeiter oder Großabnehmer, nicht aber an Endverbraucher. Großhändler legen in der Regel weniger Wert auf Marketingmaßnahmen (wie etwa Verkaufsförderung und ansprechende Ladengestaltung) als Einzelhändler, da Großhändler nicht die Endverbraucher ansprechen wollen.

Lohnt sich die Einschaltung von Großhändlern? Eigentlich könnten die Hersteller die Endabnehmer oder die Einzelhändler direkt beliefern. Viele kleine Produzenten können es sich aber nicht leisten, ein eigenes Distributionsnetz aufzubauen. Anstatt in kleine, uneffektiv arbeitende Vertriebssysteme zu investieren, liefern sie lieber an einen Großhändler, der den weiteren Vertrieb ihrer Waren übernimmt. Auch für kleine Einzelhändler ist die Einschaltung des Großhandels sinnvoll. Für sie ist es einfacher, beim Großhandel einzukaufen, als ihre Waren von vielen verschiedenen Herstellen zu beziehen.

Großhandelsbetriebe verfügen über zahlreiche Kontakte zu Herstellern und über umfangreiche Kenntnisse und Erfahrungen und können deshalb die folgenden **Handelsfunktionen** besser erfüllen (vgl. Kotler/Bliemel 2001, 1155f):

- **Verkauf und Absatzförderung:** Der Produzent erreicht durch den Großhändler viele kleine Kunden. Ein direktes Ansprechen dieser Kunden würde weitaus mehr kosten als die Einschaltung des Großhändlers. Darüber hinaus genießt der Großhändler unter seinen Kunden größeres Vertrauen.

- **Einkaufserleichterung durch Sortimentszusammenstellung:** Großhändler stellen aus einer Vielzahl von Angeboten ein geeignetes Sortiment für ihre Abnehmer zusammen.

- **Mengenauflösung:** Der Großhändler kauft große Quantitäten ein und bildet daraus kleinere, abnehmergerechte Mengen.

- **Lagerhaltung:** Risiken und Kosten, die der Einzelhändler bei Direktbezug vom Hersteller hätte, übernimmt der Großhändler.

- **Transport:** Die räumliche Distanz zwischen Großhändler und Hersteller ist geringer als zwischen Einzelhändler und Hersteller. Dies äußert sich in meist kürzeren Lieferzeiten.

- **Finanzierung:** Großhändler gewähren ihren Kunden beim Einkauf üblicherweise Kredit.

- **Risikoübernahme:** Das Eigentum an den gehandelten Erzeugnissen geht auf den Großhändler über. Dadurch trägt er einen Teil des Risikos und daraus entstehende Kosten.

- **Bereitstellung von Marktinformationen:** Durch zahlreiche Kontakte zu Herstellern und Abnehmern verfügen Großhändler über umfassende Informationen zu Markt und Wettbewerb.

- **Schulung und Beratung:** Einzelhändler können vom Großhändler Unterstützung, z.B. in Hinblick auf die Einrichtung von Lagerhaltungssystemen, erhalten.

Welche Funktionen von einem Großhandelsbetrieb wahrgenommen werden, hängt von dessen Betriebsform ab. Manche Formen klammern bewußt einige Leistungen aus, um dadurch kostengünstiger arbeiten und preiswerter anbieten zu können.

Betriebsformen des Großhandels

Großhändler können als eigenständige Kaufleute oder Großhandelsvermittler agieren. Nachfolgend sollen die einzelnen Betriebsformen innerhalb beider Kategorien beschrieben werden.

Großhändler als eigenständige Kaufleute übernehmen mit der Übergabe durch den Hersteller bis zur Auslieferung an weitere Kunden das Eigentum an der gehandelten Ware. Außerdem üben sie verschiedene Funktionen aus, wie Lagerung und Transport, Mengenauflösung und Sortimentszusammenstellung.

Beim **klassischen Konsumgütergroßhändler**, der sich vor allem an den Einzelhandel richtet, unterscheidet man je nach Sortiment zwischen Sortimentsgroßhändlern und Spezialgroßhändlern. Sortimentsgroßhändler sind gekennzeichnet durch umfassende Sortimente und beliefern sowohl Fachhändler als auch andere Händler. Spezialgroßhändler haben sich auf eine bestimmte oder einige wenige Produktlinien spezialisiert und bieten neben einer großen Sortimentstiefe auch umfangreiche Produktkenntnisse.

Produktionsverbindungshändler beliefern gewerbliche Weiterverarbeiter, also Produktionsunternehmen, die die Waren nicht zum Wiederverkauf, sondern als Roh-, Hilfs- oder Betriebsstoffe benötigen.

Der **Cash & Carry-Großhandel** (Abholgroßhandel) will die Betriebskosten und damit auch die Abgabepreise durch Selbstbedienung und Selbstabholung niedrig halten. Cash & Carry-Märkte geben Waren meist nur gegen sofortige Barzahlung ab. Sie bieten ein begrenztes, schnell umschlagbares Sortiment und werden vor allem von gewerblichen Kleinabnehmern frequentiert. Der Cash & Carry-Großhandel bietet günstige Preise und gestattet auch die Abnahme kleinerer Mengen.

ALV-Großhändler (Am-Lager-Vorbei) arbeiten ohne eigenes Lager. Sie organisieren den Warentransport vom Hersteller direkt zum Kunden, ohne den Transport selbst durchzuführen. Diese Betriebsform erlangt besondere Bedeutung bei leicht verderblichen Lebensmitteln oder bei der Auslieferung sperriger und voluminöser oder geringwertiger Güter, die besondere Lagerbedingungen erfordern bzw. deren Lagerung den Verkaufspreis nur unnötig steigern würde (z.B. Lebensmittel, Kohle, Holz).

Rack-Jobber (Regalgroßhändler) sind Produzenten oder Großhändler, die in anderen Handelseinrichtungen die Betreuung bestimmter Verkaufs- oder Regalflächen übernehmen. Sie beliefern die Handelsbetriebe mit ihren Produkten, wobei es sich hauptsächlich um Non-Food-Artikel für Lebensmittelmärkte oder Drogerien handelt. Rack-Jobber bieten ein umfangreiches Servicepaket: sie preisen die Waren aus, beschaffen Werbematerial, organisieren Verkaufsförderungsaktionen, pflegen die Warenbestände und wickeln die Warenlogistik ab. Den Einzelhändlern wird nur tatsächlich verkaufte Ware in Rechnung gestellt.

Der **Versandgroßhandel** arbeitet wie Versandunternehmen des Einzelhandels. Man schickt potentiellen Kunden (Einzelhändler, industrielle Abnehmer, Berufsgenossenschaftsmitglieder usw.) Kataloge, aus denen diese Waren für den täglichen Bedarf oder zum Verkauf auswählen können.

Großhandelsvermittler arbeiten als selbständige Kaufleute und nehmen nicht alle Großhandelsfunktionen wahr. Zu ihnen gehören Makler, **Handelsvertreter** und Kommissionäre. Ihre Hauptaufgaben sind die Anbahnung von Kontakten und die Abwicklung der Geschäfte. Die Vergütung läuft auf Provisionsbasis. Hauptaufgabe eines **Maklers** ist die Interessenzusammenführung von Käufer und Verkäufer. Die Provision erhält er vom Auftraggeber oder auch von beiden Seiten. Makler üben weder Transport- noch Lagerhaltungs- oder Finanzierungsfunktionen aus, außerdem übernehmen sie keinerlei Risiken. Makler findet man vor allem in der Immobilien- und Versicherungsbranche. **Kommissionäre** arbeiten in eigenem Namen und auf eigene Rechnung. Die von ihnen vermittelten Waren gehen aber nicht in ihr Eigentum über. Die Kommission (Vergütung) wird in Abhängigkeit vom erzielten Umsatz ermittelt.

Schließlich existieren noch einige **Sonderformen des Großhandels**. Für Agrarprodukte gibt es z.B. den **Aufkaufgroßhandel**. Hauptaufgabe dieser Großhändler ist die Beschaffung und Zusammenstellung von Erzeugnissen. Kleine Mengen von vielen kleinen Produzenten werden gesammelt und für den Weiterverkauf aufbereitet. Dabei gestaltet sich die Beschaffung oft schwieriger als der Absatz der Erzeugnisse. **Warengenossenschaften** wurden gebildet, um den Einkauf für bestimmte Branchen, wie z.B. Tischler oder Installateure, zu tätigen. Zusammenschlüsse von Warengenossenschaften erfüllen Aufgaben wie Beschaffung, Öffentlichkeitsarbeit oder auch Konzeptionserstellung.

4.5.2 Einzelhandel

Einzelhändler vertreiben in einer oder mehreren Verkaufsstellen unveränderte oder nach üblicher Art und Weise be- und verarbeitete Waren an Endverbraucher zu deren persönlichem Ge- und Verbrauch.

Die größten Lebensmittelhändler der Welt

	Umsätze in Mrd. Euro
1. Wal-Mart (USA)	199,1
2. Carrefour (F)	64,8
3. Ahold (NL)	52,5
4. Kroger (USA)	51,0
5. Metro (D)	48,2
6. Albertson's (USA)	39,0
7. Kmart (USA)	38,5
8. Tesco (GB)	34,4
9. Safeway (USA)	33,3
10. Rewe (D)	33,2
12. Aldi (D)	31,0
18. Edeka (D)	24,7
19. Tengelmann (D)	24,4
26. Lidl & Schwarz (D)	16,5

Abbildung 4-11 Die größten Handelsunternehmen der Lebensmittelbranche nach Umsätzen (Quelle: nach Focus v. 02.06.2001, 234)

Im Einzelhandel ist die **Vielfalt der Ausprägungsformen** wesentlich umfassender als im Großhandel. Als Klassifizierungskriterien dienen hierbei häufig Angebotsgestaltung und -umfang (Fachgeschäft vs. Supermarkt), Serviceumfang (Selbstbedienung vs. Fremdbedienung), Preisstrategie (Discounter vs. Luxusgeschäft), Art der Geschäftslokale (Versandhandel vs. stationärer Verkauf), Intensität der Einflußnahme (Einzelhändler-Genossenschaften vs. Franchise-Organisationen) und Einzugsbereich (zentrale Geschäftsbezirke vs. Einkaufszentren). Der Einzelhandel ist durch eine besondere Dynamik und Wandlungsfähigkeit gekennzeichnet. Sich ändernde Marktbedingungen und Kundenbedürfnisse führen ständig zur Entstehung neuer Betriebsformen, welche auch auf die bereits bestehenden Formen einen nachhaltigen Einfluß ausüben.

Betriebsformen des Einzelhandels

Gemischtwarengeschäfte zeichnen sich durch ein mittleres bis flaches Sortiment aus, das zu marktüblichen, mittleren Preisen und überwiegend in Fremdbedienung angeboten wird. Aufgrund der wachsenden Konkurrenz größerer und preiswerterer Selbstbedienungsgeschäfte ist bei dieser Betriebsform ein rückläu-figer Trend zu verzeichnen.

Meist vom Eigentümer und seinen Familienangehörigen betriebene **Fach- und Spezialgeschäfte** bieten ein tiefes, mittelbreites bis enges Sortiment zu üblichen Preisen. In diesen Geschäften kann der Kunde aus einer Vielzahl unterschiedli-cher Produktvarianten wählen und erhält eine fachkundige Beratung.

Eine Zwischenform zwischen Fachgeschäften und Verbrauchermärkten bilden die **Fachmärkte**. Während das Sortiment dem eines Fachgeschäftes ähnelt, sind Fachmärkte nach Größe, Standort, Preispolitik, Werbepolitik und Service eher den Verbrauchermärkten zuzuordnen. Fachmärkte verfügen im allgemeinen über begrenzte Lagerflächen, da die Waren auf der Verkaufsfläche gelagert werden. Im Sortiment sind besonders hohe Stückzahlen sogenannter „schnelldrehender" Artikel enthalten.

ꝃ Bekannte Beispiele dieser Betriebsform sind Toys'R'Us (Spielwaren), Media Markt und Saturn (Unterhaltungselektronik).

Kauf- und Warenhäuser sind durch meist auf mehrere Etagen verteilte Ver-kaufsflächen gekennzeichnet. Während Kaufhäuser nur Waren eines oder eini-ger weniger Industriezweige anbieten (z.B. Möbelkaufhäuser), führen Waren-häuser Erzeugnisse verschiedener Industriezweige (z.B. Kaufhof, Horten, Kar-stadt und Hertie). Die Sortimente der Warenhäuser sind i.d.R. breit, können aber unterschiedliche Tiefen aufweisen. Die Sortimente der Kaufhäuser sind meist flacher. Von der früher dominierenden Fremdbedienung ist man vielerorts auf Selbstbedienung übergegangen. Bevorzugte Standorte von Kauf- und Waren-häusern sind die Innenstadtbereiche.

Kleinpreisgeschäfte oder **Kleinkaufhäuser** (z.B. Kaufhalle und Woolworth) führen meist problemlose Artikel mit kurzen bis mittelfristigen Wiederkaufzy-klen und bieten diese Artikel zu niedrigen bis mittleren Preisen in Selbstbedie-nung an. Im Vergleich zu Warenhäusern weisen Kleinpreisgeschäfte eine kleine-re Verkaufsfläche und eine geringere Gesamtartikelzahl auf.

Um **Supermärkte** handelt es sich bei Einzelhandelsbetrieben ab einer Verkaufs-fläche von 400 m², die ihre Waren in Selbstbedienung zu mittleren Preisen und Qualitäten anbieten. Im Sortiment befinden sich Nahrungs- und Genußmittel sowie problemlose Non-Food-Artikel, die im allgemeinen einen Anteil von 25 % am Gesamtangebot (ca. 4.000-7.000 verschiedene Artikel) haben. Super-märkte befinden sich meist in Haupt- oder Nebenstraßen bzw. Wohngebieten von Städten.

ꝃ Bekannte Beispiele sind Spar, Kaiser's, Edeka, Minimal-Markt, Billa usw.

Verbrauchermärkte und **Selbstbedienungswarenhäuser** sind Großbetriebe des Einzelhandels, die nach Verkaufsfläche unterschieden werden. Bei einer Verkaufsfläche von 800 bis 5.000 m² handelt es sich um Verbrauchermärkte; ab 5.000 m² spricht man von Selbstbedienungswarenhäusern. Das Sortiment beider

60.

Formen umfaßt Nahrungs- und Genußmittel sowie Non-Food-Artikel mit einer hohen Stücknachfrage (ca. ein Drittel des Gesamtumsatzes). In Verbrauchermärkten und SB-Warenhäusern herrscht Selbstbedienung mit zentralem Checkout vor, außer z.B. bei Frische-Artikeln; des weiteren sind sie gekennzeichnet durch eine aggressive Preis- und Werbepolitik. Diese Märkte sind aus finanziellen und Platzgründen meist außerhalb der Stadtzentren gelegen.

  ✎ Bekannte Beispiele sind Massa, Allkauf, Plaza, Real, Globus, Wal-Mart und Merkur.

Ziel der **Diskonter** ist, durch extreme Niedrigpreise hohe Umsätze zu erzielen. Diese Niedrigpreispolitik wird ermöglicht durch kostengünstige Standorte, billige Ausstattung der Verkaufsräume sowie den Verzicht auf Serviceleistungen. Warenvorräte werden meist auf der Verkaufsfläche (250 bis 700 m²) gelagert, so daß große Lagerräume nicht nötig sind.

  ✎ Bekannte Diskontmärkte sind Aldi, Hofer, Penny, Plus, Zielpunkt und Norma.

Bei **Versandhandelsunternehmen** kann sich der Kunde die gewünschten Artikel in Katalogen oder Prospekten aussuchen und direkt beim Unternehmen oder bei einem in dessen Auftrag handelnden Vertreter bestellen. Die angeforderten Waren werden per Post oder durch einen anderen Zustelldienst geliefert. Das Sortiment kann bis zu 70.000 Artikel umfassen. Einige Versandhandelsunternehmen verfügen über eigene Verkaufsstellen (z.B. Quelle-Warenhäuser).

Der **Automatenverkauf** wird nicht nur bei einfachen Produkten wie Zigaretten, Süßwaren oder Kondomen angewendet, sondern auch zum Verkauf von Fahrkarten, heißen Getränken und Mahlzeiten. Automaten werden an öffentlich zugänglichen Plätzen oder Einrichtungen, in Kantinen und Gaststätten oder auch im Freien angebracht. Dafür, daß der Kunde unabhängig von Ladenöffnungszeiten jederzeit Zugriff auf die Waren hat, zahlt er i.d.R. höhere Preise.

Unternehmen nutzen den **Direktverkauf** oft im Rahmen des Direktmarketing und vertreiben ihre Erzeugnisse an der Haustür oder auf „Partys", wie z.B. Eismann oder Tupperware. Der Direktverkauf kann meist nur dann in einer wirtschaftlich vertretbaren Weise durchgeführt werden, wenn damit auch andere Leistungen, wie z.B. die Auslieferung der Ware, verbunden sind.

4.5.3 Verbundsysteme des Handels

62.

Besonders im Einzelhandel konnte in der Vergangenheit ein Trend vom selbständigen, unabhängigen Unternehmen hin zum organisierten Verbund mehrerer Betriebe beobachtet werden. Daraus resultierten einerseits Vorteile hinsichtlich der Beschaffungskosten oder der Beeinflußbarkeit der Handelspartner. Andererseits geben die daran beteiligten Unternehmen auch einen großen Teil ihrer Freiheiten auf und müssen sich einem mehr oder weniger engen Rahmen anpassen. Im folgenden sollen die verbreitetsten Formen von Verbundsystemen näher erläutert werden.

Ein **Filialunternehmen** ist ein Zusammenschluß von mindestens fünf räumlich getrennt agierenden Verkaufsfilialen, die unter einheitlicher Leitung und gemeinsamem Eigentum stehen. Die Filialen, welche ähnliche bzw. gleiche Verkaufssortimente führen, organisieren ihre Warenbeschaffung, Lagerung und Transport zentral. Vorteil der Filialunternehmen gegenüber herkömmlichen Einzelhändlern ist deren Größe und überregionale Präsenz, die es aber dennoch gestattet, sich lokalen Gegebenheiten anzupassen. Aufgrund der zentralen Bestellung erreichen Filialunternehmen große Bestellmengen, die ihnen wiederum Mengenrabatte verschaffen. Außerdem ermöglicht die Größe umfangreiche Werbe- und Verkaufsförderungsmaßnahmen, deren Kosten sich auf die einzelnen Filialen verteilen. Bekannte Filialunternehmen sind Kaufhof, Horten, Karstadt, Hertie, Niedermeyer, Foto-Quelle, Aldi, Hofer, Billa, Tengelmann usw.

Einzelhandelsunternehmen, die nicht in Form von Filialketten organisiert waren, hatten diesen gegenüber Wettbewerbsnachteile. Deshalb schlossen sich viele dieser unabhängigen Betriebe zu **freiwilligen Ketten** oder Einkaufsgenossenschaften zusammen. In freiwilligen Ketten sind juristisch selbständige Einzelhandelsbetriebe organisiert, die den Einkauf und die Beschaffung zentral organisieren. Sie koordinieren ihre Marketingpolitik und haben nach außen ein im allgemeinen einheitliches Erscheinungsbild. Die Bildung freiwilliger Ketten wird in der Regel von Großhandelsunternehmen veranlaßt. Den Mitgliedern einer Kette werden zwar umfassende Serviceleistungen einschließlich Gebietsschutz geboten, jedoch sind sie bezüglich der Beschaffung an Abnahmeverpflichtungen gebunden. Die gemeinsame Beschaffung ermöglicht die Aushandlung günstiger Einkaufspreise, die sich für die Endabnehmer positiv auf die Verkaufspreise auswirken. Die bekannteste freiwillige Kette ist die Spar-Gruppe.

In **Einkaufsgenossenschaften** schließen sich selbständige Einzelhandelsunternehmen zusammen, die – wie auch die freiwilligen Ketten – Einkauf und Beschaffung zentral organisieren. Der Unterschied zu freiwilligen Ketten besteht darin, daß Einkaufsgenossenschaften nicht auf Initiative eines Großhändlers gebildet werden, sondern daß diese selbst ein Großhandelsunternehmen gründen. Juristisch behalten die Einzelhandelsbetriebe ihre Selbständigkeit, treten jedoch nach außen unter dem Genossenschaftsnamen sowie gleichem Erscheinungsbild auf. Bekannte Vertreter dieser Organisationsform sind Edeka und Rewe.

Franchising ist eine Kooperationsform, bei der Franchise-Nehmern vom Franchise-Geber das Recht zum Führen eines Betriebes im Franchise-System eingeräumt wird. Beim Franchising werden drei grundlegende Formen unterschieden: Das Einzelhandels-Franchising, z.B. bei Obi und Nordsee, das Großhandels-Franchising, z.B. bei Coca-Cola und das Service-Franchising, z.B. bei McDonald's und Wienerwald.

Als **Einkaufszentrum** bezeichnet man eine Gruppe rechtlich selbständiger Einzelhandelsbetriebe, die aber als Einheit konzipiert und verwaltet wird. Dies ist vor allem zur Gestaltung eines einheitlichen Images und für das Betreiben ein-

heitlicher Werbekampagnen erforderlich. Die Größe und Lage eines Einkaufszentrums richten sich nach dem Einzugsgebiet, an das auch das jeweilige
Merchandising-Konzept des Einkaufszentrums anpaßt wird. Wie auch die SB-
Warenhäuser oder Fachmärkte außerhalb der Citylagen weisen Einkaufszentren
eine verkehrsgünstige Lage auf und bieten eine Vielzahl an kostenlosen Parkplätzen für die Kundschaft an.

> ✎ Bekannte Einkaufszentren sind z.B. der Ruhrpark Bochum, das Donau Einkaufs-
> zentrum Regensburg oder das Nordwest Zentrum Frankfurt/Main sowie die SCS
> Shopping City Süd am Stadtrand von Wien.

4.6   Andere Distributionssysteme

So wie sich Verbraucherpräferenzen, Produkte und Märkte verändern, unterliegen auch Distributionssysteme einem ständigen Wandel. Neue Formen entstehen, alte Formen verschwinden – besonders deutlich zeigt sich dies am Beispiel
des Einzelhandels. Die früher dominierenden kleineren Warenhäuser und „Tan-
te-Emma-Läden" wurden mittlerweile durch Großmärkte „auf der grünen Wie-
se" verdrängt. In der jüngsten Vergangenheit war ein Entwicklungstrend hin zu
vertikalen, horizontalen bzw. Multikanal-Systemen zu beobachten.

4.6.1 Vertikales Marketing

In herkömmlichen Distributionssystemen war jeder Beteiligte mehr oder weniger auf die Erfüllung der eigenen Ziele bedacht, ohne dabei auf Interessen anderer Mitglieder des Distributionssystems Rücksicht zu nehmen. Der einzelne
hatte dabei weder umfassende Kontroll- noch Einflußmöglichkeiten auf die anderen.

Vertikales Marketing bedeutet, daß **Hersteller und Händler** als ein **einheitliches System** agieren. Der Erfolg vertikaler Marketingsysteme basiert auf der
Koordination der Ziele der Beteiligten, der Größe der Systeme und der damit
verbundenen Verhandlungsstärke und Wirtschaftskraft sowie der Konzentration
auf relevante Leistungen.

Es existieren drei Grundformen vertikaler Marketingsysteme. Man unterscheidet
dabei eigentumsgebundene, machtstellungsgebundene und vertragsgebundene
Systeme (vgl. Kotler/Bliemel 2001, 1107ff):

- In **eigentumsgebundenen Systemen** sind aufeinanderfolgende Stufen in Produktion und Distribution unter einem Eigentümer zusammengeschlossen.
  Diese Eigentumslage ermöglicht eine vollständige Beherrschung des Distributionssystems. Beispiele eigentumsgebundener Systeme sind Bata, C&A
  und Tchibo.

- In **machtstellungsgebundenen Systemen** werden Produktions- und Distributionsstufen nicht aufgrund der Eigentumslage, sondern durch die Machtposition einiger beteiligter Unternehmen beeinflußt. Sind bestimmte Erzeugnisse beim Verbraucher besonders beliebt und folglich durch hohe Umsätze gekennzeichnet, kann das Herstellerunternehmen eine intensive Betreuung durch die Händler erwarten. Unternehmen mit einer derartigen Marktposition sind z.B. Nestlé, Ferrero, Procter & Gamble, Unilever und Gilette.

- **Vertragsgebundene Systeme** setzen sich aus unabhängigen Firmen unterschiedlicher Produktions- bzw. Distributionsstufen zusammen, die auf vertraglicher Basis zusammenarbeiten. Die Kooperation ermöglicht ein effizienteres Arbeiten und verschafft den Firmen eine einflußreichere Marktposition. Beispiele hierfür sind Handelsgenossenschaften und Franchise-Systeme.

4.6.2 Horizontales Marketing

Schließen sich **selbständige Unternehmen derselben Produktions- oder Distributionsstufe** zusammen, spricht man von horizontalen Marketing-Systemen. Für solche Zusammenschlüsse gibt es vielerlei Gründe. Meist haben einzelne Unternehmen eine Marktchance erkannt, können diese aber aufgrund fehlender Ressourcen oder ungenügendem Know-hows nicht nutzen. Deshalb streben sie die Kooperation mit anderen Unternehmen an, die bereit sind, ihre Ressourcen zur Verfügung zu stellen und dafür am Erfolg teilzuhaben. Diese Unternehmenszusammenschlüsse können kurzfristig, zur Erreichung eines bestimmten Zieles, oder auch längerfristig angelegt sein.

4.6.3 Multikanal-Marketing

Ursprünglich vertrieben die meisten Hersteller ihre Erzeugnisse nur über ein oder zwei Distributionskanäle und erreichten damit auch nur einen oder zwei Zielmärkte. Die fortschreitende Fragmentierung der Märkte zwingt die Anbieter, **in mehreren Distributionskanälen tätig** zu werden, d.h. sogenannte **Multikanal-Systeme** aufzubauen. Dadurch wollen die Hersteller mehrere Kundensegmente gleichzeitig ansprechen und somit eine größere Marktabdeckung erreichen. Gleichzeitig ermöglichen unterschiedliche Distributionskanäle eine individuellere Anpassung an die Zielsegmente. Ein neuer Absatzkanal kann aber auch helfen, Kosten zu senken, wenn er eine effizientere Bearbeitung und Betreuung eines Zielsegments ermöglicht. Die Erschließung neuer Distributionskanäle vergrößert aufgrund der hinzukommenden Distributionspartner aber auch das **Konfliktpotential** (vgl. z.B. unterschiedliche Ziele der Partner, unklar definierte Rechte und Pflichten) und erschwert die Kontrolle über das Distributionssystem.

5 Kontrahierungspolitik

> „Unsere Preispolitik ist fundamental.
> Der Stolperdraht besteht darin, uns aus dem Markt zu preisen."
>
> Ingvar Kamprad
> Gründer von IKEA
> (in: Torekull/Kamprad 1998, 191)

Unter dem Begriff **Kontrahierungspolitik** werden üblicherweise die Bereiche Preispolitik und Konditionenpolitik zusammengefaßt. Die **Konditionenpolitik** wiederum beinhaltet die Rabatt- und Kreditpolitik sowie die Gestaltung der Liefer- und Zahlungsbedingungen. Die **Preispolitik** befaßt sich mit Maßnahmen, die zur Ermittlung, Beeinflussung und Durchsetzung für das Unternehmen zweckmäßiger und dem Markt angepaßter Preise erforderlich sind.

5.1 Preispolitik

5.1.1 Wesen und Aufgaben der Preispolitik

Die **Preispolitik** wurde und wird von vielen Unternehmen vernachlässigt. Die Preisermittlung erfolgt weitgehend kostenorientiert, eine Preisanpassung findet häufig nur unregelmäßig statt und das Instrument Preis wird vielfach isoliert von den anderen Marketinginstrumenten betrachtet. Doch gerade in der heutigen Zeit, in der die Kunden immer preisbewußter einkaufen und der Wettbewerb verstärkt Druck auf die Preis- und Konditionenpolitik der Anbieter ausübt, ist es für ein Unternehmen wichtig, eine dem Markt angepaßte und auf die übrigen Marketinginstrumente abgestimmte kontrahierungspolitische Strategie auszuarbeiten und einzusetzen.

Ziel preispolitischer Maßnahmen ist die Ermittlung jenes Preises, der die optimale Erfüllung der Unternehmensziele verspricht, wie z.B. Fortbestand des Unternehmens, kurzfristige Gewinnmaximierung, kurzfristige Umsatzmaximierung, maximales Absatzwachstum (Marktpenetration), maximale Marktabschöpfung oder Qualitätsführerschaft.

Wesentliche, im Rahmen der Preispolitik zu treffende Entscheidungen sind

- die Bestimmung der Preislage,

- die Festlegung von Preisen bei der Neueinführung von Produkten,

- die Durchführung von Preisänderungen (z.B. bei mangelnder Akzeptanz von seiten der Nachfrager, auf Druck des Handels oder aufgrund gesetzlicher Regelungen),

- Entscheidungen über Preisdifferenzierungen in Abhängigkeit von zu bedienenden Marktsegmenten sowie

- die Durchführung von Preisvergleichen und evtl. anschließende Anpassungen an die Konkurrenz (vgl. Weis 1999, 272).

Unter **Preis** versteht man die Anzahl der Geldeinheiten, die ein Käufer entrichten muß, um eine bestimmte Menge eines Wirtschaftsgutes zu erlangen. Preise begegnen uns im täglichen Leben in den verschiedensten Formen, so z.B. als **Preise** für materielle Güter, als **Gebühren** für Dienstleistungen, als **Lizenzgebühren** für Rechte, als **Tarife** im öffentlichen Nahverkehr, als **Miete** für eine Wohnung oder als **Entgelt** für eine Arbeitsleistung.

Bevor sich ein Konsument für den Kauf eines Produktes entscheidet, wird er im allgemeinen die Preisforderung und den erwarteten Nutzen abwägen. Entspricht dieses Verhältnis seinen Erwartungen, kommt es zum Kauf. In Marktsegmenten mit geringer Kaufkraft ist der Preis das wichtigste Produktmerkmal und bestimmt, welches Produkt unter kompetitiven Umständen bzw. ob ein Produkt überhaupt gekauft wird.

Gegenüber den anderen Marketinginstrumenten weist der Preis einige **Besonderheiten** auf. Preisänderungen sind sehr schnell und ohne größeren Aufwand durchführbar und rufen schnellere und stärkere Konkurrenzreaktion hervor als andere Marketinginstrumente, da die Konkurrenz ebenso schnell Preisanpassungen durchführen kann. Auf Preisänderungen folgen – eine hohe Elastizität der Nachfrage vorausgesetzt – unmittelbare Nachfrageverschiebungen. Außerdem ist der Preis das einzige Instrument im Marketing-Mix, bei dem keine Vorabinvestitionen notwendig sind. Der Preis stellt damit das flexibelste Instrument im Marketing-Mix dar.

Die betriebliche Preisbildung ist nicht nur von Produktmerkmalen oder unternehmensinternen Zielsetzungen abhängig, sondern unterliegt auch verschiedenartigen externen Einflüssen. Dazu gehören u.a. die Marktform, das Verhalten der Nachfrager (Preiselastizität, Informationsverhalten), die Konjunkturlage, Preisforderungen der Absatzmittler, die Preispolitik der Konkurrenz sowie staatlich festgesetzte Höchst- bzw. Mindestpreise.

In der Bestimmung des Angebotspreises ist der Anbieter grundsätzlich frei. Jedoch hat er dabei einige vom **Gesetzgeber** erlassene **Auflagen** zum Schutz des Verbrauchers und des Wettbewerbs zu beachten (vgl. z.B. Preisrecht, Kartellrecht, Gesetz gegen unlauteren Wettbewerb usw.).

5.1.2 Markt- und Preistheorie

Ausschlaggebend für die Höhe eines Preises sind die jeweiligen **Marktverhältnisse**. Ein begrenztes **Angebot**, das vielen Nachfragern gegenübersteht, wird zu hohen Preisen führen. Ein großes Angebot wiederum wird eine Senkung der

Preise nach sich ziehen, da die **Nachfrager** im allgemeinen bereit sind, bei niedrigen Preisen weitere Produkte zu kaufen. Dieser **Mechanismus** funktioniert allerdings nur auf vollkommenen Märkten. Hierbei unterstellt man die Gültigkeit folgender Kriterien:

- Homogenität der Güter,

- Punktmärkte, d.h. keine räumlichen Differenzierungen,

- unendlich schnelle Reaktionen, d.h. keine zeitlichen Differenzierungen,

- vollkommene Markttransparenz,

- keine Präferenzen aufgrund persönlicher oder sachlicher Gründe,

- Nachfrager strebt nach Nutzenmaximum,

- Anbieter strebt nach Gewinnmaximum.

Sobald nur eine dieser Bedingungen nicht mehr erfüllt ist, spricht man von unvollkommenen Märkten.

Das Verhalten der Nachfrager in Abhängigkeit vom Angebotspreis kann in einer **Nachfragekurve** dargestellt werden. Aus der aggregierten Gesamtnachfrage und dem am Markt befindlichen Angebot ergibt sich der Marktpreis, welcher bei vollkommener Konkurrenz auch Gleichgewichtspreis genannt wird:

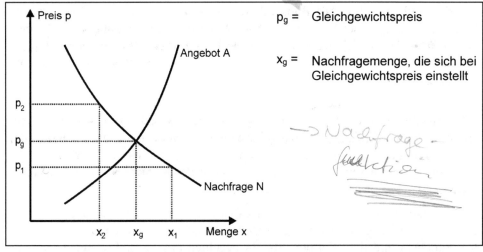

Abbildung 5-1 *Preisbildung aus Angebot und Nachfrage (nach Weis 1999, 274)*

Der Preis p_1, der unter dem Gleichgewichtspreis liegt, veranlaßt die Nachfrager zur Abnahme größerer Mengen als zum Gleichgewichtspreis. Der Preis p_2, welcher über dem Gleichgewichtspreis liegt, führt zu einem Nachfragerückgang.

Nicht zu verwechseln mit Nachfragefunktionen sind **Preis-Absatz-Funktionen**, die sich nicht auf die Gesamtnachfrage, sondern auf den Absatz eines einzelnen Anbieters beziehen. Die bekanntesten Grundtypen von Preis-Absatz-Funktionen sind linear fallende und geometrisch fallende Funktionen (vgl. Hüttner/v. Ahsen/Schwarting 1999, 179):

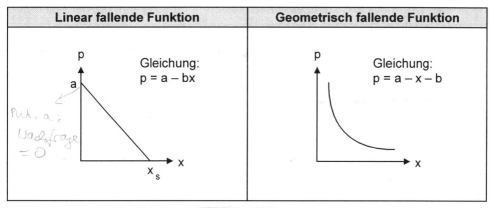

Linear fallende Funktion	Geometrisch fallende Funktion

Abbildung 5-2 *Grundtypen von Preis-Absatz-Funktionen*

Der Schnittpunkt der linear fallenden Preis-Absatz-Funktion mit der Preisachse (a) ergibt einen Prohibitivpreis, d.h. den Preis, zu dem keine Nachfrage nach diesem Produkt mehr besteht. Der Schnittpunkt der Funktion mit der Mengenachse (x_s) stellt die Sättigungsmenge dar, d.h. die Menge, die zu einem Preis von Null plaziert werden könnte.

Bei beiden Funktionsverläufen ist eine mit sinkendem Preis zunehmende Absatzmenge zu beobachten. Begründet werden kann dies dadurch, daß mit fallendem Preis immer mehr Nachfrager bereit bzw. finanziell in der Lage sind, das betreffende Produkt zu kaufen.

Marktformen

In Abhängigkeit von der Zahl der Anbieter und der Zahl der Nachfrager, die in einem Markt aufeinandertreffen, können charakteristische Marktformen unterschieden werden, wie folgende Abbildung zeigt:

Angebot Nachfrage	atomistisch (viele)	oligopolistisch (wenige)	monopolistisch (einer)
atomistisch **(viele)**	atomistische Konkurrenz	Angebots- Oligopol	Angebots- Monopol
oligopolistisch **(wenige)**	Nachfrage- Oligopol	Bilaterales Oligopol	Beschränktes Angebots-Monopol
monopolistisch **(einer)**	Nachfrage- Monopol	Beschränktes Nachfrage-Monopol	Bilaterales Monopol

Abbildung 5-3 *Marktformen (Hill/Rieser 1993, 318)*

Lediglich der **Angebotsmonopolist** kann seine Preise und seine Angebotsmenge unabhängig von anderen Marktteilnehmern festlegen. Ist dieser Anbieter an einer kurzfristigen Gewinnmaximierung interessiert, so wird er seinen Preis an die Stelle des Cournotschen Punktes (Grenzkosten = Grenzerlös) auf der Nachfragekurve setzen.

Im Falle der **atomistischen Konkurrenz** auf einem **vollkommenen Markt** muß der Unternehmer den Marktpreis als Faktum akzeptieren und an ihm seine Absatzmenge ausrichten. Eine minimale Erhöhung des Angebotspreises wird die Nachfrager veranlassen, bei einem anderen Anbieter zu kaufen. Andererseits werden sich alle Nachfrager auf diesen Anbieter konzentrieren, sobald er seinen Angebotspreis senkt, wenn auch nur geringfügig.

Unter **atomistischer Konkurrenz** auf einem **unvollkommenen Markt** reagieren die Nachfrager nicht unendlich schnell auf Preisänderungen. Darüber hinaus werden sie wegen geringfügiger Änderungen nicht sofort zu einem anderen Produkt wechseln, wenn sie ein bestimmtes Produkt gegenüber anderen bevorzugen. Ein Anbieter muß deshalb versuchen, Präferenzen für seine Produkte bei den Nachfragern aufzubauen, um eine Differenzierung zur Konkurrenz zu erreichen.

Eine besondere Stellung im Marktformenschema nimmt das **Angebots-Oligopol** ein. Kennzeichnend für ein Angebotsoligopol sind wenige Anbieter, die einen starken Einfluß auf die Nachfrage und damit auf den Absatz der Konkurrenten ausüben können. Das heißt, wenn ein Anbieter seine Angebotspreise senkt, so werden sich die anderen Anbieter anpassen bzw. mit noch niedrigeren Preisen versuchen, die Nachfrager für sich zu gewinnen.

In einem Angebotsoligopol können drei grundlegende Strategien verfolgt werden (vgl. Hill/Rieser 1993, 320):

- **Wirtschaftsfriedliches Wettbewerbsverhalten**: Alle Anbieter halten ihre Preise auf etwa demselben Niveau und nehmen Preisänderungen nur dann vor, wenn sie aus kostenrechnerischen Gründen gerechtfertigt sind. Sie unternehmen keinerlei Anstrengungen, um Marktanteile ihrer Konkurrenten für sich zu gewinnen.

- **Preisabsprachen**: Durch vertragliche oder auch stillschweigende Abmachungen werden Preise sowie Zeitpunkte für Preisänderungen festgelegt.

- **Kampfstrategie**: Im Rahmen einer Verdrängungsstrategie versuchen die einzelnen Anbieter, Marktanteile auf Kosten ihrer Konkurrenten zu gewinnen und schwächere Anbieter vom Markt zu verdrängen.

Neben einer Klassifizierung nach der Vollkommenheit der Märkte, kann auch eine Unterteilung in offene und geschlossene Märkte vorgenommen werden. Als offene Märkte werden solche bezeichnet, zu denen jeder Interessierte freien Zutritt hat. Von geschlossenen Märkten spricht man, wenn der Zutritt erschwert, z.B. an die Erteilung von Genehmigungen gebunden, oder völlig untersagt ist.

Aufgrund von Zutrittsbeschränkungen bzw. -verboten kann sich die Marktform und damit auch die Art der Preisbildung ändern.

Preiselastizitäten

Mit Hilfe der **Preiselastizität** kann ausgedrückt werden, in welchem Maße die nachgefragte Warenmenge steigt oder fällt, wenn der Preis um einen bestimmten Betrag angehoben bzw. gesenkt wird.

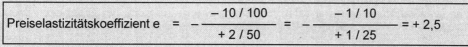

$$\text{Preiselastizitätskoeffizient e} = \frac{\text{prozentuale Mengenänderung (x)}}{\text{prozentuale Preisänderung (P)}}$$

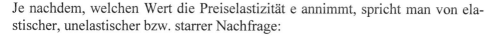

$$\text{Preiselastizitätskoeffizient e} = -\frac{-\text{Mengenänderung / Ausgangsmenge}}{+\text{Preisänderung / Ausgangspreis}}$$

Beispiel

Bei einem Angebotspreis von 50 DM pro Produkt wurden 100 dieser Produkte nachgefragt. Wird der Angebotspreis auf 52 DM erhöht, sinkt die Nachfrage um 10 Stück.

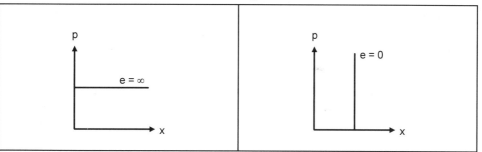

$$\text{Preiselastizitätskoeffizient e} = -\frac{-10 / 100}{+2 / 50} = -\frac{-1 / 10}{+1 / 25} = +2,5$$

Die Preiselastizität der Nachfrage beträgt in diesem Fall + 2,5.

Je nachdem, welchen Wert die Preiselastizität e annimmt, spricht man von elastischer, unelastischer bzw. starrer Nachfrage:

e = 0   vollkommen starre Nachfrage

0 < e < 1   unelastische bzw. starre Nachfrage

e = 1   ausgeglichene elastische Nachfrage

1 < e < ∞   elastische Nachfrage

e = ∞   vollkommen elastische Nachfrage

Abbildung 5-4 Vollkommen elastische bzw. vollkommen starre Nachfrage

Vollkommen elastische Nachfrage bedeutet, daß bei einem bestimmten Preis jede beliebige Menge abgesetzt werden kann. Vollkommen starre Nachfrage bedeutet, daß – unabhängig vom Preis – immer dieselbe Menge eines Gutes abgesetzt wird.

Die Nachfrage nach einem Produkt hängt nicht nur von dessen Preis, sondern auch von Substitutions- bzw. Komplementärprodukten und deren Preisen ab. Diese Abhängigkeit wird mit Hilfe der **Kreuzpreiselastizität** der Nachfrage ausgedrückt, welche die relative Mengenänderung eines Produktes A im Verhältnis zur relativen Preisänderung eines Produktes B angibt.

$$\text{Kreuzpreiselastizität } e_{A,B} \quad = \quad \frac{\text{relative Mengenänderung des Produktes A}}{\text{relative Preisänderung des Produktes B}}$$

Eine verhältnismäßig hohe Kreuzpreiselastizität wird bei substituierbaren Produkten, wie z.B. Waschmittel oder Kaffee, erreicht. In solchen Fällen nimmt die Kreuzpreiselastizität positive Werte, bei Komplementärprodukten negative Werte an.

Die **Einkommenselastizität** der Nachfrage drückt die relative Nachfrageänderung im Verhältnis zu einer relativen Einkommensänderung bei gegebenen Preisen aus:

$$\text{Einkommenselastizität } e_y \quad = \quad \frac{\text{relative Nachfrageänderung}}{\text{relative Einkommensänderung}}$$

Mit steigendem Einkommen sinkt die Nachfrage nach inferioren Gütern, die Nachfrage nach Luxusgütern steigt jedoch. In einer solchen Situation sollten also nicht die Preise der inferioren, sondern die der Luxusgüter erhöht werden.

Preisbildung des Monopolisten

Bietet ein Hersteller als einziger ein bestimmtes Produkt oder eine bestimmte Dienstleistung an, nimmt er in seinem Markt eine Monopolstellung ein und kann seine preispolitischen Entscheidungen ohne Rücksichtnahme auf andere Anbieter treffen. Da dieser Hersteller der einzige Anbieter im Markt ist, richtet sich die gesamte Nachfrage auf ihn.

Hat der Monopolist die Maximierung seines Gewinnes zum Ziel, muß er den Preis bestimmen, bei dem die größte Differenz zwischen Gesamtkosten und Gesamterlös besteht. Dazu ist eine Betrachtung der Kosten- und Erlössituation notwendig.

Die Gesamtkosten setzen sich aus den fixen (mengenunabhängigen) und den variablen (mengenabhängigen) Kosten zusammen, was in der Gleichung

$$K_{ges} = K_f + k_v * x$$

ausgedrückt wird. Der Erlös berechnet sich aus dem Verkaufspreis und der abgesetzten Menge nach der Gleichung

$$E = p * x.$$

Ersetzt man nun in dieser Gleichung den Preis p durch die Preis-Absatz-Funktion

$$p = a - bx,$$

erhält man die Erlösfunktion

$$E = ax - bx^2.$$

Solange die Preisreduzierung durch die mehr verkaufte Menge ausgeglichen werden kann, steigt der Erlös an und erreicht sein Maximum im Punkt E_{max}. Den Erlöszuwachs, welcher durch den Verkauf der letzten (genaugenommen unendlich kleinen) Mengeneinheit ausgelöst wird, bezeichnet man als **Grenzerlös E'**.

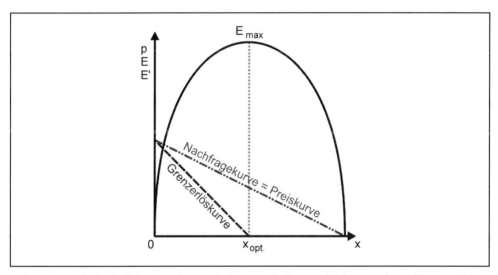

Abbildung 5-5 *Nachfrage-, Gesamterlös- und Grenzerlöskurve eines Monopolisten (nach Wöhe 2000, 552)*

Der maximale Gewinn ist an der Stelle erreicht, an der der Grenzgewinn gleich Null ist, d.h., die Grenzkosten gleich dem Grenzerlös sind:

$G' = E' - K' = 0$

$E' = K'$

    $E = ax - bx^2$ $\rightarrow E' = a - 2bx$

    $K = K_f + k_v * x$ $\rightarrow K' = k_v$

$k_v = a - 2bx$

$x = \frac{1}{2}(a - k_v)\, b^{-1}$

Die für das Gewinnoptimum ermittelte Menge wird nun in die Preis-Absatz-Funktion eingesetzt:

$p(x) = a - bx$ | $x = \frac{1}{2}(a - k_v) b^{-1}$

$p(x) = a - \frac{1}{2}(a - k_v)$

$p(x) = \frac{1}{2}(a + k_v)$

Fällt man vom Schnittpunkt der Grenzerlöskurve mit der Grenzkostenfunktion das Lot auf die Abszissenachse und verlängert das Lot nach oben auf die Preiskurve, so ergibt der Schnitt mit dieser den Cournotschen Punkt. Der dazugehörige Ordinatenwert stellt den gewinnoptimalen Preis p_{opt} dar.

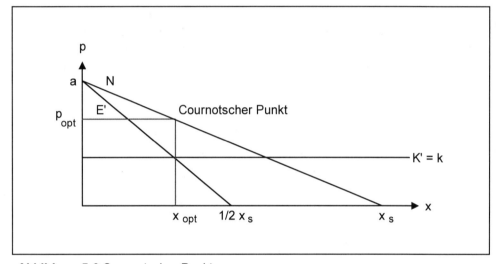

Abbildung 5-6 *Cournotscher Punkt*

Die Preisbildung des Monopolisten beruht auf rein theoretischer Basis. Deshalb sollen nachfolgend praxisorientierte Preisbildungsverfahren vorgestellt werden.

5.1.3 Preisbildung in der Praxis

Kostenorientierte Preisbildung

Die kostenorientierte Preisbildung kann, ausgehend von der Kostenträgerrechnung, auf Vollkosten- oder Teilkostenbasis erfolgen. Ziel dieser Verfahren ist, einen Preis zu ermitteln, der der Kostensituation des Unternehmens gerecht wird.

Häufig angewendet wird die **Preisbildung auf Vollkostenbasis**, welche sich z.B. nach einer detaillierten Zuschlagskalkulation wie folgt berechnen läßt:

Materialeinzelkosten
+ Materialgemeinkosten

= Materialkosten

+ Fertigungseinzelkosten
+ Fertigungsgemeinkosten
+ Sondereinzelkosten der Fertigung
+ Forschungs- und Entwicklungskosten

+ Fertigungskosten

= Herstellkosten

+ Verwaltungsgemein- kosten
+ Vertriebsgemeinkosten
+ Sondereinzelkosten des Vertriebs

+ Verwaltungs- und Vertriebskosten

= Selbstkosten

+ Gewinn

= Bar- oder Nettokassa- preis

+ Skonto

= Netto-Zielpreis

+ Rabatt

= Brutto-Zielpreis ohne USt.

Abbildung 5-7 *Zuschlagskalkulation*

In der **Teilkostenrechnung** erfolgt eine Aufspaltung der Gesamtkosten in fixe und variable Bestandteile: Fixe Kosten fallen unabhängig von der Ausbringungsmenge an; variable Kosten steigen und sinken proportional zur Ausbringungsmenge. Die Teilkostenrechnung ist durch die Möglichkeit der besseren Visualisierung von Preisuntergrenzen im Sinne einer flexibleren Preisgestaltung hilfreicher als die Vollkostenrechnung.

Mit Hilfe der **Break-Even-Analyse** (vgl. **Gewinnschwelle**) berechnet man die Absatzmenge, die zur Deckung aller durch Produktion und Entwicklung angefallenen Kosten erforderlich ist. Der Break-Even-Point ergibt sich als Schnittstelle der Gesamtkostenfunktion mit der Erlösfunktion. Der über diesen Punkt steigende Erlös abzüglich der Kosten stellt den Gewinn dar.

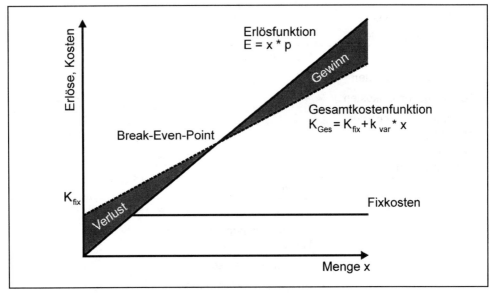

Abbildung 5-8 *Grafische Darstellung des Break-Even-Point*

Die Gewinnschwelle (Break-Even-Point) errechnet sich wie folgt:

$E = p * x$	$K_{ges} = K_f + k_v * x$	E	$= Erlös$
$\searrow$	$\swarrow$	p	$= Preis$
$p * x = K_f + k_v * x$		K_{ges}	$= Gesamtkosten$
		K_f	$= Fixkosten$
$\boxed{x = K_f\,(p - k_v)^{-1}}$		k_v	$= variable\ Kosten$
		x	$= Menge$

Im Rahmen der Teilkostenrechnung können verschiedene Verfahren, wie z.B. die ein- bzw. mehrstufige Deckungsbeitragsrechnung, das Direct Costing oder die Grenzplankostenrechnung Anwendung finden. An dieser Stelle soll lediglich die mehrstufige Deckungsbeitragsrechnung näher erläutert werden. Zur vertiefenden Betrachtung der anderen Verfahren sei auf die Literatur zur Kostenrechnung verwiesen.

Die **Deckungsbeitragsrechnung** wird auch als kurzfristige Betriebsergebnisrechnung bezeichnet. Der Deckungsbeitrag errechnet sich aus dem Erlös abzüglich der variablen Kosten. Fixe Kosten (wie z.B. Abschreibungen) werden dabei nicht betrachtet, da sie kurzfristig nicht abbaubar und somit für diesen Sachverhalt nicht relevant sind.

Ziel jedes Unternehmens sind natürlich möglichst hohe Deckungsbeiträge. Denn je schneller die in der Periode anfallenden Kosten gedeckt sind, um so eher erwirtschaftet das Unternehmen reinen Gewinn, d.h., um so höher fällt das Nettoergebnis am Ende der Periode aus.

Beispiel

Ein Unternehmen stellt drei Produkte (A, B und C) her. Dabei bilden die Produkte A und B eine Erzeugnisgruppe. Die geplanten Verkaufspreise liegen bei 10 DM, 16 DM bzw. 5 DM, die geplanten Absatzmengen bei 10.000, 5.000 bzw. 25.000 Stück. An variablen Stückkosten fallen 5 DM, 11 DM bzw. 3,60 DM an.

	Produkt A	Produkt B	Produkt C	Gesamt
Stückzahl	10.000	5.000	25.000	
Verkaufspreis	€ 10	€ 16	€ 5	
Erlöse	€ 100.000	€ 80.000	€ 125.000	€ 305.000
./. variable Stückkosten	€ 50.000	€ 55.000	€ 90.000	€ 195.000
= Deckungsbeitrag I	€ 50.000	€ 25.000	€ 35.000	€ 110.000
./. Erzeugnisgruppenfixkosten	€ 35.000 *		€ 15.000 *	€ 50.000
= Deckungsbeitrag II	€ 40.000		€ 20.000	€ 60.000
./. Unternehmensfixkosten	€ 25.000 *			€ 25.000
= Nettogewinn	€ 35.000			€ 35.000
* aus der Kostenrechnung übernommen				

Stückbezogen kann nur der Deckungsbeitrag I ermittelt werden:

	Verkaufspreis	./. variable Stückkosten	= Deckungsbeitrag I
Produkt A:	10 DM	./. 5 DM	= 5 DM
Produkt B:	16 DM	./. 11 DM	= 5 DM
Produkt C:	5 DM	./. 3,60 DM	= 1,40 DM

Im Vordergrund der kostenorientierten Betrachtungsweise steht die Bestimmung der kurzfristigen bzw. langfristigen **Preisuntergrenzen**.

Langfristig gesehen, müssen sämtliche anfallenden Kosten (fixe und variable) gedeckt werden, um die Existenz eines Unternehmens zu sichern. Die langfristige Preisuntergrenze liegt demzufolge auf Höhe der Gesamtkosten (vgl. Vollkostenrechnung).

Angesichts einer schlechten Absatzsituation kann ein Unternehmen jedoch die langfristige Preisuntergrenze unterschreiten. Da fixe Kosten kurzfristig nicht abbaubar sind, können durch Rückgang der Produktion lediglich variable Kosten vermieden werden. Liegt der Verkaufspreis noch über den variablen Stückkosten, so stellt diese Differenz einen Beitrag zur anteiligen Deckung der fixen Kosten dar. Der minimale Preis liegt auf der Höhe der variablen Stückkosten; die variablen Kosten stellen also die kurzfristige Preisuntergrenze dar.

Nachfrageorientierte Preisbildung

Schwerpunkt der nachfrageorientierten Preisermittlung sind nicht die Kosten, die durch die Erstellung einer Leistung verursacht werden, sondern der immaterielle Wert, den die Nachfrager einer Leistung beimessen. Daraus schließt man auf den Preis, den die Nachfrager für ein bestimmtes Produkt zahlen wollen bzw. können.

Nachfrageorientierte Preisbildung

Um die nachfrageorientierte Preisbildung durchführen zu können, bedarf es der Analyse verschiedener Einflußfaktoren (vgl. Weis 1999, 285):

- **Struktur der Nachfrageseite**: Die Struktur wird u.a. charakterisiert durch die Anzahl und Typologie der Nachfrager, Preis- und Einkommenselastizitäten und die Substituierbarkeit von Produkten.

- **Preisvorstellungen der Nachfrager**: Durch Vergleiche mit ähnlichen auf dem Markt befindlichen Produkten bildet sich der Verbraucher eine Meinung darüber, was ein Produkt kosten darf und welchen Nutzen es ihm bringen muß.

- **Preisbereitschaft der Nachfrager**: Die Bereitschaft, einen bestimmten Preis für ein Produkt zu zahlen, hängt von der Kaufkraft und davon, wie dringend ein bestimmtes Produkt benötigt wird, ab.

- **Einfluß von Qualität und Image**: Ein gutes Image rechtfertigt oft einen höheren Preis, umgekehrt verbindet der Nachfrager mit niedrigen Preisen zum Teil schlechte Qualität.

Bei der nachfrageorientierten Preisermittlung muß zunächst die Preis-Absatz-Funktion für das betreffende Produkt bestimmt werden. Anhand dieser Funktion kann nun unter Beachtung kostenrechnerischer Informationen, anderer Marketingmaßnahmen und möglicher Konkurrenzreaktionen ein Angebotspreis festgelegt werden. Nachteil dieses Verfahrens ist der hohe Informationsbedarf, der in der Vielzahl und Verschiedenartigkeit der Einflußfaktoren begründet ist.

Um die Auswirkung von Preisänderungen besser einschätzen zu können, sollten vor Preisänderungen Preistests (z.B. Preisschätztests, Preisempfindungstests, Preisbereitschaftstests, Preiswürdigkeitstests) durchgeführt werden. Die Testergebnisse sind naheliegenderweise um so verläßlicher, je realitätsnaher die Testbedingungen gestaltet werden.

Konkurrenzorientierte Preisbildung

Die dritte grundlegende Methode der Preisermittlung ist die konkurrenzorientierte Preisbildung, die in Form einer aggressiven, initiativen oder adaptiven Preispolitik auftreten kann (vgl. Hüttner/v. Ahsen/Schwarting 1999, 201ff).

Aggressive Preispolitik bedeutet Preiskampf mit dem Ziel der Gewinnung von Marktanteilen auf Kosten der Konkurrenzunternehmen. Dabei versucht ein Anbieter, seine Konkurrenten durch Niedrigpreise, die z.T. unter der eigenen Preisuntergrenze liegen, zu unterbieten. Aggressive Preispolitik ist dann von Vorteil, wenn geringe Stückerlöse durch hohe Absatzmengen ausgeglichen werden können.

Initiative Preispolitik orientiert sich an der Preisführerschaft, die u.U. mit einer aggressiven Preispolitik kombiniert werden kann. Ziel des Anbieters ist es, die konkurrierenden Anbieter zur preislichen Unterordnung zu bewegen. Man unterscheidet dabei die dominierende und die barometrische Preisführerschaft. Bei der **dominierenden Preisführerschaft** passen sich die übrigen Anbieter stets an ein und dasselbe marktbeherrschende Unternehmen an. Bei der **barometrischen Preisführerschaft** orientieren sich die konkurrierenden Unternehmen am Preisführer.

Adaptive Preispolitik meint schließlich, daß sich der Anbieter mit seinem Angebotspreis nach den Preisen der Konkurrenzerzeugnisse richtet, ohne dabei Rücksicht auf die eigene Kostensituation zu nehmen. Er orientiert sich entweder an branchenüblichen Preisen oder an einem Preisführer.

5.1.4 Preisstrategien

Nicht nur die Bestimmung eines angemessenen Preises für ein Produkt ist von Bedeutung. Ebenso wichtig ist die Ausarbeitung und der Einsatz einer geeigneten Preisstrategie. Die Auswahl der Strategien sollte in Abhängigkeit von der

Marktform, den Produkteigenschaften und der Produktlebenszyklusphase erfolgen.

Folgende Abbildung zeigt die grundlegenden Preisstrategien (vgl. Weis 1999, 295ff):

Preisstrategien	langfristige Ausrichtung	kurzfristige Ausrichtung
Hochpreispolitik	Prämienpreisstrategie	Skimmingstrategie (allmähliche Senkung)
Niedrigpreispolitik	Promotionsstrategie	Penetrationsstrategie (allmähliche Anhebung)
Marktpreispolitik	Anpassung an Konkurrenz	

Abbildung 5-9 Grundlegende Preisstrategien im Überblick

Hochpreispolitik kann in Form der Prämienpreisstrategie oder der Skimmingstrategie betrieben werden.

Unter **Prämienpreisstrategie** versteht man den Versuch, hohe Preise mit einer hohen Produktqualität, exklusiven Vertriebswegen oder einem besonderen Image zu begründen. Diese Strategie, welche im Gegensatz zur Skimmingstrategie langfristig angelegt ist, ist nur dann einsetzbar, wenn das Produkt tatsächlich besondere Charakteristika aufweist, die den höheren Preis rechtfertigen.

Bei der **Skimmingstrategie** wird der anfangs hohe Verkaufspreis sukzessive gesenkt. Hierbei will man zunächst Nachfrager mit einer höheren Kaufkraft und geringen Nachfrageelastizität bedienen und später auch Segmente mit geringerer Kaufkraft und dadurch höherer Preiselastizität bedienen.

Diese Strategie ist anwendbar bei Produktneuheiten und begrenzten Produktionskapazitäten. Der hohe Preis wird häufig mit Qualität und positivem Image verbunden. Außerdem lassen sich durch die hohen Einstiegspreise Forschungs- und Entwicklungskosten relativ schnell decken.

Niedrigpreispolitik tritt vielfach in Form der Penetrationspreisstrategie oder der Promotionspreisstrategie auf. Als Niedrigpreis wird dabei ein Preis unter dem üblichen Verkaufspreis bzw. ein Preis, der in den Augen der Konsumenten als niedrig empfunden wird, gesehen. Durch Einsatz einer Niedrigpreispolitik wird versucht, eigene Marktanteile vor dem Eintritt weiterer Anbieter zu schützen bzw. bereits eingetretene Anbieter zu verdrängen, den Absatz zu steigern und dadurch möglicherweise auch vakante Kapazitäten auslasten zu können oder ein Niedrigpreisimage zu schaffen.

Bei der **Penetrationsstrategie**, die sich für Segmente mit einer hohen Nachfrageelastizität eignet, tritt der Anbieter mit niedrigen Preisen, die allmählich erhöht werden, auf den Markt. Ziel dieser Strategie ist die schnelle Erschließung großer Marktanteile und der Absatz großer Stückzahlen, wodurch hohe Gesamtdeckungsbeiträge erwirtschaftet werden können. Die niedrigen Einführungsprei-se sollen Flops bei der Produkteinführung vermeiden helfen und gleichzeitig potentielle Konkurrenten abschrecken.

Bei der **Promotionspreisstrategie** versucht man, durch einen auf Dauer ausge-richteten Niedrigpreis Wettbewerbsvorteile gegenüber Konkurrenten aufzubau-en. Dabei ist jedoch nicht auszuschließen, daß mit dem niedrigen Preis auch ein geringes Qualitätsniveau verbunden wird und deshalb mit Imageeinbußen ge-rechnet werden muß. Im Gegensatz zur Penetrationspolitik, die sich vor allem bei der Einführung neuer Produkte eignet, kann diese Strategie in allen Lebens-zyklusphasen Anwendung finden.

Schließlich kann sich der Anbieter auch an den Preisen und Strategien der Kon-kurrenz orientieren und damit eine sogenannte **Marktpreispolitik** betreiben.

Der Kummer des kleinen Aktionspreises

5.1.5 Preisdifferenzierung

Unter Preisdifferenzierung versteht man die Variation des Preises für ein und dasselbe Produkt in Abhängigkeit vom Marktsegment. Damit wird eine optimale Marktausschöpfung angestrebt, was jedoch nur beim Vorliegen folgender Merkmale gelingen wird (vgl. Weis 1999, 297):

- es muß sich um einen unvollkommenen Markt handeln;

- der Gesamtmarkt muß in klar unterscheidbare Teilmärkte aufteilbar sein;

- die Nachfrager müssen den Segmenten eindeutig zuordenbar sein;

- die einzelnen Segmente müssen unterschiedliche Nachfrageelastizitäten aufweisen;

- ein Wechsel der Nachfrager in andere Segmente muß ausgeschlossen werden.

Das heißt, die für jedes Segment individuell festgelegten Preise dürfen den Nachfragern in den einzelnen Segmenten nicht oder nur unzureichend bekannt sein bzw. müssen ihnen gerechtfertigt erscheinen.

Folgende Formen der Preisdifferenzierung sind möglich (vgl. Hüttner/v. Ahsen/Schwarting 1999, 206f):

- **räumlich-geographische Differenzierung**: Die Preise werden in Abhängigkeit von der geographischen Lage festgelegt, z.B. höhere Preise in Großstädten, niedrigere Preise auf dem Land.

- **zeitliche Differenzierung**: Die Preise richten sich nach der Tages- bzw. Jahreszeit, z.B. Telefontarife oder Vergünstigungen beim Buchen von Reisen in der Vor- oder Nachsaison.

- **Differenzierung nach dem Verwendungszweck**: Gewerbliche Abnehmer zahlen in der Regel andere Preise als private Verbraucher, z.B. bei den Stromtarifen.

- **Differenzierung nach der Abnahmemenge**: Ein Beispiel dafür sind Gruppenrabatte beim Besuch von Museen oder Großkundenrabatte bei Konsumgüterherstellern.

- **personenbezogene Differenzierung**: Personelle Differenzierung kann nach Alter (Kinder, Jugendliche, Rentner), beruflicher Situation (Studenten, Arbeitslose) oder Zugangsberechtigung (Mitgliedskarten, Bahncard bzw. Vorteilscard) erfolgen.

Mit der Preisdifferenzierung ist eine Produktvariation kombinierbar, jedoch darf die Variation von Produktqualität und Eigenschaften nicht überwiegen.

5.1.6 Psychologische Preisgestaltung

Die psychologische Preisgestaltung, die auf das subjektive Preisempfinden der Konsumenten zielt, wird genutzt, um Angebote preislich attraktiver zu gestalten, als sie eigentlich sind. Hierbei sind verschiedene gestalterische Maßnahmen denkbar, so z.B. (vgl. Punnett/Ricks 1997, 347, Ricks 1980, 108):

- **die Verwendung gebrochener Preise**: In vielen Ländern betrachten die meisten Verbraucher gebrochene Preise als wesentlich günstiger gegenüber runden Preisen: € 19,90 vs. € 20,–.

↯ In manchen Kulturen ist es nicht üblich, kleine Summen von Wechselgeld zurückzufordern. Dies stellt dann eine Art Trinkgeld für den Verkäufer dar. Ein Unternehmen, das versuchte, seine Konkurrenten auf solch einem Auslandsmarkt durch Unterschreiten der Preise zu verdrängen, verwendete konsequent unter dem Konkurrenzpreis liegende runde Preise, konnte aber dennoch keine Umsatzsteigerung feststellen. Der Grund dafür war, daß die Verkäufer ihr übliches Trinkgeld gefährdet sahen und diese Erzeugnisse deshalb nicht bewarben.

– ohne Worte –

- **fallende Zahlenfolgen**: Preise mit fallenden Zahlenfolgen (z.B. € 765,– oder € 8.875,–) werden i.d.R. als günstiger angesehen.

- **die Vermeidung von Unglückszahlen**: Häufig wird die Zahl 13 bei Preisangaben weitgehend vermieden. Auf internationalen Märkten können durchaus andere Zahlen als Unglück bringend gelten, z.B. die Vier in Japan.

- **die vermeintliche Gewährung von Rabatten auf Multipacks**: Multipacks werden von den Käufern im allgemeinen als preisgünstiger gegenüber Einzelprodukten eingeschätzt, auch dann noch, wenn z.B. drei Einzelprodukte genauso viel oder sogar weniger kosten als ein Dreierpack. Unabhängig von der Preisgestaltung kann der Vertrieb von Multipacks auf ausländischen Märkten Probleme bereiten. Allein die Angabe der Produktmenge – wenn als Unglückszahl betrachtet – auf der Verpackung kann dazu führen, daß die Kunden das Produkt verweigern.

- **die Beachtung inoffizieller Preisnormen**: Für eine Reihe von Produkten gelten sogenannte Preisnormen, d.h., eine bestimmte, von den Konsumenten als akzeptabel betrachtete Preisgrenze wird nicht über- bzw. unterschritten. Solche, im Zeitablauf durchaus veränderliche Normen finden sich z.B. bei Automobilen, Markensekt und Schokolade.

- **Mondpreise, Lockvogelangebote**: Den Einzelhändlern dürfen von Produzenten und Zwischenhändlern keine Preise vorgeschrieben werden (von Ausnahmen abgesehen), lediglich **„unverbindliche Preisempfehlungen"** für Markenartikel sind erlaubt. Werden diese Preisempfehlungen unrealistisch hoch angesetzt, um durch starke Unterschreitung dieser Preise Kunden anlocken zu können, spricht man von Mondpreisen. Angaben, wie **„solange Vorrat reicht",** deuten mitunter auf Lockvogelangebote hin. Der Einzelhandel hält dann nämlich nur geringe Mengen eines besonders preisgünstigen Artikels bereit und hofft, daß durch das Angebot angelockte Kunden nach Verkauf der Sonderposten auf andere, höherpreisige Artikel ausweichen.

5.2 Konditionenpolitik

Zur Konditionenpolitik zählt man sämtliche den Angebotspreis beeinflussende Instrumente außer dem eigentlichen Preis der Ware.

5.2.1 Rabattpolitik

Die meisten Hersteller variieren die von ihnen festgesetzten Preise durch die Gewährung verschiedener Rabatte. **Rabatte** sind sofortige oder nachträgliche Preisnachlässe für Waren oder Leistungen auf einen einheitlichen Ausgangspreis, die beim Vorliegen spezieller Merkmale gewährt werden. Durch die Einräumung von Rabatten sollen die Abnehmer vor allem zum Bezug überdurchschnittlich großer Mengen, zur vorzeitigen Abnahme saisonabhängiger Erzeugnisse und zum schnellen Begleichen von Rechnungen angeregt werden.

➡ Funktionsrabatte

Funktions- bzw. Stufenrabatte werden Groß- und Einzelhändlern zur Übernahme und Ausübung bestimmter Funktionen (z.B. Lagerhaltung, Disposition) eingeräumt. Durch die Gewährung dieser Rabatte soll garantiert werden, daß der Handel auch künftig diese Funktionen wahrnimmt und zur Erhaltung eines effizienten Absatzsystems beiträgt. Funktionsrabatte können in Abhängigkeit vom Absatzsystem variieren.

Skonti bzw. Barzahlungsrabatte stellen eine Nebenform der Funktionsrabatte dar. Sie werden denjenigen Kunden gewährt, die ihre Rechnungen innerhalb bestimmter Fristen begleichen. Zum Beispiel kann ein Lieferant das Zahlungsziel auf 30 Tage festsetzen und bei Zahlung innerhalb von 10 Tagen 3 % Skonto einräumen. Zweck der Skonti ist die Verbesserung der Liquidität des Lieferanten und die Minimierung des Risikos des Forderungsausfalls.

Der Risikorabatt

➡ **Mengenrabatte**

Mengenrabatte können den Käufern bei der Bestellung größerer Mengen eingeräumt werden. Dabei unterscheidet man **Bar- und Naturalrabatte**. Bei Barrabatten handelt es sich um Nachlässe auf den ursprünglichen Verkaufspreis (z.B. 10 % Rabatt bei Abnahme von 100 Stück); Naturalrabatte stellen unentgeltliche Warenlieferungen dar (z.B. ab zehn Stück zwei Stück gratis).

Die Abgabe großer Mengen vermindert die Kosten der Auftragsabwicklung und ermöglicht dem Hersteller bzw. dem Lieferanten eine Steigerung des Umsatzes. Mengenrabatte können auftragsweise oder periodenweise gewährt werden. Die periodenweise Gewährung stellt für den Abnehmer einen Anreiz dar, wiederholt von ein und demselben Lieferanten zu beziehen, also Stammkunde zu sein.

➡ Zeitrabatte

Zeitrabatte dienen der Steigerung des Absatzes in verkaufsschwachen Perioden, dem Ausgleich von Produktionsschwankungen sowie der Verringerung des Lagerhaltungsaufwandes. Bei den Zeitrabatten unterscheidet man Einführungsrabatte, Vordispositionsrabatte, Saisonrabatte und Auslaufrabatte.

Aufgabe von **Einführungsrabatten** ist die schnelle Gewinnung von Kunden bei der Neueinführung von Produkten. Diese Rabatte sollen die Produkteinführungsphase verkürzen, den Handel zur Abnahme größerer Mengen bewegen und das Risiko bei der Aufnahme neuer Produkte vermindern.

Vordispositionsrabatte und **Saisonrabatte** werden den Kunden bei vorzeitigem Bezug von stark saisonabhängigen Waren gewährt und dienen dem Ausgleich jahreszeitbedingter Schwankungen. Auf diese Weise kann ein bestimmtes Produktionsvolumen das ganze Jahr über beibehalten werden.

Auslaufrabatte werden vom Hersteller gewährt, wenn dieser seine Lager möglichst schnell von Restbeständen räumen will.

➡ Sondernachlässe

Sondernachlässe stellen alle übrigen, bislang noch nicht aufgeführten Formen von Rabatten bzw. Ermäßigungen dar. Dazu gehören die Inzahlungnahme eines alten Produktes bei Kauf eines neuen (z.B. beim Automobilkauf), Verkaufsförderungs- und Werbekostenzuschüsse (vor allem im Handel) sowie Treue- oder Jubiläumsrabatte, die sowohl von Herstellern als auch vom Handel gewährt werden.

5.2.2 Kreditpolitik

Aufgabe kreditpolitischer Instrumente ist die Stärkung der Kaufkraft der Nachfrager, um diese generell oder früher als ohne Einsatz dieser Instrumente zu Käufen zu veranlassen.

In Abhängigkeit davon, ob es sich bei den Adressaten um gewerbliche oder private Nachfrager handelt, werden verschiedene Instrumente eingesetzt. Kreditpolitik gegenüber **gewerblichen Abnehmern** kann in nachfolgenden Formen betrieben werden:

- Lieferantenkredit,
- Factoring,
- Leasing,
- Forfaiterung.

Der **Lieferantenkredit** basiert auf einem Kaufvertrag zwischen einem Lie ranten und einem gewerblichen Abnehmer und wird dem Abnehmer durch die Gewährung eines Zahlungszieles eingeräumt. Das Zahlungsziel wird im allgemeinen zwischen einem und drei Monaten festgesetzt. Zahlt der Kunde vor Ablauf der Frist, so kann er einen (meist von der Zeitspanne abhängigen) Skonto vom Rechnungsbetrag abziehen.

Der dem Barpreis aufgeschlagene Skonto entspricht der sonst üblichen Verzinsung bei Krediten. Der Lieferantenkredit wird häufig ohne Bonitätsprüfung gewährt, allerdings erfolgt die Lieferung der Waren bis zur vollständigen Begleichung der Rechnung unter Eigentumsvorbehalt.

Mit der Gewährung eines solchen Kredites bezweckt der Lieferant eine Steigerung seines Absatzes. Der Abnehmer kann bei Inanspruchnahme des Kredites den Lieferanten aus den Umsatzerlösen der gelieferten Waren bezahlen und ist dadurch nicht auf Fremdfinanzierung durch Kreditinstitute angewiesen. Ein Lieferantenkredit kann vom Abnehmer auch erzwungen werden, indem er unregelmäßig bzw. schleppend seinen Zahlungsverpflichtungen nachkommt (vgl. „billigster Kredit").

Räumt ein Unternehmen seinen Kunden ein **Zahlungsziel** ein, so muß es bis zur Begleichung der Rechnungen die Forderungen selbst finanzieren, bei Verzögerung der Zahlung die Außenstände anmahnen und eintreiben bzw. gegebenenfalls das Risiko des Forderungsausfalls selbst tragen. Diese einzelnen Funktionen können jedoch auch auf externe Organe übertragen werden.

5.2.3 Lieferbedingungen

Liefer- und Zahlungsbedingungen beschreiben alle mit der Eigentums- und Risikoübertragung vom Lieferanten zum Kunden zusammenhängenden Bestimmungen. Darüber hinaus regeln sie die Art und Weise der Zahlung des Kaufpreises durch den Abnehmer. Liefer- und Zahlungsbedingungen sind in ähnlicher Weise wie die Preis- und Rabattpolitik einsetzbar.

Lieferbedingungen regeln die Lieferbereitschaft, die Lieferart, die Lieferzeit, den Lieferort, Mindestabnahmemengen, Umtausch- und Rücktrittsmöglichkeiten, Konventionalstrafen bei verspäteter Lieferung sowie die Berechnung der Fracht-, Verpackungs- und Versicherungskosten. Lieferbedingungen werden im allgemeinen **in Abhängigkeit von Branche, Produkt, Absatzweg, Menge** usw. formuliert.

Die Lieferbedingungen erlangen eine besonders große Bedeutung im internationalen Geschäft. Die früher üblichen landesspezifischen Regelungen wurden durch die 1936 von der Internationalen Handelskammer (International Chamber of Commerce – ICC) verfaßten **International Commercial Terms (Incoterms,**

Internationale Handelsklauseln) abgelöst und tragen seitdem zu einer wesentlichen Vereinfachung der Exporttätigkeit bei.

Regelmäßig überarbeitet, gelten die Incoterms derzeit in der Fassung vom 01.01.2000. Die Incoterms 2000 umfassen 13 in vier Kategorien eingeteilte Klauseln, die nach einem 3-Buchstaben-System abgekürzt werden.

Folgende Übersicht zeigt die nach Kategorien gegliederten Incoterms 2000:

Kategorie E		
EXW	ex works	ab Werk
Kategorie F		
FCA	free carrier	frei Frachtführer
FAS	free alongside ship	frei Längsseite Seeschiff
FOB	free on bord	frei an Bord
Kategorie C		
CFR	cost and freight	Kosten und Fracht
CIF	cost, insurance, freight	Kosten, Versicherung, Fracht
CPT	carriage paid to	frachtfrei
CIP	carriage and insurance paid to	frachtfrei versichert
Kategorie D		
DAF	delivered at frontier	geliefert Grenze
DES	delivered ex ship	geliefert ab Schiff
DEQ	delivered ex quai	geliefert ab Kai
DDU	delivered duty unpaid	geliefert unverzollt
DDP	delivered duty paid	geliefert verzollt

Abbildung 5-10 *Incoterms 2000 (Internationale Handelskammer 2000, http://www.iccwbo.org)*

➡ Kategorie E

Die Ex-works-Klausel (Abholklausel) besagt, daß der Lieferant lediglich verpflichtet ist, die Ware auf seinem Firmengelände zur Abholung durch den Abnehmer bereitzustellen. Sämtliche Transportrisiken und -kosten müssen vom Abnehmer getragen werden. Darüber hinaus ist der Käufer verpflichtet, Aus- und Einfuhrgenehmigungen selbst einzuholen.

➡ Kategorie F

Bei den F-Klauseln bleibt der Verkäufer bis zur Übergabe an einen vom Käufer bestimmten Frachtführer Eigentümer der Ware und trägt somit das Risiko des Unterganges und der Beschädigung. Sobald der Frachtführer die Ware übernommen hat, liegt das Risiko beim Abnehmer, der ab diesem Zeitpunkt auch die Transportkosten übernehmen muß.

Lieferbedingungen – FOB

➡ Kategorie C

Bei den C-Klauseln trägt der Verkäufer die Kosten des Transports bis die Ware den vereinbarten Bestimmungsort erreicht. Die Gefahr des Untergangs und der Beschädigung der Ware liegt jedoch beim Käufer.

Die Klauseln CIP und CIF verpflichten den Verkäufer zusätzlich zum Abschluß einer Transportversicherung zu 100 % des Kaufpreises, die es dem Käufer ermöglicht, im Schadensfall Ansprüche gegen den Versicherer geltend zu machen.

➡ Kategorie D

Bei den D-Klauseln (Ankunftsklauseln) werden alle Kosten und Risiken des Transports bis zur Ankunft der Ware im Zielland vom Verkäufer getragen.

Bei Vertragsabschlüssen sollten die Klauseln entsprechend der Transportart gewählt werden. Während die Klauseln FAS, FOB, CFR, CIF, DES und DEQ lediglich bei Transporten per Schiff (See- und Binnenschiffahrt) einsetzbar sind, wird DAF hauptsächlich bei Bahn- und Straßentransporten verwendet. Alle übrigen Klauseln sind universell anwendbar.

Die Incoterms gelten nicht generell, sondern nur, wenn sie von Verkäufer und Käufer **in den Kaufvertrag aufgenommen** wurden. Darüber hinaus können sie durch individuelle Regelungen im Vertrag abgeändert werden.

Nachfolgendes Schema soll die Anwendung der Incoterms bei der Kalkulation der jeweiligen Verkaufspreise verdeutlichen (Jahrmann 1998, 215):

	Verkaufspreis des Herstellers
–	Mengenrabatt/Extrarabatt
=	Zieleinstandspreis des Exporteurs
–	Skonto
=	Bareinstandspreis
+	Selbstkosten des Exporteurs, unverpackt
+	Exportverpackungskosten gemäß Beförderungsmittel
=	Selbstkosten ab Lager, exportverpackt
+	Gewinnzuschlag des Exporteurs
=	Verkaufspreis ab Lager (→ **EXW**)
+	Transportkosten ab Lager bis zum Ladeplatz Bahn/Lkw
=	Verkaufspreis frei Frachtführer (→ **FCA**)
+	Transportkosten ab Ladeplatz bis Verschiffungshafen
+	Abladekosten am Kai/Längsseite Seeschiff
+	Transportversicherung bis Verschiffungshafen
=	Verkaufspreis frei Längsseite Schiff (→ **FAS**)
+	Lagergeld, Hafengebühren und Umschlagskosten auf das Schiff
+	Kosten der Ausfuhrabfertigung
+	Provision des Seehafenspediteurs
=	Verkaufspreis frei an Bord (→ **FOB**)
+	Seefracht bis Bestimmungshafen
=	Verkaufspreis Kosten und Fracht (→ **CFR**)
+	Seeversicherung
=	Verkaufspreis Kosten, Versicherung, Fracht (→ **CIF**)
+	Differenzbetrag zur Transportvollversicherung
=	Verkaufspreis geliefert ab Schiff (→ **DES**)
+	Kosten der Einfuhrabfertigung
+	Kaiumschlagskosten, Hafengebühren
+	Kosten für erforderliche Dokumente
=	Verkaufspreis geliefert ab Kai verzollt (→ **DEQ**)
+	Kosten der Zahlungsabwicklung
+	Kosten der Finanzierung
+	Kosten der Kreditversicherung
=	**Verkaufspreis des Exporteurs**

Abbildung 5-11 *Kalkulation unter Einbeziehung der Incoterms*

5.2.4 Zahlungsbedingungen

Ebenso wie Lieferbedingungen können die **Zahlungsbedingungen** ein **Instrument zur Erlangung von Wettbewerbsvorteilen** gegenüber Konkurrenten darstellen. Zahlungsbedingungen bestimmen u.a. die Art und Weise der Zahlung der gekauften Produkte, Zahlungsfristen, die Gewährung von Skonti, die Art der Abrechnung sowie die Besicherung (z.B. Bürgschaften) der Zahlung.

Jeder Lieferant ist an einer möglichst schnellen Bezahlung seiner gelieferten Waren interessiert; der Abnehmer wiederum strebt eine möglichst späte Bezahlung nach Erhalt der Lieferung an. Bei der Aushandlung der Zahlungsbedingungen gilt es, eine für beide Seiten akzeptable Lösung zu finden. Die Festlegung der Zahlungsbedingungen erfolgt in Abhängigkeit vom Vertrauensverhältnis und der Marktposition der Geschäftspartner.

Folgende Abbildung zeigt die verbreitetsten Zahlungsbedingungen und die jeweilige Höhe des damit verbundenen Risikos:

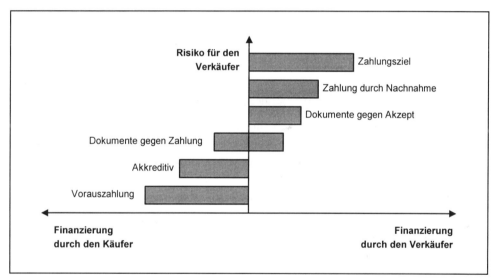

Abbildung 5-12 *Zahlungsbedingungen und damit verbundene Risiken (nach: Brenner/Lorber 1996, 121)*

Die genannten Zahlungsbedingungen sind im Teil C/2.3.5 Zahlungsformen ausführlicher dargestellt.

5.3 Kontrahierungspolitik im Investitionsgüterbereich

Die einzelnen Instrumente der Preis- und Konditionenpolitik spielen auf Investitionsgütermärkten eine andere Rolle als auf Konsumgütermärkten, wie nachfolgende Übersicht zeigt:

Faktor	Investitionsgütermärkte	Konsumgütermärkte
Bedeutung der Preisstrategie im Marketing-Mix	Wichtig; wird in vielen Fällen aber durch andere Faktoren wie Service und Lieferfähigkeit übertroffen	Oft der entscheidende Faktor
Elastizität der Nachfrage	Bei abgeleiteter Nachfrage teilweise sehr unelastisch	Sehr unterschiedlich
Ausschreibungen	Regelmäßig	Selten, allenfalls bei sehr hochwertigen Konsumgütern wie Automobilen oder Immobilien
Unterschiede zwischen Listen- und Nettopreisen	Regelmäßig	Selten (Ausnahme s.o.)
Rabatte	Häufig	Selten, allenfalls geringe Barzahlungsrabatte
Finanzierung	Häufig, aber eher langfristige Angebote (Leasing)	Häufig (Kundenkreditkarten, kurzfristige Teilzahlungen)

Abbildung 5-13 *Unterschiede in der Preis- und Konditionenpolitik bei Investitionsgütern gegenüber Konsumgütern (nach Godefroid 1995, 208)*

Preisfindung

Der Preis eines Investitionsgutes ist für den **Verkäufer** von entscheidender Bedeutung. Nur geringe Preissteigerungen oder -senkungen können sich bereits stark auf den Gewinn auswirken. Deutliche Veränderungen des Marktvolumens lassen sich hier jedoch – ganz im Gegensatz zum Konsumgüterbereich – aufgrund der teilweise sehr unelastischen Elastizität der Nachfrage nicht erzielen.

Für den **Käufer** spielen neben dem Preis Kriterien, wie technologische Kompetenz, Dienstleistungsangebot, Kompatibilität, Referenzen, Marktbeständigkeit usw., eine wichtige, wenn nicht sogar in manchen Fällen eine bedeutendere Rolle.

Die endgültigen Preise im Investitonsgüterbereich werden im allgemeinen durch **Verhandlungen** zwischen Hersteller und Kunde ermittelt. Vor einer solchen Verhandlung werden sowohl Anbieter als auch Abnehmer Kalkulationen durchführen, um die eigene, aber auch die Preisbereitschaft der anderen Seite näher zu bestimmen.

Bei der Bestimmung eines Angebotspreises ist der Anbieter nicht nur dem Druck der Nachfrager, sondern auch dem der Konkurrenten ausgesetzt, die im allgemeinen eine Senkung des Preisniveaus beabsichtigen.

Bei **standardisierten Produkten** bzw. **Produktgruppen** wird in der Regel ein **Listenpreis** festgesetzt. Grundsätzlich besteht dabei die Möglichkeit der Kombination hoher Listenpreise mit hohen Rabatten und niedriger Listenpreise mit geringen Rabatten. Der Anbieter muß sich dabei überlegen, welche Variante den größeren Anreiz auf den potentiellen Kunden ausübt. Geht man davon aus, daß die Einkäufer großer Unternehmen häufig eine Provision auf der Basis der ausgehandelten Rabatte erhalten, so erscheint es günstiger, hohe Listenpreise festzusetzen und entsprechend hohe Rabatte zu gewähren. **Nicht-standardisierte Produkte** und **Anlagen** bedürfen einer **individuellen Kalkulation**, da hierbei nicht auf übliche Marktpreise zurückgegriffen werden kann (vgl. Backhaus 1995, 298 u. 474ff).

Angebote

Die Erstellung eines Angebotes ist insbesondere bei komplexen Projekten mit erheblichen Kosten verbunden. Zu den Angebotskosten zählen:

- die Akquisitionskosten (Gehalt und Reisekosten, z.B. der im Außendienst tätigen Vertriebsingenieure),

- die Projektierungskosten (Engineeringkosten für die Klärung der Anfrage, für Voruntersuchungen und Vorprojektierungen, Ermittlung des Mengengerüstes, Kalkulation und Preisbildung) und

- die Kosten der Angebotsorganisation (Sondierung möglicher Anbietergemeinschaften, Klärung der Finanzierung, Schreib- und Zeichenarbeiten, Dokumentation zur Angebotserläuterung).

Bei einem Unternehmen, das auf die Ausführung von Großprojekten spezialisiert ist, könnten z.B. durch viele kleine Angebote überdurchschnittlich hohe Kosten verursacht werden. Bei Großprojekten, deren Angebotsphase sich mitunter über Jahre hinzieht, können schon die Angebotskosten Ausmaße erreichen, die das Projekt unrentabel werden lassen.

In der Praxis finden deshalb verschiedene Klassen von Angeboten Einsatz, die sich in Verbindlichkeit, Genauigkeit, Informationsgehalt und Aufwand unterscheiden.

	Angebotsformen		
Merkmale	**Kontaktangebot**	**Richtangebot**	**Festangebot**
Verbindlichkeit	uneingeschränkt	uneingeschränkt	uneingeschränkt
Genauigkeit	hohe	sehr hohe	höchste
Informationsgehalt	begrenzt	umfangreich	umfassend
Aufwand	gering	durchschnittlich	sehr hoch

Abbildung 5-14 *Mögliche Angebotsformen (Backhaus 1995, 443)*

Es bietet sich an, die Angebote in der vorgestellten Reihenfolge (Kontaktange-
bot, Richtangebot, Festangebot) zu erstellen und jeweils nach Erstellung zu prüfen, ob Interesse beim potentiellen Kunden vorliegt.

Eine im Investitionsgüterbereich weltweit meistens geübte Praxis ist die **öffentliche Ausschreibung.** Mit dem Ziel der Vereinheitlichung und Erhöhung der
Transparenz regeln üblicherweise Rechtsvorschriften (z.B. Verdingungsordnung
für Leistungen) oder Normen (vgl. DIN, ÖNORM) detailliert, auf welche Art
und Weise Ausschreibungen zur Auftragsvergabe ablaufen, wie Angebote aus-
gewertet und beurteilt werden und welche Arten von Preisen festgelegt werden
dürfen. Die nachfolgende Übersicht zeigt ein Bekanntmachungsmuster für eine
öffentliche Ausschreibung gemäß Verdingungsordnung für Bauleistungen.

Öffentliche Ausschreibung (Muster)

a) Name, Anschrift, Telefon-, Telegrafen-, Fernschreib- und Faxnummer des Auftraggebers (Vergabestelle):

b) Gewähltes Vergabeverfahren:

c) Art des Auftrags, der Gegenstand der Ausschreibung ist:

d) Ort der Ausführung:

e) Art und Umfang der Leistung, allgemeine Merkmale der baulichen Anlage:

f) Falls die bauliche Anlage oder der Auftrag in mehrere Lose aufgeteilt ist, Art und
Umfang der einzelnen Lose und Möglichkeit, Angebote für eines, mehrere oder
alle Lose einzureichen:

g) Angaben über den Zweck der baulichen Anlage oder des Auftrags, wenn auch
Planungsleistungen gefordert werden:

h) Etwaige Frist für die Ausführung:

i) Name und Anschrift der Dienststelle, bei der die Verdingungsunterlagen und zusätzlichen Unterlagen angefordert und eingesehen werden können, sowie Termin, bis zu dem diese Unterlagen spätestens angefordert werden können:

j) Gegebenenfalls Höhe und Einzelheiten der Zahlung der Entschädigung für die
Übersendung dieser Unterlagen:

k) Ablauf der Frist für die Einreichung der Angebote:

l) Anschrift, an die die Angebote zu richten sind:

m) Sprache, in der die Angebote abgefaßt sein müssen:

n) Personen, die bei der Eröffnung der Angebote anwesend sein dürfen:

o) Datum, Uhrzeit und Ort der Eröffnung der Angebote:

p) Gegebenenfalls geforderte Sicherheiten:

q) Wesentliche Zahlungsbedingungen und/oder Verweisung auf die Vorschriften, in
denen sie enthalten sind:

r) Gegebenenfalls Rechtsform, die die Bietergemeinschaft, an die der Auftrag vergeben wird, haben muß:

---

s) Verlangte Nachweise für die Beurteilung der Eignung des Bieters:

t) Ablauf der Zuschlags- und Bindefrist:

u) Gegebenenfalls Nichtzulassung von Änderungsvorschlägen oder Nebenangeboten:

v) Sonstige Angaben, insbesondere die Stelle, an die sich der Bewerber oder Bieter zur Nachprüfung behaupteter Verstöße gegen Vergabebestimmungen wenden kann:

(Quelle: http://www.bundesausschreibungsblatt.de, 22.09.2000)

Anbieterkooperationen

In der Praxis ist es üblich, daß sich bei größeren Projekten mehrere Anbieter zur Abwicklung eines Geschäfts zusammenschließen (vgl. z.B. Turn-key-Projekte). Dabei handelt es sich vorwiegend um Anbieter mit sich ergänzenden Produkten und Leistungen. Derartige Zusammenschlüsse zu Anbieterorganisationen bieten sich bei Vorliegen folgender Gegebenheiten an (vgl. Godefroid 1995, 235):

- die **Kapazität** eines einzelnen Anbieters reicht zur Projektabwicklung im vorgegebenen Ausmaß bzw. in der vorgegebenen Zeit nicht aus;

- ein einzelner Anbieter verfügt nicht über das erforderliche **Know-how**;

- das mit dem Projekt verbundene **Risiko** ist zu groß, als daß es ein einzelner Anbieter übernehmen würde;

- ein einzelner Anbieter verfügt nicht über die dazu notwendige **Finanzkraft**.

Wichtige Formen von Anbieterkooperationen sollen nachfolgend kurz vorgestellt werden:

➡ Generalunternehmer

Hierbei übernimmt ein Unternehmen die Federführung und beauftragt diverse Subunternehmer mit der Abwicklung bestimmter Teilprojekte. Der Generalunternehmer haftet im Außenverhältnis gegenüber dem Kunden für die rechtmäßige Erbringung der vertraglichen Leistung und übernimmt die Rolle des alleinigen Ansprechpartners für den Kunden. Im allgemeinen erbringt der Generalunternehmer einen Großteil der mit dem Projekt verbundenen Leistungen.

In seiner Rolle als Gesamtverantwortlicher trägt der Generalunternehmer eine Reihe von Risiken, wie:

- Lieferprobleme und Fehlleistungen der Subunternehmer,

- Finanzierung der unterschiedlichen Zahlungsströme,

- Koordination der Garantieleistungen.

Eine Risikoreduzierung ist durch eine überlegte Auswahl der Subunternehmer, entsprechende Vertragsgestaltung und gut organisiertes Projektmanagement möglich.

➜ Konsortium

Unter einem Konsortium versteht man den Zusammenschluß gleichberechtigter, rechtlich selbständiger Unternehmen zur Durchführung eines Projektes. Dabei trägt jeder Konsorte die direkte Verantwortung für das von ihm durchzuführende Teilprojekt und ist dafür auch der direkte Ansprechpartner für den Kunden. Aus organisatorischen Gründen empfiehlt es sich oft, einen Konsorten als sogenannten *Pilot Contractor* zu bestimmen, der das Konsortium im Außenverhältnis vertritt.

Im Rahmen eines Konsortionalvertrages werden u.a.

- Zuständigkeiten,

- die Aufteilung der Auftragsanteile,

- die Aufteilung des technischen und wirtschaftlichen Risikos,

- Haftung und Gewährleistung,

- Versicherungen,

- Angebotserstellung und Projektabwicklung,

- Rechnungslegung und Zahlungen,

- Finanzierung und Sicherheiten

geregelt (vgl. Backhaus 1995, 464f).

Insbesondere im internationalen Bereich werden Großprojekte auch oft im Rahmen von **Joint Ventures** realisiert. Bei einem Joint Venture kooperieren zwei oder mehrere Unternehmen, wobei es sich im allgemeinen bei einem Teil dieser Unternehmen um nicht gebietsansässige Unternehmen handelt.

Verhandlungen auf internationaler Ebene

Besondere Beachtung sollte Preisverhandlungen auf internationaler Ebene beigemessen werden. Sind Unternehmen mit den lokalen Bräuchen und Verhandlungsstilen nicht vertraut, können unnötig hohe Kosten, unangemessene Verkaufspreise oder ein nicht erteilter Zuschlag die Folge sein. Geschäftsverhandlungen auf internationaler Ebene können wesentlich erleichtert werden, wenn das eigene Unternehmen bzw. dessen Erzeugnisse im Gastland einen guten Ruf genießen. Sind sich die Käufer einer hohen Produktqualität bewußt, wird im allgemeinen auch ein höherer Preis akzeptiert. Die ausländischen Verhandlungspartner sind üblicherweise auch über Konkurrenzangebote und -preise bestens informiert, so daß auf die eigenen Erzeugnisse mit Nachdruck hingewiesen werden muß. Dabei ist jedoch zu berücksichtigen, daß allzu eifriges, aufdringliches Vorgehen oft abschreckend wirkt oder inakzeptabel ist (siehe dazu auch Teil D – Achtung Kultur!). Eine nicht zu unterschätzende Rolle spielen für viele ausländische Käufer Folgekosten. Von besonderer Bedeutung sind hierbei die Preise und die Schnelligkeit der Lieferung von Ersatzteilen. (vgl. BfAI 1996, 44). Werden Verträge ausgehandelt, sollte nicht zuletzt auch die Festlegung der Vertragswährung genau überdacht werden. Fremdwährungen bedeuten eine zusätzliche Unsicherheit für die Vertragspartner. Zu Vertragsabschluß günstig erscheinende Preise in einer stark schwankenden Fremdwährung können sich aufgrund von Wechselkursschwankungen schnell zu einem Verlustgeschäft entwickeln.

Zur Einschätzung der Verhandlungsposition von Anbieter und Nachfrager läßt sich folgendes Scoring-Modell anwenden. Dieses Modell ermöglicht die Bewertung von Stärken und Schwächen der beiden Seiten.

Stärken des Anbieters				Stärken des Nachfragers				
Kriterien	Bewer-tung*	Gewich-tung	Wert	Kriterien	Bewer-tung*	Gewich-tung	Wert
Liefertreue	5	2,5	12,5	Unternehmens-größe	8	2	16
Unternehmens-image	7	2,5	17,5	Nachfrage-potential	8	1	8
Produktqualität	7	1,5	10,5				
After-Sales-Service	6	1,5	9,0	Umfang der bisherigen Geschäfte	4	3	12
Rücknahmepolitik	4	0,5	2,0	Wichtigkeit, den Kunden zu halten	9	4	36
Preis	7	1,5	10,5				
Gesamt			62	Gesamt			72
Maximaler Wert			100	Maximaler Wert			100
Erreichter Wert			62 %	Erreichter Wert			68 %
* 1 (sehr schlecht) bis 10 (sehr gut)							
Im vorliegenden Beispiel befindet sich der Nachfrager in einer günstigeren Position als der Anbieter.							

Abbildung 5-15 *Ermittlung der Verhandlungspositionen von Anbieter und Nachfrager (nach Godefroid 1995, 224)*

Ausgehend von dieser Analyse können je nach Stärken und Schwächen von Anbieter und Nachfrager folgende Verhandlungsstrategien abgeleitet werden:

	Schwacher Anbieter	Starker Anbieter
Schwacher Nachfrager	„Versteckspiel"	Diktatorische Strategie des Verkaufens
Starker Nachfrager	Defensive Strategie des Verkaufens	Verhandlung

Abbildung 5-16 *Mögliche Verhandlungsstrategien (Godefroid 1995, 225)*

- **„Versteckspiel"**: Weisen sowohl Anbieter als auch Nachfrager Schwächen auf, so werden beide versuchen, diese zu verbergen. Der Preis ergibt sich dann – innerhalb einer bestimmten Bandbreite – eher „zufällig".

- **Defensive Strategie des Verkaufens**: Weist der Anbieter eine deutlich schwächere Position als der Nachfrager auf, so wird der Nachfrager seine Preisvorstellungen durchsetzen können. Möglicherweise verzichtet der Anbieter aber bei einem zu niedrigen Preis auch auf den Abschluß des Geschäfts.

- **Diktatorische Strategie des Verkaufens**: Befindet sich der Anbieter in einer sichtbar stärkeren Position als der Nachfrager, so wird er in der Lage sein, diesem seinen Preis zu diktieren (vgl. Monopolist).

- **Verhandlung**: Schließlich besteht die Möglichkeit, daß sich Anbieter und Nachfrager in einer starken Position befinden. Der Preis wird dann in einer fairen Verhandlung ermittelt.

Wiederholungsfragen

➡ **Produktpolitik**

1. Warum hat die Produktpolitik als „Herz des Marketing" eine überaus große Bedeutung?

2. Nennen und erläutern Sie Kriterien zur Produktklassifizierung!

3. Welche Aspekte sind bei der Produktgestaltung zu beachten?

4. Beschreiben Sie kurz die Phasen eines Produktlebenszyklus! Gehen Sie dabei auf mögliche Preisstrategien des Anbieters ein!

5. Definieren Sie die Begriffe Produktlinie, Programmbreite und Programmtiefe!

6. Was bedeutet „optimale Programm- bzw. Sortimentsplanung"? Worauf muß bei der Zusammenstellung von Programmen bzw. Sortimenten geachtet werden?

7. Was sind intuitiv-kreative Verfahren? Nennen Sie Beispiele!

8. Auf welche Art und Weise können neue Produkte getestet werden?

9. Unterscheiden Sie die Begriffe Variation, Modifikation und Differenzierung und skizzieren Sie die Anwendungsmöglichkeiten der einzelnen Instumente!

10. Auf welche Art und Weise können Produkte variiert werden?

11. Wann sollte ein Produkt aus dem Produktionsprogramm genommen werden und was ist dabei zu beachten?

12. Welche Ziele verfolgt ein Anbieter mit einer Diversifikation?

13. Erläutern Sie den Unterschied zwischen horizontaler, vertikaler und lateraler Diversifikation!

14. Wie kann ein Unternehmen Diversifikationen realisieren?

15. Begründen Sie die wachsende Bedeutung der Verpackung als Marketinginstrument!

16. Welche Anforderungen werden an einen Markennamen gestellt?

17. Welche Markenstrategien kennen Sie?

18. Erläutern Sie die Begriffe „technischer" und „kaufmännischer Kundendienst" und deren Bedeutung im Rahmen der Verkaufsförderung!

19. Charakterisieren Sie die Vor- und Nachteile von Standardisierung und Differenzierung im Rahmen der Produktpolitik!

20. Ein Produkt Ihrer Wahl soll auf einem ausländischen Markt plaziert werden. Was ist bei einer derartigen Markteinführung zu beachten und wie ist diese

konkret vorzubereiten? Stellen Sie die einzelnen Schritte anhand eines Beispiels dar!

➡ Kommunikationspolitik

21. Erläutern Sie kurz die wichtigsten Teilbereiche der Kommunikationspolitik!

22. Was drückt die Lasswell-Formel aus?

23. Beschreiben Sie den Kommunikationsprozeß und die daran beteiligten Elemente!

24. Erläutern Sie die Begriffe selektive Wahrnehmung, selektive Verzerrung und selektive Erinnerung!

25. Erläutern Sie das AIDA-Modell!

26. Welche Aspekte sind bei der Gestaltung einer Botschaft zu beachten?

27. Welche wichtigen Kommunikationskanäle kennen Sie?

28. Was sind die Aufgaben der Werbung?

29. Was sind die am häufigsten verfolgten Werbeziele?

30. Nennen Sie Methoden zur Bestimmung des Werbebudgets!

31. Welche grundsätzliche „Tonality" kann eine Werbebotschaft haben?

32. Welche Techniken zur Gestaltung einer Werbebotschaft sind Ihnen bekannt?

33. Erläutern Sie die Bedeutung der Gestaltungselemente „Bild" und „Headline"!

34. Welche Möglichkeiten bieten sich hinsichtlich des Timings von Werbemaßnahmen?

35. Definieren Sie die Begriffe Werbemittel und Werbeträger!

36. Welche Faktoren beeinflussen die Auswahl eines Werbemittels? Welche Gesichtspunkte sind bei dessen Gestaltung maßgebend?

37. Was sagen Reichweite und Kontaktfrequenz aus?

38. Wozu dienen Pre- und Posttestverfahren? Nennen Sie einige Beispiele!

39. Was sind die Ziele der Verkaufsförderung?

40. Nennen Sie Maßnahmen der Verkaufs-, Händler- und Verbraucher-Promotions! Wer sind die Adressaten dieser Maßnahmen?

41. Erläutern Sie das Push-and-Pull-System!

42. Welche Ziele verfolgen Unternehmen, wenn sie sich zu einer Messebeteiligung entschließen? Was erwarten die Besucher von einem Messebesuch?

43. Welche Bedeutung haben Messen für andere Marketinginstrumente? Nennen sie Beispiele eines kombinierten Einsatzes!

44. Nennen Sie Teilfunktionen der Public Relations! Welche PR-Instrumente kennen Sie? *S, 181~183*

45. Was ist bei der Planung und Durchführung einer Werbekampagne zu beachten? Erklären Sie die konkrete Vorgangsweise anhand eines selbst gewählten Beispiels!

➡ **Distributionspolitik**

46. Definieren Sie die Begriffe Absatzmittler und Absatzhelfer! *S,184*

47. Welche Distributionsfunktionen sind Ihnen bekannt? *S, 184*

48. Welche Aspekte sind bei der Formulierung distributionspolitischer Ziele zu beachten? *S, 185*

49. Erläutern Sie die Unterschiede zwischen direktem und indirektem Absatz! *S, 186 genauer: S, 188-191*

50. Welche Einschränkungen sind bei der Auswahl von Distributionssystemen zu beachten? *S, 192-193*

51. Welche Kooperationsformen kennen Sie bezüglich der Zahl der Distributionspartner bzw. bezüglich der Machtausübung in der Geschäftsbeziehung? *S, 194? oder S, 195*

52. Was ist die Aufgabe der Marketinglogistik? *S, 195*

53. Worauf muß bei der Auswahl der Transportmittel und -wege geachtet werden? *S, 195 unten*

54. Was sind die Hauptaufgaben des persönlichen Verkaufs? *S, 201*

55. Welche grundlegenden Entscheidungen sind beim Einsatz von Außendienstmitarbeitern zu treffen bzw. welche Tätigkeiten sind in diesem Zusammenhang erforderlich? *S, 205*

56. Nennen Sie Vor- und Nachteile des Einsatzes von Vertriebsrepräsentanten im Gegensatz zu Handelsvertretern! *S, 207*

57. Ein Unternehmen hat die Wahl zwischen dem Einsatz eines Handelsvertreters oder eines Vertriebsrepräsentanten. Für welche Möglichkeit würden Sie sich unter folgenden Umständen entscheiden: $F_{VR} = 2.400$ DM, $F_{HV} = 800$ DM, $P_{VR} = 15\%$, $P_{HV} = 40\%$, angestrebter Umsatz = 5.000 Stück?

58. Nennen Sie Funktionen des Großhandels! *S, 221*

59. Nennen und erläutern Sie kurz Betriebsformen des Großhandels! *S, 222/223*

60. Welche Betriebsformen des Einzelhandels kennen Sie? *S, 224/225/226*

61. Welche Ausprägungsformen hinsichtlich des Bedienungsgrades sind Ihnen bekannt?

62. Was sind Verbundsysteme? Welche Formen kennen Sie? Beschreiben Sie diese kurz! *S, 226*

63. Was sind vertikale Marketingsysteme? Welche Arten kennen Sie? *S, 228/229*

64. Charakterisieren Sie Multikanal-Systeme! *S. 229*

65. Welche Konflikte können im Distributionssystem auftreten? *S. 228*
+ eig. Aber-leg.

➡ Kontrahierungspolitik

66. Was versteht man unter Preispolitik und welche Entscheidungen sind in diesem Zusammenhang zu treffen? Diskutieren Sie den Stellenwert der Preispolitik im Rahmen der internationalen Kontrahierungspolitik! *S. 230*
S. 260 ff

67. Welche Besonderheiten des Marketing-Instruments Preis gegenüber anderen Instrumenten sind Ihnen bekannt? *S. 231*

68. Aufgrund welcher Gesetze und in welchem Maße wird ein Anbieter bei der freien Preisgestaltung behindert? *S. 231*

69. Was ist ein Angebotsoligopol? Welche Strategien können unter diesen Umständen verfolgt werden? *S. 234*

70. Was ist ein geschlossener Markt?

71. Welche Bedeutung haben die kurzfristige und die langfristige Preisuntergrenze für ein Unternehmen?

72. Welche Faktoren beeinflussen die nachfrageorientierte Preisermittlung? *→ S. 242*

73. Auf welche Weise kann ein konkurrenzorientierter Anbieter seine Preise ermitteln? *S. 243*

74. Welche grundsätzlichen Preisstrategien sind Ihnen bekannt? *S. 244/245*

75. Nennen Sie Möglichkeiten zur Preisdifferenzierung! *S. 246*

76. Was bezweckt ein Hersteller mit der Einräumung von Rabatten? *S. 248*

77. Welche Rabattarten kennen Sie? Beschreiben Sie diese kurz! *S. 248-250*

78. Was ist der Zweck der Kreditpolitik? *S. 250*

79. Beschreiben Sie kurz das Wesen eines Lieferantenkredites! *S. 251 oben*

80. Was versteht man unter Factoring? *Teil C*

81. Charakterisieren Sie Leasing-Geschäfte!

82. Was regeln Lieferbedingungen? *S. 251 unten*

83. Was sind die Incoterms? Zu welchem Zweck wurden sie erlassen? *S. 251/252 ob.*

84. Was regeln Zahlungsbedingungen? *S. 255 oben*

85. Erklären Sie die Notwendigkeit des Risk Covering! Welche Möglichkeiten zur Risikoabsicherung im Exportgeschäft sind Ihnen bekannt?

86. Erläutern Sie kurz die Unterschiede in der Preis- und Konditionenpolitik auf Konsumgüter- und Investitionsgütermärkten! *Tab. S. 256 oben*

87. Nennen Sie Besonderheiten der Preisbildung bei Investitionsgütern! *S. 256*

88. Welche Strategien sind bei Preisverhandlungen möglich? *evtl. S. 262 oben*

89. Woraus setzen sich die Angebotskosten zusammen? *S. 257*

90. Welche Angebotsformen kennen Sie? *Tab. S. 257 unten*

91. Unter welchen Bedingungen bietet sich der Zusammenschluß von Unternehmen zu einer Anbieterorganisation an? Erläutern Sie die Ihnen bekannten Formen kurz! *→ Generalunternehmer, / Konsortium   S. 259/260*

92. Was ist das Ziel des kalkulatorischen Ausgleichs?

93. Was versteht man unter Mondpreisen und Lockvogelangeboten? *S. 268*

94. Was versteht man unter psychologischer Preisgestaltung? *S. 246/247*

95. Wie und aufgrund welcher Regelungen erfolgt die Preisbildung bei öffentlichen Aufträgen?

Geld regiert die Welt – Finanzieren und Absichern

C

1 Weltwirtschaftliche Einflußfaktoren auf das Finanzmanagement

Eine erfolgreiche Tätigkeit auf internationalen Märkten setzt Kenntnisse grundlegender außenwirtschaftlicher Zusammenhänge voraus. Zur Ausarbeitung einer zielführenden Finanz- und Investitionsstrategie muß ein Unternehmen wissen, woher Informationen über bestimmte Volkswirtschaften bezogen werden können und wie diese Informationen zu interpretieren sind. Es muß wissen, wodurch Wechselkurse beeinflußt werden, wie sich landesbedingte Unterschiede in Steuersystemen oder Inflationsraten auf die eigene Finanzsituation auswirken. Sind die Ursachen für bestimmte Zustände bekannt, kann das Unternehmen seine Auslandsstrategie darauf ausrichten und sich bietende Chancen besser nutzen bzw. etwaige Risiken minimieren.

1.000.000.000.000 Dollar in 24 Stunden

„Vorreiter der Globalisierung sind die Finanzmärkte. Täglich werden rund um den Globus mehr als 1.000 Milliarden Dollar gehandelt – viel mehr, als Waren verkauft werden. ‚Real time information' heißt das Zauberwort: Überall auf der Welt haben Banker, Händler oder Sparkassenangestellte gleichzeitig die aktuellsten Marktinformationen auf ihren Bildschirmen. Was kostet ein Faß Rohöl, wo steht der Aktienkurs der Telekom, wie hoch sind die Renditen dänischer Staatsanleihen? Viele Finanzdienstleister stellen sich nun auf das elektronische Geschäft auch mit ihren Kunden ein. In fünf bis zehn Jahren, prognostizieren Fachleute, wird das Internet der Vertriebsweg Nr. 1 für Dienstleistungen rund ums liebe Geld sein – vor Filiale und Telefon."

(Quelle: Launer, E.: Zum Beispiel Globalisierung, Göttingen 2001, 24)

1.1 Geld- und Devisenmärkte

Auf dem Weg zum Euro

Die Wirtschafts- und Währungsunion in Europa zielt darauf ab, Länder mit einer gemeinsamen Währungspolitik und einer gemeinsamen Währung zu vereinen.

Die Umsetzung der Wirtschafts- und Währungsunion erfolgt über mehrere Stufen:

- **Stufe 1**: vom 01.07.1990 bis 31.12.1993; Hauptinhalt: Beseitigung der restlichen Hemmnisse im Kapitalverkehr, verstärkte Bemühungen um wirtschaftliche Konvergenz;

- **Stufe 2**: vom 01.01.1994 bis 31.12.1998; Hauptinhalt: Errichtung des Europäischen Währungsinstituts, zahlreiche Rechtsvorschriften und politische Entscheidungen zur Verbesserung der Normen, der Qualität und der Verwaltung der öffentlichen Haushalte;

- **Stufe 3**: ab 01.01.1999; Hauptinhalt: Einführung des Euro als einheitliche Währung und unwiderrufliche Festlegung der Wechselkurse; Europäisches Zentralbanksystem übernahm Verantwortung für Währungspolitik; Start des Wechselkursmechanismus EWM-II; Inkrafttreten des Stabilitäts- und Wachstumspakts.

Seit dem 01.01.1999 gilt der Euro als offizielle Währung von elf Mitgliedsstaaten der EU (Belgien, Deutschland, Finnland, Frankreich, Irland, Italien, Luxemburg, Niederlande, Österreich, Portugal, Spanien). Damit haben die jeweiligen Landeswährungen ihre Eigenständigkeit verloren. Großbritannien und Dänemark hatten gegen die Teilnahme am Euro gestimmt, Schweden und Griechenland wurden zunächst ausgeschlossen, weil sie nicht alle Konvergenzkriterien erfüllten. Griechenland nimmt inzwischen seit dem 01.01.2001 am Euro teil.

Ob ein Land am Euro teilnehmen darf, hängt davon ab, inwieweit das Land folgende – auch konkret festgelegte – **Konvergenzkriterien** erfüllt:

- **Inflationsrate**: die Inflation des Landes darf nicht höher als drei Prozentpunkte über der Inflationsrate der drei preisstabilsten EU-Staaten liegen;

- **Finanzlage der öffentlichen Haushalte**: die öffentlichen Haushalte dürfen kein übermäßiges Defizit und keine übermäßige Verschuldung aufweisen;

- **Wechselkursstabilität**: die normalen Bandbreiten des Wechselkursmechanismus müssen seit zwei Jahren eingehalten werden;

- **langfristige Zinssätze**: die langfristigen Zinssätze dürfen nicht höher als zwei Prozentpunkte über denen der drei preisstabilsten EU-Länder liegen.

Mit Beginn der Stufe 3 der Wirtschafts- und Währungsunion wurden die offiziellen Umrechnungskurse der einzelnen Währungen in Euro unwiderruflich festgelegt.

Der am 01.01.1999 gestartete Wechselkursmechanismus EWM-II bindet diejenigen EU-Länder an den Euro, die nicht an der Wirtschafts- und Währungsunion teilnehmen. Dabei sind Schwankungsbreiten von ± 15 % gegenüber dem Mittelkurs statthaft, für Dänemark gilt eine Bandbreite von ± 2,5 %. Eine Teilnahme an diesem System ist zwar freiwillig, es wird aber erwartet, daß alle Länder, die nicht am Euro beteiligt sind, daran teilnehmen werden.

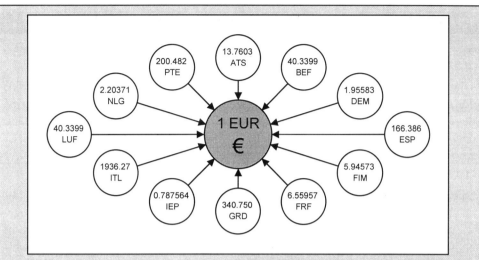

Bereits seit 1999 kann der Euro im bargeldlosen Zahlungsverkehr verwendet werden. Die offizielle Ausgabe der Euro-Geldscheine und Münzen und gleichzeitige Einziehung der Landeswährungen beginnt am 01.01.2002. Etwa zwei Monate lang werden dann die jeweiligen Landeswährungen und Euro parallel als Zahlungsmittel genutzt werden. Ab März 2002 stellt der Euro das alleinige Zahlungsmittel in den Teilnehmerländern dar.

(Quelle: vgl. Europäische Union 2001, http://www.europa.eu.int/euro)

Aber bitte keine Euro!

1.1.1 Devisenmarkt und Devisenkurse

Aus zahlreichen Handelsbeziehungen mit dem Ausland ergibt sich die Notwendigkeit, Devisen in die einheimische Währung umzuwandeln bzw. mit einheimischer Währung Devisen zu beschaffen. Dies geschieht auf dem Devisenmarkt, der in den Kassamarkt und den Devisenterminmarkt unterschieden wird. Auf dem **Kassamarkt** werden Devisen gehandelt, die spätestens zwei Geschäftstage nach Abschluß zur Verfügung gestellt werden. Auf dem **Devisenterminmarkt** werden die Devisen zu einem heute festgelegten Preis ge- bzw. verkauft, aber erst zu einem späteren Zeitpunkt (z.B. nach 30, 60 oder 90 Tagen) geliefert.

Die sich am Devisenmarkt aus Angebot und Nachfrage bildenden Preise bezeichnet man als **Devisen- oder Wechselkurse**. Devisenkurse werden üblicherweise als Gegenwert einer bzw. hundert Einheiten ausländischer Währung in einheimischer Währung notiert (**Preisnotierung**). Wechselkurse geben an, welcher Betrag an ausländischer Währung für eine Einheit einheimischer Währung gehandelt wird (**Mengennotierung**). Der Devisenkurs entspricht dem reziproken Wert des Wechselkurses. Die Begriffe Devisenkurs und Wechselkurs werden jedoch häufig synonym verwendet.

Der Wechselkurs

Zu einer vollständigen Notierung gehören der Geldkurs und der Briefkurs. Zum niedrigeren **Geldkurs** werden ausländische Währungen von Banken und Devisenhändlern gekauft, zum höheren **Briefkurs** verkauft.

Nicht zu verwechseln mit Geld- und Briefkurs sind **Kassa- und Terminkurs**. Der Kassakurs (*spot rate*) gilt für Devisengeschäfte, die unmittelbar nach Abschluß getätigt werden, während der Terminkurs (*forward rate*) einen jetzt vereinbarten, aber für einen festgelegten späteren Zeitpunkt geltenden Kurs bezeichnet. Eine positive Differenz zwischen Termin- und Kassakurs bezeichnet man als **Report** (*premium*), eine negative Differenz als **Deport** (*discount*).

Report oder Deport werden üblicherweise in Prozent des Kassakurses ausgedrückt. Diese Relation wird **Swapsatz** genannt (vgl. auch Beike/Schlütz 1999).

1.1.2 Devisengeschäfte

Erfolgt die Zahlung von Auslandsgeschäften nicht in der Landeswährung, so können finanzielle Verluste aufgrund von Wechselkursschwankungen oder Paritätsänderungen entstehen. Exporteure und Importeure werden somit bestrebt sein, dieses Kursrisiko auf Dritte, z.B. auf Banken, abzuwälzen. Nachfolgend werden verschiedene Formen von Devisengeschäften, die zur Kurssicherung und Minimierung von Kursrisiken eingesetzt werden, beschrieben (vgl. auch Sachs/Kamphausen 1996, 107f).

Devisentermingeschäfte

Ein Exporteur, der eine Einnahme aus einem Auslandsgeschäft erwartet, kann sich durch den Abschluß eines Devisentermingeschäfts gegen Kursrückgänge absichern. Dazu verkauft er den erwarteten eingehenden Devisenbetrag per Termin (der dem Zeitpunkt des voraussichtlichen Zahlungseinganges entspricht) an eine Bank zum am Abschlußtag geltenden Terminkurs. Am Fälligkeitstag übergibt der Exporteur die eingegangenen Devisen an seine Bank und erhält den Gegenwert in der Landeswährung zum vorher vereinbarten Kurs, unabhängig von etwaigen Kursschwankungen bzw. vom aktuellen Kurs. Auch ein Importeur, der Zahlungen in einer Fremdwährung leisten muß, kann sich durch Devisentermingeschäfte absichern. Dazu kauft der Importeur die benötigten Devisen auf dem Devisenterminmarkt für den Termin, an dem seine Zahlungen fällig werden. Damit umgeht er das Risiko, aufgrund von Kursschwankungen höhere Zahlungen leisten zu müssen.

Devisenoptionsgeschäfte

Mit dem Kauf einer **Währungsoption** erwirbt der Käufer das Recht, einen vorab festgelegten Devisenbetrag zu einem bestimmten Kurs innerhalb eines bestimmten Zeitraumes oder zum Fälligkeitstermin zu kaufen oder zu verkaufen. Der Käufer der Option zahlt für dieses Recht an den **Stillhalter** (Verkäufer) eine **Optionsprämie**. Den Kurs, zu dem die Option ausgeübt werden kann, bezeichnet man als Basiskurs. Vorteil gegenüber Devisentermingeschäften ist, daß der Käufer auf die Option verzichten kann, falls sich am Devisenmarkt ein günstigerer Kurs ergibt. Der Preis für Optionen ist allerdings um einiges höher als jener für Devisentermingeschäfte.

Optionsgeschäfte können als Kaufoptionen oder Verkaufsoptionen getätigt werden. Der Käufer einer **Kaufoption** (*call option*) erwirbt mit Zahlung des Optionspreises das Recht, eine bestimmte Devisenmenge zu einem vorab festgelegten Basispreis während der Laufzeit oder zum Fälligkeitstermin kaufen zu können. Der Käufer wird die Option nur dann ausüben, wenn der Kurs nicht unter den Basispreis fällt. Mit dem Kauf einer **Verkaufsoption** (*put option*) erwirbt der Käufer das Recht, eine bestimmte Devisenmenge zu einem vorab bestimmten Basispreis während der Laufzeit oder zum Fälligkeitstermin an den Stillhalter verkaufen zu können. Der Käufer der Option wird von seinem Recht nur dann Gebrauch machen, wenn der Kurs fällt.

1.2 Zahlungsbilanzen

Zahlungsbilanzen spiegeln alle ökonomischen Transaktionen eines Landes mit anderen Ländern innerhalb einer bestimmten Periode wider. Sie zeigen auf, wie Kapital aus dem Ausland gewonnen und für Auslandstransaktionen verwendet wurde. Aus Zahlungsbilanzen können Informationen über Umfang und Veränderung der internationalen wirtschaftlichen Verflechtung gewonnen und die außenwirtschaftliche Lage eines Landes und damit dessen Wettbewerbsfähigkeit beurteilt werden. Zahlungsbilanzen stellen des weiteren Informationen über die Veränderung der Gold- und Devisenreserven eines Landes bereit und bieten damit Anhaltspunkte zur Beurteilung der Währungspolitik einer Regierung und der Zahlungsfähigkeit einer Volkswirtschaft.

Die Zahlungsbilanz

In Zahlungsbilanzen werden nur diejenigen Transaktionen erfaßt, die über die Landesgrenzen hinweg verlaufen. Folglich sind von jeder Transaktion, die in einer Zahlungsbilanz verzeichnet wird, mindestens zwei Länder betroffen. Beispielsweise erscheinen Exporte von Deutschland nach Österreich in der Zahlungsbilanz Deutschlands als Devisenzuflüsse und in der Zahlungsbilanz Österreichs als Devisenabflüsse.

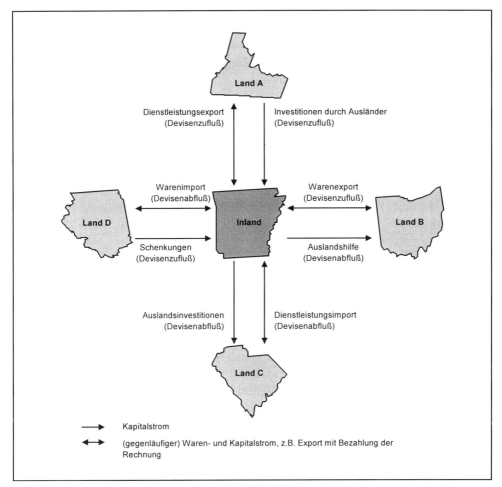

Abbildung 1-1 *Außenhandelsbeziehungen aus Sicht der Inländer*

Im Gegensatz zu betriebswirtschaftlichen Bilanzen werden in Zahlungsbilanzen keine Bestandsgrößen, sondern Stromgrößen verbucht. Dabei werden alle Leistungs- und Zahlungsströme, die zu Devisenzuflüssen führen, aktiv, und all jene Transaktionen, die zu Devisenabflüssen führen, passiv gebucht. Nachfolgende Abbildung zeigt verschiedene Möglichkeiten für Devisenzuflüsse und -abflüsse:

Devisenzuflüsse	Devisenabflüsse
• Zahlungen ausländischer Abnehmer für Waren- und Dienstleistungsexporte	• Zahlungen an ausländische Lieferanten für Waren- und Dienstleistungsimporte
• Geldtransfers aus dem Ausland (z.B. Schenkungen, Erbschaften)	• Geldtransfers ins Ausland (z.B. Schenkungen, Erbschaften)
• Investitionen von Ausländern im Inland	• Investitionen in ausländische Standorte

• Dividenden und Zinszahlungen von Auslandsinvestitionen	• Dividenden und Zinszahlungen an Ausländer
• Kredite und Darlehen ausländischer Gläubiger	• Kredite und Darlehen an ausländische Schuldner
• Zahlungen ausländischer Regierungen und Institutionen an die inländische Regierung oder inländische Institutionen	• Zahlungen an ausländische Institutionen und Regierungen

Abbildung 1-2 *In Zahlungsbilanzen erfaßte Devisenzu- und -abflüsse (vgl. Punnett/Ricks 1998, 86)*

Die Aufstellung von Zahlungsbilanzen erfolgt nach einem international weitgehend vereinheitlichten System. Zahlungsbilanzen setzen sich aus Teilbilanzen zusammen, von denen sich jede im Defizit oder im Überschuß befinden kann. Da auch für Zahlungsbilanzen der Grundsatz der doppelten Buchführung gilt, befindet sich eine Zahlungsbilanz formell immer im Gleichgewicht. Folgende Teilbilanzen werden unterschieden:

Die **Leistungsbilanz** gliedert sich in drei Teilbilanzen.

• In der **Handelsbilanz** werden Warenexporte und -importe aller Industriebereiche erfaßt. Von einer positiven Handelsbilanz spricht man, wenn die Exporte die Importe übersteigen, von einer negativen, wenn mehr im Ausland gekauft als exportiert wird. Verglichen mit anderen Teilbilanzen, weisen die Positionen der Handelsbilanz eine große Zuverlässigkeit auf.

• Die **Dienstleistungsbilanz** dient der Erfassung von Exporten und Importen von Dienst- und Faktorleistungen (z.B. aus der Touristikbranche, Transport- und Transitleistungen, Versicherungsleistungen sowie Kapitalerträge). Die Genauigkeit der Zahlen der Dienstleistungsbilanz ist geringer als die der Handelsbilanz, da z.B. Ausgaben ausländischer Touristen nur aus Stichproben ermittelt bzw. geschätzt werden können.

• In der **Übertragungsbilanz** werden unentgeltliche Leistungen, wie z.B. Schenkungen, Erbschaften, Zahlungen an internationale Organisationen, Auslandshilfe, Überweisungen ausländischer Arbeitnehmer an ihre Familien, Renten- und Pensionszahlungen an im Ausland lebende Inländer usw., erfaßt.

In der **Kapitalverkehrsbilanz** werden reine Kapitaltransaktionen (Direktinvestitionen, Beteiligungskapital, reinvestierte Gewinne, Wertpapieranlagen, Kredite usw.) erfaßt. Die lange Zeit praktizierte Trennung in langfristigen und kurzfristigen Kapitalverkehr wurde aufgegeben.

In der **Devisenbilanz** werden die Veränderungen der Währungsreserven der Zentralbank, d.h. die Zugänge und Abgänge an Gold- und Devisenreserven, sowie die Veränderungen der Auslandsaktiva beim internationalen Währungsfonds erfaßt.

In der **Restpostenbilanz** werden statistisch nicht aufgliederbare Transaktionen bzw. ungeklärte Beträge erfaßt und Fehler der statistischen Erfassung korrigiert, um zu einer buchhalterisch insgesamt ausgeglichenen Bilanz zu gelangen.

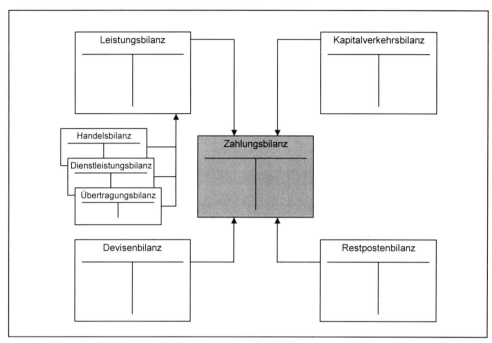

Abbildung 1-3 *Zusammensetzung der Zahlungsbilanz*

Bei der Aufstellung einer Zahlungsbilanz müssen viele verschiedene Handelspartner und eine Vielzahl verschiedenartiger Transaktionen erfaßt werden (vgl. Meldewesen). Den offiziellen Stellen stehen dazu nicht immer zuverlässige Informationen zur Verfügung, und sie sind mitunter auf Schätzungen und Vermutungen angewiesen. Aus diesem Grund sollte bei Zahlungsbilanzen mit Ungenauigkeiten gerechnet und die Angaben entsprechend vorsichtig bewertet werden. Dies gilt besonders für solche Länder, in denen die benötigten Informationen nicht systematisch und sorgfältig gesammelt werden. Eine weitere Quelle für Ungenauigkeiten stellen Schwarzmarktaktivitäten dar, die zwar offiziell nicht erfaßt werden, oft aber als eine bedeutende Einnahmequelle (z.B. Drogenhandel) gelten.

Zahlungsbilanzinformationen werden veröffentlicht und sind im allgemeinen erhältlich. Obwohl Zahlungsbilanzen meist auf einer jährlichen Basis aufgestellt werden, sind Zwischenberichte auch für kürzere Zeitabschnitte, etwa vierteljährlich oder monatlich, verfügbar.

Bei der Entscheidung, in einem bestimmten Land wirtschaftlich aktiv zu werden, können Zahlungsbilanzen sehr hilfreich sein. Sie ermöglichen – idealerweise über mehrere Perioden betrachtet – die Analyse und Beurteilung

- der ökonomischen Gesamtsituation eines Landes,

- der wirtschaftlichen Beziehungen zum Ausland,

- wirtschaftlicher Trends in einem Land,

- der Wirtschafts- und Währungspolitik eines Landes,

- der Devisensituation,

- der Zahlungsfähigkeit sowie

- der Wettbewerbsfähigkeit einer Volkswirtschaft.

Zahlen, Zahlen und nochmals Zahlen

Eine instabile Zahlungsbilanz erfordert korrigierende Eingriffe. Befindet sich ein Land ständig in einer defizitären Position, müssen nach und nach die Devisenreserven zum Ausgleich der Bilanz verwendet werden. Solch einer Situation kann nur solange standgehalten werden, wie das Land in der Lage ist, Devisen im Ausland zu beschaffen. Ist dies nicht mehr möglich, müssen Veränderungen vorgenommen werden, um die Zahlungsbilanz wieder in einen akzeptablen Zustand zu bringen. Derartige Korrekturmaßnahmen können die Änderung des Wechselkurses (Auf- oder Abwertung der Landeswährung), Änderungen in der Finanz- und Steuerpolitik und Änderungen im Handels- und Investitionsrecht (z.B. Importbeschränkungen) sein.

1.3 Steuern und Zölle

Steuern

Wenn ein Unternehmen im Ausland aktiv werden will, sollte es sich mit dem Steuerrecht des betreffenden Landes auseinandersetzen, da zwischen den Steuersystemen der einzelnen Ländern erhebliche Unterschiede bestehen. Die Einkommensteuer stellt in fast jedem Land die größte Einnahmequelle der Regierung dar. Daneben werden Verkaufs- oder Mehrwertsteuern, Steuern auf bestimmte Waren und Dienstleistungen, Kapitalsteuern, Eigentumssteuern und Sozialversicherungsabgaben erhoben. Doch nicht alle Steuern dienen als Einnahmequelle. Manche Steuern beabsichtigen eine Umverteilung des Einkommens, sollen den Verbrauch bestimmter Erzeugnisse reduzieren (z.B. die Tabaksteuer oder Steuern auf Alkohol und alkoholische Getränke), einheimische Erzeugnisse fördern, Auslandsinvestitionen eindämmen oder ausländische Investoren anlocken. In Abhängigkeit von den Interessen und Prioritäten des jeweiligen Landes wird sich das Steuerrecht gestalten.

Steuerharmonisierung in der EU

Steuerunterschiede zwischen den EU-Ländern werden nicht mehr wie bisher an den Landesgrenzen ausgeglichen und können daher keine leistungsbedingten Wettbewerbsverzerrungen im Binnenmarkt verursachen. Aus diesem Grund werden die Steuern der Mitgliedsstaaten im Rahmen der Steuerharmonisierung einander angeglichen und in ein zweckmäßiges Gleichgewicht gebracht. Der erste Schritt der Steuerharmonisierung widmete sich der Angleichung der besonderen Verbrauchsteuern und der Umsatzsteuern.

Umsatzsteuer

Seit dem 01.01.1993 gilt in allen EU-Staaten ein Umsatzsteuersatz von mindestens 15 %. Innergemeinschaftliche Lieferungen – darunter werden entgeltliche Lieferungen von Gegenständen durch Unternehmer in einem Mitgliedsstaat an Unternehmer in einem anderen Mitgliedsstaat verstanden – sind umsatzsteuerfrei. Der innergemeinschaftliche Erwerb – der Erwerb von Gegenständen aus einem Mitgliedsstaat durch einen Unternehmer eines anderen Mitgliedsstaates – hingegen unterliegt der Umsatzsteuer.

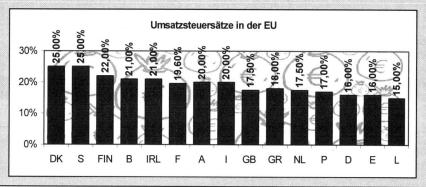

Umsatzsteuersätze in der EU

DK	25,00%
S	25,00%
FIN	22,00%
B	21,00%
IRL	21,00%
F	19,60%
A	20,00%
I	20,00%
GB	17,50%
GR	18,00%
NL	17,50%
P	17,00%
D	16,00%
E	16,00%
L	15,00%

Bis Ende 1996 galt für die Erhebung der Umsatzsteuern das Bestimmungslandprinzip, d.h., die Ware wurde dort versteuert, wo sie verbraucht wurde. Ab 1997 gilt das Ursprungslandprinzip, d.h., die Ware wird dort versteuert, von wo sie geliefert wird. Im Warenverkehr mit Drittstaaten bleiben Exporte umsatzsteuerfrei, Importe unterliegen der Einfuhrumsatzsteuer.

Körperschaftsteuer

Die Körperschaftsteuersätze in den Mitgliedstaaten entwickelten sich auch ohne eigene Steuerharmonisierung aufeinander zu, z.B. durch EU-weit geltende Richtlinien.

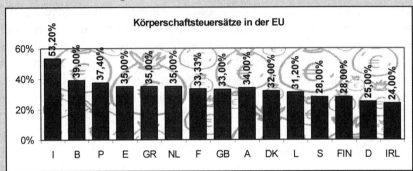

(Quelle: nach Kammer der Wirtschaftstreuhänder Österreich 2001, http://www.kwt. or.at)

Da Doppelbesteuerung – die Besteuerung des gleichen Steuerobjektes durch Steuerbehörden im In- und Ausland – den Kapitalverkehr behindert, wurden von zahlreichen Staaten **Doppelbesteuerungsabkommen** geschlossen. Diese Abkommen, die auf dem Grundsatz des gegenseitigen Steuerverzichts basieren, widmen sich vorrangig der Einkommen- und Körperschaftsteuer. Doppelbesteuerung kann durch Einsatz der Zuteilungsmethode oder der Anrechnungsmethode vermieden werden. Bei der **Zuteilungsmethode** wird die Steuer entweder im Wohnsitzstaat oder im Quellenstaat erhoben. Bei der **Anrechnungsmethode** wird in beiden Staaten eine Steuer erhoben, jedoch die im Quellenstaat entrichtete Steuer auf die Steuerlast im Wohnsitzstaat angerechnet. Doppelbesteuerungsabkommen enthalten ferner Vorschriften zum gegenseitigen Austausch von Informationen zwischen den Steuerbehörden der betroffenen Länder. Häufig ist die Existenz eines solchen Abkommens ein wichtiges Entscheidungskriterium bei der Auswahl internationaler Geschäftspartner oder internationaler Standorte.

Zölle

Zölle sind den Verbrauchssteuern ähnliche Abgaben, die auf in den Zolltarifen bestimmten Waren bei deren Grenzüberschreitung geleistet werden müssen. Der Zolltarif wird dabei nach Wert oder Gewicht der Waren bemessen.

Einfuhrzölle sind Abgaben auf den Einfuhrpreis eines im Ausland produzierten importierten Gutes.

Eine besondere Form des Einfuhrzolls stellt der **Ausgleichszoll** dar, der zusätzlich zum normalen Zoll erhoben wird. Zweck des Ausgleichszolls ist die Vermeidung von Schädigungen der inländischen Wirtschaft durch den Import von Waren aus Drittstaaten zu durch Subventionen oder Prämien verbilligten Preisen.

Ausfuhrzölle sind Abgaben auf den Ausfuhrpreis eines im Inland produzierten exportierten Gutes.

Ausfuhrzölle können der Erhöhung der Staatseinnahmen, dem Abbau eines Exportüberschusses oder der Verminderung der Exporte nicht regenerierbarer Rohstoffe bzw. der Begünstigung ihrer Verarbeitung im Inland dienen. Ausfuhrzölle werden weitaus seltener erhoben als Einfuhrzölle.

Im Rahmen der Zollunion verzichten die EU-Mitgliedsstaaten auf die Erhebung von Zöllen beim innergemeinschaftlichen Warenverkehr und erheben gleichzeitig einen einheitlichen Zoll für Importe aus Drittstaaten.

1.4 Inflation

Die Inflation unterscheidet sich von Land zu Land. Deshalb sollte ein international tätiges Unternehmen die **Inflationsentwicklung** in den Ländern, in denen es aktiv ist, genau beobachten und versuchen, die Inflationsraten vorherzusagen. Die Inflationsentwicklung wird auch die **Entwicklung der Währung** beeinflussen. Länder, die durch eine geringe Inflation gekennzeichnet sind, werden eine vergleichsweise starke Währung haben, die von internationalen Unternehmen bevorzugt gehalten wird. Hohe **Inflationsraten** bewirken ein Ansteigen der Preise für Waren und Dienstleistungen eines Landes, und folglich werden diese Waren und Dienstleistungen auf dem internationalen Markt weniger wettbewerbsfähig sein. Die verminderten Exportraten verursachen Zahlungsbilanzdefizite, und diese machen wiederum korrigierende Eingriffe nötig. Derartige Veränderungen, auf die international aktive Unternehmen besonders achten müssen, können in Form einer restriktiveren Steuerpolitik, durch die Schaffung von Exportanreizen und/oder Importbeschränkungen oder die Einführung von Währungskontrollen vorgenommen werden. Eine erfolgreiche **Geld- und Steuerpolitik** sollte auf die Beseitigung künstlicher ökonomischer Kontrollen (z.B. Lohn- und Preiskontrollen) sowie auf steuerliche und monetäre Zurückhaltung (d.h. niedrige Steuern und langsames Wachstum des Geldangebotes) ausgerichtet sein.

Inflation

Institutionen zur Förderung der weltwirtschaftlichen Entwicklung

Der internationale Währungsfonds (IMF)

Der internationale Währungsfonds (International Monetary Fund – IMF) wurde – nach Vorbereitung auf der Währungs- und Finanzkonferenz in Bretton Woods im Juli 1944 – am 27.12.1945 errichtet. Gegenwärtig gehören dem IMF 179 Länder an.

Jedem Mitgliedsstaat wurde eine Quote zugewiesen, nach der sein Anteil am IMF, das Stimmrecht, die Höhe der ständigen Bareinlage (25 % der Quote), die Verpflichtung der Kreditgewährung an andere IMF-Mitglieder (75 % der Quote) sowie die Ziehungsrechte (Höhe der möglichen Kreditaufnahme) bestimmt werden. Die jeweilige Quote richtet sich nach der ökonomischen Größe eines Landes. Folglich haben wirtschaftlich besser entwickelte Länder einen höheren Stimmrechtsanteil.

Eines der Hauptziele des IMF war die Stabilisierung der Wechselkurse. Den Mitgliedsstaaten wurden Kredite gewährt, damit Wechselkurse bei temporären Ungleichgewichten in den Zahlungsbilanzen nicht geändert werden mußten.

Durch die Veränderung des internationalen Währungssystems haben sich auch die Ziele des IMF geändert. Aus dem gegenwärtigen **Hauptziel** – einem ausgeglichenen Wachstum des weltweiten Handels – leiten sich folgende Teilziele ab:

• Förderung der internationalen währungspolitischen Zusammenarbeit;

- Förderung (geordneter) wirtschaftlicher Beziehungen zwischen den IMF-Mitgliedsstaaten;

- Verhinderung von Währungsabwertungen zur Erlangung von Wettbewerbsvorteilen;

- Schaffung eines multilateralen Zahlungssystems für laufende Transaktionen zwischen den Mitgliedsstaaten;

- Eliminierung von Devisenverkehrsbeschränkungen;

- Vermeidung von Restriktionen im Zahlungsverkehr aufgrund von Zahlungsbilanzungleichgewichten;

- Informationen und Beratung der Mitgliedsstaaten.

Hauptaufgabe des IMF im derzeitigen internationalen Währungssystem ist die Gewährung von Krediten an Mitgliedsländer mit anhaltenden Zahlungsbilanzdefiziten. Ziel dieser Kreditvergabe ist nicht die Vermeidung von Wechselkursänderungen. Den Kreditnehmern soll vielmehr die Möglichkeit zu wirtschaftlichen und währungspolitischen Veränderungen und damit zu einem Ausgleich der Zahlungsbilanzungleichgewichte gegeben werden. Ab einer bestimmten Höhe werden IMF-Kredite nur unter wirtschafts- und währungspolitischen Auflagen gewährt, was von den Kreditnehmern häufig als sehr restriktiv empfunden wird.

Die Weltbank

Parallel zur Errichtung des IMF wurde die Gründung der Weltbank (International Bank for Reconstruction and Development, Internationale Bank für Wiederaufbau und Entwicklung) auf der Bretton-Woods-Konferenz 1944 vorbereitet. Mitglied der Weltbank können nur IMF-Mitglieder werden, die Stimmrechtsverteilung ist ähnlich wie im IMF.

Ursprüngliche **Aufgabe** der Weltbank war die Unterstützung des Wiederaufbaus in denjenigen Ländern, die durch den Zweiten Weltkrieg erheblichen ökonomischen Schaden erlitten hatten. Die Unterstützung erfolgte mit Hilfe von Fonds, die von den Mitgliedsstaaten bereitgestellt wurden. Heute unterstützt die Weltbank vor allem Entwicklungsprojekte in den ärmeren Ländern der Welt. Diesen Ländern ist es meist aufgrund geringer Kreditwürdigkeit nicht oder nur zu sehr ungünstigen Konditionen möglich, Kredite auf internationalen Kapitalmärkten zu beschaffen. Dies läßt Kredite der Weltbank trotz der restriktiven Auflagen attraktiv erscheinen. Da sich die Weltbank auf internationalen Kapitalmärkten refinanzieren muß, ist sie darauf angewiesen, daß die Kreditnehmer ihren Rückzahlungsverpflichtungen regelmäßig nachkommen. Um dies zu gewährleisten, werden die Rentabilität zu finanzierender Entwicklungsprojekte, die Rückzahlungsmöglichkeiten der Kreditnehmer sowie die projektbezogene Mittelverwendung sorgfältig geprüft. Zahlreiche von der Weltbank finanzierte Projekte wurden in der Vergangenheit als nicht-entwicklungsfördernd heftig kritisiert.

WTO

Die World Trade Organization (WTO) wurde 1995 als Nachfolgeorganisation des GATT (General Agreement on Tarifs and Trade, Allgemeines Zoll- und Handelsabkommen) gegründet. **Hauptaufgabe** der WTO, der derzeit 140 Staaten angehören, ist die Förderung und Überwachung des freien Welthandels. Weitere erklärte Ziele der WTO sind:

- die Senkung der Zölle,

- die Verbesserung des Streitbeilegungssystems,

- die Etablierung von Regeln für den Dienstleistungshandel,

- ein besserer Schutz geistigen Eigentums sowie

- der Abbau von Handelsbarrieren.

Diesen Zielen liegen verschiedene Prinzipien zugrunde, so z.B.

- das der **Meistbegünstigung**, welches besagt, daß jedem Land die gleichen Bedingungen gewährt werden sollen, wie dem meistfavorisierten Land oder

- das der **Nichtdiskriminierung**, welches besagt, daß eingeführte Waren und Dienstleistungen wie eigene inländische Waren und Dienstleistungen behandelt werden sollen.

Ferner strebt man eine Erhöhung des Lebensstandards in den Mitgliedsstaaten, die Unterstützung der Entwicklungsländer sowie eine Ausrichtung der Politik nach Erfordernissen des Umweltschutzes an.

(Quellen: vgl. Internationaler Währungsfonds 2001, http://www.imf.org; Weltbank 2001, http://www.worldbank.org; Welthandelsorganisation 2001a, http://www.wto.org)

Die Weltbank

2 Betriebliches Finanzmanagement

Grundsätzlich können zur Finanzierung von Geschäften im internationalen Kontext ähnliche Instrumente wie im Inland genutzt werden. Aufgrund unterschiedlicher rechtlicher und steuerrechtlicher Rahmenbedingungen und mitunter schwer erhältlicher Informationen über die Abnehmer ist die Tätigkeit auf einem ausländischen Markt jedoch mit speziellen finanziellen Risiken verbunden. Zur Minimierung dieser Risiken bedarf es besonderer Absicherungsmaßnahmen, wobei Banken und Versicherungsunternehmen behilflich sind. Einige Finanzierungsvarianten stehen speziell im Sinne der Förderung von Exporten zur Verfügung. Besondere Beachtung sollte auch der Vereinbarung möglichst „sicherer" Zahlungsmodalitäten sowie der Absicherung des Fremdwährungsrisikos gewidmet werden.

2.1 Risiken im internationalen Geschäft

Internationale Aktivitäten bergen stets ein höheres Risikopotential als eine auf den inländischen Markt begrenzte Geschäftätigkeit. Im Ausland gegebene Risiken sind auf dem Heimatmarkt häufig gar nicht oder nur in abgeschwächter Form vorhanden und weisen im Inland meist eine wesentlich geringere Eintrittswahrscheinlichkeit auf. Die Einschätzung potentieller Risiken im Ausland wird häufig durch fehlende Informationen erschwert. **Risiko** bezeichnet die aufgrund von Ungewißheit über zukünftige Entwicklungen bestehende Gefahr ökonomischer Verluste.

Im Auslandsgeschäft kann grundsätzlich zwischen zwei Risikogruppen unterschieden werden:

Abbildung 2-1 Risiken im internationalen Geschäft

2.1.1 Politische Risiken

- **Politisches Risiko im engeren Sinn**: Das politische Risiko im engeren Sinn umfaßt die Gefahr von Schäden infolge von Kriegen, Boykotten oder Blokkaden zwischen einzelnen Staaten sowie infolge innenpolitischer Entwicklungen im Abnehmerland (Streiks, Bürgerkrieg).

- **Zahlungsverbots- und Moratoriumsrisiko**: Hindert der Staat einen zahlungsfähigen und zahlungswilligen Schuldner an der Begleichung seiner Verbindlichkeiten gegenüber einem anderen Staat, handelt es sich um ein Zahlungsverbot. Das Moratoriumsrisiko beschreibt die Gefahr von nur schubweise eingehenden Zahlungen aufgrund gesamtstaatlicher Restriktionen.

- **Transfer- und Konvertierungsrisiko**: Unter Transferrisiko wird die Unmöglichkeit der Überweisung bzw. nur begrenzte Überweisungsmöglichkeit inländischer Währung aus dem Schuldnerland verstanden. Dies tritt ein, wenn der Staat aus wirtschaftspolitischen Gründen einen Transfer inländischer Währung ins Ausland nicht (mehr) wünscht oder nicht vornehmen kann. Das Konvertierungsrisiko beschreibt die Gefahr, die Landeswährung aufgrund fehlender Devisenreserven (vorübergehend) nicht in eine gewünschte Währung umtauschen zu können.

Shell schlägt alle Rekorde

Einen Tag nach Bekanntwerden der größten Geiselnahme der Geschichte des Ölkonzerns Shell hat der britisch-niederländische Multi seinen bisher größten Profit vermeldet. Betont wurde bei dieser Gelegenheit auch, daß Shell ein „einmaliges Portfolio von Investitionsmöglichkeiten" in jeder Region der Erde hat, vor allem im Bereich Gas und Tiefseebohrungen. Während der Pressekonferenz warteten in Nigeria – wo Shells größte der genannten Möglichkeiten liegen – 165 Mitarbeiter einer Shell-Vertragsfirma auf ihre Freilassung. Sie wurden von einer der vielen lokalen Milizen gefangen genommen, die große Teile der Ölfelder im Niger-Flußdelta beherrschen. Die Bohrplattformbesetzer verlangen ein Lösegeld von 10.000 Mark, eine Erhöhung des für Einheimische reservierten Stellenkontingents bei der betroffenen Servicefirma von 3 auf 20 Mitarbeiter und einen Tageslohn von 20 Mark für einheimische Angestellte von Subunternehmen der Ölmultis. Abgesehen von den Methoden, scheint dies legitim, wenn man bedenkt, daß Shell in 10 Tagen mehr Profit macht, als Nigeria pro Jahr bei einer Bevölkerung von rund 120 Mio. Menschen für Bildung ausgibt. Der Shell-Vorsitzende Mark Moody-Stuart hatte es kürzlich erst in einer Grundsatzrede abgelehnt, daß Multis eine „direkte Rolle" bei der Linderung sozialer Ungleichheit spielen sollten ...

(Quelle: o.V.: Shell schlägt alle Rekorde, in: die tageszeitung [taz] v. 04.08.2000, 1)

2.1.2 Ökonomische Risiken

- **Marktrisiko**: Marktrisiken bestehen, wenn aus dem Produktionsvolumen des eigenen Unternehmens die Nachfrage auf dem ausländischen Markt nicht gedeckt werden kann und potentielle Kunden auf andere Produkte ausweichen (quantitatives Marktrisiko) oder wenn die Produktpalette nicht den Vorstellungen der Kunden entspricht (qualitatives Marktrisiko). Des weiteren besteht die Gefahr, die falsche Zielgruppe (lokales Marktrisiko) bzw. den falschen Zeitpunkt (temporäres Marktrisiko) auszuwählen. Marktrisiken lassen sich durch eine ausreichende Marktforschung und Untersuchungen vor Ort reduzieren.

- **Preisrisiko**: Unter Preisrisiko wird die Gefahr von Preisänderungen – z.B. aufgrund des Wettbewerbs auf dem internationalen Markt oder Eingriffe von seiten staatlicher Stellen – verstanden. Preisrisiken kann durch die Vereinbarung von Preisgleitklauseln, durch Preisabsprachen, Preisbindung, Preissicherungsgeschäfte an Warenbörsen oder langfristige Abnahmeverträge begegnet werden.

- **Kreditrisiko**: Das Kreditrisiko schließt die Gefahr der Zahlungsunwilligkeit, Zahlungsunfähigkeit und des Zahlungsverzugs ein. Eine Absicherung kann durch Anzahlungen, Kreditsicherheiten, besondere Formen der Außenhandelsfinanzierung (z.B. Akkreditiv), Ausfuhrkreditversicherungen oder Forderungsverkauf erfolgen.

- **Lieferungs- und Annahmerisiko**: Lieferungsrisiko bedeutet für den Importeur die Gefahr, daß der Exporteur Lieferfrist, Lieferqualität und/oder Liefermenge nicht einhält. Das Annahmerisiko betrifft den Exporteur. Es beinhaltet die Gefahr einer nicht rechtzeitigen Abnahme der Ware durch den Importeur oder die Meldung schwer nachvollziehbarer Mängel- oder Qualitätsrügen. Eine Risikoreduzierung kann durch die Einholung von Informationen von Handelskammern, Banken oder Auskunfteien, durch eine spezielle Gestaltung des Kaufvertrages (Lieferungs- und Gewährleistungsgarantie) oder die Stellung eines Akkreditivs erfolgen.

- **Kursrisiko**: Unter Kursrisiko wird die Gefahr einer Veränderung der Wechselkurse zwischen Vertragswährung und der eigenen Währung verstanden. Für den Importeur besteht die Gefahr, aufgrund von Kursveränderungen einen größeren Betrag der Landeswährung als bei Vertragsabschluß aufbringen zu müssen. Der Exporteur läuft Gefahr, bei Bezahlung einen geringeren Betrag als bei Vertragsabschluß in Landeswährung zu erhalten. Die Absicherung dieses Risikos kann u.a. durch einen Vertragsabschluß in der Heimatwährung, Devisentermingeschäfte oder Devisenoptionsgeschäfte erfolgen.

Das Kursrisiko

- **Transportrisiko**: Das Transportrisiko beinhaltet die Gefahr des Verlustes (einschließlich Diebstahl) oder der Beschädigung der Waren während des Transportes. Es besteht die Gefahr, daß die Ware an den falschen Ort transportiert wird, daß sie nicht termingerecht eintrifft, daß die Ware auf dem Transportweg teilweise oder völlig verloren geht oder daß durch den Transport die Qualität beeinträchtigt wird. Eine Absicherung dieses Risikos ist durch Abschluß einer Transportversicherung möglich.

- **Standortrisiko**: Ein Standortrisiko besteht für international tätige Unternehmen darin, den falschen Standort – in bezug auf entstehende Kosten und Chancen im Vergleich zu Wettbewerbern – zu wählen. Dieses Risiko kann z.B. durch Direktinvestitionen im Zielmarkt, Lizenzfertigung oder Kooperation reduziert werden.

Rating und Bonität

Zur Bewertung ihrer Leistung und in Folge ihrer Bonität werden Länder und wichtige Unternehmen von Rating-Agenturen in regelmäßigen Abständen evaluiert und die Ergebnisse veröffentlicht. Diese Ratings spielen eine wichtige Rolle als **Entscheidungshilfen** auf den internationalen Finanzmärkten, etwa im Zusammenhang mit Kreditaufnahmen und Investitionen. Die wichtigsten bzw. einflußreichsten Rating-Agenturen sind **Moody's** und **Standard & Poor's** (beide New York).

Beim **Länderrating** fließen wirtschaftliche, politische und soziale Indikatoren ein, die zur Beurteilung des *country risk* herangezogen werden. Diesbezügliche Daten fließen auch in die von der **Economist Intelligence Unit** (EIU) herausgegebenen *Country (Risk) Reports* ein, die regelmäßig für alle Länder der Welt erscheinen und eine gute Informationsbasis für die Bearbeitung von Ländermärkten bieten.

Das **Unternehmensrating** bezieht insbesondere zahlreiche betriebswirtschaftliche Kennzahlen in die Betrachtung ein. Bei der unternehmensseitig durchzuführenden **Bonitätsprüfung** eines Geschäftspartners wird versucht, ein möglichst verläßliches Bild über dessen wirtschaftliche Lage und Zahlungsfähigkeit zu gewinnen. Insbesondere bei ausländischen Firmen ist dies in Ermangelung einer ausreichenden Datenlage häufig schwierig. Professionelle Hilfe bieten dabei Handelsauskunfteien, wie z.B. **Dun & Bradstreet**, gewisse Unterstützung kann üblicherweise auch die Hausbank geben.

2.2 Absicherung von Risiken

Vor dem Abschluß von Verträgen mit ausländischen Geschäftspartnern sollte eine umfassende Risikoanalyse durchgeführt werden. Daran schließen sich Überlegungen an, wie diesen Risiken am besten begegnet werden kann. Grundsätzlich können Risiken anhand folgender Möglichkeiten minimiert werden (vgl. Stepic 1996, 23):

- **Vorbeugung**: Gewinnung von Informationen über Kunden (bezüglich Zahlungsmoral, Zahlungsfähigkeit, Ruf usw.) vor einer vertraglichen Bindung;

- **Selbsttragung**: Einkalkulierung des Risikos bzw. eines Teils des Risikos in den Exportpreis;

- **Überwälzung**: Überwälzung des Risikos auf Kunden durch vertragliche Regelungen bzw. gegen Entgelt auf Banken, Versicherungsgesellschaften, Spediteure oder den Staat;

- **Teilung**: vertragliche Vereinbarung der Risikoteilung zwischen Verkäufer und Käufer;

- **Kompensation**: Abschluß von Termin- oder Gegengeschäften.

Welche Form der Risikoreduzierung gewählt wird, hängt letztendlich vor allem von den dadurch entstehenden Kosten ab.

2.2.1 Transportversicherung

Bei jedem Transport besteht die Gefahr der Beschädigung oder des Untergangs der Ware. Im internationalen Geschäft ist eine Risikoaufteilung zwischen Verkäufer und Käufer üblich (geregelt durch Incoterms, siehe dazu auch B/5.2.3 Lieferbedingungen). Je nachdem, ob die Beschädigung oder der Verlust vor oder nach dem Gefahrenübergang eingetreten ist, werden Transportschäden/-verluste vom Verkäufer bzw. Käufer getragen. Bis zum Gefahrenübergang ist der Verkäufer verpflichtet, kostenlos Ersatz zu liefern; ab Gefahrenübergang muß der Käufer den Kaufpreis der Ware zahlen, auch dann, wenn er die Ware beschädigt oder überhaupt nicht erhalten hat. Hat der Verkäufer bzw. Käufer eine Transportversicherung abgeschlossen, übernimmt die Versicherung die Schadensregulierung. Auch wenn für entstandene Schäden Dritte haftbar gemacht werden können, ist aufgrund der Haftungsbeschränkungen ein ausreichender Schadenersatz allerdings oft nicht gewährleistet (vgl. Sachs/Kamphausen 1996, 77).

Die Transportversicherung unterteilt sich in See-, Binnen- und Lufttransportversicherung:

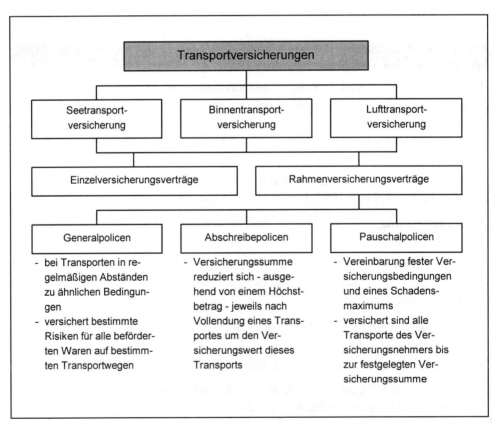

Abbildung 2-2 *Formen von Transportversicherungen*

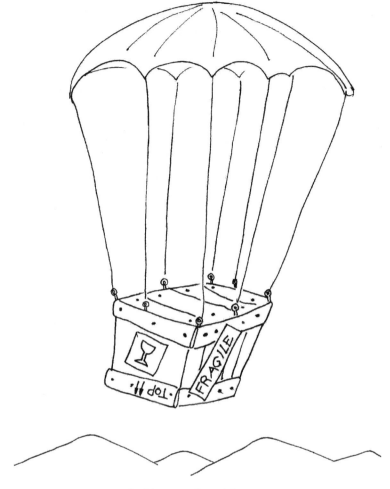

Lufttransportversicherung

2.2.2 Absicherung von Wechselkurs- und Preisrisiken

Da im Auslandsgeschäft Wechselkursschwankungen zum täglichen Unterneh-
merrisiko gehören, sollte ein Währungsrisiko möglichst ausgeschlossen werden.
Über **Devisentermingeschäfte** sind Wechselkursveränderungen begrenzbar.
Allerdings ist dies nur für gängige Währungen, für eine begrenzte Laufzeit und
ein begrenztes Volumen vollziehbar. Für Geschäfte dieser Art fallen Siche-
rungskosten an, die beim (wünschenswerten) Nichteintritt des Risikos allerdings
umsonst gezahlt wurden. Eine Devisenabsicherung ist dann sinnvoll, wenn das
Geschäft abgeschlossen ist bzw. in einem überschaubaren Zeitraum getätigt
wird. Ansonsten birgt der spekulative Effekt zusätzliche Risiken (siehe dazu
auch Teil C/1.1.2 Devisengeschäfte).

Zur Absicherung von **Preis- und Kostenrisiken** können ebenfalls verschiedene Methoden genutzt werden. Das wichtigste Instrument in diesem Rahmen ist der **Preisvorbehalt**, der die Möglichkeit gibt, bei Kostenänderungen mit den Kunden Gespräche über eine Preisangleichung zu führen. Die Höhe der Preisänderung muß im Einzelfall ausgehandelt werden.

Die **Preise** vieler auf dem Weltmarkt gehandelter **Rohstoffe** und Lebensmittel unterliegen starken Schwankungen; Festpreise lassen sich auf den Warenbörsen (New York, Chicago, London) vertraglich selten durchsetzen. Ein Importeur, der mit solchen Rohstoffen oder Lebensmitteln handelt bzw. sie weiterverarbeitet, ist somit einem erheblichen Preisrisiko ausgesetzt. Dieses Preisrisiko kann durch den Abschluß von **Warentermingeschäften** reduziert werden. Bei Warentermingeschäften wird eine Warengattung zu einem festen Kurs angekauft oder verkauft, die Ware aber erst zu einem späteren Zeitpunkt geliefert. Warentermingeschäfte werden häufig auch zu Spekulationszwecken abgeschlossen. Im Gegensatz zu Warentermingeschäften, die nach Ablauf der Laufzeit zu erfüllen sind, steht es dem Käufer einer **Warenterminoption** frei, diese innerhalb des Gültigkeitszeitraumes auszuüben oder verfallen zu lassen.

2.2.3 Exportkreditversicherung

Exportkreditversicherungen dienen der Absicherung von Forderungsausfällen aufgrund nicht erfüllter Zahlungsverpflichtungen durch ausländische Abnehmer (vgl. Kreditrisiko). Die internationale Wettbewerbslage zwingt viele Exporteure, insbesondere auch im geschäftlichen Verkehr mit Entwicklungsländern, längerfristige Lieferantenkredite einzuräumen. Die sich daraus ergebenden recht langen Kreditlaufzeiten erhöhen das Kreditrisiko wesentlich.

In den meisten Industriestaaten dient die Exportkreditversicherung auch der Exportförderung, wobei sich Versicherungsumfang, Schadensdeckung und Selbstbehalt von Land zu Land stark unterscheiden können.

Staatliche Exportkreditversicherung

Im Rahmen der staatlichen Exportkreditversicherung können sowohl wirtschaftliche als auch politische Risiken abgesichert werden. Im Bundeshaushalt wird jährlich die Höhe des Ermächtigungsrahmens – d.h. der Umfang, in dem Kreditversicherungen durchgeführt werden können – festgesetzt. Die Abwicklung von Ausfuhrgewährleistungen wurde der **Hermes Kreditversicherungs-AG** (http://www.hermes.de) und der Wirtschaftsprüfungsgesellschaft PwC Deutsche Revision AG übertragen. In Österreich ist mit den Agenden der staatlichen Exportkreditversicherung – die im allgemeinen ähnlich wie in Deutschland gelagert sind – die **Oesterreichische Kontrollbank AG** betraut (http://www.oekb.at). Im folgenden wird das deutsche System überblicksartig dargestellt.

Die Ausfuhrgewährleistungen des Bundes schützen den Exporteur sowohl vor politischen als auch vor wirtschaftlichen Risiken. Zu den im Rahmen von Ausfuhrgarantien, Ausfuhrbürgschaften, Ausfuhr-Pauschal-Gewährleistungen bzw. Länder-Pauschal-Gewährleistungen abgesicherten **politischen Risiken** zählen (Hermes 2000, unter: http://www.hermes.de):

- „gesetzgeberische oder behördliche Maßnahmen, kriegerische Ereignisse, Aufruhr oder Revolution im Ausland, die die Erfüllung der gedeckten Forderung verhindern – sogenannter allgemeiner politischer Schadenfall;

- die Nichtkonvertierung und Nichttransferierung der vom Schuldner in Landeswährung eingezahlten Beträge infolge von Beschränkungen des zwischenstaatlichen Zahlungsverkehrs – sogenannter KT-Fall;

- der Verlust von Ansprüchen infolge auf politische Ursachen zurückzuführender Unmöglichkeit der Vertragserfüllung;

- Verlust der Ware vor Gefahrübergang infolge politischer Umstände."

Folgende **wirtschaftliche Risiken** werden gedeckt:

- „Uneinbringlichkeit infolge Zahlungsunfähigkeit (Insolvenz) des ausländischen Bestellers, z.B. bei Konkurs, amtlichem bzw. außeramtlichem Vergleich, fruchtloser Zwangsvollstreckung, Zahlungseinstellung;

- die Nichtzahlung innerhalb einer Frist von 6 Monaten nach Fälligkeit (Nichtzahlungsfall). Bei Einzeldeckungen steht die Deckung des Nichtzahlungsfalles jedoch nur im Zusammenhang mit der Lieferung von Investitionsgütern zur Verfügung."

Die Ausfuhrgewährleistungen des Bundes („**Hermes-Deckung**") umfassen Ausfuhrbürgschaften und Ausfuhrgarantien:

- **Ausfuhrbürgschaften** werden gewährt, wenn es sich beim ausländischen Vertragspartner um ein insolvenzfähiges, privatrechtlich organisiertes Unternehmen handelt.

- **Ausfuhrgarantien** werden gewährt, wenn der ausländische Vertragspartner ein Staat, eine Gebietskörperschaft oder eine vergleichbare Institution ist.

Absichern können sich **deutsche Exporteure** gegen Risiken vor und nach dem Versand (vgl. Hermes 2000):

- **Vor dem Versand**: Mit einer **Fabrikationsdeckung** kann der Exporteur die Selbstkosten absichern, die bis zum vorzeitigen Ende der Fertigung entstehen, wenn die Fertigstellung bzw. Auslieferung der Ware aufgrund politischer oder wirtschaftlicher Umstände nicht mehr möglich ist.

- **Nach dem Versand**: Mit einer **Ausfuhrdeckung** kann sich der Exporteur vor der Uneinbringlichkeit der Forderung aufgrund politischer oder wirtschaftlicher Umstände schützen.

Zudem können sich deutsche Ausfuhren finanzierende **Kreditinstitute** im Rahmen von **Finanzkreditbürgschaften bzw. -garantien** vor der Uneinbringlichkeit der Forderung aufgrund ökonomischer bzw. politischer Risiken im Abnehmerland absichern.

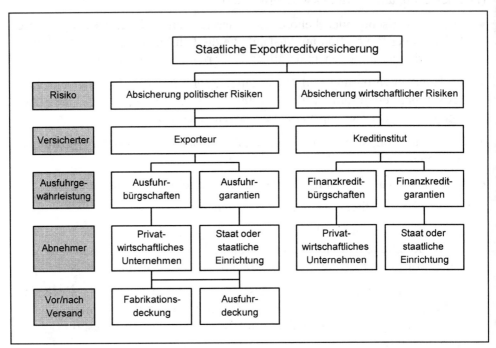

Abbildung 2-3 *Möglichkeiten der staatlichen Exportkreditversicherung*

Die Ausfuhrdeckung kann in verschiedenen Formen gewährt werden:

- Eine Forderung aus einem Exportvertrag mit einem ausländischen Kunden wird über eine **Einzeldeckung** abgesichert.

- Wird ein bestimmter ausländischer Kunde wiederholt beliefert, können die dadurch entstehenden Forderungen mit einer **Sammeldeckung (revolvierende Ausfuhrbürgschaft oder -garantie)** abgesichert werden. Dabei sind alle Forderungen gegen den betreffenden ausländischen Kunden bis zu einem festgesetzten Höchstbetrag gedeckt.

- Mit einer **Ausfuhr-Pauschal-Gewährleistung** können Forderungen aus Geschäften mit verschiedenen ausländischen Kunden abgesichert werden.

- Politische Risiken in sogenannten „marktfähigen Ländern" können mit einer **Länder-Pauschal-Gewährleistung** gedeckt werden.

- Zudem werden eine Reihe von **Sonderdeckungen**, beispielsweise gegen die Beschlagnahmerisiken für Verkaufslager im Ausland, für Bauleistungs- oder Leasinggeschäfte, angeboten.

Im Rahmen von Ausfuhrbürgschaften wird der Fall der Nichtzahlung der Exportforderung innerhalb von sechs Monaten nach Fälligkeit abgedeckt.

Im Rahmen einer Hermes-Deckung **grundsätzlich nicht abgedeckt** werden

* typische Unternehmerrisiken,

* Risiken, gegen die sich der Außenhändler abdecken kann und

* inländische Risiken.

Im Schadensfall muß sich das versicherte Unternehmen mit einem bestimmten Prozentsatz selbst am Schaden beteiligen:

Ausfuhrgewährleistung	Selbstbeteiligung
Ausfuhrgarantien	für politische Risiken 5 %
	für Insolvenzrisiken 15 %
	für Nichtzahlungsrisiken 15 %
Ausfuhrbürgschaften	für politische Risiken 5 %
	für Nichtzahlungsrisiken 15 %
Finanzkreditgarantien/-bürgschaften	für alle Risiken 5 %
Fabrikationsrisikogarantien/-bürgschaften	für alle Risiken 5 %

Abbildung 2-4 *Selbstbeteiligung (vgl. Hermes 2000, unter: http://www.hermes.de)*

Analog zu den Prämien bei Versicherungen werden bei den Ausfuhrgewährleistungen **Entgelte** erhoben. Mit dem Ziel gleicher Wettbewerbsbedingungen gelten seit dem 01.01.1999 innerhalb der OECD-Staaten einheitliche Entgelte. Die Höhe der Entgelte richtet sich dabei nach

* der Länderkategorie (Einstufung des Länderrisikos auf einer Skala von 1 [geringes Risiko] bis 7 [stark erhöhtes Risiko]),

* der Käuferkategorie des Bestellers (öffentlich, privat oder privat mit akzeptierter Bank als Schuldner/Garant),

* der Deckungsform (Deckung von Forderungsrisiken und/oder Fabrikationsrisiken),

* der Höhe der gedeckten Forderung und

* den vereinbarten Zahlungsbedingungen.

Die konkrete Höhe der Entgelte wird individuell bestimmt.

Ausfuhrgewährleistungen werden erst nach Beantragung bei der Hermes Kreditversicherungs-AG gewährt. Einzelanträgen (insbesondere Investitionsgütergeschäfte, Anlagegeschäfte) müssen dabei i.d.R. ausführliche Projektbeschreibungen beigefügt werden. Geprüft werden diese Angaben erst im etwaigen Schadensfall.

In der Praxis haben sich für die staatliche Förderungswürdigkeit folgende Grundregeln gebildet:

- förderungswürdig sind nur Warenlieferungen und Leistungen, die zum überwiegenden Teil aus einheimischer Produktion stammen,

- nicht förderungswürdig sind Lieferungen und Leistungen, die nach dem Außenwirtschaftsgesetz genehmigungspflichtig sind (z.B. Waffengeschäfte),

- förderungswürdig sind in der Regel Außenhandelsgeschäfte mit Entwicklungsländern. Für diesen Grundsatz sind bei Einzelentscheidungen Merkmale des Importlandes von Bedeutung. Dazu zählen u.a. die Wirtschaftskraft, die Zahlungsfähigkeit und der Verschuldungsspielraum des Landes.

Private Exportkreditversicherung

Im Rahmen der privaten Exportkreditversicherung können ausschließlich wirtschaftliche Risiken abgesichert werden. Abgesichert werden beispielsweise Forderungsausfälle durch

- Konkurse,

- gerichtliche und außergerichtliche Verfahren,

- fruchtlose Zwangsvollstreckung und

- nachgewiesene Uneinbringlichkeit der Forderung (BMWi 1999, 31).

Nicht unter den Versicherungsschutz fallen Vertragsstrafen, Verzugszinsen, Schadenersatz und Rechtsverfolgungsschutz. Von der Versicherung gänzlich ausgeschlossen sind auch Lieferungen in „heiklere Märkte", wie z.B. Kuba oder Libyen. Da die Zurückhaltung der Versicherer gerade in diesen Fällen nicht immer gerechtfertigt erscheint, versuchen Exporteure – besonders im Bedarfsfall – nicht selten, die Restriktionen durch Überzeugungsarbeit aufzuweichen, zumal in derartigen Ländern üblicherweise der Staat garantiert bzw. zahlt.

Einheitliche **Entgelte** für den Versicherungsschutz gibt es bei der privaten Exportkreditversicherung nicht. Die Versicherungsprämien werden individuell festgelegt. Ausschlaggebend für die Höhe der Prämie sind dabei (vgl. BMWi 1999, 32):

- die Branche,

- die üblichen Zahlungsbedingungen,

- das Exportland,

- die Höhe der gedeckten Forderung.

Private Exportversicherungen werden z.B. angeboten von:

- Allgemeine Kreditversicherung AG, Mainz;

- Gerling Kreditversicherungs-AG, Köln;

- Hermes Kreditversicherungs-AG, Hamburg;

- Österreichische Kreditversicherungs-AG, Wien;

- Prisma Kreditversicherungs-AG, Wien.

2.3 Außenhandelsfinanzierung

2.3.1 Kurzfristige Außenhandelsfinanzierung

Kredite im Rahmen der kurzfristigen Außenhandelsfinanzierung haben im allgemeinen eine Laufzeit von bis zu einem Jahr. Sowohl bei der Export- als auch bei der Importfinanzierung unterscheidet man zwischen Vorfinanzierung und Anschlußfinanzierung. Unter die **Vorfinanzierung** fallen beim Exporteur Einkauf, Transport, Versicherung und Lagerung von zur Herstellung des Exportgutes notwendigen Vorleistungen bzw. beim Importeur die Zeit zwischen Akkreditiveröffnung und Vorlage der Dokumente, mitunter auch die Refinanzierung von An- und Zwischenzahlungen. Durch eine **Anschlußfinanzierung** sollen beim Exporteur Lagerung, Transport und Versicherung der Exportgüter sowie die Liquidierung von Forderungen aus Exportgeschäften, beim Importeur der Zeitraum von der Vorlage der Dokumente bis zum Weiterverkauf der Ware finanziert werden.

Außenhandelsfinanzierung

Nachfolgend werden die bekanntesten Instrumente der kurzfristigen Außenhandelsfinanzierung vorgestellt (vgl. auch Altmann 1993, 390ff und Jahrmann 1998, 405ff).

- Beim **Wechseldiskontkredit** handelt es sich um einen kurzfristigen Bankkredit, der dem Inhaber eines Wechsels durch den Ankauf von Wechseln – im Rahmen des mit der Bank vereinbarten Höchstbetrages – vor Fälligkeit gewährt wird.

- Der **Akzeptkredit** stellt einen kurzfristigen Bankkredit dar, bei dem sich die Bank verpflichtet, vom Exporteur bzw. Importeur auf sie gezogene Wechsel innerhalb eines vereinbarten Limits zu akzeptieren.

König Richard fand Gefallen an der Kreditvergabe

- Ein weiteres Instrument der traditionellen Außenhandelsfinanzierung ist der **Rembourskredit**, der eine Verbindung von Akkreditiv, Akzeptkredit und Wechseldiskontkredit darstellt. Bei Übergabe der erforderlichen (akkreditivkonformen) Dokumente an die Bank erfolgt die Diskontierung des Wechsels und die Auszahlung dessen Gegenwertes an den Exporteur.

- Ebenfalls zu den klassischen Instrumenten der Außenhandelsfinanzierung gehört der **Negoziationskredit**. Hierbei handelt es sich um einen kurzfristigen Trattenverkaufskredit, bei dem die Exportbank durch die Importbank – im Auftrag des Importeurs – ermächtigt wird, vom Exporteur ausgestellte Tratten vor Akzept anzukaufen (zu negoziieren).

- Bei **Lombardkrediten** handelt es sich um kurzfristige Bankkredite, die gegen Verpfändung von Waren- oder Wertpapieren gewährt werden, wobei der Schuldner Eigentümer des Pfandes bleibt.

- Bei einem **Zessionskredit** handelt es sich dem Wesen nach um einen kurzfristigen Bankkredit, bei dem eine Auslandsforderung sicherheitshalber an eine Bank als Zessionar übertragen wird (vgl. Forderungsabtretung).

- **(Export-)Factoring** bezeichnet ein Finanzierungsgeschäft, bei dem ein Finanzierungsinstitut (Factor) mit einem Zahlungsziel ausgestattete Kundenforderungen zum Nominalwert abzüglich eines Abschlags vom Lieferanten abkauft, das volle Ausfallrisiko übernimmt, für die Kunden die Debitorenbuchhaltung führt und das Inkasso betreibt.

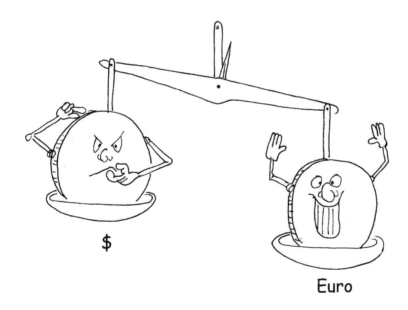

– ohne Worte –

- **Kredite über den Euro-Geldmarkt**: Der Euro-Geldmarkt bietet kurz- und mittelfristige Kredite zur Finanzierung von Außenhandelsgeschäften. Zu den kurzfristigen Kreditmöglichkeiten zählen Tagesgeld, Festgeld, Kündigungsgeld. Unter **Tagesgeld** werden Kredite mit einer Laufzeit von einem Tag, d.h. von 12 Uhr mittags bis 12 Uhr mittags des nächsten Tages, verstanden.

Festgeld-Kredite haben eine maximale Laufzeit von zwei Jahren. Üblich sind hierbei Laufzeiten von ein, zwei, drei, zwölf oder 18 Monaten. Bei **Kündigungsgeld** sind die Kreditlaufzeiten unbefristet, teilweise werden individuelle Kündigungsfristen ausgehandelt. Bei der Refinanzierung von Außenhandelsgeschäften findet vor allem Festgeld Anwendung.

Da auf dem Euro-Geldmarkt auf jegliche Sicherheiten verzichtet wird, können sich an solchen Geschäften nur Teilnehmer mit erstklassiger Bonität (z.B. Geschäftsbanken, international tätige Versicherungen, international tätige Unternehmen, Notenbanken, Regierungen) beteiligen. Daher kann ein Importeur häufig selbst nicht direkt einen Kredit am Euro-Geldmarkt aufnehmen, sondern muß damit seine Bank beauftragen.

2.3.2 Mittel- und langfristige Außenhandelsfinanzierung

Im Rahmen der mittel- und langfristigen Außenhandelsfinanzierung werden vor allem langlebige Investitionsgüter, Produktionsanlagen oder Anlagen für den Dienstleistungssektor finanziert. Die mit diesen Gütern verbundenen langen Herstellungszeiten und oft mehrjährigen Zahlungsziele erfordern einen enormen Kapitalbedarf, den auch finanzkräftige Unternehmen nur selten aus eigener Kraft befriedigen können.

Zu den mittelfristigen Krediten zählen Kredite mit einer Laufzeit von mindestens einem Jahr. Von langfristigen Krediten wird ab einer Laufzeit von vier oder fünf Jahren gesprochen. Mittel- und langfristige Kredite können als Lieferanten- oder Bestellerkredite gewährt werden. Lieferantenkredite werden inländischen Exporteuren gewährt und refinanzieren den Zeitraum vom Beginn der Produktion bis zum Eingang der Exporterlöse. Bestellerkredite werden ausländischen Importeuren eingeräumt; die Auszahlung der Kreditsumme erfolgt jedoch i.d.R. an den einheimischen Exporteur.

- **Kredite über AKA und KfW:** In Deutschland haben sich zwei Kreditinstitute auf die mittel- und langfristige Außenhandelsfinanzierung spezialisiert: die Ausfuhrkredit-Gesellschaft mbH (AKA) und die Kreditanstalt für Wiederaufbau (KfW). Diese beiden Institute gewähren – bei Einhaltung umfangreicher Richtlinien – begünstigte mittel- und längerfristige Kredite zur Finanzierung internationaler Aktivitäten. Die KfW (http://www.kfw.de) unterstützt im Auftrag der Bundesregierung insbesondere langfristige Investitionen und entwicklungspolitisch sinnvolle Reformprogramme.

Eine Finanzierung ist außerdem möglich über Forfaitierung oder Leasing.

- **Forfaitierung** bezeichnet den regreßlosen Ankauf von mittel- bis langfristigen Wechsel- und Buchforderungen aus dem Auslandsgeschäft durch einen Forfaiteur (meist eine Bank). Dabei verzichtet der Forfaiteur auf jeden Rückgriff gegenüber dem Verkäufer im Nichtzahlungsfall des Schuldners, der

Verkäufer der Forderung haftet lediglich für deren rechtlichen Bestand sowie für die vertragsgemäße Erfüllung der Lieferung.

- **Leasing** stellt eine Sonderform der Vermietung dar, bei der ein Leasinggeber (Hersteller oder Leasinggesellschaft) dem Leasingnehmer ein Leasingobjekt gegen Entgelt für eine bestimmte Dauer zur Nutzung überläßt. An die Stelle des Kaufpreises treten beim Leasing regelmäßig (i.d.R. monatlich) zu entrichtende Leasingraten.

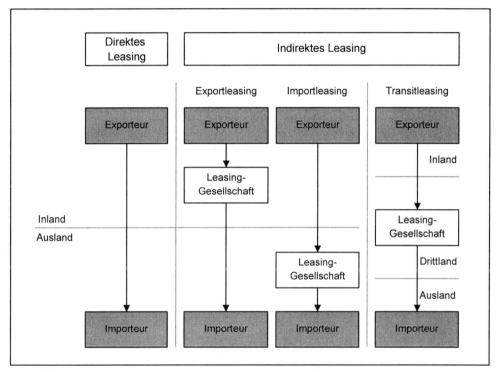

Abbildung 2-5 *Leasingvarianten im Auslandsgeschäft*

2.3.3 Projektfinanzierung

Großprojekte, wie Kraftwerke, Pipelines oder Raffinerien (vgl. *Turn-key-*Projekte), werden im allgemeinen nicht über die klassischen Varianten der Exportfinanzierung, sondern über eine Projektfinanzierung realisiert.

Unter **Projektfinanzierung** versteht man die direkte Finanzierung einer rechtlich unabhängigen, eigens für die Durchführung eines Projektes gegründeten wirtschaftlichen Einheit – der Projektträgergesellschaft. Für die Kreditgewährung ist hierbei nicht die Bonität des Kreditnehmers, sondern die Ertragskraft des Projektes ausschlaggebend.

Während sich die Kreditwürdigkeitsprüfung bei den klassischen Varianten der Exportfinanzierung an Vergangenheitswerten orientiert, baut sie bei der Projektfinanzierung auf Feasibility-Studies und Cash-flow-Prognosen auf. Es wird angestrebt, Kapital- und Zinsaufwand (Kapitaldienst) sowie etwaige Ersatzinvestitionen während der Laufzeit des Kredites vollständig aus dem erwarteten Cash-flow abzudecken. Bankgarantien oder Garantien von seiten staatlicher Stellen sind hierbei nicht unbedingt üblich, da sie meist ohnehin keine ausreichende Deckung darstellen würden (vgl. Weltbankfinanzierung).

Sehr gut, Müller, aber über einen Punkt
sollten wir uns noch näher unterhalten.

In die Entwicklung und Durchführung eines Projektes kann eine Vielzahl von Projektteilnehmern einbezogen werden. Als Hauptakteure treten dabei in Erscheinung:

- **Sponsoren**: Der Sponsor ist der eigentliche Initiator des Projektes, der üblicherweise das größte Interesse an dessen Realisierung hat. Durch seine Rolle als Eigenkapitalgeber übt der Sponsor eine (wenn auch mitunter nur bedingte) Eigentümerfunktion aus, übernimmt einen Teil der Haftung, wird an Gewinn und Verlust beteiligt und hat ein Anrecht auf die Führung des Projektes.

- **Fremdkapitalgeber**: Fremdkapitalgeber stellen befristet Kapital zur Finanzierung eines Projektes bereit. Als Fremdkapitalgeber kommen Banken, Leasing-Unternehmen, internationale und supranationale Finanzierungsinstitute, regionale Entwicklungsbanken, zukünftige Abnehmer, Rohstofflieferanten und Exportfinanzierungsinstitute in Betracht.

- **Garantiegeber**: Das sich bei komplexen und langfristigen Projekten ergebende hohe Sicherheitsbedürfnis der Beteiligten kann durch einen Garantiegeber befriedigt werden. Ein Garantiegeber ist durch einen Garantievertrag verpflichtet, bei Nichteintreten eines geforderten Zustandes bzw. bei Nichterbringung einer bestimmten Leistung an den Garantienehmer eine vertraglich festgelegte Garantieleistung zu erbringen. Die Funktion eines Garantiegebers können öffentliche Exportkreditinstitute, internationale und supranationale Institutionen, private Versicherungsgesellschaften, Lieferanten, Abnehmer oder Sponsoren übernehmen.

- **Projektersteller**: Der Projektersteller ist für die Bereitstellung aller für die Realisierung des Projektes notwendigen Maschinen, Anlagen usw. verantwortlich. Dabei kann er allein, d.h. in eigenem Namen und auf eigene Rechnung (vgl. Generalunternehmer), oder gemeinsam mit anderen Partnern (vgl. Konsortium) handeln. Darüber hinaus kann er diverse Zusatzaufgaben, wie z.B. die Bereitstellung von Managementpersonal, die Durchführung von Schulungen usw., übernehmen.

- **Projektbetreiber**: Übernimmt der Initiator nicht selbst den Betrieb des Projektes, etwa wegen mangelnder Erfahrung, so kann der Projektersteller (vgl. *build-operate-transfer*) dafür eingesetzt werden. Dieser Projektbetreiber bringt nicht nur die notwendigen Kenntnisse, sondern häufig auch einen bekannten, imagefördernden Namen mit ein.

Dies sind nicht die einzigen Akteure, die an der Realisierung eines Projektes beteiligt sein können. Hinzu kommen häufig Beratungsunternehmen (*consultants*), Versicherungen und verschiedene Förderstellen.

Das Zusammenspiel verschiedenartiger Einflußfaktoren erfordert eine genaueste Analyse der bereitgestellten Informationen über Betreiber des Projektes, den Markt, technologische Ausstattung und Betriebskosten des Projektes, Zulieferer, Investitionskosten, Wechselkurse, rechtliche Rahmenbedingungen usw.

Stepic (vgl. 1996, 313f) nennt folgende Merkmale einer Projektfinanzierung:

- **Cash-flow-Finanzierung**: Die entscheidende Voraussetzung für die Realisierung eines Projektes ist dessen selbständige wirtschaftliche Existenzfähigkeit; nur wenn diese gegeben ist, werden Kapitalgeber bereit sein, sich an der Projektfinanzierung zu beteiligen.

- **Risk-sharing**: Die an der Durchführung und Finanzierung eines Projektes beteiligten Akteure sind verständlicherweise bestrebt, die mit dem Projekt verbundenen Risiken untereinander aufzuteilen; inwieweit dies möglich ist, hängt von der Machtstellung der einzelnen Beteiligten ab.

- **Off-balance-sheet-Abwicklung**: Indem die Projektträgergesellschaft als Kreditnehmer auftritt, entsteht auf seiten der Sponsoren und Projektersteller keine oder nur eine geringe Bilanzbelastung.

Der gemeine Cash-Floh (cashus flohus maximus)

Zur Finanzierung eines Großprojektes sind folgende Finanzierungsformen denkbar:

- **Non-recourse-Projektfinanzierung**: Bei dieser Finanzierungsform wird jeglicher Rückgriff auf die Eigenkapitalgeber ausgeschlossen. Die Rückzahlung des Fremdkapitals erfolgt ausschließlich aus den erwirtschafteten Erträgen. In der Praxis ist diese Finanzierungsform wenig verbreitet.

- **Limited-recourse-Projektfinanzierung**: Bei diesem Verfahren werden die mit dem Projekt verbundenen Risiken in Abhängigkeit von Risikobereitschaft und Interesse am Projekt auf die Beteiligten aufgeteilt. Dies ist die am häufigsten angewandte Finanzierungsform.

- **Full-recourse-Projektfinanzierung**: Bei dieser Finanzierungsform haben die Fremdkapitalgeber volle Rückgriffsansprüche gegenüber dem Eigenkapitalgeber. In der Praxis sind solche Vereinbarungen nur schwer durchsetzbar.

Mit einer Projektfinanzierung sind naturgemäß eine Reihe von Risiken verbunden, die – in Abhängigkeit von der Situation im jeweiligen Land – die Realisierung des Projektes mehr oder weniger stark gefährden können. Zur Risikobegrenzung bestehen hierbei grundsätzlich dieselben Möglichkeiten wie auch bei anderen Außenhandelsgeschäften (siehe dazu auch Teil C/2.2 Absicherung von Risiken). Darüber hinaus können projektspezifische Garantien gestellt bzw. projektspezifische Versicherungen abgeschlossen werden.

2.3.4 Bankgarantien

Zur Besicherung von internationalen Geschäften ist die Stellung von Bankgarantien üblich. Dadurch sollen die Einhaltung vertraglicher Verpflichtungen garantiert und etwaige Rechtsstreitigkeiten vermieden werden.

Avalkredit

Die Stellung von Bankgarantien erfolgt auf Grundlage eines Avalkredites. Mit dem Abschluß eines Avalkreditvertrages zwischen Kreditnehmer und Bank übernimmt die Bank die Haftung für genau definierte Verpflichtungen des Kreditnehmers gegenüber seinem Gläubiger. Kann der Kreditnehmer seine Verpflichtungen nicht erfüllen, ist die Bank aufgrund ihres abstrakten Zahlungsversprechens zur Leistung verpflichtet.

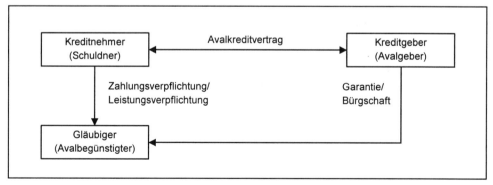

Abbildung 2-6 *Avalkredit (Jahrmann 1998, 436)*

Garantieformen im Außenhandel

Die Flexibilität von Garantien ermöglicht die Absicherung fast jedes Risikos im Außenhandel, einschränkend wirken hierbei nur das Gesetz bzw. die guten Sitten. In der Praxis haben sich einige typische Garantieformen entwickelt, die nachfolgend kurz erläutert werden sollen (vgl. Stepic 1996, 200ff):

- **Bietungsgarantie** (*bid-bond*): Die Bietungsgarantie dient der Absicherung des Risikos, daß ein Anbieter, der bei internationalen Ausschreibungen den Zuschlag erhalten hat, sein Angebot nicht hält bzw. es zurückzieht, den Vertrag nicht fristgemäß unterschreibt bzw. die geforderte Lieferungs- und Leistungsgarantie nicht erstellt. Die Bietungsgarantie, deren Höhe sich zwischen 1 % und 5 % der Angebotssumme bewegt, soll den Auftraggeber vor unseriösen Anbietern schützen und im Schadensfall die Kosten für eine eventuelle erneute Ausschreibung abdecken.

- **Anzahlungsgarantie**: Im Investitionsgüterbereich, besonders bei langen Liefer- und Herstellungsfristen und Sonderanfertigungen, werden i.d.R. Anzahlungen verlangt, die je nach Auftrag zwischen 10 % und 20 % des Auftragswertes liegen. Der Hersteller will sich damit gegen ein vorzeitiges „Abspringen" des Auftraggebers absichern und kann einen Teil der durch den Auftrag anfallenden Kosten abdecken. Für den Auftraggeber besteht wiederum die Gefahr, daß er bei Unfähigkeit des Herstellers, fristgemäß zu produzieren bzw. zu liefern, weder die Leistung erhält noch die Anzahlung zurückerstattet bekommt. Dieses Risiko wird durch die Anzahlungsgarantie abgedeckt, wobei eine Bank garantiert, den Anzahlungsbetrag im Falle der Nichterfüllung durch den Hersteller zurückzuzahlen.

- **Lieferungs- und Leistungsgarantie** (*performance-bond*): Die Lieferungsgarantie sichert die vertragsgerechte Erfüllung und fristgemäße Lieferung von Ware, die Leistungsgarantie die Bereitstellung von Dienstleistungen, Bauleistungen, Montagearbeiten o.ä. ab. Gewährleistungsansprüche werden bei diesen Garantieformen jedoch nicht abgedeckt.

- **Gewährleistungsgarantie**: In Verbindung mit einer Lieferungs- und Leistungsgarantie wird häufig eine Gewährleistungsgarantie gestellt, wobei die Bank technisch einwandfreie, funktionstüchtige Ware garantiert. Da Mängel häufig nicht bei Lieferung, sondern erst beim Einsatz erkannt werden können, beginnt die Garantiefrist mit Betriebsbereitschaft und endet mitunter erst Jahre später.

- **Haftrücklaßgarantie**: Im Investitionsgüterbereich, insbesondere im Anlagenbau, ist es üblich, einen zwischen 5 % und 15 % des Kaufpreises liegenden Betrag (Haftrücklaß) während der – sich oft über mehrere Jahre erstreckenden – Gewährleistungsfrist einzubehalten, um in dieser Zeit auftretende Schäden damit beheben bzw. gegen den Gesamtkaufpreis verrechnen zu können. Damit der Ersteller nicht erst nach Ablauf der Frist über den vollen

Kaufbetrag verfügen kann, der Käufer aber dennoch gegen lieferungs- und leistungsbedingte Mängel abgesichert ist, wird i.d.R. eine Bank mit der Stellung einer Haftrücklaßgarantie betraut.

- **Zahlungsgarantie**: Eine Zahlungsgarantie soll die Zahlung des Kaufpreises im Falle der Zahlungsunfähigkeit bzw. Zahlungsunwilligkeit des Auftraggebers garantieren. Zur Inanspruchnahme der Garantie sind eine Erklärung des Begünstigten über den Erhalt der Lieferung sowie die Vorlage verschiedener Dokumente, z.B. Rechnung, Transportdokument, erforderlich.

- **Kreditgarantie**: Die Gewährung von Krediten an ausländische und bonitätsmäßig nicht immer eindeutig einschätzbare Unternehmen ist für eine Bank mit erheblichen Risiken verbunden. Um solchen Unternehmen dennoch Kredite gewähren zu können, kann ein zweites Unternehmen im Rahmen einer Kreditgarantie die Haftung bis zur Höhe der Kreditsumme (teilweise einschließlich entstehender Zinsen und Nebenkosten) übernehmen. Bei Garant und Kreditnehmer handelt es sich meist um Mutter- und Tochterunternehmen bzw. um über Beteiligungen verbundene Unternehmen.

- **Zollgarantie**: Aufgabe einer Zollgarantie ist die Sicherstellung, daß zeitweilig in ein Land eingeführte Waren oder Maschinen (z.B. zur Erstellung einer Anlage, als Ausstellungsstücke einer Messe o.ä.) nicht „unter der Hand" im Land verkauft, sondern nach Abschluß des Projektes wieder ordnungsgemäß aus dem Land ausgeführt werden.

2.3.5 Zahlungsformen

Jeder Verkäufer strebt eine möglichst schnelle Bezahlung der gelieferten Waren an; der Käufer ist im allgemeinen an einer möglichst späten Zahlung nach Erhalt der Waren interessiert. Bei der Aushandlung der Zahlungsbedingungen soll eine für beide Seiten akzeptable Lösung gefunden werden, die dem Exporteur eine Minimierung des Zahlungseingangsrisikos und dem Importeur die Minimierung des Liefereingangsrisikos erlaubt. Welche Zahlungsbedingungen letztendlich vereinbart werden, hängt vom Vertrauensverhältnis, der Finanzkraft und der Marktposition der Verhandlungspartner, dem politischen und ökonomischen Umfeld im Käuferland, Handelsbräuchen und etwaigen Devisenrestriktionen in einem der beiden Länder ab.

Folgende übliche Zahlungsmodalitäten kommen in der Praxis des internationalen Geschäfts zur Anwendung. Zu beachten ist dabei jeweils der Grad damit verbundener Risiken für Käufer bzw. Verkäufer, der durchaus unterschiedlich sein kann (siehe dazu auch Teil B/5.2 Konditionenpolitik).

Vorauszahlungen und Anzahlungen

Eine vollständige Vorauszahlung stellt für den Exporteur die günstigste, für den Importeur die ungünstigste Zahlungssicherung dar. Für den Exporteur entfällt hierbei das Risiko des Zahlungseinganges, da die Lieferung vorfinanziert wird und die Abnahme durch den Importeur garantiert ist. Anstelle einer vollständigen Vorauszahlung sind häufiger Vereinbarungen wie „ein Drittel des Kaufpreises vorab, ein Drittel während der Herstellung und ein Drittel bei Lieferung" oder „halbe/halbe" zu finden. Der Importeur wird einer vollständigen Vorauszahlung bzw. einer Anzahlung des Kaufpreises jedoch nur dann zustimmen, wenn

- sie branchenüblich ist,

- der Exporteur eine besonders gute Marktposition aufweist,

- vergleichsweise lange Produktions- bzw. Lieferzeiten vorliegen und/oder

- mit einem Kunden erstmalig Geschäfte abgeschlossen werden.

Nie bei neuen Kunden in Vorleistung gehen

„Die Finanzierung von Aufträgen, gerade ins Ausland und gerade mit neuen Kunden, ist immer problematisch. Wir haben deshalb eine sehr einfache Regel getroffen, die sich bis jetzt immer bewährt hat. Wir arbeiten mit Abschlagszahlungen und erst wenn diese Zahlungen wie vereinbart eingehen, arbeiten wir weiter. Ich glaube, daß gerade mittelständische Unternehmer viel zu selten auf eine solide Finanzierung achten. Dies gilt im besonderen Maße im Auslandsgeschäft. Erst wenn nach einem ersten Auftrag alles problemlos gegangen ist, dann arbeiten wir auf Rechnungsbasis. Wenn es um größere Auslandsaufträge geht, schalten wir immer unsere Hausbank ein, um deren Rat einzuholen. Es gab in der Vergangenheit viele Beispiele, in denen genau diese Gespräche uns neue Perspektiven bei der Finanzierung eröffnet haben."

(Quelle: BMWi 1999, 23)

Bei einer Vorauszahlung bzw. Anzahlung verlangt der Importeur meist eine Absicherung (vgl. Bankgarantien) durch die Bank des Exporteurs, welche garantiert, daß dem Importeur in Falle einer Nichterfüllung durch den Exporteur seine Voraus- bzw. Anzahlung durch die Bank des Verkäufers zurückerstattet wird.

Zahlung gegen offene Rechnung

Bei Zahlung gegen Rechnung wird die Ware einschließlich der Rechnung geliefert. Mit Eintreffen der Ware beim Importeur wird der Rechnungsbetrag fällig. Vor Zahlung der Rechnung hat der Importeur die Möglichkeit, die Ware auf Mängel zu überprüfen und gegebenenfalls die Zahlung zu verweigern. Für den Exporteur stellt dies eine äußerst ungünstige Zahlungsbedingung dar, bei der er nicht nur auf eine Zahlungssicherung, sondern (in der Praxis) auch auf die Verfügungsgewalt über die Ware verzichtet. Aus diesem Grund wird der Exporteur dieser Zahlungsbedingung nur dann zustimmen, wenn beim Importeur eine gute Zahlungsmoral und Zahlungsfähigkeit vorausgesetzt werden kann. Forderungen aus solchen Geschäften werden günstigerweise in die Kreditversicherung einbezogen bzw. an einen Factor verkauft.

Zahlung gegen offene Rechnung

Zahlungsziele

Voraussetzung für die Gewährung von **Zahlungszielen** ist größtes Vertrauen in Zahlungsmoral und -fähigkeit des Importeurs. Diese für den Importeur günstigste Zahlungsbedingung birgt für ihn keinerlei Risiko und verlangt keine Vorfinanzierung der Ware. Um ihn dennoch zu einer recht schnellen Zahlung zu bewegen, werden vom Exporteur häufig Skonti eingeräumt.

Dokumenteninkasso

Das Dokumenteninkasso tritt als **Dokumente gegen Zahlung** (vgl. *cash against documents – CAD*) und als **Dokumente gegen Akzept** auf. Die zur Eigentumsübertragung, Einfuhr und Verzollung der Waren notwendigen Dokumente werden nur gegen Bezahlung bzw. Akzept eines Wechsels ausgehändigt. Mit der Durchführung des Inkassos beauftragt der Exporteur in der Regel seine Hausbank, die sich dann an die Bank des Importeurs wendet. Bis zur vollständigen

Bezahlung bzw. Akzept eines Wechsels behält der Exporteur die volle Verfügungsgewalt über die Ware. Bei fehlendem Vertrauen in die Zahlungsmoral und -fähigkeit des Kunden sollte der Exporteur die Warenlieferung nicht direkt an den Importeur, sondern an die einbezogene Bank oder einen Vertrauensspediteur adressieren. Entscheidet sich der Exporteur für die Lieferung der Ware an die Bank, ergibt sich für ihn ein Risiko aus Artikel 6 der „Einheitlichen Richtlinien für Inkasso" (vgl. Internationale Handelskammer 1995), der die Bank von der Verpflichtung der Warenannahme befreit. Ferner kann der Importeur die Annahme der Dokumente und damit die Zahlung verweigern. Auch wenn der Exporteur dann Eigentümer der Ware bleibt, muß er die Rückführung der Ware bzw. deren anderweitige Verwendung organisieren und die damit verbundenen Kosten selbst tragen.

Ein Dokumenteninkasso läuft üblicherweise in folgenden Schritten ab:

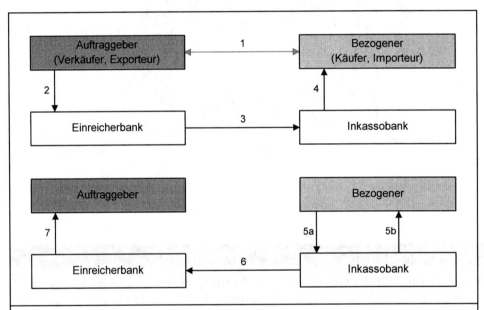

1. Im Liefervertrag wird als Zahlungsmodalität „Kassa gegen Dokumente" vereinbart.

2. Der Exporteur bringt die Ware zum Versand und reicht die Liefer- und andere Dokumente bei einer Bank (meist seiner Hausbank) ein und gibt einen entsprechenden Inkassoauftrag.

3. Die Einreicherbank leitet die Dokumente auftragsgemäß an die Inkassobank weiter.

4. Die Inkassobank informiert den Bezogenen vom Eintreffen der Dokumente und von den Inkassobedingungen. (In manchen Fällen wird noch eine spezielle „vorlegende Bank" zwischengeschaltet; falls die Einreicherbank keine solche benennt, kann sich die Inkassobank auch einer vorlegenden Bank eigener Wahl bedienen.)

> 5. a) Der Bezogene erfüllt die Inkassobedingungen (Zahlung, Akzeptleistung, andere Bedingung, z.B. Abgabe einer Verpflichtungserklärung) und
> b) erhält dagegen die Dokumente ausgefolgt.
>
> 6. Die Inkassobank überweist den Erlös (bzw. übersendet gegebenenfalls das Akzept oder die Verpflichtungserklärung an die Einreicherbank).
>
> 7. Die Einreicherbank schreibt dem Auftraggeber den Erlös gut (bzw. folgt Akzept oder Erklärung aus).

Abbildung 2-7 *Ablauf eines Dokumenteninkassos (CA-BV, Teil 3, 1996, 9f)*

Dokumentenakkreditive

Ein **Akkreditiv** (*letter of credit* – L/C) stellt ein abstraktes Zahlungsversprechen einer Bank dar, bei Vorlage der erforderlichen Dokumente oder innerhalb einer vereinbarten Frist einen bestimmten Geldbetrag an den im Akkreditiv genannten Begünstigten auszuzahlen.

Das Lieferungsrisiko des Importeurs wird minimiert, wenn im Akkreditiv genaueste Angaben über die zu liefernden Waren gemacht werden. Vor Eingang der Ware hat der Importeur keine Möglichkeit, deren ordnungsgemäßen Zustand zu überprüfen. Er ist jedoch erst dann zur Zahlung an seine Bank verpflichtet, wenn bei dieser die akkreditivkonformen Dokumente eingegangen sind und akzeptiert wurden.

Neben der Vorauszahlung stellt das Akkreditiv die sicherste und auch eine häufig angewendete Zahlungsmethode dar, da dem Exporteur bereits bei fristgemäßer Einreichung der akkreditivkonformen Dokumente der Gegenwert der Ware ausgezahlt wird. Werden die Dokumente nicht innerhalb der gesetzten Frist eingereicht, kann die Bank die Zahlung verweigern. Ein Widerrufsrecht besteht bei einem Akkreditiv nur dann, wenn es vorher vertraglich vereinbart wurde. Deshalb sollte das **bestätigte, unwiderrufliche Akkreditiv** (*confirmed, irrevocable letter of credit*) standardmäßig vereinbart werden, damit die Sicherheit für den Exporteur nicht gemindert ist.

Ein Akkreditivgeschäft läuft üblicherweise in folgenden Schritten ab:

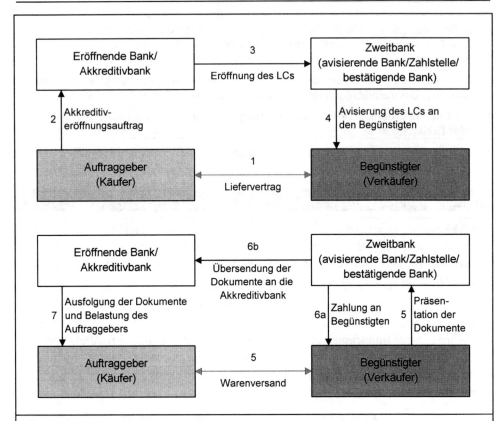

1. Liefervertrag, in dem Zahlung durch Akkreditiv vereinbart wird.
2. Käufer gibt seiner Bank den Auftrag zur Akkreditiverstellung.
3. Die eröffnende Bank/Akkreditivbank erstellt das L/C und sendet es an die Bank des Verkäufers mit dem Auftrag, das L/C dem Begünstigten zu avisieren (mit oder ohne Hinzufügung ihrer Bestätigung).
4. Die Zweitbank notifiziert den Begünstigten (Verkäufer) dementsprechend.
5. Der Begünstigte versendet die Ware und legt die Dokumente bei der Zahlstelle vor mit der Bitte um Honorierung.
6. a) Die Zahlstelle prüft die Dokumente und schreibt dem Begünstigten den Betrag gut. Gleichzeitig remboursiert sie sich bei der Remboursstelle.
   b) Sie übersendet die Dokumente an die eröffnende Bank.
7. Die eröffnende Bank prüft die Dokumente ebenfalls und übersendet sie an den Auftraggeber unter gleichzeitiger Belastung seines Kontos.

Abbildung 2-8 Abwicklung eines Akkreditivgeschäfts (CA-BV, Teil 1, 1996, 13)

Venture Bank
A - 1120 Wien
PF 0815

Wien, 23. September 2001

DOKUMENTEN-AKKREDITIV	Unsere Referenz	Fremde Referenz
- A V I S O -	A-123 456 789	XL996633

Einschreiben

Kran-Profi AG
Max-Musterman-Straße 33
1140 Wien

Auftraggeber
ABC Engineering Singapore

Unser Korrespondent
Lucky Bank Ltd.
P.O.-Box 999
Singapore, Rep. of Singapore

Wir überreichen Ihnen anbei das von unserem Korrespondenten übersandte Dokumenten-Akkreditiv.

Gültig bis: 2001/12/22 zur Präsentation der Dokumente in Österreich

Akkreditivbetrag: ATS 975.435,--

Das Akkreditiv ist bei Fälligkeit bei unserem Korrespondenten zahlbar.

wir geben Ihnen von diesem Akkreditiv   u n v e r b i n d l i c h   für uns Kenntnis.

- Alle Gebühren und Spesen außerhalb Singapore
  haben wir mit Ihnen zu verrechnen
- Kopie an Filiale XVIII.

Anbei 2 Trattenformulare.

Im gegenständlichen Akkreditiv ist eine Tratte (zweifach) vorgesehen. Wir ersuchen Sie, diese Tratte unter Verwendung des beigeschlossenen Vordrucks auszustellen. Dieser Vordruck weist aus gebührenrechtlichen Gründen keine Orderklausel auf. Durch Retournierung der ausgestellten Tratte erteilen Sie unter einem der eröffnenden Bank bzw. der Remboursbank die Ermächtigung, auf die Tratte die noch fehlende Orderklausel zu setzen.

Bitte kontrollieren Sie die Akkreditivbedingungen, ob diese von Ihnen erfüllbar sind, damit bei der Abwicklung keine Schwierigkeiten entstehen. Falls die Bedingungen des Akkreditivs Ihren Abmachungen nicht entsprechen oder Sie diese in dem einen oder anderen Punkt nicht erfüllen können, empfehlen wir Ihnen, umgehend durch den Auftraggeber die notwendigen Änderungen zu veranlassen.

Ihren Dokumenteneinreichungen wollen Sie bitte beischließen:

- eine zusätzliche Fakturenkopie für unsere Aufzeichnungen
- das Originalakkreditiv, wenn ein solches ausgestellt wurde.

Dieses Akkreditiv unterliegt den „Einheitlichen Richtlinien und Gebräuchen für Dokumenten-Akkreditive (Revision 1983)" der Internationalen Handelskammer (Broschüre Nr. 400).

Mit freundlichen Grüßen

Venture Bank
Akkreditiv-Abteilung

```
S.W.I.F.T.-NACHRICHT                                           BLATT-NR. 1
EMPFANGEN DURCH:
VENTURE BANK

      W I E N

      I S S U E   O F   A   D O C U M E N T A R Y   C R E D I T
          ( A K K R E D I T I V E R O E F F N U N G )
                    T E I L   1
```

DIESES DOKUMENTEN-AKKREDITIV BESTEHT AUS ZWEI TEILEN, DIE EINEN
INTEGRIERENDEN BESTANDTEIL DES AKKREDITIVS DARSTELLEN:

SOFERN NICHT AUSDRUECKLICH ETWAS ANDERES BESTIMMT IST, GELTEN
FUER DIESES DOKUMENTEN-AKKREDITIV DIE „EINHEITLICHEN RICHTLINIEN
UND GEBRAEUCHE FUER DOKUMENTEN-AKKREDITIVE" DER INTERNATIONALEN
HANDELSKAMMER IN DER JEWEILS GUELTIGEN FASSUNG:

ISSUING BANK

    LUCKY BANK, SINGAPORE

FORM OF DOCUMENTARY CREDIT   (FORM DES AKKREDITIVS)

    IRREVOCABLE

DOCUMENTARY CREDIT NUMBER   (FREMDE AKKREDITIV-NR.)

    XL996633

DATE OF ISSUE   (DATUM DER EROEFFNUNG)

    01.09.23

DATE AND PLACE OF EXPIRY   (DATUM UND ORT DER GUELTIGKEIT)

    01.12.22   BENEFICIARY'S COUNTRY

APPLICANT   (AUFTRAGGEBER)

    ABC ENGINEERING SINGAPORE
    11 WANG CLOSE
    SINGAPORE 1111

BENEFICIARY   (BEGUENSTIGTER)

    KRAN-PROFI
    MAX-MUSTERMANN-STRASSE 33
    1140 WIEN

CURRENCY CODE AND AMOUNT   (WAEHRUNG UND BETRAG)

    ATS******975.435,00***

PERCENTAGE CREDIT AMOUNT   (TOLERANZ FUER DEN AKKREDITIV-
TOLERANCE   BETRAG IN PROZENT)

    0/0

ADDITIONAL AMOUNTS COVERED   (ZUSAETZLICH ABGEDECKTE BETRAEGE)

    0

AVAILABLE WITH/BY   (BENUTZBAR BEI/DURCH)

    ANY BANK
    BY NEGOTIATION

    FOR FREELY NEGOTIABLE DOCUMENTARY CREDITS THIS ADVICE MUST BE
    PRESENTED AT EACH NEGOTIATION AND THE NEGOTIATING BANK MUST
    NOTE EACH NEGOTIATION ON THAT ADVICE.

DRAFTS AT ...   (TRATTEN PER ...)

    DRAFTS AT 30 DAYS AFTER
    SIGHT

DRAWEE   (BEZOGENER)

    ISSUING BANK FREE OF INTEREST
    FOR 100PCT INVOICE VALUE

                                  FORTSETZUNG BLATT-NR. 2

```
S.W.I.F.T.-NACHRICHT              TEIL 1              BLATT-NR. 2
EMPFANGEN DURCH:
VENTURE BANK
      W I E N
FORTSETZUNG AKKR.NR. XL996633
```

PARTIAL SHIPMENTS   (TEILVERLADUNG)

    NOT ALLOWED

TRANSSHIPMENT   (UMLADUNG)

    NOT ALLOWED

LOADING ON BOARD/DISPATCH/   (VERLADUNG/VERSENDUNG/
TAKING IN CHARGE AT/FROM   UEBERNAHME AM/VON)

    VIENNA/WIEN

FOR TRANSPORTATION TO ...   (ZUM TRANSPORT NACH ...)

    SINGAPORE

LATEST DATE OF SHIPMENT   (LETZTES VERSANDDATUM)

    01.12.08

SHIPMENT OF ...   (WARENBEZEICHNUNG...)

    4 UNITS HYDRAULIC LOADING CRANE C/W ACCESSORIES
    TRADE TERMN C N F

DOCUMENTS REQUIRED   (ERFORDERLICHE DOKUMENTE)

    DOCUMENTS IN TRIPLICATE UNLESS OTHERWISE STIPULATED
    SIGNED COMMERCIAL INVOICE
    PACKING LIST
    INSURANCE COVERED BY BUYER UNDER COVER NOTE: CNR 12345
    THE SHIPPER MUST NOTIFY:
    BUSINESS INSURANCE ASIA LTD
    99 MAIN KAY
    SINGAPORE 1111
    BY AIRMAIL, SHIPMENT PARTICULARS SUCH AS NAME AND
    DEPARTURE DATE OF CARRIER, QUANTITY AND VALUE OF MERCHANDISE
    SHIPPED ETC. UPON COMPLETION OF LOADING. A COPY OF SUCH
    NOTIFICATION REQUIRED.
    FULL SET CLEAN SHIPPED ON BOARD OCEAN BILLS OF LADING MADE
    OUT TO THE ORDER OF LUCKY BANK LTD NOTIFY APPLICANT AND
    MARKED FREIGHT PREPAID.

ADDITIONAL CONDITIONS   (ZUSATZBEDINGUNGEN)

    A DISCREPANCY FEE OF ATS 350 WILL BE DEDUCTED FROM THE PROCEEDS
    FOR EACH PRESENTATION OF DISCREPANT DOCUMENTS UNDER THIS CREDIT.
    ALL BANKING CHARGES OUTSIDE SINGAPORE ARE FOR ACCOUNT OF
    (TO BE CONTD)

CONFIRMATION INSTRUCTIONS   (BESTAETIGUNGSBEDINGUNGEN)

    WITHOUT

INSTRUCTIONS TO THE PAYING/ACCEPTING/NEGOTIATING BANK (DIV. WEISUNGEN)

    IN REIMBURSEMENT, WE WILL REMIT THE PROCEEDS AT MATURY IN
    ACCORDANCE WITH THE INSTRUCTION OF THE NEGOCIATING BANK PROVIDED
    DOCUMENTS ARE IN FULL COMPLIANCE WITH ALL TERMS AND CONDITIONS OF
    THE LC.
    ALL DOCUMENTS ARE TO BE FORWARDED TO US IN FULL SET BY ONE
    REGISTERED AIRMAIL.
    AMOUNT OF EACH DRAWING MUST BE ENDORSED ON THE REVERSE OF THIS
    CREDIT.
    THIS CREDIT IS SUBJECT TO UCP (PUBLICATION NO. 400)

******   E N D E   T E I L   1   ******

```
S.W.I.F.T.-NACHRICHT                                    BLATT-NR. 1
EMPFANGEN DURCH:
VENTURE BANK
      W I E N
      I S S U E   O F   A   D O C U M E N T A R Y   C R E D I T
          ( A K K R E D I T I V E R O E F F N U N G )
                   T E I L   2

ISSUING BANK                          (EROEFFNENDE BANK)
      LUCKY BANK, SINGAPORE
DOCUMENTARY CREDIT NUMBER             (FREMDE AKKREDITIV-NR.)
      XL996633
ADDITIONAL CONDITIONS                 (ZUSATZBEDINGUNGEN)
      BENEFICIARY.
*******   E N D E   AKKREDITIVEROEFFNUNG   *******
```

Abbildung 2-9 *Beispiel eines Dokumenten-Akkreditivs*

Ein Desaster, oder: Ende gut, alles gut[*]

Die renommierte Firma ist wirklich in Bedrängnis geraten. Dabei sah vor kurzem alles noch so gut aus. Die Erfolge des vor einigen Jahren bestellten Verkaufsdirektors waren wirklich fulminant. Ein Rekord jagte den anderen, der Umsatz hatte sich innerhalb von zwei Jahren verdreifacht. Man verkaufte tatsächlich auf „Teufel komm raus", dabei war fast jedes Mittel recht.

Die Kehrseite war weniger erfreulich: rechtliche Probleme, schlechte Deckungsbeiträge, keine Absicherung der Forderungen, nach der – oft mangelhaften Lieferung – kümmerte sich niemand mehr um den Kunden. Schließlich: *The show must go on* ... Allmählich wurden kritische Stimmen laut, auf die zunächst niemand hören wollte. Erst als der Controller – pikanterweise Freund und Amtsnachfolger des erfolgreichen Verkaufsdirektors – mit seinen Mitarbeiter eine Art Revision durchführte, platzte die Bombe. Man stand in Wahrheit vor den Scherben der bisherigen Euphorie. Nicht nur der Geschäftsführer, ein intelligenter, aber manchmal etwas gutgläubiger Mann, fiel aus allen Wolken. Bisher lief doch – über Jahre hinweg – alles so gut; und jetzt?

Kurzum: Trotz Zähneknirschens wurde der Verkaufsdirektor schließlich fristlos entlassen (und führt seitdem sein eigenes Hotel). Auch in der Konzernzentrale sickerten die schlechten Nachrichten allmählich durch. Es kam, wie es kommen mußte. Die Zentrale bestellte einen „Sanierungsmanager" für den betroffenen Bereich, die – bisher nicht erwähnte – Exportabteilung für Osteuropa. Kurz darauf traf der neue Manager aus den USA in Wien ein. Nach eingehender Beschäftigung mit seinem neuen Tätigkeitsfeld beschloß er, einen eigenen *Finance Manager* einzustellen, um ihn mit der Bereinigung der entstandenen kaufmännischen Probleme zu betrauen. In der Tat waren diese gewaltig: unabgesicherte und auch unbezahlte (wenn überhaupt noch einbringliche) Exportforderungen in Höhe von einigen Millionen Dollar, weit über 100 unerledigte Reklamationen kleineren und größeren Ausmaßes. Alle Länder waren betroffen. Bei manchen Kunden standen die „Kisten" seit Monaten herum, ohne daß sich auch nur annähernd jemand um eine Installation der Geräte gekümmert hätte. Viele Kunden machten eine Zahlung davon abhängig, daß ihre berechtigten Beschwerden möglichst bald bereinigt wurden. Für die ganze Abteilung jedenfalls wahrlich eine Herausforderung. Insbesondere der neu bestellte *Finance Manager* war gefordert. Im Vordergrund stand das mühsame Erfassen und Aufarbeiten der offenen Probleme: schrittweises Abarbeiten der offenen Reklamationen – wobei die dafür zuständigen KollegInnen äußerst bemüht und erfolgreich waren – und sukzessive Kundenbesuche, um diese wieder einigermaßen günstig zu stimmen. Nach intensiver Reisetätigkeit wurden – im Verlauf von etwa einem Jahr – viele Probleme auch tatsächlich bereinigt. Gleichzeitig wurde das Neugeschäft auf eine administrativ solide Basis gestellt: Ein Standardvertrag wurde ausgearbeitet, neue Geschäfte stets mit Akkreditiv abgeschlossen, die Auftragsabwicklung restrukturiert, bei komplexerer Finanzierung der Rat von Banken eingeholt. Alles begann sich allmählich zu beruhigen. Lediglich Rußland blieb ein offenes Problem. Obwohl auch hier sämtliche Beanstandungen bereinigt wurden und die betroffenen Kunden wiederholt versprachen, die offenen Forderungen zu begleichen, waren diesbezüglich bisher keinerlei Fortschritte zu verzeichnen. Die Außenstände beliefen sich nach wie vor – drei Kunden waren das Problem – auf rund 1,5 Mio. USD. Allmählich wurde man ratlos. Alle Versuche, die Situation zu bereinigen, waren auch während des folgenden Jahres vergeblich. Im Herbst dieses Jahres traf man sich auf der internationalen Messe in Moskau. Auch der *Finance Manager* war – wie von unsichtbarer Hand geleitet – vor Ort. Nach einer durchzechten Nacht ergab sich ein kurzes Gespräch mit einem flüchtigen Bekannten, einem im Ostgeschäft „alten Hasen" aus Wien. Die Forderungen einzutreiben wären für ihn nicht wirklich das Problem. Die „Angelegenheit" beläuft sich lediglich auf 30 % Provision, viele Leute seien schließlich zu bedenken: „Mir selbst bleibt das wenigste, aber in drei Wochen haben Sie Ihr Geld", so die Verheißung.

Nach einer kurzen Telexanfrage beim Geschäftsführer in Wien war alles klar. Und tatsächlich: Fast auf den Tag genau trafen auf dem Konto der Firma bei ihrer Hausbank in Wien exakt 70 % der gesamten offenen Rußland-Forderungen ein. Die Freude war groß, der „Vermittler" wurde offiziell bedankt. Auf die Frage, wie denn das alles zuging, meinte er nur lakonisch: „Meine Herren, zuviel Wissen macht manchmal Kopfschmerzen. Ich sage Ihnen nur eines: In Wahrheit ist Rußland das Land der unbegrenzten Möglichkeiten ..."

2.4 Auslandszahlungsverkehr

Unter Auslandszahlungsverkehr werden alle grenzüberschreitenden Zahlungen zwischen Wirtschaftssubjekten in verschiedenen Währungsgebieten verstanden.

> Eine **Überweisung** ist ein Geschäftsbesorgungsauftrag eines Kontoinhabers an seine kontoführende Bank, zu Lasten seines Kontos einen genau definierten Betrag einem genannten Konto bei derselben oder einer anderen Bank gutzuschreiben.

Auslandsüberweisungen werden von der inländischen Bank initiiert und an die **Korrespondenzbank** im Ausland weitergeleitet. Bei der Wahl der Außenhandelsbank sollte ein Unternehmen deshalb besonders auf die Dichte des Korrespondenzbanknetzes der Hausbank im Ausland achten. Die Weiterleitung der Überweisungsaufträge erfolgt (entweder per Post oder) auf elektronischem Weg (z.B. über SWIFT – Society for Worldwide Interbank Financial Telecommunication).

– ohne Worte –

Für Unternehmen, die regelmäßig Zahlungen in ausländischer Währung erhalten oder leisten, empfiehlt sich die Eröffnung eines **Fremdwährungskontos** bei einer inländischen Bank oder bei einer Bank im Ausland.

Die Vorteile von Fremdwährungskonten lassen sich wie folgt zusammenfassen (vgl. Stepic 1996, 57):

- Preiswerte Abwicklung der Zahlungseingänge und -ausgänge (vgl. Gebühren);

- Konvertierungsrisiken entfallen, da Zahlungseingänge und -ausgänge in derselben Währung erfolgen;

- Reduzierung des Kursrisikos, da nur die Übergänge, die gegen die inländische Währung verrechnet werden, dem Kursrisiko unterliegen;

- Veranlagungsmöglichkeit in Fremdwährung;

- Spekulationsmöglichkeiten in Fremdwährungen.

Wiederholungsfragen

1. Erläutern Sie den grundlegenden Unterschied zwischen Kassa- und Devisenterminmarkt!

2. Erläutern Sie den Unterschied zwischen Preis- und Mengennotierung!

3. Was bestimmen Geld- und Briefkurs?

4. Welche Devisengeschäfte zur Kurssicherung sind Ihnen bekannt?

5. Was ist eine Zahlungsbilanz?

6. Nennen sie Transaktionen, die zu Devisenzuflüssen bzw. Devisenabflüssen führen!

7. Nennen Sie die Bestandteile einer Zahlungsbilanz!

8. Welche Informationen können aus Zahlungsbilanzen gewonnen werden?

9. Welche Aufgabe haben Doppelbesteuerungsabkommen?

10. Was kann durch die Auferlegung von Zöllen bewirkt werden?

11. Welche Auswirkungen haben hohe Inflationsraten auf eine Volkswirtschaft?

12. Welche Ziele verfolgt der Internationale Währungsfonds gegenwärtig?

13. Welche Aufgaben hat die Weltbank?

14. Mit welchen Risiken kann ein auf ausländischen Märkten tätiges Unternehmen konfrontiert werden? Erläutern Sie die einzelnen Risikoarten kurz!

15. Welche grundsätzlichen Möglichkeiten der Risikominimierung sind Ihnen bekannt?

16. Welche Risiken sind im Rahmen der staatlichen bzw. einer privaten Exportkreditversicherung versicherbar?

17. Welchen Zeitraum finanziert ein Exporteur im Rahmen der Exportvor- bzw. der Exportanschlußfinanzierung?

18. Erläutern Sie die Instrumente der kurzfristigen Außenhandelsfinanzierung!

19. Welche Arten der Forderungsabtretung sind Ihnen bekannt?

20. Was ist Forfaitierung?

21. Welche Vorteile bringt das Leasing für den Importeur (Leasingnehmer) bzw. den Exporteur?

22. Wodurch ist eine Projektfinanzierung gekennzeichnet? Nennen Sie mögliche Beteiligte!

23. Welche Finanzierungsformen kommen zur Finanzierung eines Großprojektes in Frage?

24. Welche im internationalen Geschäft üblichen Bankgarantien kennen Sie? Welche Risiken werden mit diesen Garantien abgesichert?

25. Unter welchen Umständen kann ein Lieferant eine Vorauszahlung bzw. Anzahlung durchsetzen?

26. Aus welchem Grund stellt die Zahlung gegen offene Rechnung für den Exporteur eine relativ unsichere Zahlungsbedingung dar? Wie kann sich der Exporteur dennoch absichern?

27. Welche Risiken sind für den Exporteur mit einem Dokumenteninkasso verbunden?

28. Definieren Sie den Begriff „Akkreditiv"! In welchen Schritten läuft ein Akkreditivgeschäft üblicherweise ab?

29. Was ist eine Korrespondenzbank? Welche Funktionen kann sie haben?

30. Was sind Fremdwährungskonten? Wann empfiehlt sich die Einrichtung eines solchen?

Achtung Kultur! **D**

„It is often people who compete to bring home the contract, rather than nations, companies or products."

(Phillips-Martinsson 1991, 15)

1 Das globale Dorf – Interkulturelles Bewußtsein im Auslandsgeschäft

Bei Globalisierung denken die meisten an Produktentwicklung, Marketing, Vertrieb, Technik. Übersehen wird dabei oft, daß auch die Mitarbeiter „international tauglich" sein müssen. Bei der weltumspannenden, grenzüberschreitenden Entfaltung von wirtschaftlichen Aktivitäten kommen sie in Berührung mit fremden Wirtschaftsräumen und Kulturen. Über die bisherigen Probleme der Unternehmensführung hinaus ist eine Auseinandersetzung mit kulturellen Unterschieden notwendig. Was im Stammhaus als bewährte Praxis gilt, ist noch lange nicht die im Ausland geeignete Vorgangsweise.

Letztlich ist die Schaffung geeigneter struktureller und personeller Voraussetzungen – nicht nur im Stammhaus eines Unternehmens – notwendig, um Auslandsaktivitäten erfolgreich koordinieren zu können. **Interkulturelles Management** beschäftigt sich mit diesbezüglichen Gestaltungsaufgaben und dem optimalen Einsatz von Mitarbeitern im Kontext unterschiedlicher Kulturen und Gesellschaften.

Aufgrund der fortschreitenden Globalisierung, die sich z.B. durch die weltweiten Medien, internationale Unternehmenstätigkeit, die Overall-Präsenz vieler Markenartikel usw. ausdrückt, könnte man annehmen, daß kulturelle Unterschiede, langfristig gesehen, nur noch von geringer Bedeutung wären, wenn nicht gar verschwinden. Aber **gleichen sich die nationalen Kulturen wirklich einander an?** Trotz der zunehmenden länderübergreifenden Interaktion ist daher anzunehmen, daß landesspezifische Traditionen und Bräuche in einem hohen Ausmaß erhalten bleiben. Zur Betrachtung und Bewertung verschiedener

Kulturen (im organisationalen Kontext) wurden verschiedenste Modelle entwik-
kelt. Auf zwei wichtige Modelle wird nachfolgend eingegangen.

1.1 Das Modell von Kluckhohn-Strodtbeck

Kluckhohn und Strodtbeck (1961) untersuchten und verglichen Kulturen anhand
sechs verschiedener Dimensionen:

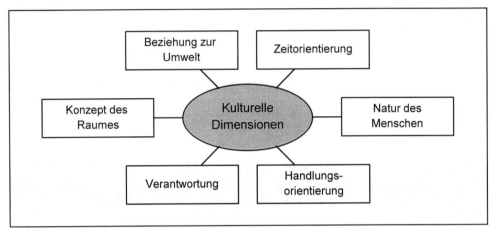

Abbildung 1-1 *Kulturelle Dimensionen nach Kluckhohn/Strodtbeck*

Die **Beziehung zur Umwelt** drückt aus, ob die Menschen sich ihr überwiegend
unterworfen glauben, mit ihr in Harmonie leben oder sie zu dominieren versuchen. **Zeitorientierung** bezieht sich darauf, ob sich eine Kultur eher auf die
Vergangenheit, Gegenwart oder Zukunft konzentriert. Beispielsweise spielen
Traditionsorientierung, das Bemühen um den Aufbau längerfristiger Geschäftsbeziehungen oder rein kurzfristiges Denken (vgl. *„the trend is your friend"*) in
diesem Zusammenhang eine Rolle. Die Kategorie **„Natur der Menschen"** beschreibt, wie eine Kultur den Menschen betrachtet – als gut, schlecht oder eine
Mischung aus beidem – und mit diesem schließlich umgeht. Die Betrachtungsweise des Menschen wirkt sich besonders auch auf den Führungsstil in Organisationen aus. Manche Kulturen betonen im Rahmen ihrer **Handlungsorientie-
rung** das Sein, das Leben für den Moment. Andere konzentrieren sich demgegenüber hauptsächlich auf das Tun, auf Handlungen und orientieren auf die Erbringung von Leistungen und die Erfüllung von Aufgaben. Kulturen können
auch danach beurteilt werden, ob sie die Verantwortung für andere eher in der
individualistischen oder **kollektivistischen Sphäre** ansiedeln: steht beispielsweise Gruppenorientierung im Vordergrund (vgl. Harmonie, Loyalität) oder ist
man stark danach orientiert, daß jedes Individuum Verantwortung für sich selbst
übernimmt. Die letzte Dimension des Modells wird **Konzept des Raumes** genannt. Dabei ist die Offenheit bzw. Öffentlichkeit angesprochen, mit der Tätigkeiten verrichtet werden. Beispielsweise ist es in Japan oder den USA üblich, in

Großraumbüros ohne jegliche Trennwände zu arbeiten. Demgegenüber zieht man sich in anderen Kulturen hinter verschlossenen Türen zurück und mißt einem eigenen Büro hohen Stellenwert bei.

Zeitorientierung

1.2 Das Modell von Hofstede

Ein weiteres Modell zur Analyse kultureller Unterschiede wurde von Hofstede (1980, 1989) entwickelt. Während in den meisten anderen Untersuchungen nur eine begrenzte Anzahl von Ländern bzw. verschiedene Unternehmen betrachtet wurden, untersuchte Hofstede mehr als 116.000 Mitarbeiter eines internationalen Unternehmens (IBM) in 40 Ländern. Durch diese Vorgehensweise konnten alle durch unterschiedliche Unternehmenskulturen auftretenden Unterschiede ausgeschlossen werden, d.h., die ermittelten Unterschiede sollten auf unterschiedliche Kulturen zurückzuführen sein.

Hofstedes Untersuchungen zeigten, daß die nationale Kultur einen entscheidenden Einfluß auf die arbeitsbezogenen Werte und Einstellungen eines Mitarbeiters hat und daß sich sowohl Manager als auch Mitarbeiter in vier Dimensionen der nationalen Kultur – Individualismus vs. Kollektivismus, Machtdistanz, Vermeidung von Unsicherheit und Maskulinität – unterscheiden.

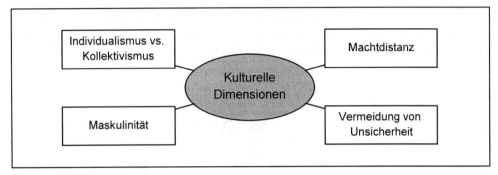

Abbildung 1-2 *Kulturelle Dimensionen nach Hofstede*

Individualismus versus **Kollektivismus** – In individualistischen Kulturen wird dem Einzelnen ein hohes Maß an persönlicher Freiheit zugestanden. Die Menschen sind mehr auf die eigenen Interessen und die ihrer unmittelbaren Angehörigen bedacht. Kollektivismus ist gekennzeichnet durch eine überwiegende Formierung der Menschen in Gruppen, die Schutz bieten und denen die Individuen als Gegenleistung dafür ihre Loyalität bzw. Anpassung entgegenbringen. Der Grad der Ausprägung von Individualismus bzw. Kollektivismus hängt nach Hofstede stark mit dem Reichtum des jeweiligen Landes zusammen.

Mit **Machtdistanz** beschreibt Hofstede, in welchem Ausmaß eine Kultur Ungleichheiten bei der Machtverteilung im öffentlichen Leben wie auch in Organisationen akzeptiert. Eine hohe Machtdistanz drückt aus, daß die Kultur große Differenzen in der Machtverteilung billigt, „Autoritäten" bzw. Vorgesetzten den nötigen Respekt entgegenbringt und Status, wie z.B. Titeln eine große Bedeutung zuschreibt. In Kulturen mit einer geringen Machtdistanz werden machtbezogenen Unterschiede so weit wie möglich abgeschwächt. Vorgesetzte haben zwar Autorität und werden akzeptiert, die Mitarbeiter zeigen aber weder Angst noch Ehrfurcht vor ihnen. Beispiele solcher Kulturen sind die nordeuropäischen Länder.

Die Dimension **Vermeidung von Unsicherheit** beschreibt, wie stark sich eine Kultur von unvorhersehbaren Einflüssen bedroht fühlt und wie groß das Bestreben ist, unsicheren Situationen aus dem Weg zu gehen. Manche Kulturen akzeptieren eine ungewisse Zukunft und gehen ihr mehr oder weniger gelassen entgegen. Ebenso gelassen reagieren sie auf von ihren Vorstellungen abweichende Meinungen oder Verhaltensweisen, da sie sich dadurch nicht bedroht fühlen. Nach Hofstede zeigen solche Kulturen einen geringen Drang zur Vermeidung von Unsicherheit, da sich die Menschen in ihr recht sicher fühlen. Im Gegensatz dazu sind Kulturen, die einen starken Drang zur Vermeidung von Unsicherheit zeigen, gekennzeichnet durch einen hohen Grad an Angst und Unsicherheit. Dies zeigt sich beim einzelnen Menschen in Form von Nervosität, Streß und Aggressivität. Da sich die Menschen tendenziell bedroht und unsicher fühlen, besteht ein hohes Bedürfnis nach Schutz. Üblicherweise werden Regeln und Vorschriften konstruiert, die Risiken minimieren sollen. Von der Norm abweichendes Verhalten wird in der Regel weniger akzeptiert, da dies Ursache für Unsicherheit sein könnte. Am Arbeitsplatz zeigt sich ein hoher Grad an Unsicherheitsvermeidung hauptsächlich durch eine geringe Arbeitsplatzmobilität.

Die Dimension **Maskulinität** beschreibt schließlich, ob eine Kultur maskulinen Werten oder femininen Werten eine größere Bedeutung zuschreibt. Kulturen, die die maskulinen Werte betonen, legen nach Hofstede besonderen Wert auf Materielles. Andere Kulturen schätzen feminine Werte, sie räumen etwa zwischenmenschlichen Beziehungen sowie dem Wohlergehen anderer einen größeren Stellenwert ein.

Die folgende Übersicht zeigt am Beispiel einiger ausgewählter Länder die Ausprägung der vier Dimensionen:

Dimensionen	Land	Deutschland	Frankreich	Griechenland	Großbritannien	Japan	Niederlande	Österreich	Schweden	Schweiz	USA
Individualismus		67	71	*35*	89	46	80	55	71	68	**91**
Machtdistanz		35	**68**	60	35	54	38	*11*	31	34	40
Vermeidung von Unsicherheit		65	86	**112**	35	92	53	70	*29*	58	46
Maskulinität		66	43	57	66	**95**	14	79	*5*	70	62

Je größer der Wert, umso stärker ist das jeweilige Merkmal ausgeprägt.
Markiert sind jeweils der *niedrigste* und der **höchste** Zeilenwert.

Abbildung 1-3 *Ausprägung der Hofstede-Dimensionen in ausgewählten Ländern (nach Hofstede 1980)*

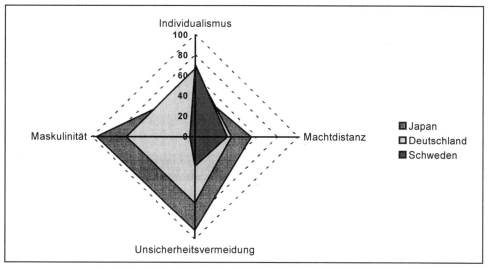

Abbildung 1-4 *Kulturprofil Deutschlands, Japans und Schwedens im Vergleich*

Kritisch anzumerken ist, daß Hofstedes Untersuchung ausschließlich auf einer Betrachtung verschiedener Länder beruht. Kulturen beschränken sich aber nicht zwangsläufig auf Ländergrenzen. Es gibt zahlreiche multikulturelle Länder, aber auch Kulturen, die Ländergrenzen überschreiten. Beide Aspekte finden keine Berücksichtigung. Zu betonen ist, daß die Erkenntnisse von Hofstede auch zur Erklärung kulturspezifischer Unterschiede im beruflichen Kontext heranzuziehen sind. So werden etwa Motivation, Führungsstile, Personalentwicklung sowie die Anforderungen bzw. Voraussetzungen bei geschäftlichen Verhandlungen stark von der jeweiligen Landeskultur beeinflußt, wie auch das folgende Beispiel zeigt.

Managementkriterien	Europa	USA
Art der Kooperation	Wettbewerb mit zahlreichen Einschränkungen	liberale Wettbewerbsordnung
Werte	formell, status- und einfluß-orientiert	informell, zielorientiert
Zeitorientierung	längerfristig	kurzfristig
Politischer Einfluß	politische Einflüsse spielen eine größere Rolle (z.B. öffentliche Wirtschaft, Interventionen)	eher unabhängig von politischen Umständen
Art der Ausbildung	gute Grundausbildung	zielorientiert, Managementausbildung
Initiative	Entscheidungsfindung eher gruppenorientiert	persönliche Initiative und Entscheidungsfindung
Mobilität	eher geringere Mobilität	hohe Mobilität (Fluktuation) der Mitarbeiter
Loyalität	Loyalität des Managements gegenüber dem Unternehmen	geringere Loyalität des Managements gegenüber dem Unternehmen
Rolle des Unternehmens	Förderung gesellschaftlicher Ziele noch immer nicht gänzlich unbedeutend	Förderung ausschließlich des Ziels optimaler Kapitalverwertung

Abbildung 1-5 *Wirtschaft und Management in Europa und den USA*

2 Verhalten in ausgewählten internationalen Märkten

Menschen werden in ihrem Denken und Handeln von ihrer Kultur beeinflußt und agieren in Übereinstimmung mit den in ihrem Land vorherrschenden Werten und Normen. Sofern jemand die Wahl zwischen mehreren potentiellen Geschäftspartnern hat, wird er denjenigen auswählen, der ihm am sympathischsten erscheint, dem er glaubt, vertrauen zu können, zu dem er eine Beziehung aufbauen kann. Geschäfte werden demgemäß auch in wesentlich größerem Ausmaß zwischen einzelnen Menschen abgeschlossen, als man dies auf den ersten Blick vermuten mag.

Andere Länder, andere Sitten

„Dabei geht es nicht darum, einfach Benimm-Regeln zu beachten, sondern vielmehr darum, die kulturellen Eigenarten des jeweiligen Landes zu kennen und zu achten. Das beginnt bei der Begrüßung und geht bis zu kulturellen Tabubereichen, die beim Kontakt mit ausländischen Geschäftspartnern zu beachten sind.

Wer beispielsweise in Japan Argumente zu offen ausspricht oder Gefühle zeigt, verliert sein Gesicht. Wer sich dagegen nach westlichem Verständnis passiv verhält, was zum Beispiel in Deutschland im Geschäftsleben undenkbar erscheint, erntet in Asien allerhöchste Wertschätzung.

In jedem Land gibt es eigene Lebensgewohnheiten, kulturelle Besonderheiten und Traditionen, die auch auf das Geschäftsleben abfärben. So reagieren viele Südeuropäer verärgert über Anrufe in der Mittagszeit (Siesta), dafür sind viele Büros auch abends nach 19 Uhr noch vollständig besetzt. Wer mit arabischen Ländern Geschäfte tätigt, sollte den heiligen Freitag achten. Dafür wird ganz selbstverständlich am westlichen ‚heiligen' Sonntag gearbeitet.

In vielen Ländern der Welt haben nationale oder ethnische Eigenarten oder Zugehörigkeiten einen viel höheren Stellenwert als in Deutschland. Wer in Schottland oder Wales von Briten redet, wird kaum erfolgreich sein. Viele Bewohner Nordspaniens zum Beispiel sehen sich nicht als Spanier, sondern als Basken, Katalonen oder Galizier. Nicht nur solche Besonderheiten müssen beachtet werden, sondern auch Rivalitäten innerhalb eines Landes. So ist es in Italien wichtig zu wissen, daß sich viele Norditaliener und Süditaliener nicht leiden mögen. Auch die Rivalität von Flamen und Wallonen in Beligen hat eine andere Dimension als das in Deutschland eher belächelte Gerede vom angeblichen Konflikt zwischen Bayern und Preußen."

(Quelle: BMWi 1999, 56)

Geschäftsverhandlungen auf internationalen Märkten erfordern weit mehr Toleranz, Aufmerksamkeit, Einfühlungsvermögen und Flexibilität als auf dem Heimatmarkt. Wenn ein zu Verhandlungen ins Ausland entsandter Mitarbeiter nicht gleichzeitig auf geschäftlichem **und** sozialem Niveau kommunizieren kann, die verschiedenen Auffassungen von Geschäftstätigkeit nicht toleriert und gesellschaftliche Unterschiede nicht akzeptiert, wird er höchstwahrscheinlich keinen Erfolg haben.

Ob eine Geschäftsbeziehung bei Eintreten unvorhergesehener Umstände – wie z.B. Streiks, Rohstoffknappheit oder Ölkrisen – aufrechterhalten wird, hängt ebenfalls wesentlich von der persönlichen Beziehung zwischen Lieferant und Abnehmer ab.

Ländergrenzen überschreitende Joint-Ventures, Übernahmen und Unternehmenszusammenschlüsse gehören heute zur Regel. Allerdings sind nicht wenige dieser Vereinigungen zum Scheitern verurteilt, weil die Partner unfähig sind, auf kulturbedingte Unterschiede angemessen einzugehen. Bevor ein Geschäftspartner oder Fusionskandidat ausgewählt wird, sollte man sich deshalb unbedingt auch mit seinem kulturellen Hintergrund beschäftigen.

	Kulturelle Differenzen
Export	• Fehler in der Anbahnung, nicht adäquater Marktauftritt (z.B. Prospektgestaltung, Korrespondenzen usw.) • Mißverständnisse in Verhandlungssituationen (z.B. Mißinterpretationen von Unterschieden in der verbalen und nonverbalen Kommunikation) • unzulängliche Produktgestaltung (z.B. hinsichtlich Anwendung, Design, Farbe, Verpackung, Warnhinweisen usw.) • unterschiedliche Standpunkte, Praktiken und Erwartungen hinsichtlich der Vertragserfüllung (z.B. hinsichtlich der „Dehnbarkeit" einer Bestimmung usw.)
Lizenzen	• obige und zusätzlich insbesondere: • unterschiedliche Standpunkte, Praktiken und Erwartungen hinsichtlich Produktions- und Absatzpolitik (z.B. unterschiedliche Auffassung über die Produktqualität, die verfolgte Kommunikationsstrategie usw.)
Franchising	• obige und zusätzlich insbesondere: • unterschiedliche Standpunkte, Praktiken und Erwartungen hinsichtlich der Serviceorientierung und Regelgenauigkeit (z.B. hinsichtlich Hygiene, Freundlichkeit usw.)
Joint Ventures und Niederlassungsgründung	• obige und zusätzlich insbesondere: • unterschiedliche Organisationsformen, Vereinbarung von weltweiter Zentralisierung und Lokalisierung, divergierende Standpunkte, Praktiken und Erwartungen hinsichtlich Management und Personalpolitik (z.B. betreffend Einstellungen und Entlassungen, Umgang mit Mitarbeitern, praktizierter Managementstil usw.)

Abbildung 2-1 *Internationale Unternehmenstätigkeit und kulturelle Unterschiede (Apfelthaler 1999, 13)*

Flexibel genug zu sein, um sich anderen Handlungsweisen und Auffassungen anpassen zu können, gleichzeitig aber die eigene Identität zu wahren, erfordert eine gehörige Portion Geschick und Gespür.

In der Folge wird ein Überblick zum Geschäftsleben und zur kulturellen Orientierung in ausgewählten Ländern gegeben. Die enthaltenen Informationen sollen für die angemessenen Verhaltensweisen im jeweiligen Land sensibilisieren. Die Strukturierung folgt in jedem Fall dem gleichen Schema (vgl. dazu auch Wirtschaftskammer Österreich 1998 und Morrison/Conaway/Borden 1994): zum Land, kulturelle Orientierung in Gesellschaft und Alltag, Geschäftsleben – Geschäftsbeziehungen, Verhandeln, Protokoll, Pünktlichkeit, Geschenke, Tabus.

Die Auswahl der dargestellten Länder wurde schwerpunktartig so getroffen, daß möglichst unterschiedliche Länder und Kulturen erfaßt werden und gleichzeitig auch namhafte internationale Märkte Berücksichtigung finden.

Dabei gibt es verschiedene Dinge, die in allen Kulturen gleichermaßen von besonderer Wichtigkeit sind, wenn auch in länderspezifischen Formen (vgl. Wirtschaftskammer Österreich 1999):

- Status (Lebensalter, Geschlecht, Position im Unternehmen),

- die Art der Begrüßung (vgl. *„kiss, bow or shake hands"*),

- die Anrede,

- Visitenkarten bzw. der Umgang mit ihnen,

- die Wahl der Kleidung,

- das Verhalten bei Essen und Trinken,

- Gesprächsthemen (vgl. Tabus),

- Geschenke,

- Pünktlichkeit.

Dieser gewissermaßen kulturübergreifenden Agenda ist dementsprechend hohe Bedeutung einzuräumen. Das sei an dieser Stelle besonders betont. Die obigen Punkte zu negieren oder auch nur zu unterschätzen, kann sich schnell als großer Fehler mit fatalen Wirkungen auf den Geschäftserfolg erweisen.

Nochmals: Die umfassende Beschäftigung mit den Umgangsformen, Gewohnheiten und Bräuchen eines Landes ist unabdingbar (und sehr lohnend), sobald man mit diesem Land – sei es geschäftlich oder auch auf andere Art – in näheren Kontakt kommt.

Aufmerksamkeiten

„Ich habe mir im Lauf der Jahre einen kleinen Kniff zurecht gelegt, der bis jetzt immer funktioniert hat. Wann immer ich einen wichtigen ausländischen Partner besuche oder treffe, besonders natürlich beim ersten Mal, rufe ich einige Tage vorher die Sekretärin an und frage nach Hobbys, Familie oder auch Vorlieben meines Geschäftspartners. Ich erkläre auch, daß ich eine kleine Freude machen möchte, bitte aber um Verschwiegenheit. Jedesmal sind die Partner überrascht – sei es über eine besondere Flasche Wein, die Eintrittskarte in die Oper oder zum Fußball, einen Bildband, oder auch nur, weil ich erfahren habe, daß die Kunden gern italienisch oder indisch essen gehen und ein Tisch reserviert ist. Auf diese Weise schaffe ich eine freundliche Atmosphäre, die sich auf die Gespräche überträgt. Gleiches gilt natürlich auch, wenn man um die Dinge weiß, die ein ausländischer Geschäftspartner partout nicht mag. Das kann Kaffee genauso sein wie ein überhitztes Büro – das gab es alles schon."

(Quelle: BMWi 1999, 57)

2.1 Argentinien

Zum Land

Argentinien ist ein Einwanderungsland, seine Bevölkerung größtenteils europäischer – Italiener und Spanier, aber auch Deutsche und Russen – Abstammung. Auch viele politische und ethnische Flüchtlinge siedelten sich in Argentinien an. Auf den ersten Blick erinnert die Hauptstadt Buenos Aires in bezug auf Architektur und seine Bewohner an eine europäische Großstadt. Im Verhalten der Menschen sind aber große Unterschiede zu Europa zu erkennen.

Buenos Aires (Gute Luft)

Kulturelle Orientierung in Gesellschaft und Alltag

In Lebensrhythmus und Zeitorientierung bestehen große Unterschiede zu Europa. Zeitdruck verbreitet weniger Unruhe und Unbehaglichkeit, man nimmt sich in Argentinien die Zeit, die man für seine Vorhaben braucht. Besonders bei Behörden kommt es häufig vor, daß man lange warten muß.

Obwohl menschliche Werte generell hoch bewertet werden, führt der verstärkte Konsum in Richtung einer zunehmend materialistischen Gesellschaft.

Diejenigen, die eine Machtposition innehaben, schätzen und beanspruchen auch die damit verbundenen Privilegien. Obwohl Männer in Politik und Geschäftsleben noch überwiegen, sind verstärkt auch Frauen in führenden politischen und geschäftlichen Positionen anzutreffen.

Probleme werden stets aus subjektiver Perspektive betrachtet und nicht selten befindet man sich in einem Konflikt zwischen Fakten, Glauben und Gefühl. Fakten sind nur solange akzeptabel, wie sie Glauben und Gefühl nicht widersprechen. Trotz dieses Konflikts wird ein Argentinier jedoch nur selten einen Vorschlag offen ablehnen, wenn ihm der Geschäftspartner sympathisch ist.

Entscheidungen werden üblicherweise individuell, aber stets im Interesse der Gruppe getroffen. Die (Groß-)Familie wird sehr geschätzt, da sie dem Individuum seine Identität gibt. Verwandtschaftliche und freundschaftliche Beziehungen haben großen Einfluß auf die Entscheidungsfindung. Freunden wird sowohl privat als auch beruflich geholfen.

Die Argentinier sind im allgemeinen stolz auf ihr Land, wenngleich sie mangelnde Disziplin, die übermäßige Bürokratie, Korruption und auch Faulheit als Mißstände erkennen. Ein Fremder – und das gilt für alle Länder gleichermaßen – sollte in diese Kritik jedoch keinesfalls einstimmen, sondern statt dessen die positiven Seiten des Landes, beispielsweise den vergleichsweise hohen Ausbildungsstand der Bevölkerung oder Argentiniens Stellung in Südamerika, hervorheben.

Geschäftsleben	
Geschäftsbeziehungen	• Geschäftskontakte lassen sich am günstigsten über jemanden, der über zahlreiche Kontakte in seinem Bereich verfügt, etablieren.
Verhandlungen	• Verhandlungsprozesse verlaufen eher langsam; mit mehreren Geschäftsreisen für Anbahnung und Abschluß eines Vertrages ist zu rechnen.
	• Ein Grund für das langsame Ablaufen geschäftlicher Prozesse sind die immense Bürokratie und Schwerfälligkeit der Abläufe; jede Entscheidung muß meist erst von mehreren Personen genehmigt werden.
	• Üblicherweise kommt man nicht direkt auf das Thema der Verhandlungen zu sprechen; meist wird weit ausgeholt, bevor man zum eigentlichen Verhandlungsthema kommt.
	• Persönliche Beziehungen sind von größerer Bedeutung als geschäftliche bzw. an ein Unternehmen gebundene; bei Wechsel eines Repräsentanten muß eine Firma große Anstrengungen unternehmen, um seine Kunden von der Vertrauenswürdigkeit und Qualität des neuen Vertreters zu überzeugen, auch wenn sich in der Unternehmenstätigkeit selbst nichts geändert hat.
	• Selbst wenn einzelne Vertragsbestandteile als ausgehandelt angesehen werden, können – solange nicht über den Vertrag als Ganzes entschieden wurde – stets noch Änderungen vorgenommen werden.
	• Bei Verhandlungen mit der argentinischen Regierung empfiehlt sich der Einsatz eines einheimischen Vermittlers, ohne den sich mitunter nicht einmal Termine (mit dem „richtigen" Gesprächspartner) arrangieren lassen.
Protokoll	• Es wird großer Wert auf Höflichkeit gelegt.

	• Begrüßung üblicherweise mit Handschlag; Ansprache mit Titel und Familienname
	• Visitenkarten vorzugsweise in spanisch oder englisch
	• Der körperliche Abstand zum Gesprächspartner ist relativ gering; es ist nicht empfehlenswert, den Abstand durch einen Schritt zurück vergrößern zu wollen; der Argentinier wird seinerseits wahrscheinlich durch einen Schritt vorwärts versuchen, den Abstand wieder zu verringern.
	• Schulterklopfen gilt als Zeichen von Freundschaft und Wertschätzung.
	• Korrekte, meist konventionelle Kleidung
Pünktlichkeit	• Von Geschäftspartnern wird Pünktlichkeit erwartet, was jedoch nicht heißt, daß argentinische Geschäftsleute stets pünktlich sind.
	• Im allgemeinen kann davon ausgegangen werden, daß mit der Position bzw. dem Rang einer Person die Wahrscheinlichkeit, daß sie ihre Gesprächspartner warten läßt, zunimmt.
	• Anders als bei geschäftlichen Terminen oder bei Veranstaltungen mit einem offiziellen Beginn gilt absolute Pünktlichkeit beispielsweise bei Dinners oder Partys als unhöflich.
Geschenke	• Wein und Lederartikel vermeiden, da beides in großen Mengen im Land selbst produziert wird
	• Bei einem Geschenk, das im Unternehmen des Gastes hergestellt wurde, sollte diskret das Firmenlogo plaziert sein.
	• Bei Verhandlungsbeginn sollten einem Geschäftspartner noch keine Gastgeschenke überreicht werden.
Tabus	• Keinesfalls sollte der Krieg um die Falklandinseln angesprochen werden; falls er von einem argentinischen Geschäftspartner dennoch erwähnt wird, so sollte man den argentinischen Namen für die Inselgruppe, Malvinas-Inseln, verwenden.
	• Es gilt als unhöflich, auf der Straße oder in öffentlichen Verkehrsmitteln zu essen.

2.2 Brasilien

Zum Land

Von 1968 bis 1980, der Zeitraum, der als Zeit des brasilianischen Wirtschaftswunders gilt, gelang es Brasilien, eine gesunde Wirtschaftsstruktur zu entwickeln. Trotz zahlreicher ökonomischer Probleme wird Brasilien wegen seines starken industriellen Sektors, seiner landwirtschaftlichen Produktion und seiner Rohstoffe als reiches Land und als attraktiver, zukunftsträchtiger Markt betrachtet.

Kulturelle Orientierung in Gesellschaft und Alltag

Im Süden Brasiliens findet man große deutsche, italienische und japanische Minderheiten, im Norden des Landes sind viele Menschen afrikanischer und indianischer Abstammung beheimatet.

Allgemein wird den Brasilianern nachgesagt, sie seien umgänglich, friedfertig, individualistisch, sentimental und emotional. Fußball und Karneval spielen im Land eine überaus große Rolle.

Brasilianer stehen Diskussionen über die meisten Themen sehr offen gegenüber, allerdings werden Herkunft und Familie als private Angelegenheiten betrachtet und sollten somit nicht Gesprächsgegenstand sein. Probleme werden eher indirekt angegangen, wobei bei deren Lösung auch auf Gefühle Rücksicht genommen wird. Fakten gelten als Beweis, überstimmen aber nur selten subjektive Gefühle.

Die Familie gilt als die wichtigste Institution in der brasilianischen Gesellschaft, die dem Individuum als soziale Struktur Stabilität und Sicherheit bietet. Zu den höchsten Pflichten gehört es, loyal gegenüber der Familie zu sein. Entsprechend setzt man sich auch im Gesellschafts- und Wirtschaftsleben für Familienmitglieder ein. Auch die Kirche bildet einen entscheidenden Teil des kulturellen und sozialen Lebens. Klassen- und Statusunterschiede sind stark ausgeprägt und entscheiden in hohem Maß auch über die Lebenschancen eines Individuums.

König Fußball

Geschäftsleben	
Geschäfts-beziehungen	• Geschäftsbeziehungen werden vorrangig durch persönliche Verbindungen etabliert. Man geht davon aus, daß Geschäftsbeziehungen lang anhaltend sind. Basis nachhaltiger Geschäftsbeziehungen ist in den meisten Fällen gegenseitiges Vertrauen. • Eine über entsprechende Beziehungen verfügende einheimische Kontaktperson erleichtert den Zugang zu weiteren Geschäftspartnern.
Verhandlungen	• Brasilianische Unternehmen verfügen über eine ausgeprägte Hierarchie. Verhandlungspartner sollten in möglichst hohen Hierarchieebenen gesucht werden. • Üblicherweise sind mehrere Geschäftsreisen bis zum Abschluß eines Vertrages notwendig. Während der Vertragsverhandlungen ist es durchaus üblich, mehrere Punkte gleichzeitig zu diskutieren. Konfrontationen sollten vermieden, Frustration im Falle eines nicht zügigen Fortschreitens der Verhandlungen nicht gezeigt werden. Brasilianer schätzen die Personen, mit denen sie verhandeln, mehr als den Firmennamen. Ändert sich die Zusammensetzung des Verhandlungsteams während der Verhandlungen, kann der Vertragsabschluß dadurch gefährdet werden. Da ausländische Rechtsberater mitunter abgelehnt werden, sollte ein einheimischer Rechtsbeistand zu Rate gezogen werden. Diskussionen verlaufen meist sehr lebhaft, die verbalen Ausführungen werden im allgemeinen gestenreich und durch eine Vielzahl körperlicher Kontakte unterstützt. • Ein unterschriebener Vertrag muß nicht unbedingt ein nach europäischer Auffassung rechtsgültiger Vertrag sein, sondern wird bisweilen nur als Absichtserklärung angesehen. Als sicher kann ein Abschluß erst dann betrachtet werden, wenn ein entsprechendes Akkreditiv eröffnet ist bzw. Zahlungen eingegangen sind. • Geduldig vorgebrachte Anliegen führen meist zum Erfolg.
Protokoll	• Sowohl bei der Begrüßung als auch bei der Verabschiedung ist ein Händedruck üblich, nicht selten begleitet von Schulterklopfen oder Umarmungen. Die Vorstellung erfolgt durch die Überreichung der Visitenkarte, woraufhin der Brasilianer seinen Gesprächspartner in der Regel gleich mit dem Vornamen anspricht. Von gewissen Ausnahmen abgesehen, gehen Brasilianer in Gesprächen meist gleich in die Du-Form über. Die Angabe der akademischen Titel auf Visitenkarten ist eher unüblich. Der physische Abstand bei Gesprächen ist sehr gering. Die Gesprächspartner bleiben durch Berührung der Arme, Hände oder Schultern in direktem Kontakt. Das Gesprächsklima ist im allgemeinen überaus freundlich. • Bei der Kleidung dominiert ein eher konservativer Stil.
Pünktlichkeit	• Pünktlichkeit wird in Brasilien kein hoher Stellenwert eingeräumt. Üblicherweise muß man auf seinen brasilianischen Geschäftspartner warten. Sowohl im geschäftlichen als auch im privaten Leben werden Verspätungen der Gäste von bis zu 30 Minuten toleriert.

Geschenke	• Es ist unüblich, bereits beim ersten Treffen Geschenke zu überreichen. Bei der Auswahl der Geschenke sollte folgendes bedacht werden: Schwarze oder purpurfarbene Artikel sollten vermieden werden, da dies die Farben der Trauer sind; ebenso sollten keine Messer (symbolisieren den Abbruch der Beziehung) oder Taschentücher (bedeuten Kummer) verschenkt werden.
Tabus	• Wie auch in Argentinien äußern sich Brasilianer häufig kritisch zu den Mißständen im eigenen Land, was allerdings nicht bedeutet, daß sich auch Fremde kritisch über das Land äußern sollten. Ebenso sollten Diskussionen über Brasiliens traditionellen Rivalen Argentinien vermieden werden.

Ohne Network ... läuft hier gar nichts.

„Via Netzwerk bahnen sich Geschäftskontakte an, neue Jobs und frische Allianzen. Bei speziellen Anliegen ebnet ein ‚Despachante' – ein ‚gekaufter Freund' – mittels kleiner Gefälligkeiten den Weg durch die mitunter kafkaesk aufgeblasene Bürokratie. So brachte es der Ausländer binnen wenigen Tagen zu einem neuen Führerschein. Ein echter ‚jeito'. Ohne die nette Flasche Whiskey hätte ihn das mehrere Monate gekostet.

... wer sich preußisch entrüstet über das Chaos, ‚den nimmt niemand mehr ernst', weiß Krause. Also bleibt er gelassen, wenn potentielle Kunden kurz vor Vertragsunterzeichnung abspringen. Oder ein Geschäftstermin platzt, was fast alltäglich ist. ‚Wenn mich europäische Partner nach meinem *schedule* für nächste Woche fragen, kann ich nur lachen', sagt er. ‚So was gibt's hier nicht. Weil sich alles in den nächsten Minuten wieder ändern kann.'"

(Quelle: Esser, B.: Leben im Ausland – Endlich zu Hause, Focus v. 17.05.99, 69f)

2.3 VR China

Zum Land

China ist nicht nur das bevölkerungsreichste Land, sondern auch jenes mit der ältesten Zivilisation der Welt. Das auch geographisch isolierte Land – im Westen durch Gebirge, im Süden durch Dschungel, im Osten durch den Ozean und im Norden durch die Steppe von anderen Völkern abgeschnitten –, hat nie dauerhafte oder freundschaftliche Beziehung zu einem anderen Land aufgebaut.

Kulturelle Orientierung in Gesellschaft und Alltag

Externen Informationsquellen gegenüber zeigen sich die Chinesen grundsätzlich mißtrauisch. Informationen werden normalerweise aus einer subjektiven Perspektive, ausgehend von bereits gewonnenen Erfahrungen, verarbeitet.

China hat eine stark kollektivistische Kultur. In der zentral kontrollierten Wirtschaft ruht die Verantwortung bei der Regierung und der Partei. Die Individuen sind – innerhalb des Systems – jedoch für ihre Entscheidungen selbst verantwortlich. Lokale Entscheidungen werden vom Leiter des Kollektivs getroffen, von den Mitgliedern des Kollektivs wird dabei in Übereinstimmung stehendes Verhalten erwartet. Die Kollektive sind abgeschlossene Einheiten, in denen individuelle Ziele denen der Gemeinschaft untergeordnet sind (vgl. „Danwei", Li 1993).

Familie, Schule, Arbeitsgruppe und lokale Gemeinschaft bilden die grundlegende soziale Struktur, die dem Individuum Stabilität gibt. Die Großfamilie wird sehr geschätzt, Gehorsam gegenüber den Eltern wird erwartet. Es besteht ein großes Harmoniebedürfnis; Harmonie muß um jeden Preis aufrechterhalten werden. Äußerst wichtig ist es, jegliches Verhalten so auszurichten, daß der Chinese (aus seiner Sicht) keinen „Gesichtsverlust" erleidet. Mehr noch als die Religion bestimmt der Staat moralische und Glaubenswerte und bietet Sicherheit.

Geschäftsleben	
Geschäfts-beziehungen	• Hierarchien sind in chinesischen Unternehmen und Behörden besonders ausgeprägt, was sich nicht nur bei Verhandlungen, sondern auch beispielsweise bei Geschäftsessen bemerkbar macht. Aus diesem Grund ist es erforderlich, daß die Geschäftsanbahnung durch einen hochrangigen Vertreter erfolgt, da wahrscheinlich nur er einen Termin bei den ausschlaggebenden chinesischen Entscheidungsträgern bekommen wird. • Geschlechterunterschiede spielen innerhalb der Organisationsstrukturen kaum eine Rolle. Viel wichtiger ist die hierarchische Stellung des Betreffenden. • Vom ausländischen Geschäftspartner wird in jedem Fall erwartet, daß er sich auf die Sitten und Bräuche in China einstellt und sich daran hält.
Verhandlungen	• Die Machtdistanz ist in China sehr groß. Chinesen erwarten, daß die Verhandlungen vom Ranghöchsten jeder Seite geführt werden. Während der Verhandlungen sollte stets Ruhe bewahrt, eventuelle Verzögerungen hingenommen und nicht über die Einhaltung von Terminen gesprochen werden. Nach einer Verhandlung sollten die Gäste zuerst den Verhandlungsort verlassen. • Es ist nicht unüblich, daß Präsentationen vor verschiedenen Gruppen unterschiedlicher Hierarchiestufen zu halten sind. Die Angebotsunterlagen sollten bereits mehrfach kopiert vorliegen, da Photokopierer in China oft nicht verfügbar sind. Es empfiehlt sich auch, Unterlagen schwarz-weiß vorzubereiten, da Farben sehr spezifische Bedeutungen haben. • Bis zum endgültigen Vertragsabschluß werden mehrere Reisen nach China notwendig sein. Die Chinesen sind sehr vorsichtig und werden, bevor sie einen Vertrag unterzeichnen, den Aufbau einer engeren Beziehung anstreben, jedenfalls aber detailliert alle Informationen einholen, die sie benötigen. Zeit spielt dabei keine Rolle. • Englisch ist zwar Geschäftssprache, Prospektmaterial sollte allerdings in Chinesisch vorliegen. Da viele ältere chinesische Entscheidungsträger der englischen Sprache nicht mächtig sind, kann die Kommunikation zum Problem werden. Der Einsatz eines fachlich kompetenten Übersetzers ist daher unabdingbar. Noch besser ist es natürlich, wen man sich unmittelbar chinesisch verständigen kann. • Die „blumige" Ausdrucksweise der Chinesen wirkt sich häufig auf die Gesprächsdauer aus. Während eines Gesprächs sollte man trotzdem Ruhe bewahren und lautes Reden vermeiden.
Protokoll	• Chinesen verbeugen sich leicht, wenn sie andere Personen begrüßen. Auch ein Händedruck ist nicht mehr unüblich, jedoch sollte der Gast

diesbezüglich nicht die Initiative ergreifen. Mehr Wert als auf durch Studium erworbene Titel wird auf Funktionsbezeichnungen wie Direktor, Manager usw. gelegt. Die Vorstellung erfolgt nach der Rangstellung innerhalb der Gruppe.

- Visitenkarten, die ins Chinesische übersetzt sein und die Funktion der jeweiligen Person angeben sollten, werden mit beiden Händen und einer leichten Verbeugung überreicht. Bei der Übersetzung ist darauf zu achten, daß Namen und Firmenbezeichnung nicht zu lang bzw. zu kompliziert sind.

- Körperlicher Kontakt, z.B. in Form eines langen Händedrucks, Schulterklopfens o.ä., kann als besonderer Ausdruck von Höflichkeit empfunden werden. Übertriebene Gestik und Mimik sollten vermieden werden. Ebenso sollte sich der Gast bemühen, während des Sprechens nicht die Hände zu verwenden.

- Nach einem Essen ist es nicht üblich, noch länger zusammen zu sein. Es ist daher kein Ausdruck von Unhöflichkeit, wenn sich Chinesen unmittelbar nach dem Essen verabschieden. „Mutproben" (z.B. hochprozentiger Alkohol, Servieren von Skorpionen) sind üblich, um den Gast zu „prüfen".

– ohne Worte –

Pünktlichkeit	• In China ist es sowohl bei geschäftlichen als auch bei gesellschaftlichen Veranstaltungen von besonderer Bedeutung, pünktlich zu sein.
Geschenke	• Die Überreichung von Geschenken ist nicht unproblematisch. Offiziell ist es nicht gestattet, allerdings nimmt die Akzeptanz von Geschenken

immer mehr zu. Bevor Geschenke ausgetauscht werden, sollten alle Geschäftsverhandlungen abgeschlossen sein.

- Bei der Überreichung von wertvolleren Geschenken ist darauf zu achten, daß dies nicht vor anderen Personen geschieht, da dies beim Beschenkten Verlegenheit und Schwierigkeiten verursachen könnte. Ein Geschenk des eigenen Unternehmens an das chinesische Unternehmen ist akzeptabel. Es sollte jedoch explizit als solches dargestellt werden. Bei der Überreichung bzw. Annahme eines Geschenks sollten beide Hände verwendet werden. Traditionell lehnt ein Chinese ein Geschenk dreimal ab. Der Schenkende sollte daher weiter auf die Annahme des Geschenkes bestehen und, wenn es akzeptiert wurde, seiner Freude darüber Ausdruck verleihen.

- Geschenke werden nicht in der Gegenwart des Schenkenden geöffnet.

- Das Verschenken von Lebensmitteln ist in China sehr geschätzt. Zu einer Party oder einem Abendessen sollte derartiges allerdings nicht mitgebracht werden, da dies dem Gastgeber vermitteln könnte, er hätte nicht genug anzubieten. Anstelle dessen empfiehlt es sich, ein solches Geschenk nach der Party als Dankeschön zu übersenden.

- Bestimmte Gegenstände, die man in China mit Beerdigungen assoziiert – wie Uhren, Störche und Kraniche oder Taschentücher – kommen als Geschenk nicht in Betracht. Ebenfalls berücksichtigt werden sollte die Farbe. Blau, Weiß und Schwarz sind vorherrschende Farben auf Beerdigungen. Besser sind die Farben Rot, Rosa und Gelb, die Glück, Reichtum und Erfolg symbolisieren.

Tabus	- Politische Themen, insbesondere Tibet und die Menschenrechtsproblematik, sollten nicht angesprochen werden.

Fallstudie: *Verkaufsgespräche in China*

(von Sven Roßbach)

Bei Verhandlungen im Ausland spielen kulturelle Unterschiede der beteiligten Parteien oft eine entscheidende Rolle. Besonders offensichtlich wird dies, wenn man den westlichen Kulturkreis, der sich doch in etlichen Punkten ähnelt, verläßt und mit z.B. arabischen oder asiatischen Geschäftspartnern umgehen muß. Dafür soll der folgende Fall als treffendes Beispiel dienen.

Die Situation

Thomas Fechter, ein ausgezeichneter und international erfahrener Verkäufer, versteht die Welt nicht mehr. Er ist zu Verkaufsgesprächen in China.

Nach tagelangen zähen Verhandlungen über den Ankauf von Präzisionswerkzeugen wähnt er sich mit der chinesischen Delegation endlich soweit, sich über den Lieferumfang verständigen zu können, der den Preisvorstellungen der Chinesen entspricht. Fechter, der den erfolgreichen Abschluß greifbar nahe sieht, macht einen umfassenden Vorschlag, der aus seiner Sicht den Stand der Verhandlungen zusammenfaßt und den Interessen beider Seiten optimal gerecht wird. Mit Befriedigung registriert er während seiner Ausführungen, daß die Mitglieder und der Leiter der chinesischen Delegation wiederholt zustimmend nicken. Auch seine Schlußbemerkung, daß aus seiner Sicht der Vorschlag eine für beide Seiten befriedigende Lösung darstelle, wird vom chinesischen Delegationsleiter lächelnd und zustimmend nickend bestätigt.

Thomas Fechter erwartet zuversichtlich die Zustimmung zu seinem Vorschlag am nächsten Tag. Das Gespräch eröffnet der technische Leiter der Chinesen, der damit beginnt, man finde den Vorschlag sehr gut und habe nur noch einige wenige spezielle Wünsche, die er gerne darlegen wolle. Am Ende des Vortrages ist Herrn Fechter klar, daß der chinesische Vorschlag mit dem seinen nicht das geringste zu tun hat und zudem für ihn völlig unannehmbar wäre. Seine Partner tun, als hätten die tagelangen Verhandlungen nicht stattgefunden, als begänne alles von neuem.

„Wenn die auf Zeit spielen, tue ich es umgekehrt", beschließt Fechter. Er macht dem chinesischen Delegationsleiter deutlich, daß er zu weiteren tagelangen Verhandlungen nicht bereit sei und auch spätestens in zwei Tagen zurückreisen müsse. Nach den bisherigen positiven Zwischenergebnissen, die er auch gestern nochmals formuliert habe und die ja auch von chinesischer Seite bestätigt worden seien, sei er sehr zuversichtlich, daß man sich auf der Basis seines Vorschlages bis dahin sicherlich einigen könne.

Der chinesische Delegationsleiter nickt lächelnd, man werde sicherlich sehr schnell zu einem Abschluß kommen, wenn Herr Fechter sich ein wenig bemühe, ihnen entgegenzukommen und ihren Vorschlag akzeptiere.

Thomas Fechter hält die Zeit für gekommen, seinen Verhandlungsstil zu verschärfen: Er habe sich all die Tage bemüht, den chinesischen Interessen soweit wie nur möglich entgegenzukommen und dies in seinem Vorschlag zum Ausdruck gebracht. Der Gegenvorschlag hingegen berücksichtige in keiner Weise bisher gefundene Kompromisse. Er sei tief enttäuscht hierüber, denn ein solches Vorgehen sei für ihn weder seriös noch akzeptabel. Er sei wohl bereit, auf der Basis seines Vorschlages nochmals Details zu erörtern. Auch über den Preis könne man gegebenenfalls noch einmal reden, obwohl er hier keinen Spielraum mehr sähe. Dies sei aber sein äußerstes Angebot und letztes Wort.

Nach längerem Schweigen ergreift der chinesische Direktor das Wort, spricht lange allgemein über deutsch-chinesische Freundschaft, die guten Beziehungen und den wechselseitigen Respekt und bittet am Ende um Vertagung.

Herr Fechter geht in sein Hotel und ist sich sicher, daß die Chinesen einlenken werden. Am frühen Nachmittag erhält er die Nachricht, in der Abendmaschine sei ein Platz für ihn reserviert, man wünsche ihm eine gute Heimreise.

Hintergrundinformationen

Etliche auf den ersten Blick unverständliche Reaktionen lassen sich leichter nachvollziehen, wenn man ein wenig über eines der wichtigsten Konzepte der Eigenwahrnehmung und Selbstdefinition im moralischen Verhalten der Chinesen weiß. Das Konzept des „Gesicht-Wahrens" bedeutet generell, Peinlichkeiten im sozialen Umgang zu vermeiden. Es ist eng mit der Etikette verbunden, da durch die rechte Anwendung und Ausübung der Etikette das Gesicht gewahrt bleibt oder, im negativen Fall, verlorengeht. „Gesicht wahren" steht für die Einhaltung aller moralischen Tugenden, die durch die Lehre des Konfuzius vorgegeben sind, d.h. Loyalität, Einhaltung der Hierarchie, Pietät usw. Übertritt jemand die moralischen Normen oder lehnt diese offen ab, so spricht man davon, daß diese Person „kein Gesicht will", was einer Ausschließung aus der sozialen Gemeinschaft gleichkommt. Insofern kann „Gesicht" durchaus als eine Form sozialer Währung und des persönlichen Status gesehen werden. „Gesicht zu verlieren" wird daher unter Umständen genauso ernst empfunden, wie die wörtliche Bedeutung; es ist vergleichbar der Verstümmelung von Auge oder Nase. Es gibt sogar etliche Geschichten, wo Selbstmord als letzte Möglichkeit gesehen wurde, sein Gesicht für die Nachwelt zu wahren. Die praktische Anwendung dieses Konzepts umfaßt sehr verschiedene Aspekte und ist für das zwischenmenschliche Zusammenleben von allergrößter Bedeutung. Man kann ein Gesicht verlieren, wahren, retten, sich oder anderen geben oder rauben, wiederherstellen usw., wozu jeweils konkrete Schritte zu unternehmen sind. Sich oder anderen Gesicht zu geben, kann auch als Druckmittel im sozialen Gefüge angewandt werden, um den eigenen Status sicherzustellen. Man kann auf diese Weise den Partner höflich zu Gegenleistungen veranlassen, zu denen er gezwungen ist, um nicht sein eigenes Gesicht zu verlieren.

Der Begriff „Gesicht" bezieht sich aber keineswegs nur auf einzelne Personen, sonder kann auf ganze Gruppen angewandt werden, wie z.B. Familie, Arbeitsteam, seine Stadt oder das Land China im ganzen. Gerade im Kontakt mit dem Ausland ist das Gesicht-Konzept in China besonders wichtig, da die Chinesen besonders stolz auf ihre Nation und Kultur sind, sich sogar traditionellerweise der übrigen Welt überlegen fühlen. Die gewaltsame Öffnung Chinas durch das imperialistische Ausland am Anfang des 20. Jahrhunderts wurde von den Chinesen als schwerer Gesichtsverlust empfunden, was wesentlich schlimmer war als die ökonomischen und politischen Konsequenzen dieses Einbruchs. Die Intellektuellen in China beschäftigt nach wie vor die Frage, wie China sich aus seiner Rückständigkeit befreien kann und warum und wie der Westen seine unübersehbare Überlegenheit gegenüber China, einem Land mit tausendjähriger Kultur, erreicht hat.

Natürlich haben darüber hinaus bestimmte Gesten und Reaktionen in China nicht unbedingt dieselbe Bedeutung wie in Europa. Von einer Seite als ganz selbstverständlich angesehene Vorgehensweisen können unter Umständen auf der anderen zu schwerwiegenden Mißverständnissen führen. Einige grundlegende Unterschiede im Umgang mit Chinesen seien im folgenden genannt, von denen manche aber auch auf das Gesicht-Konzept zurückgeführt werden können.

Während etwa in Deutschland Nicken in der Regel bedeutet „Rede bitte weiter" und oftmals auch einen etwas zustimmenden Unterton hat, meint ein Chinese damit lediglich „Ich versuche zu folgen". Man kann daraus aber nicht entnehmen, ob das Gesagte auch wirklich verstanden wurde, das Gegenüber wirklich folgen kann. Um das herauszufinden, wird jedoch auch die Frage „Haben Sie verstanden?" nicht viel weiterhelfen. Die Antwort lautet mit ziemlicher Sicherheit immer „Ja". Besser ist hier die Frage „Wie haben Sie verstanden?". Auch einem Lächeln sollte man keine allzu große Bedeutung beimessen. Wenn jemand in Asien lächelt, heißt das nicht unbedingt, daß die Person glücklich ist, es ist oft einfach Ausdruck der Wertschätzung und sogar auch die Reaktion auf eine beschämende Situation. Eine Kellnerin, die den Gast anlächelt, nachdem sie ihm Tee über die Hose geschüttet hat, findet die Angelegenheit sicher nicht lustig, sie bietet das Lächeln als eine Art der Entschuldigung an. „Land des ewigen Lächelns" ist nicht umsonst ein geläufiger Begriff.

Erfährt man in Deutschland keinen Widerspruch, kann man davon ausgehen, daß der Gesprächspartner mit den vorgebrachten Punkten oder Argumenten einverstanden ist, für einen Chinesen jedoch ist es lediglich ein Gebot der Höflichkeit und Wertschätzung, sich mit Widerspruch zurückzuhalten. Man erspart damit dem Gegenüber die Bloßstellung unter Umständen etwas Falsches gesagt zu haben. Essentielle Differenzen können ja auch später in einem anderen Zusammenhang noch einmal besprochen werden. Diese Einstellung kommt auch in der Aufteilung der Redezeit zum Ausdruck. Wenn es in einer Angelegenheit nur noch 10 % Differenzen gibt, wird der Chinese den 90 % Übereinstimmung auch 90 % seiner Redezeit widmen, was dann oft wie das Wiederaufwärmen bereits besprochener Dinge klingt. Der Deutsche hingegen wird die 90 % wahrscheinlich mit einem „Ja, aber ..." abhandeln und sich den Rest der Zeit den 10 % Differenzen widmen. Für den Chinesen klingt das dann jedoch, als gäbe es überhaupt keine gemeinsamen Standpunkte.

Längere Pausen werden in Deutschland meist als unbehaglich empfunden. Sie vermitteln das Gefühl einer ausweglosen Situation, man weiß nicht mehr, was man sagen soll und außerdem ist längeres Schweigen nach der westlichen Devise „Zeit ist Geld" ineffizient. Also wird man versucht sein, solche Pausen zu vermeiden, sie irgendwie zu füllen. Für Chinesen sind aber Pausen am Ende eines Redebeitrages zwingend nötig, um nachzudenken und das eben Gehörte zu „verdauen". Das trifft übrigens auch auf andere ostasiatische Länder, wie z.B. Japan, zu.

Chinesischer Verhandlungsstil kann oft mit der Formel „drei Schritte vor, zwei zurück" umschrieben werden. Das liegt teilweise auch daran, daß es in vielen staatlich geführten Betrieben noch zu viele Verwaltungsebenen gibt, die alle informiert sein wollen, so daß mitunter die Besetzung der Delegation von einem Tag auf den anderen wechseln kann. Hinzu kommt, daß es vielen Chinesen schwer fällt, persönlich Verantwortung zu übernehmen. Entscheidungen werden daher meist im Kollektiv gefällt. Auch die westliche Idee, Verhandlungszeit so effektiv wie möglich zu nutzen, d.h., sich geradlinig von einem Punkt zum nächsten zu bewegen, spielt in einer solchen Organisation eine eher untergeordnete Rolle. Allgemein läßt sich sagen, daß, während Deutsche die wichtigsten Informationen auch zuerst vorbringen, bei Verhandlungen in China die kritischsten Punkte oft erst relativ spät besprochen werden. Schließlich muß man sich ja erst einmal kennenlernen, den Gesprächspartner mit weniger prekären Details ausloten, sich möglichst privat etwas näher kommen, um schließlich eine Basis zu haben, auf der man auch wirklich wichtige Dinge besprechen kann.

Aufgabe 1

Was hat Herrn Fechter so zuversichtlich gemacht, daß die chinesischen Partner seinen Vorschlag akzeptieren würden?

Aufgabe 2

Wie interpretierte Herr Fechter die Situation, als die chinesische Delegation dann doch nicht auf seinen Vorschlag einging?

Aufgabe 3

Was sind Ihrer Meinung nach die wichtigsten Gründe, warum die Verhandlung gescheitert ist?

Aufgabe 4

Was hätten Sie anders gemacht, wenn sie an Fechters Stelle gewesen wären? Weshalb?

Lösungsskizze

Auf die Fragen gibt es eigentlich kaum „die" richtige Antwort. Sicherlich hätten in dieser Situation mehrere Wege zum Erfolg geführt. Genauso wenig gibt es ein Patentrezept für ähnliche Fälle. Insofern sind die folgenden Antworten größtenteils eine Möglichkeit von mehreren, die Situation „richtig" zu beurteilen.

Aufgabe 1

Herrn Fechter sind offenbar einige der oben beschriebenen Fehler unterlaufen. Ob das Nicken der Chinesen wirklich zustimmend war, ist nach dem Ausgang des Falles wohl eher zweifelhaft. Auch das Lächeln des Delegationsleiters muß nicht bedeuten, daß er mit dem vorgebrachten Vorschlag zufrieden ist, wie es von Fechter offensichtlich interpretiert wurde. Dieser glaubt, eine für beide Seiten befriedigende Lösung angeboten zu haben, und fehlender Widerspruch bestärkt ihn in der Annahme. Tatsächlich hat er jedoch in keiner Form eine wirklich bestätigende Rückmeldung erhalten.

Aufgabe 2

Er ist überzeugt, die Chinesen hätten zum Schein alle bisher erreichten Zwischenergebnisse über Bord geworfen, obwohl sie im Grunde genommen die für ihn offensichtlichen Vorteile seines Vorschlages einsehen, nur um so sein Entgegenkommen noch weiter auszunutzen. Herr Fechter glaubt auch, die Chinesen wollen ihn vielleicht sogar ausspielen, da sie ja wissen, daß er als Reisender nicht unbegrenzt Zeit zur Verfügung hat, um ihm so größere Zugeständnisse abzuringen.

Aufgabe 3

Herrn Fechters Interpretation der Situation war wohl nicht ganz zutreffend. Es ist eher unwahrscheinlich, daß die Chinesen wirklich eine derart hinterlistige Taktik anwenden. Es ist durchaus normal, daß scheinbar geklärte Fragen noch einmal aufgeworfen werden, in der Regel kann man sich aber relativ schnell wieder auf die bereits besprochene Lösung oder eine leichte Variation davon einigen. Diese Fehleinschätzung führte zu einer falschen Reaktion. Die Chinesen mit den zwei Tagen unter Druck zu setzen und einen schärferen Stil anzuwenden, widerläuft dem chinesischen Harmoniebestreben. Sich schließlich noch dazu hinreißen zu lassen, das Vorgehen der Chinesen offen als unseriös und unakzeptabel darzustellen, hat Fechter selbst das Gesicht genommen. Die chinesische Seite sah keine gemeinsame Basis mehr, von der man die Verhandlungen hätte fortführen können.

Aufgabe 4

Zu wichtigen Verhandlungen in China sollte man vor allem eins mitbringen – Zeit und Geduld. Das sollten möglichst auch die Vorgesetzten zu Hause verstehen. Thomas Fechter hätte sich auf jeden Fall von diesem vermeintlichen Rückschlag nicht aus der Ruhe bringen lassen sollen. Die richtige Reaktion wäre gewesen, zu lächeln und dann z.B. ebenfalls einen neuen Vorschlag zu bringen, der im wesentlichen auf seinem ersten beruht, aber vielleicht in einigen weniger wichtigen Details den Chinesen etwas entgegenkommt. Daß es dafür noch Spielraum gegeben hätte, wurde ja am Ende angedeutet. Man hätte sich dann sicher tatsächlich relativ schnell einigen können, da ja die meiste zeitraubende Vorarbeit schon geleistet war. Hätte es dann tatsächlich noch länger als zwei Tage gedauert, hätte notfalls ein Anruf in der Firma so kurz vor einem Abschluß sicherlich auch noch eine gewisse Verlängerung ermöglicht. Es ist letztlich durchaus möglich, in seiner Verhandlungsposition hart zu bleiben, besonders wenn es um Hochtechnologie wie Präzisionswerkzeuge geht, die die Chinesen wirklich brauchen. Es kommt nur auf das Wie an!

2.4 Frankreich

Zum Land

Frankreich ist ein laizistisches Land. Man gilt als aufgeschlossen und möchte in Politik und Geschäft unabhängig sein.

Kulturelle Orientierung in Gesellschaft und Alltag

Franzosen sind sehr stolz auf ihr Land und wissen diesbezügliche Komplimente zu schätzen. Nationalstolz läßt sie manchmal allerdings auch egoistisch erscheinen. Eine starke ethnozentrische Orientierung hält sie davon ab, etwas zu akzeptieren, das im Widerspruch zu eigenen kulturellen Normen steht. Man geht nicht davon aus, daß Ausländer französischen Werten und Standards gerecht werden könnten.

Es gibt ein stark gegliedertes Klassensystem, der Großteil der Bevölkerung gehört aber der Mittelklasse an. Zwischen den einzelnen sozialen Gruppen sind relativ starke Konflikte zu verzeichnen. Die Geschlechterrollen in der Gesellschaft sind fließend. Die Stellung einer Person ist von größerer Bedeutung als ihr Geschlecht. Die Wahrung der Privatsphäre ist in allen Lebenslagen wichtig. Individualität wird der Anpassung vorgezogen. In der Öffentlichkeit können sowohl positive als auch negative Gefühle gezeigt werden.

Franzosen sind zwar stark individualistisch, verfügen aber normalerweise über zentralisierte Autoritätsstrukturen, die auch schnelle Entscheidungen zulassen. Von maßgeblicher Bedeutung im Entscheidungsprozeß sind die Beziehungen zwischen den Teilnehmern. Die Basis der sozialen Stellung stellt die Bildung dar. Man ist weniger risikogeneigt als beispielsweise in den USA, aber durchaus risikobewußter als in Deutschland oder Österreich.

Kontakte sind von besonderer Wichtigkeit und vermitteln ein Gefühl von Sicherheit. Argumente werden aus einer analytischen und kritischen Perspektive geschaffen. Man liebt die Diskussion, bemüht sich eher um Effekte und Image als um Details und Fakten. Gefühle und Glauben können die Argumentation beeinflussen. Gefaßte Meinungen werden mitunter auch wieder geändert.

Vorgesetzte verlangen von ihren Mitarbeitern Gehorsam. Macht ist ein grundlegender Faktor der Gesellschaft.

Geschäftsleben	
Geschäfts-beziehungen	• Franzosen sind langfristig orientiert und zielen auf den Aufbau fester persönlicher Beziehungen. • Bevorzugt werden direkte, persönliche Kontakte – Schriftverkehr ist sehr förmlich und wird, wenn immer es möglich ist, vermieden. • Hierarchien sind in Frankreich sehr wichtig. Führungskräfte der unteren Führungsebenen werden Probleme an ihre Vorgesetzten weiterreichen. Es empfiehlt sich daher, Kontakte gleich zu möglichst hohen Ebenen zu knüpfen.
Verhandlungen	• Franzosen sind für ihre formelle und zunächst oft eher reservierte Natur bekannt. Eine ungezwungene Atmosphäre während der Verhandlungen wirkt eher befremdend. • Man beginnt nicht sofort mit dem eigentlichen Verhandlungsthema, sondern meist mit Smalltalk. Allerdings sollte eine Konversation nicht mit persönlichen Fragen eingeleitet werden. Verhandlungen in französi-

scher Sprache werden bevorzugt. Der Gesprächspartner sollte daher über die notwendigen Sprachkenntnisse verfügen bzw. einen geeigneten Übersetzer mitbringen. Prospektmaterial sollte – optisch gut aufbereitet – in der Landessprache vorliegen.

- Zunächst wird versucht, Ziele und Bedürfnisse der andere Seite herauszufinden. Unlogisch erscheinende Argumente des Gegenübers werden sofort aufgegriffen. An Aufgaben wird häufig auch intuitiv-emotional herangegangen, ohne ein vorher genau festgelegtes Konzept zu verfolgen. Auf diese Weise kann auf kurzfristig auftretende Probleme schnell und flexibel reagiert werden.

- Sehr geschätzt wird das Eingehen auf Sonderwünsche.

Der Gruß der Franzosen

Protokoll	
	• Begrüßung, Vorstellung oder Verabschiedung erfolgt per Handschlag.
	• Ein Aspekt der Höflichkeit ist es, Französisch zu sprechen. Auch wenn ein Franzose einer Fremdsprache mächtig ist, zeigt er es nicht gerne, weil er sich nicht gern in einer Sprache unterhält, die er nicht perfekt spricht.
	• Visitenkarten werden bei der Kontaktaufnahme überreicht. Auf Visitenkarten sollten keine akademischen Titel, dafür aber unbedingt die Position im Unternehmen angegeben werden.

Pünktlichkeit	• Im Geschäftsleben ist man – entgegen allen Vorurteilen – äußerst pünktlich.
Geschenke	• Man erwartet keine Geschenke, freut sich aber darüber. Bei der ersten Begegnung sollten noch keine Geschenke überreicht werden. Geschenke sollten weder zu großzügig noch zu dürftig sein. Außerdem sollten sie nicht das Firmenlogo enthalten. Mit dem Geschenk sollte keinesfalls die Visitenkarte überreicht werden. Einladungen in ein Restaurant werden gerne angenommen.
Tabus	• Nicht angesprochen werden sollte die Ausländerproblematik. Ebenfalls den Franzosen vorbehalten bleiben sollte Kritik an der französischen Regierung.

2.5 Indien

Zum Land
Durch die Vielfalt der Sprachen, Kulturen und Religionen entwickelte sich in Indien eine besondere und einzigartige Kultur, die sich von anderen ostasiatischen Kulturen stark unterscheidet.

Kulturelle Orientierung in Gesellschaft und Alltag
In Indien werden von außen kommende Informationen akzeptiert, wenn sie religiöse und soziale Strukturen nicht angreifen. Persönliche Gefühle bilden die Basis des individuellen Handelns, aber ein starke religiöse Orientierung ist immer präsent. Objektive Fakten überzeugen weniger als eine Kombination von Gefühlen und (subjektiver) Wahrheit.
In Indien ist das Kastensystem mit all seinen sozialen Strukturen und Verpflichtungen stark verwurzelt. Eine überwiegend kollektivistische Kultur bedingt, daß die Entscheidungen eines Individuums in Einklang mit der Familie, der Gruppe und der sozialen Struktur im allgemeinen stehen müssen. Erfolg und Mißerfolg werden oft auf Umweltfaktoren zurückgeführt. Freundschaften und Verwandtschaft sind wichtiger als Erfahrungen und Kenntnisse, obwohl Zeugnisse und Zertifikate begehrt sind.
Die starke soziale Struktur gibt dem Individuum Halt, so daß man nur in geringem Maße existentiell besorgt ist. Verhaltensweisen, die nicht im Einklang mit religiösen Traditionen stehen, werden nicht toleriert.
Zeit spielt in Indien kaum eine Rolle, Zurückhaltung ist eine Tugend und vielfach sind unterschiedliche Erscheinungsformen des Fatalismus bzw. einer Schicksalsergebenheit festzustellen.
Gefühle können in der Öffentlichkeit gezeigt werden, selbstbewußtes Auftreten wird erwartet.
Der Glaube an qualitative Unterschiede zwischen den einzelnen Kasten ist tief verwurzelt. Männlicher Chauvinismus ist stark ausgeprägt. Frauen haben nur wenige Privilegien.

Geschäftsleben	
Geschäfts- beziehungen	• Alle Entscheidungen werden grundsätzlich von der Unternehmensleitung getroffen, folglich sollten auch die Geschäftskontakte zu dieser Ebene aufgebaut werden. Von indischer Seite wird die Etablierung enger

persönlicher Beziehungen, basierend auf gegenseitigem Respekt und Vertrauen, erwartet.

- Auch wenn Manager der mittleren Managementebene keine Entscheidungen treffen, können sie bei der Beschleunigung der Bearbeitung von Vorschlägen und Angeboten hilfreich sein.

- Grundvoraussetzung für erfolgreiche Geschäftsbeziehungen sind intensive persönliche Kontakte. Die stark ausgeprägte Gastfreundschaft sollte deshalb nicht als aufdringlich empfunden und eine Einladung in ein indisches Heim nur aus zwingenden Gründen abgelehnt werden.

- Inder sprechen und korrespondieren gerne und erwarten dies auch von ihren Geschäftspartnern.

Die heilige Kuh

Verhandlungen	
	- Durch Erzählen über Familie und Freunde kann die Beziehung zu den anderen Teilnehmern aufgebaut und vertieft werden.
	- Die Devise „Zeit ist Geld" gilt in Indien nicht. Zeit wird nicht wie in der westlichen Welt als begrenzt und kostbar angesehen. Für Verhandlungen sollte daher viel Zeit einkalkuliert werden.
	- Während der Verhandlungen sollte man nicht zu sehr an rechtlichen Regelungen orientiert erscheinen, obwohl dies an sich natürlich wichtig ist.

	• Inder verlangen nach wettbewerbsfähiger Technologie mit einem entsprechenden technischen „follow-up". Ein maßgebender Entscheidungsfaktor wird u.a. die Fähigkeit sein, technische Unterstützung bereitzustellen und die Mitarbeiter des Kunden vor Ort zu schulen.
	• Geschäftsaktivitäten in Indien sind sehr personenbezogen und laufen langsam ab. Mit Verzögerungen bei Verhandlungen oder der Umsetzung von Entscheidungen muß stets gerechnet werden. Die Kommunikation innerhalb des Landes ist häufig mit Schwierigkeiten verbunden, Entscheidungen öffentlicher Stellen werden ebenfalls eher langsam getroffen.
	• Direkt „nein" zu sagen, ist unüblich, eine direkte Ablehnung eines Vorschlags wird daher vermieden. Statt dessen antwortet man ausweichend, ohne sich auf einen Termin oder sonstige konkrete Angabe festzulegen. Es bedarf daher einiger Erfahrung herauszuhören, was wirklich gemeint bzw. gewollt wird.
Protokoll	• Ein Großteil der Inder sind Hindus. Die meisten Hindus vermeiden den öffentlichen Kontakt von Männern und Frauen. Männer können Männer durch Handschlag begrüßen und Frauen andere Frauen. Nur wenige Hindus, meist westlich orientierte, akzeptieren einen Handschlag zwischen Mann und Frau.
	• Viele Inder sind Muslime. Traditionell gibt es keinen physischen Kontakt zwischen muslimischen Männern und Frauen. Wenn ein muslimischer Mann von einer Frau berührt wird, muß er sich rituell reinigen, bevor er wieder beten kann. Auch andere religiöse Gruppen in Indien, wie Sikhs und Christen, vermeiden in der Öffentlichkeit den Kontakt von Männern und Frauen.
	• Bei der traditionellen indischen Begrüßung faltet man die Hände wie zum Beten unter das Kinn, nickt dabei leicht und sagt namaste. Diese Art der Begrüßung bietet sich an, wenn ein Handschlag nicht akzeptabel wäre.
	• Alle ethnischen Gruppen in Indien verurteilen das öffentliche Zeigen von Zuneigung zwischen Menschen unterschiedlicher Geschlechter.
	• Titel werden in Indien sehr geschätzt. Status wird bestimmt durch Alter, Universitätsabschlüsse, Kaste und Beruf, wobei eine Stelle im öffentlichen Dienst mit weit mehr Ansehen verbunden ist als eine Stelle in der Privatwirtschaft.
	• Zu einem Geschäftsessen erscheint man üblicherweise nicht zur vereinbarten Uhrzeit, sondern einige Minuten später. Bei einer Einladung in das Haus des Gastgebers ist es angemessen, 15 bis 30 Minuten später zu erscheinen. Die Unterhaltung erfolgt stets vor dem Essen. Gegessen werden sollte nur mit der rechten Hand, da die linke als unrein betrachtet wird. Nach dem Essen löst sich die Gesellschaft auf. Unmittelbar nach einem Essen sollte man den Gastgebern niemals dafür danken, da ein solcher Dank als eine Art Bezahlung betrachtet wird. Besser ist es, den Gastgeber ebenfalls einzuladen. Dies zeigt, daß man die Beziehung schätzt.

	• Konservative Geschäftskleidung ist im Norden Indiens und in der kalten Jahreszeit üblich, im Süden des Landes und im Sommer genügen Hemd und Krawatte.
Pünktlichkeit	• Inder schätzen Pünktlichkeit, sind selbst aber nicht immer pünktlich.
	• Es ist ratsam, Termine langfristig zu vereinbaren.
Geschenke	• Gastgeschenke sind in Indien nicht üblich, werden aber dennoch gern angenommen.
	• Geschenke werden nicht in der Gegenwart des Schenkenden geöffnet.
	• Geschenke sollte nicht in schwarzes oder weißes Geschenkpapier verpackt werden, da diese Farben Unglück bedeuten. Glückverheißende Farben sind Grün, Rot und Gelb.
	• Muslime betrachten Hunde als unrein. Es sollten deshalb keine Plüschhunde oder Geschenke, auf denen Hunde abgebildet sind, überreicht werden.
	• Wird Geld geschenkt, sollte der Betrag mit einer ungeraden Zahl verbunden sein.
Tabus	• Ein Ausländer sollte keine Kritik an den Zuständen im Land üben.
	• Der Kopf wird als Sitz der Seele betrachtet. Daher sollte niemals der Kopf eines Inders, auch nicht der eines indischen Kindes, berührt werden.
	• Flüstern, egal unter welchen Umständen, wird als unhöflich betrachtet.
	• Niemals sollte mit den Füßen auf eine andere Person gezeigt werden. Füße werden als unrein betrachtet. Falls man mit Schuhen oder Füßen eine andere Person berührt hat, sollte man sich unbedingt entschuldigen.
	• Ausländische Gäste sollten keine indische Kleidung tragen.
	• Das Tragen von Leder, einschließlich Gürtel, Handtaschen und Geldbörsen, kann als beleidigend betrachtet werden. Hindus verehren Kühe und verwenden keine Lederprodukte.

2.6 Japan

Zum Land

Aufgrund der Isolation, der begrenzten Fläche des Landes sowie der nicht zuletzt daraus resultierenden hohen Bevölkerungsdichte und ihrer Sprache unterscheidet sich die japanische Kultur stark von anderen, auch regional angrenzenden, Kulturen.

Kulturelle Orientierung in Gesellschaft und Alltag

Neuen Ideen innerhalb ihrer Gruppe oder Organisation stehen Japaner generell aufgeschlossen gegenüber, zeigen sich aber reserviert gegenüber von außen kommenden Einflüssen und halten gleichzeitig fest an traditionellen Werten. Starke Loyalität gegenüber der Gruppe führt dazu, daß eher auf das Spezielle als auf das Universelle geachtet wird.

Aufgrund ihrer subjektiven Einstellung verlassen sich Japaner eher auf Gefühle als auf Fakten. Ihr überwiegend konsensorientiertes Verhalten ist weitgehend begründet im Glauben an ein Weltbild, das sie als anderen überlegen darstellt. Verstärkt wird dies durch kontrolliertes Kommunikationsverhalten.

Entscheidungen werden in der Gruppe getroffen. Die Handlungen einer Person spiegeln sich in der Gruppe, insbesondere in der Familie wider. Bevor Außenstehende Entscheidungen treffen können, müssen sie von der Gruppe akzeptiert sein. Japaner sind dabei aber nur mäßig kollektivistisch orientiert. Dennoch geben erst eine starke Gruppenethik und intensive Beziehungen innerhalb der Gruppe dem Leben Stabilität. „Das Gesicht zu wahren" hat eine sehr große Bedeutung. All dies macht es für einen Ausländer mitunter schwer, die Kultur zu verstehen.

Tradition und Religion sind unverzichtbarer Bestandteil des täglichen Lebens. Das Alter wird sehr verehrt. Festzustellen ist ein überaus starkes Konkurrenzverhalten zwischen Gleichgestellten, bei ebenso großem Vertrauen in das Volk als Ganzes. Der Ethnozentrismus ist stark ausgeprägt. Die Geschlechterrollen in der Gesellschaft sind klar definiert. In allen öffentlichen Situationen dominieren Männer. In der Jugend etabliert sich aber allmählich die Gleichberechtigung nach westlichem Vorbild.

Bitte lächeln...

Geschäftsleben	
Geschäfts-beziehungen	• Japanische Unternehmen suchen dauerhafte Geschäftsbeziehungen, die aus Sicht der Japaner ein gegenseitiges Verpflichtungsverhältnis darstellen. Man erwartet bestmögliche Qualität und Serviceleistungen sowie Treue auch in schwierigen Situationen. Bevor ein Japaner eine Geschäftsbeziehung mit einem ausländischen Partner eingeht, muß er von dessen Vertrauenswürdigkeit überzeugt sein. Die Herstellung einer entsprechenden Vertrauensbasis kann durchaus zwei bis drei Jahre in Anspruch nehmen. • Zur Knüpfung von Kontakten sind Verbindungen in Japan sehr hilfreich. Die Vermittler sollten jedoch sorgfältig ausgewählt werden, da sich die Japaner ihnen gegenüber verbunden fühlen. Sind keine entsprechenden Verbindungen vorhanden, erweist sich ein Anruf beim potentiellen Geschäftspartner günstiger als ein Brief, der von japanischer Seite nicht unbedingt beantwortet werden muß. • Regelmäßige Besuche helfen, die geknüpften Kontakte aufrecht zu erhalten. Ab dem zweiten oder dritten Besuch ist es üblich, dem Gesprächspartner ein kleines Geschenk zu überreichen.
Verhandlungen	• Für Gespräche und Verhandlungen sollte genügend Zeit vorgesehen werden. Bei Einsatz eines Dolmetschers wird sich der Zeitrahmen entsprechend ausdehnen. Verhandlungen beginnen üblicherweise auf der höchsten Hierarchieebene und werden dann in den mittleren Führungsebenen fortgesetzt. • In Japan gehört es zur Höflichkeit, einem Geschäftspartner freundlich und interessiert zuzuhören, was aber nicht immer heißen muß, daß einem Angebot auch zugestimmt wird. Um Konfrontationen zu vermeiden und eine harmonische Beziehung aufrechtzuerhalten, lehnt ein Japaner einen Vorschlag niemals direkt ab. Der ausländische Gesprächspartner muß daher in der Lage sein, die entsprechenden Andeutungen und Signale richtig zu interpretieren. Wird beispielsweise mit „Ich werde es in Erwägung ziehen" geantwortet, bedeutet dies „nein". Sollte es dennoch zu einem Konflikt kommen, kann ein Vermittler bei der Schlichtung helfen. Die Japaner werden ihrerseits alles unternehmen, um die Harmonie in der Geschäftsbeziehung wiederherzustellen, erwarten aber ebensolche Anstrengungen vom ausländischen Geschäftspartner. Sollte – was soweit wie möglich zu vermeiden versucht wird – eine gerichtliche Klärung notwendig sein, zeugt der Einsatz eines japanischen Rechtsbeistands (anstelle eines ausländischen) von Kooperationsbereitschaft. • Japaner verhandeln üblicherweise in Teams, wobei des Teammitglied auf ein bestimmtes Fachgebiet spezialisiert ist. Da Japaner bemüht sind, möglichst viele Mitarbeiter des Unternehmens in den Entscheidungsprozeß einzubeziehen, kann die Teamgröße während der Verhandlungen zunehmen bzw. sich die Zusammensetzung des Teams ändern. Bei Verhandlungen mit Gruppen ist zu beachten, daß es sich beim Sprecher nicht unbedingt um den Ranghöchsten handeln muß. • Entscheidungsprozesse verlaufen in Japan von unten nach oben, d.h., die Zustimmung zu einem Vorschlag läßt sich nicht alleine in den höheren

	Hierarchieebenen erwirken. Vielmehr sind alle Betroffenen in den Prozeß eingebunden. Auf diese Weise laufen Entscheidungsprozesse zwar wesentlich langsamer ab, gleichzeitig wird dadurch aber auch eine schnelle Umsetzung der Entscheidungen garantiert. Durch die Vielzahl der am Entscheidungsprozeß Beteiligten ist der Informationsbedarf japanischer Geschäftspartner wesentlich höher als in anderen Ländern. • Wurde eine Vertrauensbasis geschaffen, werden Geschäftsvereinbarungen von japanischen Partnern oft als gentlemen agreement betrachtet, dessen genaue vertragliche Ausgestaltung u.U. sogar unterbleiben kann, weil durch die sorgfältige Partnerwahl ohnehin Vorsorge für die Vermeidung von Kontroversen und Mißverständnissen getroffen wurde. Einmal geschlossene Verträge werden aber wiederum nicht unbedingt als endgültige Vereinbarungen angesehen, sondern können von beiden Seiten durchaus auch wieder diskutiert werden.
Protokoll	• Die traditionelle japanische Begrüßung ist die Verbeugung. Die Tiefe der Verbeugung zeigt den Stellenwert der Beziehung an. Sich der westlichen Traditionen bewußt, begrüßen Japaner ihre westlichen Gäste häufig aber auch mit Handschlag. • Körpersprache sollte nur sparsam und wohlüberlegt eingesetzt, Augenkontakt vermieden werden. Ein Lächeln kann sowohl Vergnügen als auch Mißfallen ausdrücken. Stille während des Gesprächs wird nicht als unangenehm, sondern eher als nützlich betrachtet. • Visitenkarten sind bei der Begrüßung von besonderer Bedeutung. Vorzugsweise in englisch und japanisch werden sie nach der Verbeugung bzw. dem Händedruck ausgetauscht. Die Karte, die unbedingt die eigene Funktion erkennen lassen muß, sollte so überreicht werden, daß sie vom Gegenüber sofort gelesen werden kann. Ebenso sollte man die Karte des japanischen Verhandlungspartners sofort lesen und sich die Informationen einprägen. Die erhaltenen Karten sollten sorgsam behandelt und keinesfalls in einer Brieftasche verwahrt werden, die in die Gesäßtasche gesteckt wird. • Die Kleidung sollte stets konservativ sein und niemals ungezwungen erscheinen. Da die Schuhe häufig ausgezogen werden müssen, empfiehlt es sich, Slipper zu tragen.
Pünktlichkeit	• Pünktlichkeit wird zu allen Anlässen erwartet. Japanische Geschäftspartner erscheinen zu nicht in ihrem Büro stattfindenden Gesprächen üblicherweise wenige Minuten vor dem vereinbarten Zeitpunkt. Der Versuch, Termine kurzfristig und ohne Vorstellung abzusprechen, wird erfolglos bleiben.
Geschenke	• Das Überreichen von Gastgeschenken ist in Japan üblich und besonders zum Jahreswechsel (1. Januar) und zur Jahresmitte (15. Juli) unabdingbar. Dabei ist die Zeremonie des Überreichens wichtiger als das Geschenk an sich. • Um aufgrund der Art oder des Designs des Geschenkpapiers nicht negativ aufzufallen, sollten die Geschenke am besten in Japan verpackt werden.

	• Geschenke werden üblicherweise nicht sofort bei Erhalt geöffnet – falls doch, so werden die Reaktionen nicht besonders überschwenglich ausfallen, was aber keinesfalls heißen muß, daß das Geschenk keinen Anklang findet.
	• Bei einer Einladung in ein japanisches Heim empfiehlt es sich, Süßigkeiten oder Blumen mitzubringen. Die Blumen sollten jedoch keinesfalls weiß sein, da dies in Verbindung mit dem Tod gebracht wird.
	• Da die Vier als Unglückszahl gilt, sollten niemals vier Dinge derselben Art überreicht werden.
Tabus	• Zu Gesprächen und Verhandlungen sollten nur Mitarbeiter mit entsprechender Fach- und Entscheidungskompetenz entsandt werden. Ungeduld während der Verhandlungen sollte nicht gezeigt, Kritik nicht bzw. nur verdeckt geübt werden. Auf Anfragen und Wünsche sollte stets sofort reagiert werden. Um nicht den Gesichtsverlust des Gesprächspartners zu provozieren, sollten keine Fragen gestellt werden, die der Gesprächspartner nicht beantworten kann.

2.7 Kenia

Zum Land

Das sich in einem demokratischen Umstrukturierungsprozeß befindliche Kenia hat mit der Privatisierung der Staatsbetriebe, Budgetdefiziten sowie der Abhängigkeit von den Exportprodukten zu kämpfen.

Kulturelle Orientierung in Gesellschaft und Alltag

Ostafrika wurde erst Anfang des 20. Jahrhunderts von Weißen bevölkert, insbesondere mit dem Bau der Eisenbahnverbindung zwischen Mombasa und Kampala.

Wirtschaftliche und politische Traditionen sowie ein gewisses Nationalgefühl und Selbstbewußtsein begannen sich erst mit der Erlangung der Unabhängigkeit 1963 zu entwickeln, wenngleich der Einfluß Großbritanniens nach wie vor groß ist.

Die Menschen in Ostafrika sind höflich und hilfsbereit, folgen aber nicht den administrativen und organisatorischen Maßstäben der Industrieländer. Die Frau nimmt in allen sozialen Schichten und Kulturen eine untergeordnete Stellung ein. Die Vielzahl der im Land praktizierten Religionen führt zu Toleranz auf religiösem Gebiet.

Geschäftsleben

Geschäftsbeziehungen	• Die Geschäftswelt wird von Asiaten (überwiegend Indern) dominiert, die meist bereits in zweiter bzw. dritter Generation in Kenia leben. Der ursprünglich auf ihnen als Einwanderern lastende Erfolgsdruck führte zu einer sehr harten Geschäftsmentalität.
	• Mittlerweile hat sich die Überzeugung durchgesetzt, daß gute Absatzchancen nur aus qualitativ hochwertigen Produkten resultieren, die wiederum nur mit hochqualitativen Rohstoffen und Maschinen hergestellt werden können.

Verhandlungen	• Sowohl in privaten Firmen als auch in staatlichen Unternehmen werden Entscheidungen eher langsam getroffen. Der ausländische Geschäftspartner sollte sich geduldig zeigen.
	• Toleranz, vor allem in Form von Geduld und in bezug auf den großzügigen Umgang mit Zeit, tragen jedenfalls zum Erfolg bei. Persönliche Beziehungen helfen, Probleme unkompliziert und ohne größeren Aufwand zu lösen. Beherrscht der ausländische Geschäftspartner zumindest Grundkenntnisse der Landessprache, wird dies sehr geschätzt.
Protokoll	• Die Kleidung sollte konservativ sein, in den heißen Küstengebieten kann u.U. auf ein Sakko verzichtet werden.
Pünktlichkeit	• Der Sinn für Pünktlichkeit ist in Kenia nicht besonders stark ausgeprägt.
Geschenke	• Geschenke oder auch Einladungen zum Essen werden erwartet und tragen zur Vereinfachung der geschäftlichen Beziehungen bei.
Tabus	• Das Wort „Neger" sollte keinesfalls ausgesprochen werden.

2.8 Rumänien

Zum Land

Trotz ihrer mitteleuropäischen Lage identifiziert man sich in Rumänien eher mit Frankreich und Italien. Auch die rumänische Sprache entstammt dem Lateinischen.

Kulturelle Orientierung in Gesellschaft und Alltag

Rumänen sind sehr nationalbewußt und haben stets auch versucht, hinsichtlich der Entwicklung des Landes und seiner Außenbeziehungen einen stark eigenständigen Kurs zu verfolgen.

Zwischen den Klassen hat sich eine erkennbare hierarchische Struktur entwickelt. Obwohl Egalitarismus bevorzugt wird, hegt man gewisse Vorbehalte gegenüber sozialen und ethnischen Minderheiten. Erwähnenswert sind vor allem die ungarische und deutsche Minderheit.

Die Familie ist die soziale Grundeinheit, die dem Individuum Identität und Halt gibt. In den letzten Jahren hat dieser Zusammenhalt allerdings nachgelassen, da Frauen zunehmend außerhalb des Hauses berufstätig werden.

Mit fortschreitendem Privatisierungsprozeß verlagert sich die Verantwortung bei der Entscheidungsfindung auf den einzelnen. Das Individuum wiederum kann diese Verantwortung mit ausgewählten Personen oder der Gruppe teilen.

Religion wird als private Angelegenheit betrachtet und hat keine Auswirkungen auf Beziehungen zu ausländischen Geschäftspartnern.

Geschäftsleben

Geschäfts-beziehungen	• Bei der Etablierung von Geschäftskontakten in Rumänien ist Geduld und Ausdauer gefragt. Wenn aber die Verbindung aufgebaut ist, kann mit einer andauernden Geschäftsbeziehung gerechnet werden.
	• Termine sollten rechtzeitig vereinbart werden. Meist, aber insbesondere bei ersten Kontakten, werden persönliche Gespräche telefonischen Kontakten vorgezogen. Bei der weiteren Verfolgung der Kontakte macht

	sich mitunter eine schriftliche Bestätigung der Gespräche erforderlich. Gespräche mit staatlichen Stellen werden meist im Beisein verschiedener Mitarbeiter geführt.
	• Geschäftskorrespondenz sollte möglichst in Englisch oder Französisch, kann durchaus aber auch in Deutsch oder Italienisch erfolgen.

– ohne Worte –

Verhandlungen	• Rumänen sind im allgemeinen sehr versierte Verhandler und können ihre eigenen Interessen und Wünsche gut vertreten.
	• Die schlechte wirtschaftliche Lage und die Umstrukturierungsbestrebungen im Land verunsichern die Menschen. Die Entscheidungsfreudigkeit ist dadurch recht gering. Von seiten der ausländischen Partner ist deshalb viel Ausdauer und ein entsprechender Einsatz notwendig.
	• In größeren Unternehmen ist das Hierarchiebewußtsein stark ausgeprägt.
Protokoll	• In Rumänien ist zur Begrüßung, zur Vorstellung und zur Verabschiedung ein Händedruck üblich. Die Anrede sollte stets mit Titeln erfolgen.
	• Es ist ratsam, eine größere Anzahl von Visitenkarten mitzuführen, die aber nicht notwendigerweise ins Rumänische übersetzt sein müssen. Titel sollen aus der Visitenkarte ersichtlich sein.

Pünktlichkeit	• Rumänen sind im allgemeinen sehr pünktlich und erwarten dies auch von ihren Geschäftspartnern.
Geschenke	• Rumänien ist eines der ärmsten Ländern Europas. Zu den schwer erhältlichen bzw. teuren Waren gehören beispielsweise Kaffee, Zigaretten, Süßigkeiten, gute Seife, Parfüm. Ein einfacher Weg, jemanden für sich zu gewinnen, ist, etwas zu schenken, was im Land gerade oder generell nicht erhältlich ist. • Um sich bei rumänischen Geschäftspartnern für Bewirtung vor Ort zu revanchieren, empfiehlt es sich, zum Essen in ein internationales Hotel einzuladen.
Tabus	• Man sollte sich nicht kritisch zur politischen Situation und zur Minderheitenproblematik äußern. • Zigeuner werden nicht mit Rumänen gleichgesetzt.

2.9 Rußland

Zum Land
In Rußland leben mehr als 150 Völker unterschiedlichster Abstammung. Man sollte daher keinesfalls alle in der Russischen Föderation lebenden Menschen als Russen bezeichnen.

Kulturelle Orientierung in Gesellschaft und Alltag
Durch den Zusammenbruch alter Strukturen wurde den Menschen vieles genommen, was ihnen früher Sicherheit gab. Diese Stabilität sucht man nun in der Familie, sozialen Gruppen und in der Kirche. Der Übergang zur freien Marktwirtschaft wird nur dann gelingen, wenn den Menschen glaubhaft gemacht werden kann, daß diese Veränderungen mehr Sicherheit und Stabilität mit sich bringen, als dies momentan den Anschein hat. Man neigt vielfach noch dazu, sich mehr von Gefühlen bzw. dem Glauben in eine Ideologie als von objektiven Fakten leiten zu lassen. In der Vergangenheit lag die Entscheidungsfindung auf allen gesellschaftlichen Ebenen in den Händen der Partei. Nun sind die Individuen gezwungen, ihre Entscheidungen selbst zu treffen und dafür auch die Verantwortung zu übernehmen. Im betrieblichen Umfeld wird diese Verantwortung häufig auf die Gruppe bzw. auf einige Spezialisten übertragen. Die untergeordnete Stellung der Frau in Rußland (wie auch in den kaukasischen und mittelasiatischen Staaten) führt dazu, daß ausländische Geschäftsfrauen oft auf Akzeptanzprobleme stoßen.

Geschäftsleben	
Geschäfts- beziehungen	• Die Vereinbarung von Terminen ist oft mühsam. Hierbei ist Geduld und Ausdauer gefragt. Wurde ein Termin vereinbart, sollte man alles daran setzten, daß dieser Termin nicht abgesagt wird. • Immer noch problematisch ist die Kommunikation mit den Geschäftspartnern. Außerhalb der Metropolen ist die Kommunikationsinfrastruktur nur mäßig ausgebaut.
Verhandlungen	• Geduld ist in Rußland hochgeschätzt. Man sollte sich darauf einstellen,

	daß Verhandlungen nicht nur später beginnen als vereinbart, sondern auch häufig über die vorgesehene Zeit hinaus andauern.
	• Kompromisse werden als Schwäche ausgelegt. Russen sind – bevor sie einen Kompromiß eingehen – eher bereit, Verhandlungen „auszusitzen", um dadurch mehr Zugeständnisse zu bekommen. Alle Mitglieder des eigenen Verhandlungsteams sollten hinsichtlich der Ziele der Verhandlungen übereinstimmen. Keinesfalls sollte das Team offen Uneinigkeit zeigen. Wenn man den Verhandlungsraum während der Verhandlungen nicht mindestens zwei- bis dreimal aufgebracht verläßt, gilt man als zu schnell mit allem einverstanden.
	• Vereinbarungen sollten stets schriftlich fixiert werden, sachlich formuliert sein und alle technischen Details enthalten. Ein „letztes Angebot" der russischen Geschäftspartner ist – zumal im Anfangsstadium der Verhandlungen – niemals endgültig. Zeigt man sich geduldig, wird das Angebot höchstwahrscheinlich attraktiver. Bevor nicht eine formelle Vereinbarung unterschrieben ist, sollte man sich nicht als zu zuversichtlich zeigen. Außerdem sollte man nicht darauf hoffen, den Vertrag später wieder verhandeln zu können.
	• Die russischen Geschäftspartner könnten darauf bestehen, einen Teil der Vertragssumme in bar ausgezahlt bzw. auf ein ausländisches Konto überwiesen zu bekommen.
	• Bei Verhandlungen über ein Joint Venture wird dem ausländischen Partner oft zugestanden, die Mehrheit der Anteile zu halten. Dies hat allerdings keine großen Auswirkungen auf etwaige Kontrollmöglichkeiten, da für die meisten Entscheidungen per Vertrag Einigkeit zwischen den Partnern gefordert wird.
	• Die rechtlichen Regulierungen in Rußland unterliegen ständigen Veränderungen. Auch vom russischen Geschäftspartner kann daher nicht erwartet werden, daß er diesbezüglich ständig auf dem neuesten Stand ist. Da die Auslegung russischer Gesetze oft unklar ist und mitunter heute schon verboten ist, was gestern noch erlaubt war, empfiehlt es sich, einen Experten für russisches Recht beizuziehen.
	• Ein dem äußeren Anschein nach erfolgreiches russisches Unternehmen muß dies nicht wirklich sein. Bei der Auswahl eines Geschäftspartners sollte dementsprechend vorsichtig vorgegangen werden.
Protokoll	• Bei der Begrüßung, üblicherweise per Handschlag, nennt man seinen Namen. Begrüßt werden sollte prinzipiell jeder Anwesende. Die Anrede des Gegenübers sollte stets mit Titeln (Funktionsbezeichnung oder akademischer Titel) erfolgen, die Nennung von eigenen akademischen Titeln ist allerdings eher selten anzutreffen. Den Vornamen des Geschäftspartners sollte man erst dann verwenden, wenn dazu aufgefordert wurde.
	• Es sollten stets genügend Visitenkarten – möglichst in Russisch – bereitgehalten werden. Man sollte tolerant reagieren, wenn der Gesprächspartner nicht über eigene aktuelle Visitenkarten verfügt und man die notwendigen Daten selbst notieren muß.

- Die Gastfreundschaft ist in Rußland stark ausgeprägt. Eine Einladung in das Haus eines russischen Geschäftspartners wird kaum nach dem ersten Zusammentreffen erfolgen. Nachdem eine engere Beziehung aufgebaut wurde, sind solche Einladungen aber die Regel. Wurde eine Einladung angenommen, gilt ein vorzeitiges Verlassen ohne triftigen Grund bzw. ein Ablehnen der Speisen als Beleidigung. Bei einer Gegeneinladung sollten stets auch die Vorgesetzten des Gesprächspartners eingeladen werden. Ausländische Frauen werden bei Geschäftsessen als gleichberechtigt betrachtet, den russischen Frauen ist aber eine untergeordnete Rolle zugedacht, sofern sie anwesend sind.

На здоровье!

Reifeprüfung der anderen Art

„Beim Treffen mit dem Bürgermeister begann, was Michel Aloui ‚extremes Leben' nennt: Arbeitsgelage mit Strömen von Alkohol. Zweieinhalb Flaschen Wodka, behauptet Aloui, habe er da schon mal trinken müssen. Die ‚sibirische Reifeprüfung' hat der Geschäftsmann bestanden, was ihm den Respekt und das Vertrauen der wichtigsten Partner in Tomsk und Sewersk eintrug."

(Quelle: Mrozek, G.: Leben im Ausland – Gold graben in Sibirien, Focus v. 22.05.99, 71)

Pünktlichkeit	• Von ausländischen Geschäftspartnern wird Pünktlichkeit erwartet. Wenn sich aufgrund unvorhergesehener Zwischenfälle eine Verspätung abzeichnet, sollte man den Gesprächspartner unbedingt telefonisch informieren. Allerdings sollte man sich nicht wundern, wenn die russischen Geschäftspartner selbst nicht pünktlich sind.
Geschenke	• Der russische Geschäftspartner wird im allgemeinen ein kleines Souvenir seiner Heimatstadt, oft nur ein paar Ansichtskarten, mitbringen. Ein Gegengeschenk wird nicht erwartet, jedoch gerne angenommen. Wie auch in Rumänien sind in Rußland Artikel, die man im Land nur schwer oder gar nicht bekommt, begehrt.
Tabus	• Während eines Geschäftsessens werden die Verhandlungen üblicherweise nicht mit der gleichen Härte fortgeführt. Um dem Geschäftspartner eine gewisse Hoffnung zu lassen, sollten Vorschläge nicht sofort abgelehnt werden.

2.10 Saudi-Arabien

Zum Land

Ein Großteil der saudi-arabischen Bevölkerung kann als wohlhabend gelten. Doch nicht alle Menschen konnten vom Reichtum des Landes profitieren. Einige Minderheiten, wie die Beduinen, haben ihre traditionelle nomadische Lebensweise aufrechterhalten.

Kulturelle Orientierung in Gesellschaft und Alltag

Saudis akzeptieren nur schwer von außen kommende Einflüsse, die nicht die islamischen Werte widerspiegeln. Das Denken wird weniger von objektiven Fakten als vielmehr von den persönlichen Gefühlen der Beteiligten und dem Glauben bestimmt.

Arabische und westliche Kulturen haben sehr unterschiedliche Auffassungen darüber, was richtig und falsch, akzeptabel und inakzeptabel, ehrenwert und verachtenswert ist. Saudi-Arabien ist ein streng islamischer Staat, der nur schwer westliche Werte ins eigene Wertesystem aufnehmen kann.

Das Individuum ist stets der Familie, dem Stamm oder dem Kollektiv untergeordnet. Für jedes alltägliche Problem läßt sich durch die richtige Interpretation des göttlichen Rechts eine Lösung finden. Führungsstellung und Identität resultieren aus der eigenen Abstammung und der Fähigkeit, die Ehre der Großfamilie zu bewahren.

Die Stammeszugehörigkeit bildet die Basis für die soziale Identität eines Individuums. Durch Loyalität gegenüber der Großfamilie und absolutem Gehorsam gegenüber dem islamischen Recht findet das Individuum Sicherheit. Schicksalsgläubigkeit ist weit verbreitet. Das Schicksal liegt in den Händen Gottes, das Individuum hat seine Situation zu akzeptieren. Loyalität gegenüber dem Königshaus, weniger die Nationalität, gibt ein Gefühl der Sicherheit.

Innerhalb der verschiedenen Gruppierungen und Stämme herrscht kulturelle Homogenität. Es gibt viele Gastarbeiter, die – mit verschieden stark ausgeprägten Vorurteilen – akzeptiert werden. Mann und Frau werden sowohl in emotionaler als auch in intellektueller Hinsicht als unterschiedlich angesehen. Das öffentliche Leben ist den Männern vorbehalten. Die saudi-arabischen Frauen leben vom öffentlichen Leben zurückgezogen in der Familie, ihnen ist beispielsweise auch das Lenken eines Fahrzeuges untersagt, was ebenso für Ausländerinnen gilt.

Ausländische Frauen sollten generell große Rücksicht auf die strengen Sitten in Saudi-Arabien nehmen, die Frauen z.B. nur die Ausübung bestimmter Berufe (Lehrerinnen, Krankenschwestern, Ärztinnen) erlauben. Europäer, die sich länger in Saudi-Arabien aufhalten, müssen besonders anpassungsfähig, ausgeglichen und tolerant sein.

Inländer wie Ausländer unterliegen in Saudi-Arabien dem *Sharia*-Recht, dem Gottesgesetz. Ein modernes Zivil- oder Strafrecht existiert nicht. Grundsätzlich gilt in Saudi-Arabien, daß verursachter Schaden – unabhängig von Schuld oder Nicht-Schuld – wieder gutzumachen ist.

Geschäftsleben	
Geschäfts-beziehungen	• Nicht-Muslimen ist die Einreise nach Saudi-Arabien nur mit Einladung gestattet. Mit der Einreise unterliegt man automatisch dem islamischen Gesetz. Ein Verlassen des Landes ist nur mit einer Ausreisegenehmigung möglich. • Zur Etablierung von Geschäftsbeziehungen macht sich die Einschaltung eines saudischen Vermittlers erforderlich. Saudi-arabische Geschäftsleute zeichnen sich im allgemeinen durch Höflichkeit und Vorsicht aus, was sich auch in der Geschäftskorrespondenz niederschlägt. Somit ist der schriftliche Weg nicht unbedingt zur Kontaktanbahnung geeignet. Langfristige Geschäftsbeziehungen ergeben sich erst durch die Herstellung persönlicher Kontakte. Aus diesem Grund sollten die ausländischen Gesprächspartner nicht zu häufig wechseln und der direkte Kontakt zum Ansprechpartner aufrechterhalten werden. Großen Wert legt man auf schnelle Kommunikation und ist diesbezüglich auch entsprechend ausgestattet. • Es ist durchaus üblich, daß Geschäftstreffen durch Anrufe oder Besuche der Familie des Gesprächspartners unterbrochen werden. Dies darf keinesfalls als Mißachtung der Geschäftsbeziehung empfunden werden. Auch wenn es dem Gast lästig erscheint, sollte er versuchen, gelassen zu bleiben. Von saudi-arabischer Seite erwartet man, daß der Gesprächspartner genügend Zeit mitbringt, um Probleme ausführlich diskutieren und sich ein Bild von der Persönlichkeit des Gesprächspartners machen zu können. • Um nicht unhöflich zu erscheinen, werden Vorschläge selten direkt abgelehnt. • Äußerst günstig kann es sich auswirken, wenn man einige Worte Arabisch spricht und dem Gesprächspartner damit zeigen kann, daß man sich für Land und Sprache interessiert. • Da auf Statusgegenstände wenig Wert gelegt wird, kann von der Büroausstattung nicht immer auch auf die wirtschaftliche Lage des Gesprächspartners geschlossen werden. • Saudischen Beamten verbietet die Tradition, mehr als sechs Stunden am Tag zu arbeiten. Die günstigste Zeit für Termine sind die Vormittage. Freitags wird nicht gearbeitet, viele Unternehmen arbeiten auch donnerstags nicht.
Verhandlungen	• Man schätzt es, wenn der Besucher bzw. Firmenvertreter direkt vom Sitz des ausländischen Unternehmens kommt.

	• Geschäftsangelegenheiten laufen in Saudi-Arabien sehr langsam ab. Verhandlungen beginnen stets schleppend. Ebenso langsam verlaufen Entscheidungsprozesse. Trotzdem sollte man vermeiden, Ungeduld zu zeigen.
	• Der saudische Vermittler ist die über Erfolg oder Mißerfolg entscheidende Person. Bei der Auswahl sollte berücksichtigt werden, daß er über einflußreiche Freunde oder Verwandte verfügt. Wurde ein Vermittler einmal ausgewählt, kann nur schwer ein neuer gesucht werden.
	• Broschüren und Materialien sollten in ausreichender Anzahl vorhanden sein. Der erste Ansprechpartner, dem Unterlagen ausgehändigt wurden, muß nicht unbedingt auch der Entscheidungsträger sein.
	• In der arabischen Kultur neigt man mitunter zu Übertreibungen. Wenn jemand „ja" sagt, heißt das oft (nur) „vielleicht", was man aber keinesfalls als Ablehnung auffassen sollte. Jedenfalls sollte man nicht annehmen, daß die Verhandlungen nun beendet wären.
	• Von großer Bedeutung ist es, das Gesicht zu wahren. Aus diesem Grund wird es manchmal notwendig, Zugeständnisse zu machen, obwohl es keine substantiellen Gründe dafür gibt.
	• Während der Verhandlungen kann es vorkommen, daß die saudi-arabischen Gesprächspartner zu den (vier) Gebetszeiten (mittags, eine Stunde vor, zu und eine Stunde nach Sonnenuntergang) den Verhandlungsraum ohne nähere Erklärung verlassen und sich für rund 20 Minuten in den Gebetsraum begeben.
	• Gegen Ende der Verhandlungen wird häufig Kaffee serviert. Der Gast kann davon ausgehen, daß die Besprechungen nun zu einem allmählichen Abschluß kommen.
Protokoll	• In Saudi-Arabien gibt es verschiedene Möglichkeiten der Begrüßung. Es ist daher am sichersten abzuwarten, auf welche Weise gegrüßt wird. Bei westlich orientierten Saudis ist (gechlechterunabhängig) ein Handschlag üblich. Die Anrede sollte mit dem Titel und dem Vornamen erfolgen.
	• Visitenkarten sollten in englischer und arabischer Sprache gedruckt sein.
	• Der (körperliche) Abstand ist in Saudi-Arabien wesentlich geringer als in (Mittel-)Europa und ist häufig von physischen Kontakten begleitet. Saudische Männer gehen oft Hand in Hand. Wird ein ausländischer Gast bei der Hand genommen, ist dies ein Zeichen der Freundschaft.
	• Wird Kaffee oder Tee angeboten, sollte man nicht ablehnen und wenigstens eine Tasse trinken. Die Tasse wird dabei nicht abgestellt, sondern in der Hand gehalten.
	• Gegessen und getrunken wird nur mit der rechten Hand; die linke Hand gilt als unrein. Eßbesteck findet sich nur in sehr westlich orientierten saudischen Haushalten. Während des Essens wird der saudische Gastgeber seinen Gast mehrmals fragen, wie es ihm geht. Er will damit sicherstellen, daß der Gast alles zu essen und zu trinken hat, was er möchte. Bei Einladungen in ein saudi-arabisches Haus werden die Schuhe im all-

	gemeinen vor Betreten des Wohnzimmers ausgezogen. Dann wartet man, bis man vom Gastgeber einen Platz zugewiesen bekommt. Bei Geschäftsessen sind saudische Frauen nicht anwesend. Es ist unüblich, nach dem Essen noch länger zusammenzusitzen.
	• Die Kleidung sollte den saudischen Vorschriften entsprechen. Man sollte sich aber keinesfalls landesüblich kleiden, da dies als beleidigend empfunden werden kann. Männer sollten konservativ und bescheiden gekleidet sein und lange Hosen und langärmelige Hemden tragen. Frauen sollten keinesfalls Hosen oder enge Kleidung tragen.
Pünktlichkeit	• Pünktlichkeit gehört nicht zu den Tugenden der Saudis. Geschäftspartner erscheinen häufig spät, mitunter gar nicht zum vereinbarten Termin. Der ausländische Geschäftspartner sollte dennoch pünktlich sein.
Geschenke	• Die Saudis sind für ihre Gastfreundschaft bekannt. Vom ausländischen Gast wird aber nicht erwartet, daß er ein Geschenk mitbringt. Wenn ein Geschenk überreicht wird, sollte es eher symbolischen Charakter haben.
Tabus	• Man achtet sehr auf die Einhaltung der Privatsphäre. Verschleierte Frauen sollten nicht angesprochen oder länger angesehen werden. Frauen sollten grundsätzlich nicht Gesprächsgegenstand sein, es sei denn, der Gastgeber spricht das Thema seinerseits an. Auch über Israel zu sprechen ist Tabu.
	• Während des Fastenmonats Ramadan darf von Sonnenauf- bis Sonnenuntergang auf offener Straße und in Büros nicht gegessen, getrunken oder geraucht werden.
	• Die Einfuhr von Alkohol, Schweinefleisch und freizügigen Medien ist illegal. Videokassetten werden beschlagnahmt und nach einer Zensur bzw. erst bei der Ausreise wieder ausgehändigt. Ebenfalls verboten ist die Einfuhr christlicher Symbole. Eine Halskette mit einem Kreuz sollte nicht offen getragen werden.
	• Küssen ist in der Öffentlichkeit nicht gestattet.
	• Die Schuhsohlen sollten nie auf den Gesprächspartner gerichtet werden.
	• Fotografiert und gefilmt werden sollte in der Öffentlichkeit nicht bzw. nur in Begleitung eines Einheimischen.
	• Prospektmaterial, beispielsweise für Messen oder Ausstellungen, sollte keine zu freizügigen Darstellungen enthalten. Es kann sonst passieren, daß die Prospekte konfisziert werden.

2.11 Schweden

Zum Land

Schweden wird besonders in der angelsächsischen Geschäftswelt sehr geschätzt. Die unmittelbaren nordischen Nachbarn Finnland, Norwegen und Dänemark hegen demgegenüber gewisse Antipathien gegen das Land, was vor allem auf historische Gründe zurückzuführen ist.

Die Gefahr aus dem hohen Norden

Kulturelle Orientierung in Gesellschaft und Alltag

Schweden ist eine Mittelklassegesellschaft, die versucht, soziale Unterschiede zu minimieren. Aus diesem Grund gibt es nur wenige sichtbare Anzeichen von Armut oder Reichtum. Der Nationalstolz geht über soziale Differenzen hinweg und resultiert in einer weitgehend homogenen Gesellschaft mit nur wenigen ethnischen Unterschieden.

Die Schweden sind ein stolzes Volk. Sie gelten als reserviert, kühl, sachlich und gleichzeitig als demokratisch und fortschrittlich. Zu den europäischen Geschäftsgepflogenheiten empfinden sie eine große innere Distanz.

Understatement, konzeptionelles und analytisches Denken ist charakteristisch. Zur Lösung von Problemen beruft man sich auf allgemeingültige Regeln. Objektiven Fakten wird eine größere Bedeutung beigemessen als subjektiven Gefühlen.

Hofstede (1997, 103) fand in seiner Untersuchung der Unternehmenskulturen verschiedener Länder heraus, daß Schweden die femininste aller Kulturen darstellt. Während in maskulinen Kulturen Einkommen, Anerkennung, Beförderung und Herausforderung zählen, dominieren in femininen Kulturen interpersonelle Aspekte, Lebensqualität, die physische Umgebung und Sicherheit – Aspekte, durch die sich der Wohlfahrtsstaat Schweden auch charakterisieren läßt.

In Schweden stehen individuelle Entscheidungen im Vordergrund, die aber in Übereinstimmung mit den Meinungen aller Beteiligten getroffen werden müssen. Schweden betonen persönliche Initiative sowie Leistung und bewahren ihre Privatsphäre, die im Geschäftsleben auch nicht angesprochen werden sollte.

Unsicherheitsempfinden wird durch ein starkes soziales System reduziert. Eine starke (Klein-) Familie gibt Halt und Struktur. In sozialer Hinsicht und in bezug auf außerhäusliche Aktivitäten besteht das Bedürfnis, weitgehend unverbindlich zu bleiben. Festzustellen ist ein großes Bedürfnis nach Herausforderungen im Leben, da sich der Staat letztlich um vieles kümmert.

Geschäftsleben	
Geschäfts-beziehungen	• Basis dauerhafter Geschäftsbeziehungen bilden Zuverlässigkeit und Genauigkeit. Positive Erfahrungen tragen zur Verstärkung der Bindung bei. Der gute Ruf eines Unternehmens und gute persönliche Kontakte – die durch mehrere Besuche im Jahr sowohl in Schweden als auch im Land des ausländischen Geschäftspartners sowie durch regelmäßige Telefonate gepflegt werden sollten – vereinfachen künftige Verhandlungen. • Obwohl man in Schweden generell das Telefon dem Schriftverkehr vorzieht, empfiehlt sich die Anbahnung von Geschäftskontakten auf schriftlichem Wege. Dabei sollte man beachten, sich immer sachlich, knapp und formal korrekt auszudrücken. • Der geschäftliche Einstieg sollte in der hierarchischen Struktur möglichst weit oben erfolgen. Da Entscheidungen im allgemeinen im Team getroffen werden, dürfen bei den Folgekontakten die fachlich zuständigen Mitarbeiter aber keinesfalls übergangen werden. Zu beachten ist auch, daß Assistenten und Sekretariaten ein vergleichsweise großer Handlungsspielraum eingeräumt wird. • Unter den Mitarbeitern – auch verschiedener Hierarchiestufen – herrscht ein ungezwungener Umgangsstil. Man redet sich mit Vornamen und „Du" an, was aber nicht dem deutschen „Du" gleichgesetzt werden kann.
Verhandlungen	• Verhandlungen werden im allgemeinen nicht mit Smalltalk, sondern gleich mit dem eigentlichen Thema des Treffens begonnen. Verhandlungen verlaufen sehr sachlich und konzentrieren sich auf die wesentlichen Punkte. Das hohe technische Ausbildungsniveau der Schweden erfordert eine überzeugende und anschauliche Darstellung des Verhandlungsgegenstandes. Präsentationen sollten sehr präzise, konkret und ohne Übertreibungen ablaufen. • Während der Verhandlungen sollten keine Gefühle gezeigt werden. Im Gegenteil kann ein reserviertes und zurückhaltendes Auftreten auf den schwedischen Geschäftspartner durchaus beeindruckend wirken. Schweden sind konfliktvermeidend und suchen den Konsens, Kollegen wird nicht gern widersprochen. Humor während der Verhandlungen ist unangebracht. • Man vermeidet, über heikle Themen zu diskutieren, insbesondere dann, wenn Ausländer anwesend sind. Sollte dennoch eine derartige Diskussion beginnen, darf man sich nicht wundern, wenn der Schwede abrupt das Thema wechselt. Schweigen während eines Gesprächs wird von Schweden akzeptiert. Man sollte allerdings nicht versuchen, diese Gesprächspausen zu füllen.
Protokoll	• Die Begrüßung erfolgt üblicherweise per Handschlag. Normalerweise wird es eine dritte Person übernehmen, einen Gast vorzustellen. Ist dies

	nicht der Fall, stellt man sich selbst vor, wobei man Vor- und Nachnamen nennt, allerdings keine akademischen Titel. Schweden mögen, abgesehen vom Handschlag oder unter sehr engen Freunden, keinen physischen Kontakt.
	• Da die Schweden selbst sehr zurückhaltend sind, sollte man starke Gestik vermeiden. Oberflächliche Gespräche sollten vermieden werden. Die Bewohner der nordischen Länder schätzen es, wenn ein Gast die Unterschiede zwischen den einzelnen Ländern kennt. Außerdem schätzen die Schweden die Natur sehr.
	• Dem Essen selbst wird keine so große Bedeutung wie in anderen Ländern eingeräumt, geschäftliche Themen werden dabei weiter diskutiert. Bei Abendeinladungen ist es üblich, den Geschäftspartner mit Begleitung einzuladen.
	• Eine Einladung in ein schwedisches Heim kann sehr formell sein; wesentlich ungezwungener sind Einladungen ins Sommerhaus. Absolut pünktliches Erscheinen wird erwartet. Nach dem Essen sind einige Wortes des Dankes üblich.
	• Hinsichtlich der Kleidung sind keine Besonderheiten zu beachten. Konservative Kleidung gilt als angemessen.
Pünktlichkeit	• Sowohl zu geschäftlichen als auch gesellschaftlichen Anlässen wird absolute Pünktlichkeit erwartet. Termine sollten bis spätestens zwei Wochen im voraus vereinbart werden.

Wer zu früh kommt ...

„Punctuality – Here I ran into real problems. The very first phrase I learnt was, ‚Förlåt att jag kommer sent', (Sorry I'm late), because I invariably was – in Swedish eyes.

Invited with several others out to the country I followed the other cars. Suddenly they all pulled into the side of the road. ‚What's wrong' I inquired, ‚somebody got a puncture?' – ‚Oh no' was the reply, ‚it's only 6.55 p.m. and we are not invited until 7 p.m.'"

(Quelle: Phillips-Martinson, J: Swedes – As Others See Them, Lund 1991, 34)

Geschenke	• Alkohol ist in Schweden sehr teuer und daher ein gern gesehenes Geschenk, sofern der Beschenkte dem Alkohol nicht ablehnend gegenübersteht.
Tabus	• Die schwedische Gesellschaft, Politik oder das schwedische Verständnis von Humor sollten nicht kritisiert werden. Dem schwedischen Gastgeber sollten keine persönlichen Fragen (zur Familie usw.) gestellt werden. Private Gespräche sollten nicht in der Öffentlichkeit geführt werden.
	• Es existiert ein ausgeprägter Regionalstolz. Man sollte daher nicht eine Region über eine andere loben.

2.12 Singapur

Zum Land

Im multikulturellen Stadtstaat Singapur leben drei große ethnische Gruppen, die alle ihre eigenen Traditionen bewahren: Chinesen (rund 77 % der Bevölkerung), Malayen (rund 14 %) und Inder (rund 7 %).

Kulturelle Orientierung in Gesellschaft und Alltag

Singapur ist eine Leistungsgesellschaft. In der Geschäftswelt zählt vor allem Wettbewerbsfähigkeit, Erfolg und Zusammenarbeit. Eine Gruppe wird nach ihren Qualitäten und Errungenschaften beurteilt. Das größte Vertrauen wird den Individuen derselben ethnischen Gruppe entgegengebracht. Die Geschäftswelt wird von Männern dominiert, westliche Werte und Einstellungen sind im Vormarsch.

Die wichtigste soziale Einheit bildet die Familie. Die soziale Stellung wird von Macht, Besitz und Ausbildung bestimmt. Es herrscht eine sehr strenge Arbeitsmoral, nach der emotionale Zurückhaltung geschätzt und aggressives Verhalten abgelehnt wird. Trotz der stark ausgeprägten nationalen Identität entsteht durch die sich in der Gesellschaft vollziehenden Veränderungen Unsicherheit. Das Zusammenleben der verschiedenen Rassen trug eher zur Schaffung von Unsicherheits- als von Gemeinschaftsgefühlen bei.

Individuen müssen in Übereinstimmung mit dem Kollektiv arbeiten und persönlichen Erfolg hintanstellen. Die am meisten geschätzte Person der Gruppe (gewöhnlich der Gruppenälteste) hat die Funktion des Gruppenführers inne. Bevor man zu Geschäftsabschlüssen kommt, muß man zunächst persönliche Beziehungen zu den Gruppenmitgliedern aufbauen. Von besonderer Bedeutung ist, nicht das Gesicht zu verlieren oder den Gesichtsverlust eines anderen Individuums zu verursachen. Aufgrund dessen drückt man sich eher umständlich aus, anstatt klar „nein" zu sagen. Es existiert eine streng autoritative Struktur, die Gehorsam verlangt. Unmittelbare Gefühle haben einen großen Einfluß auf das, was als Wahrheit empfunden wird. Beeinflußt wird dies auch durch ein starkes Nationalbewußtsein.

Geschäftsleben

Geschäfts-beziehungen	• Geschäftsabschlüsse hängen in hohem Ausmaß von der Sympathie ab, die man einem ausländischen Geschäftspartner in Singapur entgegenbringt. Diese Sympathie muß nicht notwendigerweise auch für das ausländische Unternehmen gelten. Sollte der Firmenvertreter durch einen anderen Repräsentanten ersetzt werden, so muß dieser von neuem am Aufbau der Beziehung arbeiten (es sei denn, es handelt sich um einen Verwandten des Vorgängers). Einer der wichtigsten zum Erfolg führenden Faktoren ist Höflichkeit.
Verhandlungen	• Bis zum endgültigen Abschluß eines Vertrages ist mit mehreren Reisen nach Singapur zu rechnen.
	• Man sollte stets ruhig und dezent sprechen und dem Gegenüber genügend Zeit zum Antworten lassen. Der Geschäftspartner aus Singapur fällt niemandem ins Wort und läßt sich seinerseits mit der Antwort oft zehn bis fünfzehn Sekunden Zeit. Diese Pause deuten westliche Geschäftsleute häufig als Zustimmung und sprechen weiter, ehe die Antwort gegeben wurde.
	• Da nur äußerst selten „nein" gesagt wird, erfordert es auf seiten des aus-

	ländischen Geschäftspartners einige Übung zu erkennen, wann tatsächlich „nein" gemeint ist.

- Es kann sein, daß in Situationen gelächelt oder gelacht wird, in denen dies westliche Geschäftsleute für unpassend halten. Derartiges Lächeln kann vielerlei Ursachen haben: es kann Verlegenheit, Schüchternheit, Verbitterung, Uneinigkeit oder auch einen Gesichtsverlust ausdrücken.

- Öffentlich die Kontrolle über sich zu verlieren, bedeutet in Singapur einen Gesichtsverlust. Einer solchen Person wird kein Respekt entgegengebracht und auch kein Vertrauen geschenkt.

Protokoll

- Unter jüngeren und im Ausland Ausgebildeten ist zur Begrüßung ein Handschlag üblich. Die allgemeine Begrüßung ist ein eher längerer Händedruck, bei dem oft beide Hände benutzt werden. Sowohl Männer als auch Frauen können per Handschlag begrüßt werden, wobei die Männer warten sollten, bis ihnen die Frau die Hand zum Gruß anbietet. Bei der Verabschiedung sollten Frauen auf einen Händedruck verzichten, da zu häufiges Händeschütteln oft fälschlicherweise als Ausdruck von Zärtlichkeit interpretiert wird. Unter der chinesischen Bevölkerung war die traditionelle Begrüßung die Verbeugung. Mittlerweile wird dies ebenfalls oft mit einem Handschlag verbunden. Die Malayen hingegen sind Muslime, die einen physischen Kontakt zwischen Männern und Frauen ablehnen. Frauen sollten daher keinem malayischen Mann die Hand anbieten. Dies gilt auch für Männer gegenüber einer malayischen Frau. Wenn allerdings ein Malaye die Initiative ergreift, sollte man darauf eingehen. Ein Teil der Bevölkerung sind Hindus. Auch sie vermeiden physische Kontakte zwischen Mann und Frau in der Öffentlichkeit, wenn auch nicht ganz so strikt wie Muslime. Praktiziert wird die traditionelle indische Begrüßung namaste, wobei man die Hände faltet und sich leicht verbeugt.

- Ältere oder ranghöhere Personen werden in Singapur sehr geschätzt. Bei der Vorstellung einer Gruppe wird stets das älteste bzw. ranghöchste Mitglied vorgestellt.

- Generell sollten alle Gesprächspartner mit Titel und Namen angesprochen werden. Aufgrund der verschiedenen ethnischen Hintergründe und der verschiedenen Arten der Anrede ist es am günstigsten, den Gesprächspartner zu fragen, wie er angesprochen werden möchte.

- Abgesehen vom Handschlag bei der Begrüßung, gibt es in Singapur keinen physischen Kontakt zwischen den Geschlechtern. In der Öffentlichkeit sollte daher keine Person umarmt oder geküßt werden, auch nicht der Partner. Wenn Männer Arm in Arm gehen, verbindet sie eine enge Freundschaft.

- Bei Hindus und Moslems gilt die linke Hand als unrein. Daher sollte nur mit der rechten Hand gegessen und getrunken werden und auch nichts mit der linken Hand berührt werden, was man auch mit der rechten Hand erreichen kann. Geschenke und auch Wechselgeld sollten nur mit der rechten Hand in Empfang genommen werden. Auch die Füße werden als unrein betrachtet. Deshalb sollte man nichts mit den Füßen berühren oder bewegen und keinesfalls die Fußsohle auf gegenüber Sitzende richten.

	• Das Sprechen mit den Händen an den Hüften wird als aggressiv interpretiert.
	• Visitenkarten sollten in Englisch und eventuell auf der Rückseite in Chinesisch gedruckt sein. Der Austausch von Visitenkarten ist in Singapur sehr formell. Nach der Vorstellung sollte jeder anwesenden Person eine Karte gegeben werden. Diese wird mit beiden Händen so überreicht, daß sie sofort gelesen werden kann. Die Karte wird mit beiden Händen in Empfang genommen, gelesen und sorgfältig in eine Tasche gesteckt – allerdings nicht in eine Brieftasche, die anschließend in die Gesäßtasche gesteckt wird. Man sollte auch nicht auf eine Visitenkarte schreiben.
	• Nach Abschluß von Geschäftsverhandlungen ist eine Einladung zum gemeinsamen Abendessen – auch in Begleitung – üblich. Dabei werden, solange die Partner anwesend sind, keine geschäftliche Themen diskutiert.
	• Trotz der hohen Temperaturen und der hohen Luftfeuchtigkeit erwartet man in Singapur ein gepflegtes Äußeres. Ausländische Geschäftsleute sollten sich zunächst eher konservativ kleiden, bis sie herausgefunden haben, welcher Grad an Formalität bei ihren Gesprächspartnern üblich ist. Damen sollten auf kurze Röcke verzichten.
Pünktlichkeit	• Zu Geschäftsterminen sollte man stets pünktlich erscheinen. Einen Geschäftspartner warten zu lassen, gilt als unhöflich und verletzend.
	• Bei gesellschaftlichen Anlässen differieren die Ansichten hinsichtlich der Pünktlichkeit zwischen den einzelnen ethnischen Gruppen. Während es überwiegend als angemessen betrachtet wird, pünktlich oder nur mit wenig Verspätung einzutreffen, gilt pünktliches Erscheinen zum Abendessen in traditionalistischen Kreisen beispielsweise als unhöflich und gierig. Hat man hingegen zu den Gastgebern bereits eine freundschaftliche Beziehung aufgebaut, kann man auch bereits vor dem eigentlichen Beginn der Veranstaltung erscheinen.
	• Da Geschäftsleute aus Singapur häufig auf Reisen sind, sollte man Termine mindestens zwei Wochen vorher vereinbaren.
Geschenke	• Angesichts der sehr strengen Antikorruptionsgesetzgebung sollte man mit Geschenken und Einladungen, insbesondere bei Angestellten des öffentlichen Dienstes, äußerst vorsichtig sein.
	• Geschenke sollten erst dann überreicht werden, wenn man zur betreffenden Person eine freundschaftliche Beziehung aufbauen konnte. Ansonsten könnte ein Geschenk den Anschein eines Bestechungsversuchs erwecken.
	• Es ist unüblich, ein Geschenk in Gegenwart des Schenkenden zu öffnen, da man sonst als unhöflich oder gierig erscheint. Aus demselben Grund lehnen Chinesen ein Geschenk traditionell dreimal ab, ehe sie es akzeptieren.
	• Für Muslime ist Alkohol und Schweinefleisch verboten, dies schließt auch Alkohol beinhaltende Parfüms und Artikel aus Schweinsleder ein. Hindus essen kein Rindfleisch und verwenden keine Lederartikel.

Tabus	• Landesspezifische Eigenheiten, Bürokratie, Politik und Religion sollten von einem Fremden nicht kritisiert werden.
	• Bei Werbematerial sollte darauf geachtet werden, daß darin keine allzu freizügigen Abbildungen vorkommen.
	• Die Regierung legt großen Wert auf Ordnung und Sauberkeit. In Restaurants ist das Rauchen generell verboten. Die Verwendung von Kaugummi ist nicht gestattet. Auf die Verschmutzung öffentlicher Einrichtungen (beispielsweise das Wegwerfen von Zigarettenresten) werden empfindliche Geldstrafen erhoben. Auf Drogenbesitz steht die Todesstrafe.
	• Es gilt als unhöflich, auf eine Person mit dem Finger zu zeigen. Um auf etwas zu zeigen, sollte man die ganze Hand, mit der Handfläche nach außen, verwenden.
	• Der Kopf wird von vielen Indern und Malayen als Sitz der Seele betrachtet. Daher sollte eine Person niemals am Kopf berührt werden.

2.13 Türkei

Zum Land

Obwohl die Türkei ein säkularer Staat ist, gehören fast 99 % der Bevölkerung dem islamischen Glauben an. Neben den Türken leben auch kurdische und arabische Minderheiten im Land. Die Türkei in ihren heutigen Zügen entstand nach dem ersten Weltkrieg unter Mustafa Kemal Atatürk – dem ersten Präsidenten der Türkei –, der weitgreifende Reformen durchführte und beispielsweise die Lateinschrift einführte sowie den Schleier und das Fez abschaffte.

Kulturelle Orientierung in Gesellschaft und Alltag

Die Türkei ist ein Land, in dem persönliches Engagement mehr zählt als Regeln und Gesetze. Die Entscheidungsfindung beruht überwiegend auf unmittelbaren Gefühlen und dem Glauben, nicht immer jedoch auf objektiven Fakten.

Das Land wird von einer privilegierten Elite kontrolliert, deren Statussymbole Besitz und/oder ihre Ausbildung sind. Es existiert eine soziale Hierarchie, wobei gegenüber bestimmten Klassen, ethnischen Gruppen und Religionen gewisse Vorurteile bestehen. Menschen, die nicht aus der eigenen (Groß-)Familie stammen bzw. keine engen Freunde sind, wird nicht sehr viel Vertrauen entgegengebracht.

Noch werden – trotz per Gesetz zugesicherter Gleichheit – die Frauen von den Männern sehr dominiert. Entscheidungen werden vom Mann getroffen, dabei wird er aber stets die Meinung der Familie anhören. Das Privatleben wird beeinflußt von der Familie, dem Freundeskreis und Organisationen, die auch einen starken Einfluß auf die persönliche Meinung ausüben. Stabilität und Identität wird aus der sozialen Struktur und der starken Familienorientierung gewonnen. Selbstachtung und Selbstwertgefühle basieren auf Familienstolz, Stolz auf das Land und die Gesellschaft.

Geschäftsleben

Geschäfts-beziehungen	• Geschäfte lassen sich meist nur über persönliche Kontakte anbahnen, die durch regelmäßige Besuche aufrechterhalten werden können.

	• Die Geschäftskorrespondenz kann in Deutsch, Englisch und Französisch erfolgen. Sehr geschätzt wird, wenn der Geschäftspartner wenigstens einige Sätze Türkisch beherrscht. • Türkische Geschäftsleute sind nicht besonders risikoscheu. Arbeitnehmer haben nicht allzu viele Rechte.
Verhandlungen	• Geschäftsverhandlungen beginnen nie sofort mit dem eigentlichen Verhandlungsgegenstand. Ein wenig Smalltalk gibt den Türken Gelegenheit, ihre Gesprächspartner näher kennenzulernen. Auch die Verhandlungsgeschwindigkeit ist eher langsam. Die ausländischen Geschäftspartner sollten sich geduldig zeigen. • Entscheidungen werden i.d.R. auf höchster Ebene getroffen. In Familienunternehmen spielt dabei auch das Alter eine gewisse Rolle. Älteren Menschen wird in der Türkei generell großer Respekt entgegengebracht, was man als Ausländer (bei der Verhandlungsführung) berücksichtigen sollte.
Protokoll	• Ein Handschlag ist zur Begrüßung und bei der Vorstellung, nicht aber bei der Verabschiedung üblich. Bei der Begrüßung einer Gruppe sollte beim Ältesten der Anwesenden begonnen werden. • Geschäftsfrauen sind in der Türkei eher selten anzutreffen. Wenn man einer türkischen Geschäftsfrau vorgestellt wird, so sollte man warten, bis sie einem die Hand zum Gruß reicht. • Eine respektvolle Form der Anrede ist die Verwendung des beruflichen Titels ohne Namen. Traditionell sprechen sich die Türken mit Vornamen und einem nachgestellten „Bey" (Herr) bzw. „Hanim" (Frau) an. Sind ältere Personen anwesend, empfiehlt sich diese Form der Anrede. • Visitenkarten sollten jedem, mit dem man geschäftlich zu tun hat, gegeben werden und daher in ausreichender Anzahl vorhanden sein. Sie müssen nicht ins Türkische übersetzt werden, sollten aber Titel enthalten. • Die Geschäftskleidung ist konservativ, Sakko und Krawatte müssen aber bei großer Hitze nicht unbedingt getragen werden. Geschäftsfrauen können bequeme Kleidung wählen, sollten aber darauf achten, daß Röcke nicht zu kurz und Ausschnitte nicht zu tief sind.
Pünktlichkeit	• Von europäischen Geschäftspartnern wird Pünktlichkeit erwartet. Die Türken bemühen sich, ihrerseits auch pünktlich zu sein. Geschäftstermine sollten rechtzeitig schriftlich vereinbart werden.
Geschenke	• Grundsätzlich werden Geschenke gerne angenommen. Begehrt sind Artikel aus dem Ausland, die in der Türkei schwer zu bekommen sind. • Bei einer Einladung in ein türkisches Heim wird die Gastgeberin – sofern mehrere Gäste anwesend sind – das Geschenk nicht sofort öffnen, da das Wohl der Gäste Vorrang hat. • Der orthodoxe Islam verbietet Alkohol und die bildliche Darstellung des menschlichen Körpers. Vor der Auswahl eines Gastgeschenks sollte man sich daher erkundigen, ob der Gastgeber diese Regeln achtet.

Tabus	• Diskussionen über politische Probleme, insbesondere das zwischen der Türkei und Griechenland in bezug auf die Insel Zypern, sollten vermieden werden.
	• Das Zeigen der Schuh- und Fußsohlen kann als beleidigend empfunden werden. Ebenso ist es unhöflich, die Arme zu verschränken, wenn man jemandem gegenüber sitzt.
	• Umarmen, Küssen und „Händchenhalten" zwischen den Geschlechtern in der Öffentlichkeit sollte vermieden werden.
	• Trunkenheit in der Öffentlichkeit ist inakzeptabel.

2.14 USA

Zum Land

Die Vereinigten Staaten stellen die größte Volkswirtschaft der Welt dar. Hinsichtlich des Exportvolumens, der Industrieproduktion und der Lebensmittelproduktion überragen die USA alle Länder der Welt. Mit einer Bevölkerung von 265 Mio. sind die USA auch einer der kaufkräftigsten und erfolgversprechendsten Exportmärkte der Welt.

Kulturelle Orientierung in Gesellschaft und Alltag

Die US-amerikanische Kultur ist sehr ethnozentrisch orientiert und zeigt sich daher von außen kommenden Informationen eher verschlossen. US-Amerikaner denken sehr analytisch und geben der Innovation oft Vorrang vor der Tradition. Argumentiert wird stets mit Hilfe objektiver Fakten. Beeinflußt werden diese zum Teil vom Glauben an den Kapitalismus, seltener von subjektiven Gefühlen.

Grundlage des Verhaltens bilden ego- und ethnozentrische Werte. Im Rahmen der individualistischen Kultur werden Eigeninitiative und Eigenleistung stark betont. US-Amerikanern fällt es relativ leicht, „nein" zu sagen. Das Leben eines Individuums wird als seine eigene Angelegenheit und Privatsache betrachtet und auch nicht im geschäftlichen Umfeld diskutiert.

Wissenschaft und externe Strukturen versprechen Lösungen für alle Fragen des Lebens. Unsicherheit und Angst resultiert aus Leistungsdruck und dem Streben nach beruflicher Anerkennung. Die Arbeitsmoral ist sehr hoch. Für alle möglichen Abläufe gibt es Regeln, auf die man sich auch verläßt. Grundsätzlich gilt, „alles ist möglich", solange es nicht eingeschränkt oder verboten ist.

Gleichberechtigung wird per Gesetz zugesichert. Ethnische und soziale Minderheiten haben allerdings mit großen Vorurteilen und zahlreichen, daraus resultierenden Problemen zu kämpfen. Das Leben wird vom Wettbewerb bestimmt, materieller Fortschritt wiegt mehr als humanistischer Fortschritt.

Geschäftsleben

Geschäfts-beziehungen	• Das US-amerikanische Wirtschaftsleben zeichnet sich durch eine kurzfristige Orientierung aus.
	• Es ist mitunter dienlich, die richtigen Leute zu kennen und gute Kontakte zu mehreren Unternehmen zu haben.

Verhandlungen	• Nach ein wenig Smalltalk gehen US-Geschäftsleute nach der Devise „Zeit ist Geld" meist gleich zum eigentlichen Thema der Verhandlungen über. Die Verhandlungsgeschwindigkeit ist recht hoch. Mitunter ist es möglich, einen Vertrag in nur einer Zusammenkunft zu finalisieren. US-Amerikaner bevorzugen eine allgemeine Zustimmung zu einem Geschäft gleich zu Beginn, die Aushandlung der Details erfolgt später.
	• US-Amerikaner legen zu Beginn die Karten offen auf den Tisch und verhandeln auf einer „Geben-und-nehmen-Basis". Sie haben Probleme damit, wenn ihr Gegenüber nicht offenlegt, was er wirklich möchte. Um die Verhandlungen voranzutreiben, wird das Gegenüber häufig etwas provoziert. US-Amerikaner sind offen: wenn sie „nein" meinen, sagen sie auch „nein".
	• Die Vereinigten Staaten gelten als die „prozeßsüchtigste" Gesellschaft der Welt, nicht wenige Geschäftsfälle enden vor Gericht.

Uncle Sam

Protokoll	• Die übliche Begrüßung ist ein Lächeln, häufig begleitet von einem Nikken und/oder einer verbalen Begrüßung. Bei geschäftlichen Anlässen ist ein fester Händedruck üblich. Ein schwacher Händedruck wird dementsprechend auch als Schwäche ausgelegt.
	• Trifft man eine Person zum ersten Mal, erfolgt die Anrede mit Titel und Nachnamen, bis man zu einer anderen Form der Anrede aufgefordert wird (Vorname).

	• Visitenkarten sollten in Englisch sein und die berufliche Stellung enthalten. Visitenkarten werden nur dann ausgetauscht, wenn man spätere Geschäftskontakte mit der betreffenden Person wünscht.
	• Bei Geschäftsessen wird der Gastgeber üblicherweise zahlen, bei gesellschaftlichen Anlässen ist es nicht unüblich, daß man seine Rechnung selbst bezahlt.
	• Gegessen wird nur mit der Gabel, die in der rechten Hand gehalten wird. Das Messer dient lediglich dem Schneiden der Speisen und wird danach abgelegt.
	• Werden auf einer Party Speisen und Getränke angeboten, ist man nicht verpflichtet, diese anzunehmen. Umgekehrt muß man in der Regel nicht warten, bis man eine Speise angeboten bekommt, sondern kann sich selbst bedienen.
	• Korrekte Kleidung wird bei geschäftlichen Anlässen erwartet. Straßenschuhe zieht man im Haus nicht aus.
Pünktlichkeit	• Pünktlichkeit wird erwartet. Im Falle einer Verspätung sollte man den Gesprächspartner benachrichtigen. Bei einer Einladung zu einem Geschäftsessen ist pünktliches Erscheinen erwünscht, zu einer Cocktail-Party kann man auch bis zu einer halben Stunde später eintreffen.
	• Termine sollten rechtzeitig im voraus vereinbart werden.
Geschenke	• Eine gute Gelegenheit zur Überreichung von Geschenken ist die Ankunft oder die Abreise. Am beliebtesten sind dabei Geschenke, die aus dem Land des Gastes kommen.
	• Bei Einladungen in ein US-amerikanisches Heim ist es nicht unbedingt notwendig, aber meist üblich, ein Gastgeschenk mitzubringen. Nach einer Einladung bedankt man sich schriftlich beim Gastgeber.
	• Unternehmensgeschenke werden erst nach Abschluß der Geschäftsverhandlungen überreicht.
Tabus	• Bevor man eine Person gut kennt, sollten religiöse und politische Themen vermieden werden. Ebenfalls vermeiden sollte man, Diskriminierendes über Glaubensgemeinschaften, ethnische Gruppen und Frauen zu sagen.
	• In den meisten öffentlichen Gebäuden besteht Rauchverbot, das Rauchen ist dort nur an extra gekennzeichneten Plätzen erlaubt.
	• Auf öffentlichen Plätzen und in Autos besteht Alkoholverbot. Schon das Mitführen einer geöffneten Flasche im Auto kann bestraft werden. Trunkenheit am Steuer zieht generell eine Verhaftung nach sich.
	• Bei einer Polizeikontrolle bleibt man im Auto sitzen und läßt beide Hände am Steuer. Bewegungen, die als Griff zur Waffe gedeutet werden könnten, sollte man tunlichst unterlassen.
	• Schwarze sollten keinesfalls als Neger bezeichnet werden.

3 Konsequenzen für die Personalpolitik

Die Anforderungen an die Humanressourcen, die sich aus den unterschiedlichen Kulturen ergeben, sind beträchtlich. Für Unternehmen, die Mitarbeiter für diverse Aufgaben ins Ausland entsenden wollen, bedeutet das ebenso wie für die Betroffenen selbst die Notwendigkeit, zahlreiche Vorkehrungen zu treffen. Mit ihrer Hilfe soll gewährleistet werden, daß die Aufgaben im Ausland optimal wahrgenommen werden können und man auch in bezug auf die Begleitumstände eines Einsatzes im Ausland bestmöglich gerüstet ist.

Die Gründe für Auslandsentsendungen sind vielgestaltig, wie nachfolgende Abbildung zeigt:

Abbildung 3-1 *Gründe für einen Auslandseinsatz (nach Deutsche Gesellschaft für Personalführung 1995, 11)*

Die Anforderungen, die an einen zu entsendenden Mitarbeiter gestellt werden, sind stark vom Entsendungsgrund abhängig und variieren auch je nach Einsatzgebiet. Die Entsendungsgründe wirken sich damit auch auf den Auswahlmodus und die Auswahlinstrumente aus. Die Personalauswahl für Auslandtätigkeiten gestaltet sich weitaus schwieriger als die Personalbeschaffung für Aufgaben im Inland, da die Bewerber nicht nur fachliche, sondern auch interkulturelle Kompetenz wie auch die Bereitschaft, schwierige Aufgaben in einem nicht vertrauten Umfeld wahrzunehmen, aufweisen müssen. Die beiden grundsätzlichen Möglichkeiten der Personalbeschaffung sind die unternehmensinterne und die unternehmensexterne Personalbeschaffung.

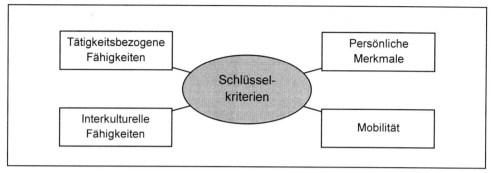

Abbildung 3-2 *Schlüsselkriterien der Personalauswahl für Auslandseinsätze*

Über die **Fachqualifikation** hinaus ist die internationale Tätigkeit mit Aufgaben verbunden, die eine intensive Auseinandersetzung mit fremden Kulturen und Menschen mit sich bringen und letztlich eine entsprechende Anpassung des Verhaltens erfordern. Daraus resultieren hohe Anforderungen an die **persönlichen Eigenschaften** wie etwa physische und psychische Belastbarkeit, Geduld, Improvisationsgabe, Vorurteilsfreiheit bzw. Toleranz und schließlich allgemein Mobilität, d.h. auch die Bereitschaft zu häufigen und längeren Auslandsaufenthalten. Darüber hinaus sind spezielle **interkulturelle Fähigkeiten** gefordert, so z.B. die Kenntnis fremder Kulturen, Sensibilität und Einfühlungsvermögen in bezug auf eine andersartige Umwelt, Anpassungswille und -fähigkeit, Sprachkenntnisse sowie Kommunikationsfähigkeit.

Neben diesen Kriterien sollte eine Reihe weiterer Faktoren, die den Erfolg einer Entsendung ins Ausland beeinflussen können, überprüft werden. Insbesondere die stets zahlreichen *Pros* und *Contras* sind sorgfältig – vor dem jeweiligen persönlichen Hintergrund – abzuwägen. Dabei geht es vor allem auch darum, die dem Auswahlprozeß zugrunde liegenden Kriterien und die persönlichen Motive und Vorbehalte des Kandidaten abzustimmen.

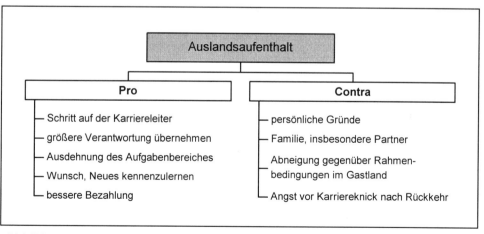

Abbildung 3-3 *Pro und Contra Auslandsaufenthalt*

Insbesondere auch mit den personalpolitischen Fragestellungen, die sich im Zusammenhang mit der Etablierung von ständigen Einrichtungen vor Ort (z.B.
Niederlassung) stellen, spielen drei strategische Optionen – der ethnozentrische,
der polyzentrische und der geozentrische Ansatz – eine Rolle.

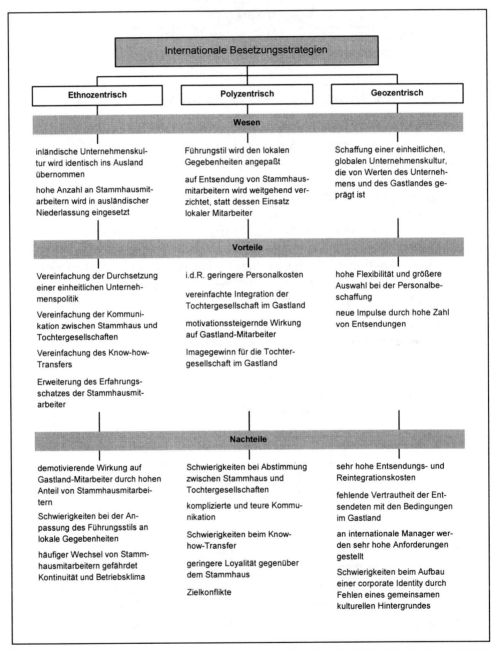

Abbildung 3-4 *Internationale Besetzungsstrategien (nach Welge/Holtbrügge 1998,
196)*

Entsendungen und Besetzungen werden letztlich vor dem Hintergrund dieser Ansätze bzw. deren Anforderungen entschieden. Dabei geht der **ethnozentrische Ansatz** von der Überlegenheit der Managementmethoden des Stammlandes aus und zielt darauf ab, diese in fremden Kulturen unverändert anzuwenden. Der **polyzentrische Ansatz** anerkennt demgegenüber vorurteilsfrei das Potential kulturspezifischer Methoden, ein bestimmtes Ziel zu erreichen; keine der anzuwendenden Methoden wird primär effizienter gesehen als eine andere. Dieser Sichtweise liegt die Annahme zugrunde, daß Management nur im Kontext seines spezifischen kulturellen Umfeldes zu verstehen ist. Der **geozentrische Ansatz** setzt sich mit Management vor dem Hintergrund der Tätigkeit internationaler Unternehmen auseinander, die in zahlreichen Ländern und Kulturen mit eigenen Organisationen vertreten sind. Im Blickpunkt steht eine einheitliche, vom Stammhaus geprägte Unternehmenskultur, die weltweit implementiert ist und durch die Vereinheitlichung der Aktivitäten erzielbare ökonomische Vorteile.

Darüber hinaus beschäftigt sich der **komparative Ansatz** mit der Identifizierung interkultureller Ähnlichkeiten und deren Auswirkungen bei der Führung von Unternehmen. Dabei wird angenommen, daß manche Aspekte des Managements universell, andere hingegen kulturspezifisch sind. Schließlich untersucht der **synergistische Ansatz** die Beziehungen und Interaktionen von Menschen unterschiedlicher Kulturzugehörigkeiten und nimmt dabei besonders auf berufliche Situationen Bezug. Gegenseitige Sozialisation und Lernprozesse annehmend, zielt dieser Ansatz auf möglichst konfliktfreie Muster interkultureller Kooperation ab.

Maßnahmen im Zusammenhang mit Auslandseinsätzen

Angesichts der hohen Anforderungen kommt der **Personalentwicklung** ein bedeutender Stellenwert zu. Wichtigster Ansatzpunkt ist hier die permanente Förderung der Fähigkeit zur Anpassung des Verhaltens an fremde bzw. ungewohnte Gegebenheiten. Spezielles interkulturelles **Training** zielt auf die Entwicklung der Sensibilität für fremde Mentalitäten und deren Kenntnis sowie auf eine bessere Integrationsfähigkeit international tätiger Mitarbeiter im allgemeinen ab. Eine wirkungsvolle, praktikable und auch häufig angewendete Maßnahme ist in diesem Zusammenhang **Job Rotation**. Dabei ist vorgesehen, daß ein Mitarbeiter bzw. eine (künftige) Führungskraft innerhalb des Unternehmens im Rahmen internationaler Einsätze verschiedene Funktionen, Bereiche und Länder kennenlernt.

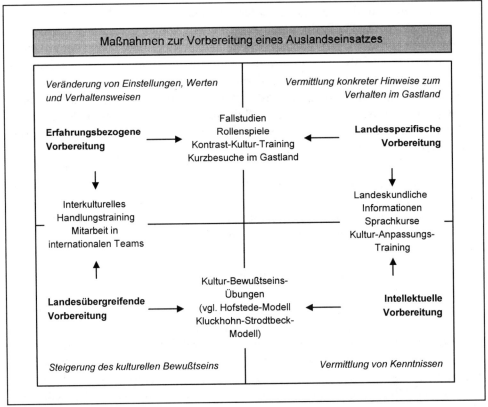

Abbildung 3-5 *Maßnahmen zur Vorbereitung eines Auslandseinsatzes (nach Welge/Holtbrügge 1998, 200)*

Ein nicht unproblematisches Gebiet ist die **Gestaltung des Anreizsystems** für den internationalen Einsatz von Mitarbeitern. Bei der **Entlohnung** gilt es primär, einen angemessenen Ausgleich zwischen Inlands- und Auslandsentgelt zu finden. Dabei sind unterschiedliche Lebenshaltungskosten (vgl. Ausgleichszulagen), die Lebensbedingungen vor Ort, der Schwierigkeitsgrad der Aufgabe (vgl. erfolgsabhängige Gehaltsbestandteile), nationale Regelungen (vgl. Steuersystem) sowie die familiäre Situation des Mitarbeiters (vgl. Übersiedlungskosten, Trennungsentschädigungen, Heimreisekosten, Versicherungsprämien, Schulgeld) zu berücksichtigen. Über die monetäre Vergütung hinaus ist im Rahmen des Anreizsystems auch die **nichtmonetäre Vergütung** (z.B. Dienstfahrzeug, Dienstwohnung im Ausland) von großer Bedeutung.

Für die **Motivation** und nicht zuletzt auch für den Leistungserfolg äußerst wichtig ist die Möglichkeit ständiger **Kommunikation** mit dem Stammhaus und Feedback. Der Entsandte darf sich im Ausland nicht von der Firma „abgeschnitten" fühlen, sondern sollte über wichtige Entwicklungen „zu Hause" informiert werden und stets auch die Möglichkeit zu Aufenthalten im Stammhaus haben, um in Kontakt zu bleiben, Entscheidungen vorzubereiten bzw. zu be-richten.

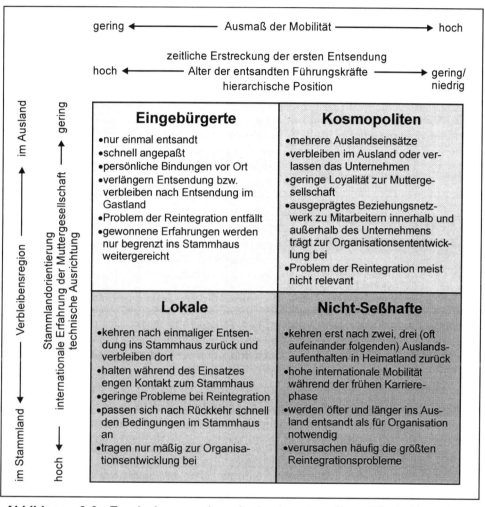

Abbildung 3-6 *Typologie von ins Ausland entsandten Mitarbeitern (nach Borg/Harzing 1996, 289)*

Auch die Bedeutung der **Reintegration von im Ausland tätigen Mitarbeitern** sollte keinesfalls unterschätzt werden. Die Heimat, das gesellschaftliche und private Umfeld werden bei der Rückkehr nicht mehr so erlebt wie vor dem Auslandseinsatz. Ebenso wird das Unternehmen mit anderen Augen gesehen. Oft wird die Rückkehr als eine Reise in ein fremdes Land empfunden. Wurde jemand zu Beginn seiner Tätigkeit im Ausland als „Fremder" betrachtet und lebte sich dort nach und nach ein, so steht er nach der Rückkehr vor einer ähnli-chen Situation.

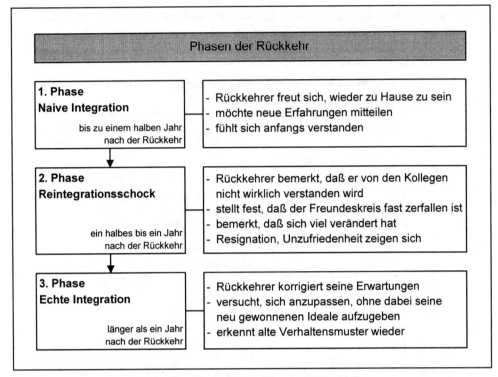

Abbildung 3-7 *Phasen der Rückkehr (nach Hirsch 1992, 291)*

Das Problem der Rückkehr darf nicht erst dann an Bedeutung gewinnen, wenn ein entsandter Mitarbeiter unmittelbar vor der Rückkehr ins Heimatland steht bzw. bereits zurückgekehrt ist, sondern sollte schon vor der Entsendung Bestandteil der Überlegungen sein. Kehrt jemand aus dem Ausland zurück, bringt er zahlreiche, auch für das Unternehmen bedeutsame Erfahrungen mit und kann wichtige Impulse vielfältiger Art, insbesondere aber in bezug auf den Umgang mit anderen Kulturen, geben. Lerneffekte im Unternehmen bzw. eine erfolgreiche Eingliederung des Mitarbeiters können aber nur dann wirklich gelingen, wenn der „Rückkehrer" mit seinem Hintergrund akzeptiert bzw. angehört wird und seine Erfahrungen auch auf Interesse und Beachtung stoßen.

Wiederholungsfragen

1. Warum sollte sich eine international tätige Führungskraft mit den Kulturen anderer Länder beschäftigen?

2. Erläutern Sie das Kluckhohn-Strodtbeck-Modell!

3. Erläutern Sie das Hofstede-Modell!

4. Nennen Sie Gründe für Auslandsentsendungen!

5. Nach welchen Schlüsselkriterien werden Bewerber für eine Auslandstätigkeit ausgewählt?

6. Was könnte für und was gegen einen Auslandsaufenthalt sprechen?

7. Welche Nachteile bringt der Einsatz von Stammland-, Gastland- bzw. Drittlandangehörigen mit sich?

8. Welche Besetzungsstrategien sind Ihnen bekannt? Erläutern Sie die einzelnen Strategien!

9. Welche Maßnahmen kommen im Rahmen der Vorbereitung von Auslandsaufenthalten/-einsätzen zur Anwendung?

10. Was ist vor bzw. während des Auslandseinsatzes eines Mitarbeiters von seiten des Managements zu beachten?

11. Vor welcher Situation stehen Mitarbeiter, die aus dem Auslandseinsatz zurück ins Heimatland kommen?

12. In welchen Phasen vollzieht sich die Rückkehr aus dem Ausland ins „alte" Unternehmen?

13. Inwieweit sind die Erfahrungen von Mitarbeitern, die aus einem Auslandseinsatz zurückkehren, für ein Unternehmen relevant?

14. Versuchen Sie, anhand einiger selbstgewählter Kriterien Charakteristika von drei unterschiedlichen Kulturen herauszuarbeiten!

15. Beschaffen Sie sich – am besten aus dem Internet – ein Leitbild eines in ihrem Land tätigen internationalen Unternehmens! Diskutieren Sie, inwieweit sich die Grundsätze dieses Leitbildes (gut) auf fremde Kulturen übertragen lassen!

16. Erstellen Sie eine Übersicht zu den Verhandlungsstilen in fünf der dargestellten Länder!

17. Versuchen Sie – anhand von fünf verschiedenen Beispielen – jeweils mehrere Faktoren herauszufinden, warum sich die Kommunikation von Geschäftspartnern zweier Länder tendenziell schwierig gestaltet!

18. Wie bereiten Sie sich am besten auf einen zweiwöchigen Aufenthalt in Moskau vor, bei dem es darum geht, Vorbereitungen für die Errichtung eines Joint-Ventures zu treffen, der mit einem russischen Partner aus dem öf-

fentlichen Sektor eingerichtet werden soll, um einen optimalen Service für die von ihrer Firma gelieferten EDV-Anlagen vor Ort zu gewährleisten?

19. Sie stehen kurz davor, einen für Ihr Unternehmen wichtigen Vertrag über Zulieferungen für den Industrieanlagenbau zu verhandeln. Nun bereiten Sie sich gerade auf möglicherweise auftretende kulturelle Differenzen vor. Von ihrem Chef haben Sie den Auftrag, den Standardvertrag des Unternehmens zu vertreten, auch wenn Schwierigkeiten auftreten und die Verhandlungen lange dauern. Ihre Verhandlungspartner sind Japaner (Brasilianer, Chinesen, Saudi-Araber). Wie bereiten Sie die Verhandlungen möglichst optimal vor? Wie werden diese voraussichtlich verlaufen?

20. Stellen Sie sich vor, Sie sind Leiter der rumänischen Niederlassung ihrer Firma, einem großen, international tätigen Unternehmen der Investitionsgüterindustrie. Ihre Mitarbeiter stammen zum überwiegenden Teil aus Rumänien. Seit einiger Zeit stört es Sie, daß die Mitarbeiter miteinander ausschließlich in der Landessprache sprechen, die Sie nicht verstehen. Dabei wird oft gelacht und Sie werden den Verdacht nicht los, daß man sich über Sie lustig macht bzw. Sie kritisiert. Wie verhalten Sie sich am besten, welche Handlungsmöglichkeiten haben Sie?

Literatur & Quellen

L

Albert, M.; Brock, L.; Hessler, S.; Menzel, U.; Neyer, J.: Die Neue Weltwirtschaft, Frankfurt/M. 1999

Arnold, K.: Wirtschaftsgeographie in Stichworten, Berlin/Stuttgart 1992

Altmann, J.: Außenwirtschaft für Unternehmen, Stuttgart/Jena 1993

Altmann, J.: Wirtschaftspolitik, Stuttgart/Jena 1995

Altvater, E.; Mahnkopf, B.: Grenzen der Globalisierung, Münster 1999

Apfelthaler, G.: Interkulturelles Management, Wien 1999

Backhaus, K.: Investitionsgütermarketing, München 1995

Ball, D. A.; McCulloch, W. H.: International Business, Chicago/Ill. u.a. 1996

Bänsch, A.: Einführung in die Marketing-Lehre, München 1998

Baratta, M. v. (Hrsg.): Der Fischer Weltalmanach 2000, Frankfurt/M. 1999

Beike, R.; Schlütz, J.: Finanznachrichten lesen, verstehen, nutzen, Stuttgart 1999

Behrens, W.; Hawranek, P. M.: Manual for the Preparation of Industrial Feasibility Studies, Wien 1991

Berndt, R.; Sander, M.: Betriebswirtschaftliche, rechtliche und politische Probleme der Internationalisierung durch Lizenzerteilung, in: Macharzina, K.; Oesterle, M.-J. (Hrsg.): Handbuch Internationales Management, Wiesbaden 1997, 511-534

Borg, M.; Harzing, A.-W.: Karrierepfade und Effektivität internationaler Führungskräfte, in: Macharzina, K.; Wolf, J. (Hrsg.): Handbuch Internationales Führungskräfte-Management, Stuttgart u.a. 1996, S. 279-297

Braudel, F.: Sozialgeschichte des 15.-18. Jahrhunderts, 3 Bände, München 1990

Brenner, H.; Lorber, B.: Erfolgreich exportieren, Köln 1996, 2000

Brückner, C.: Nirgendwo ist Poenichen, München 2000

Brunner, U.; Pfeifer, R.: Zum Beispiel Bananen, Göttingen 1998

Bundesausschreibungsblatt, unter: http://www.bundesausschreibungsblatt.de, 22.09.2000

Bundesministerium für Wirtschaft und Technologie – BMWi (Hrsg.): Nationale und multilaterale Finanzierungsinstrumente für Exporte und Auslandsinvestitionen, Bonn 1997

Bundesministerium für Wirtschaft und Technologie – BMWi (Hrsg.): Weltweit aktiv, Berlin 1999

Bundesstelle für Außenhandelsinformation – BfAI (Hrsg.): Geschäftspartner Griechenland, Köln/Berlin 1996

Capodagli, B.; Jackson, L.: Disney – Der Mäusekonzern, Freiburg/Berlin/München 1999

Cohen, D.: Fehldiagnose Globalisierung, Frankfurt/M. 1998

Conert, H.: Vom Handelskapital zur Globalisierung, Münster 1998

Connor, T.: Was Sie zum Spitzenverkäufer macht, Frankfurt/M./New York 1998

Creditanstalt-Bankverein/CA-BV (Hrsg.): Erfolg im Dokumentengeschäft (3 Teile), Wien 1996

Czinkota, M. R., Ronkainen, I. A.: International Marketing, Fort Worth, Tx. u.a. 1998

Deutsche Gesellschaft für die Vereinten Nationen (Hrsg.): Bericht über die menschliche Entwicklung 2000, Bonn 2000

Deutsche Gesellschaft für Personalführung (Hrsg.): Der internationale Einsatz von Fach- und Führungskräften, Köln 1995

Döring, D. (Hrsg.): Sozialstaat in der Globalisierung, Frankfurt/M. 1999

Dülfer, E.: Internationales Management in unterschiedlichen Kulturbereichen, München/Wien 1992

Dzieciolowski, Z.; Schultze, F.: Nach Sibirien gegen die Uhr, Focus v. 11.04.1998, 110-118

Ebeling, P.: 100 Tips für Verkäufer, Landsberg/L. 1984

Ederer, G.; Seiwert, L. J.: Der Kunde ist König, Offenbach 2000

Eisner, M. D.: Von der Micky Maus zum Weltkonzern, München 2000

Elashmawi, F.; Harris, P. R.: Multicultural Management, Houston, Tx. 1993

Esser, B.: Leben im Ausland – Endlich zu Hause, Focus v. 17.05.99, 66-70

Europäische Union, unter: http://www.europa.eu.int, 08.01.2001

Fröhlich, E. A.; Hawranek, P. M.; Lettmayr, C. F.; Pichler, J. H.: Manual for Small Industrial Businesses, Wien 1994

Gesellschaft für Österreichisch-Arabische Beziehungen (Hrsg.): Die wirtschaftliche Relevanz der österreichisch-arabischen Beziehungen auf dem Gesundheitssektor, Wien 2000

Godefroid, P.: Investitionsgüter-Marketing, Ludwigshafen/Rh. 1995

Grafers, H. W.: Einführung in die betriebliche Außenwirtschaft, Stuttgart 1999

Greider, W.: Endstation Globalisierung, München 1998

Gruber, P. C.; Zapotoczky, K. (Hrsg.): Globalisierung versus Demokratie?, Frankfurt/M. 1999

Gustet, V.: Werbung, in: Focus 44 v. 28.10.1996, 280-281

Harenberg, B. (Hrsg.): Aktuell 2000, Dortmund 1999

Hermes Kreditversicherungs-AG, unter: http://www.hermes.de, 22.09.2000

Hill, W.; Rieser, I.: Marketing-Management, Bern/Stuttgart/Wien 1993

Hinterhuber, H. H.: Strategische Unternehmungsführung I, Strategisches Denken, Berlin/New York 1996

Hinterhuber, H. H.: Strategische Unternehmungsführung II, Strategisches Handeln, Berlin/New York 1997

Hirsch, K.: Reintegration von Auslandsmitarbeitern, in: Bergemann, N.; Sourisseaux, A. L. J. (Hrsg.): Interkulturelles Management, Heidelberg 1992, 285-298

Hofstede, G.: The Cultural Relativity of Organizational Practices and Theories, in: Journal of International Business Studies (Fall 1989), 75-89

Hofstede, G.: Culture's Consequences: International Differences in Work Related Values, Beverly Hills, Ca. 1980

Hofstede, G.: Lokales Denken, globales Handeln – Kulturen, Zusammenarbeit und Management, München 1997

Hopkins, T.: Erfolgreich verkaufen für Dummies, Bonn u.a. 1997

Hüttner, M.; von Ahsen, A.; Schwarting, U.: Marketing-Management, München/Wien 1999

Internationale Handelskammer (Hrsg.): Einheitliche Richtlinien und Gebräuche für Dokumentenakkreditive, Köln 1993

Internationale Handelskammer (Hrsg.): Einheitliche Richtlinien für Inkassi, Köln 1995

Internationale Handelskammer, unter: http://www.iccwbo.org, 22.09.2000

Internationaler Währungsfonds, unter: http://www.imf.org, 10.05.2001

Jahrmann, F.-U.: Außenhandel, Ludwigshafen/Rh. 1998

Kammer der Wirtschaftstreuhänder Österreich, unter: http://www.kwt.or.at, 08.01.2001

Kasparek, A.: Gottes Segen für „saubere" Aktien, in: Der Standard v. 09.10.2000, 19

Keller, E. v.: Management in fremden Kulturen, Bern/Stuttgart 1992

Kleine, D.: Brennpunkt Diamanten, in: Focus v. 21.08.2000, 222f

Kluckhohn, F.; Strodtbeck, F. L.: Variations in Value Orientations, Evanston, Ill. 1961

Koch, P.; Krefeld, T.; Oesterreicher, W.: Neues aus Sankt Eiermark – Das kleine Buch der Sprachwitze, München 1997

König, J.-G.: Alle Macht den Konzernen, Reinbek 1999

Köpf, P.: Globalisierung, München 1998

Kotler, P.; Bliemel, F.: Marketing-Management, Stuttgart 1995, 1999, 2001

Kotler, P.; Armstrong, G.; Saunders, J.; Wong, V.: Grundlagen des Marketing, München u.a. 1999

Kreditanstalt für Wiederaufbau, unter: http://www.kfw.de, 27.06.2001

Kroeber-Riel, W.: Strategie und Technik der Werbung, Stuttgart 1993

Kroeber-Riel, W.; Weinberg, P.: Konsumentenverhalten, München 1999

Kumar, B. N.; Wagner, D. (Hrsg.): Handbuch des internationalen Personalmanagements, München 1998

Kunkel, R.; Kerstgens, M.: Trucker der Lüfte, Focus v. 28.06.1999, 88-96

Kuttner, K.: Exportfinanzierung, Wiesbaden 1992

Lamuv Verlag, unter: http://www.lamuv.de, 27.06.2001

Lander, D.: Wohlstand und Armut der Nationen, Berlin 1999

Launer, E.: Zum Beispiel Globalisierung, Göttingen 2001

Launer, E.: Zum Beispiel Tabak, Göttingen 1995

Launer, E.: Zum Beispiel Zucker, Göttingen 1998

Lasswell, H. D.: Power and Personality, York 1948

Li, H.: Das Danwei-Phänomen und die chinesische Modernisierung, in: Atteslander, P. (Hrsg.): Kulturelle Eigenentwicklung, Frankfurt M./New York 1993, 141-184

Link, W.: Die Neuordnung der Weltpolitik, München 1999

Macharzina, K.; Oesterle, M.-J. (Hrsg.): Handbuch Internationales Management, Wiesbaden 1997

Malony, J. C.: Marketing Decisions and Attitude Research, in Baker, G. L., Jr. (Hrsg.): Effective Marketing Coordination, Chicago, Ill. 1961

Martin, H.-P.; Schumann, H.: Die Globalisierungsfalle, Reinbek 1998

Meffert, H.: Marketing: Grundlagen der Absatzpolitik, Wiesbaden 2000

Michel, T.; Rebentrost, N.; Schmidt, S.: Die vernetzte Weltwirtschaft – Waren-, Dienstleistungs-, Kapital- und Informationsströme im Zeitalter der Globalisierung, Zwickau 2000

Morgan, R. L.: Professionelles Verkaufen, Wien 1991

Morrison, T.; Conaway, W. A.; Borden, G. A.: Kiss, Bow or Shake Hands, Holbrook, Ma. 1994

Mrozek, G.: Leben im Ausland – Gold graben in Sibirien, Focus v. 22.05.99, 70-74

Neuberger, G.: Zum Beispiel Kaffee, Göttingen 1999

Nieschlag, R.; Dichtl, E.; Höschgen, H.: Marketing, Berlin 1997

Nuscheler, F.: Lern- und Arbeitsbuch Entwicklungspolitik, Bonn 1996

Oekom Research AG, unter: http://www.oekom.de, 28.06.2001

Oesterreichische Kontrollbank AG (Hrsg.): Projektfinanzierung mit der OeKB, Wien 1999

Oesterreichische Kontrollbank AG, unter: http://www.oekb.co.at, 27.06.2001

Ogger, G.: Die Gründerjahre, München/Zürich 1982

o.V.: Back to the Roots, in: Absatzwirtschaft, Sondernummer 10/96, 225

o.V.: Informationen zum Euro, unter: http://www.europa.eu.int/euro, 08.01.2001

o.V.: Muhammad Yunus half den Ärmsten der Armen, in: Der Standard v. 04.09.2000, 18

o.V.: Shell schlägt alle Rekorde, in: die tageszeitung (taz) v. 04.08.2000

o.V.: Wichtigste Export- und Importländer 1999, in: Internationale Wirtschaft, 7/2000, 19

o.V.: US-Primus steckt alle in die Tasche, in: Focus v. 02.06.2001, 234

Pater, E.: Zum Beispiel McDonald's, Göttingen 1996

Pavlovic, E.: Was Sie schon immer über Exportförderung wissen wollten, in: Internationale Wirtschaft, 8/2000, 16-18

Perlitz, M.: Internationales Management, Stuttgart 2000

Phillips-Martinson, J.: Swedes – As Others See Them, Lund 1991

Polanyi, K.: The Great Transformation, Frankfurt/M. 1990

Porter, M. E.: Wettbewerbsstrategie, Frankfurt/M./New York 1999

Punnett, B. J.; Ricks D. A.: International Business, Boston, Ma. 1992

Punnett, B. J.; Ricks, D. A.: International Business, Malden/Ma./Oxford 1997 (reprinted 1998)

Ricks, D. A.: How to Avoid Business Blunders Abroad, in: Lähde, F. (Ed.): International Marketing – Managerial Perspectives, Boston/Ma. 1980, 107-121

Riehle, W.: Ziele, Formen und Erfolgsmerkmale Strategischer Allianzen, in: Macharzina, K.; Oesterle, M.-J. (Hrsg.): Handbuch Internationales Management, Wiesbaden 1997, 579-605

Riffert, K.: Mann des Jahres 2000 – Dietrich Mateschitz, Red Bull, in: trend 1/2001, 76-92

Rosenbloom, B.: Marketing Channels, Hinsdale, Ill. 1991

Sachs, R.; Kamphausen, R. E.: Leitfaden Außenwirtschaft, Wiesbaden 1996

Scheitlin, V.: 67 Checklisten für den Verkauf, München 2000

Scheuch, F.: Marketing leicht gemacht, Wien 1999

Schmidt-Kallert, E.: Zum Beispiel Kakao, Göttingen 1995

Schneider, W.; Moser, R.; Freese, H.; Schaur, E.: Marketing und internationale Geschäftstätigkeit, Wien 1998

Schoppe, S. (Hrsg.): Kompendium der Internationalen Betriebswirtschaftslehre, München/Wien 1998

Schütt, R.: Import – Export, Bonn u.a. 1996

Selinski, H.; Sperling, U. A.: Marketinginstrument Messe, Köln 1995

Sen, A., Ökonomie für den Menschen, München/Wien 2000

Stiftung Entwicklung und Frieden (Hrsg.), Globale Trends 2000, Frankfurt/M. 1999

Stöger, G.: Lieferungen über die Grenze, Wien 1998

Stepic, H. (Hrsg.): Handbuch der Exportabwicklung, Wien 1996

Strong, E. K.: The Psychology of Selling, New York 1925

Strunz, H.; Dorsch, M.: Libyen – Zurück auf der Weltbühne, Frankfurt/M. u.a. 2000

Strunz, H.; Dorsch, M.: Management, München/Wien 2001

Torekull, B.; Kamprad, I.: Das Geheimnis von IKEA, Hamburg 1998

TransFair, unter: http://www.transfair.org, 24.04.2001

Usunier, J. C.; Walliser, B.: Interkulturelles Marketing, Wiesbaden 1993

Weeser-Krell, L. M.: Marketing, München/Wien 1991

Weis, H.-C.: Marketing, Ludwigshafen/Rh. 1999

Welge, M. K.; Holtbrügge, D.: Internationales Management, Landsberg/L. 1998

Weltbank (Hrsg.): Weltentwicklungsbericht 2000/2001, Bonn 2001

Weltbank; Frankfurter Allgemeine Zeitung (Hrsg.): Weltentwicklungsbericht 1998/99, Frankfurt/M. 1999

Weltbank, unter: http://www.worldbank.org, 10.05.2001

Windfuhr, M.: Zum Beispiel Rohstoffe, Göttingen 1996

Windfuhr, M.: Zum Beispiel Welthandel, Göttingen 1995

Winkelmann, P.: Marketing und Vertrieb, München/Wien 2000

Wirtschaftskammer Österreich (Hrsg.): Exportbericht 1999, Wien 2000

Wirtschaftskammer Österreich (Hrsg.), Achtung, Kultur! Ein praktischer Wegweiser für internationale Geschäftsreisen, Wien 1998

Wirtschaftskammer Österreich (Hrsg.): Cross-Cultural Communication, Wien 1999

Wirtschaftskammer Österreich, unter: http://www.wko.at, 30.05.2001

Wöhe, G.: Einführung in die Allgemeine Betriebswirtschaftslehre, München 2000

World Bank (Ed.): World Bank Atlas, Washington, D. C. 2000

World Populations Prospects der UNO, in: Encarta Weltatlas 1999, Microsoft Corporation

World Trade Organization (WTO), unter: http://www.wto.org, 13.03.2001a

World Trade Organization (WTO): Welthandelsstatistik 1999, unter: http://www.wto.org, 13.03.2001b

Zentes, J.; Swoboda, B. (Hrsg.): Fallstudien zum Internationalen Management, Wiesbaden 2000

Zentralverband der deutschen Werbewirtschaft (ZAW) (Hrsg.): Werbung in Deutschland 2000, in: Mediendaten Südwest, http://www.mediendaten.de, 05.02.2001

Zwettler, C.: Absicherung und Finanzierung von Exporten und Auslandsinvestitionen, Wien 1999

Empfehlungen zu weiterführender Literatur

Zu den im Buch vertretenen Themen existieren überaus umfangreiche Literatur und verschiedenste andere Quellen.

Für das vertiefende Studium empfehlenswert sind die beiden englischsprachigen **Lehrbücher** von Punnett/Ricks und Ball/McCulloch mit dem gleichlautenden Titel **„International Business"**. Sie gehen besonders umfassend auf die weltwirtschaftlichen Zusammenhänge ein und geben darüber hinaus ein sehr detailreiches Bild zum weiten Feld des internationalen Geschäfts.

Im deutschen Sprachraum ist diesbezüglich das von Macharzina/Oesterle herausgegebene **„Handbuch Internationales Management"** mit seinen knapp 1.000 Seiten und zahlreichen Beiträgen der Vertreter des Fachs sowohl in Hinblick auf die nahezu die ganze Breite des Gebiets abdeckende und gleichermaßen in die Tiefe gehende Darstellung hervorzuheben. Als hervorragende Ergänzung dazu ist die vom Umfang vergleichbare Sammlung von **„Fallstudien zum Internationalen Management"**, hrsgg. von Zentes/Swoboda zu sehen. Der Band enthält ausführliche Fallstudien zu praktisch allen wichtigen Themenbereichen des Fachgebiets und ist dieserart zum Training der Anwendung von erworbenem theoretischen Wissen bestens geeignet. Ohne wissenschaftlichen Anspruch aber informativ und leicht verständlich sind das Standardwerk von Brenner/Lorber **„Erfolgreich exportieren"** sowie die vom Bundesministerium für Wirtschaft und Technologie (Berlin) herausgegebene (und gratis zu beziehende) Broschüre **„Weltweit aktiv"**, die sich speziell an exportinteressierte Unternehmen richtet.

Speziell für den Bereich des Marketings sei zum weiterführenden Studium das im angelsächsischen Raum prominente Standardwerk **„International Marketing"** von Czinkota/Ronkainen empfohlen, das kenntnisreich auf alle Facetten des markt- und kundenorientierten Verhaltens im internationalen Kontext eingeht. Das mit nahezu 1.300 Seiten überaus umfangreiche Lehrbuch **„Marketing-Management"** von Kotler/Bliemel ist eine für den deutschen Sprachraum adaptierte Fassung „des Kotlers", dem berühmten Werk des US-Marketing„papstes" Philip Kotler. Es zeichnet sich durch seinen lexikalischen

Charakter ebenso aus wie durch seine für wissenschaftliche Lehrbücher erfrischende Praxisnähe. Für am Verkauf Interessierte sei schließlich das (Taschen-) Buch von Scheitlin **„67 Checklisten für den Verkauf"** empfohlen, das – aus der Feder des Praktikers – einen reichen Fundus von Argumenten, Tips und auch zahlreichen Tricks bereit hält.

Zum Bereich der Finanzen empfiehlt sich – gewissermaßen als Nachschlagewerk – **„Finanznachrichten lesen, verstehen, nutzen"** von Beike/Schlütz, das insbesondere das notwendige Rüstzeug zur kompetenten Rezeption von internationalen Finanznachrichten gibt, darüber hinaus aber auch den Blick für die einschlägigen, überwiegend komplexen Zusammenhänge schärft.

Internationale Märkte werden sehr stark auch vom welt- und geopolitischen Geschehen beeinflußt. Kenntnisse über dessen Interdependenzen und künftige Szenarien erweisen sich vor diesem Hintergrund als unentbehrlich. Einführend gibt dazu Link mit seinem Band **„Die Neuordnung der Weltpolitik"** eine gute Übersicht zu den Grundproblemen globaler Politik an der Schwelle des 21. Jh. (erhältlich als Taschenbuch aus der „Beck'schen Reihe"). Wer an den Problemen der Dritten Welt interessiert ist, dem sei das führende entwicklungspolitische Lehrbuch im deutschsprachigen Raum **„Lern- und Arbeitsbuch Entwicklungspolitik"** von Nuscheler empfohlen, das sich als einführendes Werk besonders auch durch seine Übersichtlichkeit und leichte Lesbarkeit auszeichnet. In diesem Zusammenhang sei auch die Schriftenreihe **„Zum Beispiel ..."** erwähnt, die sich in zahlreichen kleinen Bänden wichtigen Themen des internationalen Kontexts – so etwa allen sensiblen Welthandelsgütern – mit einem überwiegend kritischen Zugang widmet (http://www.lamuv.de).

Äußerungen zur Globalisierung existieren in zahlreicher und umfassender Form. Häufig werden die positiven Aspekte in einigermaßen undifferenzierter Weise betont. Kritisch bzw. reflektiert nehmen demgegenüber beispielsweise Altvater/Mahnkopf in ihrem umfassenden Werk „Grenzen der Globalisierung" (1996) Stellung, aber auch Cohen (1998), Greider (1999) und Sen (2000), der besonders die soziale Komponente hervorhebt.

Im Bereich der **Zeitschriften** erweisen sich stets als interessant: **Le Monde Diplomatique** (erscheint monatlich in mehreren Sprachen, auch als deutsche Ausgabe) analysiert kritisch und facettenreich ausgewählte wichtige Ereignisse aus Politik, Wirtschaft sowie Kultur und geht dabei auch mancher Grundsatzfrage nach. Der **Economist** berichtet wöchentlich umfangreich – und aus kapitalorientierter Sicht, wie kritische Stimmen meinen – über das Weltgeschehen in Wirtschaft und Politik. Das **Manager Magazin** gibt (monatlich) einen guten Einblick in die Welt deutscher und internationaler Konzerne, überwiegend in Form von ausführlichen Unternehmensanalysen und -darstellungen. **Management International Review** (MIR) ist als wissenschaftliche Zeitschrift, die über neue Entwicklungen aus der Fachwelt berichtet, erwähnenswert.

Die führenden einschlägigen **Tageszeitungen** sind Handelsblatt, Wall Street Journal und Financial Times (nunmehr auch als Financial Times Deutschland).

Nicht zuletzt sei auf das sich schnell entwickelnde **Internet** verwiesen, das sich zunehmend als wahre Fundgrube auch für Informationen im gegenständlichen Bereich erweist. Zahlreiche einschlägige Websites (z.B. EU, UNO, Weltbank, IMF, Ministerien, Kammern, NGO's, Firmen, Archive verschiedener Zeitungen und Zeitschriften) und entsprechende Links führen dies eindrucksvoll vor Augen.

Stichwortverzeichnis

S